父辈之罪

LEARNING FROM THE GERMANS
RACE AND THE MEMORY OF EVIL
历史记忆与德国的转型正义

[德] 苏珊·奈曼 著　李泳 译　SUSAN NEIMAN

民主与建设出版社
·北京·

序　言

我以一名白人女性的身份在种族隔离的美国南方开始了我的人生，而且很可能将以一名犹太妇女的身份在柏林度过我的余生。别担心，我并不打算介绍自己从加害者变成受害者的历程。在我出生的时候，"犹太人是否应该算白人"这个问题在美国南方并没有确切的答案。"有这样一句流行语："惠勒·帕克（Wheeler Parker）牧师，也就是埃米特·蒂尔[①]的表哥告诉我，"'如果我是生活在美国南方的天主教徒，我得为自己的处境感到担忧；如果我是犹太人，我会准备收拾行李；如果我是黑人，那我早就离开了。'"

在我8岁时，我最好的朋友向我郑重宣布她不能再和我玩了。其实我们有很多共同点：我们都更喜欢搭建树屋而不是玩芭比娃娃，我们都喜欢读书，我们经常玩的游戏是在树林中寻找通往纳尼亚的入口。不过，在听说犹太人杀死了耶稣之后，她还是选择了结

[①] 埃米特·蒂尔（Emmett Till）：非裔美国人，1955年在密西西比访亲时，因被认为调戏白人妇女而遭到后者亲属的绑架，并受私刑折磨而死，年仅14岁。埃米特·蒂尔案是美国黑人民权运动兴起的契机之一。本书第6章对蒂尔谋杀案有详细的集中论述。（本书脚注均为译者注和编者注）

束我们的友谊。我们全家人做礼拜的教堂遭到了燃烧弹的攻击，大多数犹太人社区对此一声不吭，我很庆幸我母亲并没有这么做。我出生于1955年，此前不久，我的父母从芝加哥搬到了亚特兰大。母亲参加了当地废除公立学校种族隔离的运动，因此在《看客》（Look）杂志上露了脸，并一度成为三K党的午夜电话骚扰对象。

没有人希望被贴上加害者或受害者的标签。犹太人在埃及的土地上**曾经当过**奴隶，因此必须和其他受压迫并向往自由的人们团结在一起。这也是我母亲所信仰的朴素神学的主要信条。很久以后，我走上了哲学这条路，开始追随伊曼努尔·康德（Immanuel Kant）的脚步。这位枯燥的普鲁士教授撰写了一些关于普遍正义的形而上学著作，他还主张所有的理性动物都应该遵守相同的道德律令，甚至上帝也不例外。我觉得我的选择和母亲早年对我的影响不无关系。

我的家族中没有谁是集中营的受害者，据我所知也没有人死于犹太人大屠杀。20世纪初，我的祖父母在安全抵达芝加哥后，就再也没有提起过他们的东欧往事。事实上，祖父是个无比爱国的美国人。他是家族中第一个不在敖德萨出生的人。他说话时带有一点意第绪语口音，不过他非常爱戴老罗斯福总统。他游览过美国所有的国家公园，在两次世界大战期间都曾在军中服役。他也非常爱戴林肯总统，以至他在来亚特兰大看望我们的时候还把《进军佐治亚》①的全部歌词教给了我们。我们当时坐在敞篷车里

---

① 《进军佐治亚》（"Marching Through Georgia"）：创作于美国南北战争快要结束时的一首进行曲，歌曲的标题和歌词参考了1864年年底美国陆军少将谢尔曼的"向大海进军"行动。这首歌颂扬了联邦军队严惩奴隶主、解放黑奴的英勇事迹。亚特兰大是佐治亚州（蓄奴州）首府，在战争期间忠于南方邦联。

纵情高歌，全然不顾那些不愿庆祝自己的城市被夷为平地的亚特兰大本地人的心情。现在，我可以很轻松地笑着说，怪不得我在亚特兰大从来都没有归属感。当时，这首歌只会让我更坚定地认为我们是在为正义和公正而战。我和其他美国孩子一样接受了关于犹太人大屠杀的教育，但这些历史实在太过遥远，已经不能在我的生活里激起一点波澜。

在我的童年记忆里，在佐治亚某个湿热的夏日，母亲邀请她的一位非裔美国朋友带着自己的孩子穿过大半个城镇来我们家玩。那是布朗案①发生后的第5年，亚特兰大当地的白人扬言要关闭学校而不是推动种族融合，一些县甚至真的这样做了。母亲利用她早年在广告业的工作经验，和新成立的"希望"组织（Help Our Public Education，缩写为"HOPE"）里的朋友一起，努力阻止最高法院的决定可能引发的暴力冲突——此类冲突在其他地方已经发生了。同时，母亲也希望我们对废除种族隔离做好心理准备，所以她为我们安排了玩伴聚会（playdate，当时还没有这个说法）。当时我们认识的黑人全是别人家的仆人，但母亲希望我们能够和所有非裔美国人建立平等的、正常的关系，所以她邀请了和她一起参加运动的朋友们。

我们家的后院很大，周围都是树林，可以捉迷藏、找箭头形石头、玩夺旗游戏。但那天太热了，我们一点都不想玩游戏，喝多少柠檬汽水都不能让我们动摇。

---

① 布朗诉托皮卡教育局案（Brown v. Board of Education of Topeka）：简称"布朗案"，美国历史上一宗具有标志意义的诉讼案，发生在1954年。该案的裁决终止了美国社会存在已久的公立学校种族隔离现象。

"我们去游泳池吧!"我提议道。

"不行!"母亲立刻反驳。

"为什么**不行**?"我不由得发起了牢骚,"之前这么热的时候,我们**明明经常**去的。"

"就是不行!"母亲依然坚持。当时我还太小,没有注意到母亲和她的朋友是否有眼神交流。

"那我们可以去湖边吗?"红顶山上的公园里的湖水不及游泳池,常常是浑浊的,但愈加湿热的空气已经让我顾不了那么多了。

"今天湖边也不能去。"母亲说。

"为什么**不行**?"我开始耍脾气,企图怂恿弟弟加入起义。

最后,我们达成了一致,在浇灌草坪的洒水喷头下玩水。对此,我心不甘情不愿。我怎么知道当时黑人和白人小孩一起游泳是违法的?在南方白人经常扎堆的混凝土水池里不行,在造物主恩赐的遍及全县的天然湖泊里也不行。我当时只觉得母亲不可理喻。可能更加让人难以理喻的是,母亲尝试在充满种族隔离和暴力冲突的美国南方维持与黑人的正常关系,哪怕只是一个下午。不过,我还是很高兴她尝试过。当我终于能够理解母亲所做的一切,并为那天给她造成的尴尬向她道歉的时候,她已经不记得那天的事了。

我仍对南方的植物有很深的情结,仿佛自己曾扎根在那里。我清楚地记得那里盛开的山茱萸、金银花、杜鹃花,甚至在我童年时期长在后院的那棵玉兰树。叶绿素是使植物呈现出新绿的关键角色,听起来像一种药,但绿色是生命本身的颜色,能够给人以希望。每出现一片新叶,每诞生一个生命,都是一个新世界的开始,它是一种承诺,是没有被黏糊糊的手指触摸过或被泥地污染过的新生力量。母亲总想跟随春的脚步,从南方腹地出发,开车一路向北,捕捉每一个新绿诞生的瞬间。但她从未去成。所以我每次看到冒新芽的树,都会想到她那未能实现的心愿。

除了植物,藏在我记忆深处的还有我的秘密基地。夏季的雨打在我每周都会去的当地图书馆的大理石台阶上,散发出稍带热气的味道;树林里被野葛藤严严实实覆盖着的破落小屋一定曾经是一座富丽堂皇的府邸,只不过被谢尔曼的军队烧成了废墟。我们当初住在亚特兰大西北郊的一个并不十分偏僻的秀丽社区,但一切都表明我们从来都没有融入当地。我不够标准的南方口音让人起疑。有一次,老师布置的作业是询问父母的爱好和工作单位,我仍然记得老师看到我写的是"我妈妈是美国公民自由联盟(ACLU)的成员"时的表情。老师说:"那不是个煽动性组织吗?"(我只好回家问母亲:"妈妈,什么是'煽动'啊?")

母亲的朋友们都是当地少有的自由主义者,他们大多是白人、圣公会信徒或一神论者,母亲和他们有着相同的政治观点。我在经历了第一场友谊的惨败之后,并没有努力结交新朋友。况且那时候我也找不出第二个像我一样痴迷于讨论喜欢什么书或喜欢森林甚于芭比娃娃的女孩了。说实话,当时的我是个小胖墩、近视眼,我的体育也很差,以上任何一个特点都足以让我在孩子群里孤立无援,哪怕是在布鲁克林。但我从来没去过布鲁克林。我的童年梦想是离开美国南方,要么去欧洲〔虽然我对欧洲的了解完全来自路德维格・贝梅尔曼斯(Ludwig Bemelmans)的《玛德琳》(*Madeline*)系列绘本],要么去纽约格林威治村(在我的想象中,那是个树木茂密但很热闹的小镇)。

12岁那年,我有幸加入了市里第一个种族融合的青少年组织——"演员与作家工作室"。这是个校外项目,旨在为一些初具自由主义思想的波希米亚人提供家的感觉。在那里,我们认识到了戏剧和写作都需要刻苦的训练,只有坚定的信念是不够的;我们也对亚特兰大的时事政治抱有相同的信念。不过我们每周碰面三次并不是为了自我感觉良好,虽然拥有一个能够分享少数人(至少在彼时彼地是少数人)价值观的基地确实让我感觉很好。我们在那里学习艺术创作,被我们称为罗伯的导演把这份工作当成了百老汇演出来严肃对待,即使我们只是一群拿着市政府的资助,开着平板货车在各个贫民区巡回演出的孤独又迷茫的小孩。我们的父母很快就明白了,要想让我们做任何事(比如写作业),撒手锏就是威胁不让我们去工作室。即使在少有的既没有彩排也不用上课的星期六,我们也很乐意去位于朱尼珀大街上的那个工作室打扫卫生或给小宝宝换尿布。当时我们谁也没有料到这个小宝宝会成为朱莉娅·罗伯茨(Julia Roberts),不过就算有料到也无所谓。

工作室是一个前哨,它在亚特兰大显得有些格格不入。在马丁·路德·金(Martin Luther King)被暗杀的第二天,我们去他家表示了哀悼和慰问(虽然这并没有什么实际帮助),因为他的3个较年长的孩子是我们的同学。马丁·路德·金博士去世的时候,美国南方并没有多少白人为他哀悼。"亚拉巴马人(在金遇刺时)并没有像在肯尼迪被枪杀时那样欢呼雀跃,"亚拉巴马州历史学家黛安娜·麦克沃特（Diane McWhorter）如此评价道，她对美国南方的了解毫无疑问比我要多得多，"但我们当时确实觉得解决了一个大麻烦。没有金的搅局，南方终于可以回到正轨了。"

如果说在美国南方的生活经历从来没有让我觉得自己是个美国人，那么数十年后在特拉维夫度过的5年也没能让我感觉自己是个以色列人。也许正因如此，今天我在柏林反而感觉无比自在，毕竟柏林已经成了众多感觉无家可归的人的天堂。不过，我在刚到柏林动物园车站时并没有感受到这种"自在"：当时我看到了一群朋克坐在台阶上乞讨，一只只德国牧羊犬围在他们的脚边。德国牧羊犬让我联想起鬼魂的尖叫："**站住！**"（Halt!）或者"**犹太人滚出去！**"（Juden raus!）。在弗赖堡歌德学院学习的那几个月里，我的词汇量有了极大的扩充，但我的恐惧几乎未能减轻。

1982年，几乎没什么人来柏林做研究，因此我可以轻易地说服不止一个基金会为我的研究提供资金；当时我对那些机构的负责人说，我将在一整年里埋头学习德国哲学——虽然事实并不完全如此。柏林自带一种氛围，甚至能够一直影响（虽然这种影响很微弱）马萨诸塞州的剑桥市，我在那里学习了8年。经常有人问我："一名纯正的犹太人怎么能够踏足德国国土，并在那里生活一年之久呢？"我反问道："二战已经过去40年了，如果我们现在还以当初的事情谴责整个德意志民族，我们不就和当初迫害犹太人的德国种族主义分子一样恶劣吗？"我想说的是，**我已经完全摆脱了纳粹这段历史的阴影，完全能够在不受其影响的情况下潜心研究康德和歌德。**当时，可能连我自己都相信了这个说法。

然而现在我对这个问题有了更清晰的认识：我来到柏林并不是因为我已经忘了纳粹这段历史，而是因为我想要更深入地了解这段历史。我当时正在研究人类理性的本质，而纳粹为此画上了一个大大的问号。

很快，我就因为柏林那令人陶醉的被遗弃感而兴奋不已：生活在这里就仿佛被遗弃在一座位于地狱边缘的城市。柏林既不属于东方，也不属于西方；它更像是两个分裂的部分之间的一个受到国家资助的活动场所。这里满是二战留下的痕迹，没人想要除去这些痕迹，也没人有财力这么做。我们住在非常"壮观"的老式公寓里，天花板上绘有天使图案的墙皮脱落得斑斑驳驳，外墙上遍布迫击炮的弹孔。为了取暖，我们得把煤炭一桶一桶地从地下室搬上来，然后扔进高高的炉子里。当然，二战最明显的痕迹当数常常被拿来暗讽（至少在西方是这样）的柏林墙。对于这样一座建成后仅20年就俨然成了自然界的一部分的建筑，我们好像也没什么办法。在这种战争痕迹举目皆是的环境中（一家颇受欢迎的名为"废墟之间"的酒吧甚至朋克般地迷恋其颓圮的外墙），你要么必须付出很大的努力，让自己**不**去回想二战的历史，要么就会沉溺其中。

下面才是最刺激的部分。**清算历史**（Vergangenheitsaufarbeitung）是我学到的第一批德语词语之一。由于学到了这个词，我的德语词汇表慢慢脱离了身着军队制服、嘴巴紧闭、偶尔大吼一声"是"（Jawohl）的纳粹士兵形象。清算德国的犯罪历史并不是一项学术实践，它处在更亲密的层面：它意味着我们要面对父母和老师，挑战他们的权威。20世纪60年代的德国比同一时期的巴黎或布拉格（更别提伯克利）更加动荡不安，因为当时的德国人面对的不是远在天边的某个人或参加越战的某个人犯下的罪行，而是自己最亲近的人，我们的启蒙老师，所犯下的罪行。

1982年秋，那些在20世纪60年代成年的人都已经三四十岁了，随着希特勒当选50周年的日子一天天临近，他们也开始格外热切地清算历史。那一年，与这个话题相关的书籍和演讲层出不穷，各种展览——包括《被毁犹太教堂的建筑学》(*Architecture of Destroyed Synagogues*)、《同性恋与法西斯主义》(*Gays and Fascism*)、《第三帝国的女性》(*Women in the Third Reich*)和《新克尔恩的抵抗》(*Resistance in Neukölln*)——也相继出现；当地的艺术学院为第三帝国题材的电影提供了拍摄工作室；各种各样的音乐剧都在上演（不论是被纳粹禁止的还是被他们推崇的），演出之后是讲座。邻居们争相探索各自的黑暗历史。在柏林，这只是那一年的光景的一鳞半爪。一部于1977年首演的戏剧《不是我，是希特勒干的》(*It Wasn't Me, Hitler Did It*)连续上演了35年。新结识的朋友曾提醒我说，柏林是独一无二的：柏林人一直有左派思维，而德国其他地区的人们可能没有足够的勇气直面自家壁橱里的骷髅。然而我并不是在联邦德国，我是在第三帝国的首都柏林，如今它的东西两个部分正竞相彻底清算纳粹的意识形态残余。看着这一幕幕，我心中一直以来半掩着的不安也开始慢慢消退，取而代之的是同情与敬仰。

1982年，生活在柏林的美国人大部分都是占领军人，对许多德国人来说，我是他们认识的第一个犹太人。由于从小所受的教育，他们对犹太人的印象仅限于被关押在集中营里的憔悴囚犯或裹着披肩做祷告的正统派犹太教信徒,因此他们似乎从来没有把我和犹太人联系起来。他们在与我交谈的时候也始终试图在直言不讳与避而不谈之间保持微妙的平衡。我成长在一个并不特别典型的犹太人社区;我还没有去过以色列;如果说有哪本关于犹太人身份的书仿佛是为我写的,那就是伊萨克·多伊彻(Isaac Deutscher)的《没有犹太色彩的犹太人》(*The Non-Jewish Jew*)。我从来不打算否认这一点,只要他们愿意问。相反,我经历过的对话场景通常是这样的:在一个有左派活动家与外交官们参加的派对上,我与一位彬彬有礼的男士交谈起来。两杯让人放松的小酒下肚后,他说:"你知道吗,我敢肯定你是美国南方人。""你怎么猜到的?"我回答道。"这不好描述,但是你的举止、声音、手势就是给我这种感觉,就像北欧人和地中海地区的人的区别一样。"他回答道。我笑了起来:"确实,我是亚特兰大人,但不是典型的美国南方人。你注意到的大概是这一点:我是个犹太人。""**不**!不是的。"他非常窘迫,"我怎么可能**注意**到这一点。这对我来说完全不重要。"

在那些对美国文化有一定了解的人当中,大部分人只要和我待上一分钟,就会以为我的老家在纽约上西区。这不只是因为我的深色卷发和一边语速飞快地讲话一边挥舞手臂的习惯。我自己也解释不清,但综合来看,我貌似更像**纽约犹太人**。听我这么一说,他们都会觉得好笑。不过德国人并不会觉得好笑。他们从小接受的教育告诉他们,犹太人气质并不是什么讨喜的东西,犹太人身上甚至有难闻的气味,所以评价一个人具有犹太人气质是非常没有礼貌的。正如美国白人喜欢自豪地宣称他们不分颜色(肤色),他们都没有意识到**这种**宣称背后的假设是怎么来的。(不分颜色?是说不知道今天的天空是蓝是灰?不知道叶子是红是绿?)

  1982年,我并不知道自己计划在柏林度过的这一年将改变我的一生,也不知道我对一座城市的感情会由模模糊糊的迷恋变为深沉而复杂的爱。柏林给予了我充足的理由,让我得以思考伦理学问题,而且这种思考是持续的;那里的每一块混凝土板、每一个弹孔都会让人联想到道德问题。我们都是历史性的存在者,无法脱离时间和空间来描述自己。我们与其他动物不同的是,我们的成长离不开父母不计其数的付出;要真正与父母分离,我们就需要慢慢接受他们。

  在无意间让派对上那位男士难堪的那件事过去20年后,我成了全球德国人委员会的一员,参与了2005年爱因斯坦年[①]庆典活动的筹备工作。在爱因斯坦发表他最著名的相对论的100年后,德国的左翼政府决定斥资2,000万欧元,以示对科学的支持,尤其是对左翼的世界性(呃哼[②])知识分子的支持。作为委员会中唯一的犹太人,我的主要职责是担当正统犹太教信徒口中所谓的"洁食监督员"(mashgiach),以保证这些活动符合犹太教教规。庆典活动既包括展览,又有讲座和标语,等等。万一他们不小心犯了个错呢?

  我在之前的一本手册上就发现过这种错误,上面说爱因

[①] 爱因斯坦年:德国政府于2004年宣布将2005年定为"爱因斯坦年",以激发民众对科学研究的兴趣,激励科学界和产业界之间的创造性合作。
[②] 原文为ahem,表示引起注意或难以启齿时发出的短促咳嗽声。

斯坦是"有犹太背景的公民同胞"（fellow-citizen-of-Jewish-background）。我问他们，委员会的人知不知道爱因斯坦曾明确嘲笑过这种迂回累赘的陈述："他会直接说自己是一名犹太人（Jew）。犹太人并不认为这个词是一种侮辱。""真的吗，奈曼女士？"科学部部长问道，她有些慌了，"您的建议很有帮助，正是我们需要知道的。"在德语中，"犹太人"有两个音节，而不是一个。我想，一群暴徒吼叫着"犹-大！犹-大！"（Ju-dah! Ju-dah!）的场景仍是一些人的梦魇。也许即使对无神论者来说，加略人犹大也会给人带来阴影。德国人宁愿选择长达9个音节的词，比如fellow-citizen-of-Jewish-extraction或fellow-citizen-of-Jewish-heritage，也不愿意用那两个简短的音节。他们的这一习惯已经根深蒂固，即使我已经明确表示了反对，那本手册的第二稿还是使用了同样的措辞。"我知道这里的每个人都很忙，"我在后来的一次会议上说，"但也许大家都忘了，我说过爱因斯坦不喜欢'犹太背景'这种说法，他曾多次拿它开玩笑。"我自己都开始使用这种迂回的表达手法了。"当然，"副部长说，"我们会监督修正的。"不过他们最后也没有修正；犹太人这个词给他们带来过太多噩梦了。

　　在派对事件和委员会会议事件之间，我的人生还经历了好几次转折。我见证了20世纪80年代兴起的清算历史的热潮；我离开柏林则是因为比起偶尔见识到的右翼言论或纳粹用语的日常遗留，类似派对事件那样的事情更让我心烦意乱。我嫁给了一位柏林诗人；我们的儿子出生后，我开始寻找一个能让犹太小孩像普通人一样生活的地方。我承认，柏林人普遍认为，这座城市再也不可能变得有趣了，这也是我决定搬家的部分原因。我的第一本书《文火：柏林犹太人笔记》(*Slow Fire: Jewish Notes from Berlin*) 描述了20世纪80年代的柏林生活，而以下共识即将为这个年代画上句号：柏林的活动已经转移到了别处。在柏林墙被正式拆除的前一年，也就是1989年，我接受了耶鲁大学的聘请，去那里教哲学。

我在康涅狄格州的第二个晚上是喝着酒流着泪度过的，即使当时我还完全不知道我刚刚离开的柏林即将发生什么。柏林与纽黑文的差异之大令人震惊，前者是人口密集的大城市，后者则夹杂着郊区和贫民区，一派凄凉。然而合同已经签了，公寓也回不去了，我便既来之则安之：毕竟这里还有优秀的学生和有趣的新朋友。双胞胎女儿降生后，我就更没有时间后悔或黯然神伤了。我本来申请了波茨坦大学的教授职位，但等收到聘书时，我已经离婚了。于是我带着孩子们去以色列休假了一段时间，也希望能找个新家。我们在那里待了5年，成了以色列公民，在此期间我一直在特拉维夫大学教授哲学。孩子们年纪尚小，很容易适应这里的生活，反倒是我一直因为戴维·本-古里安（David Ben-Gurion）的言论而耿耿于怀。他说，来到以色列的第一代移民一生都会是迷茫的，重要的是孩子们。我的疑虑并非政治性的：当时，和平进程尚未崩溃，第二次巴勒斯坦大起义也尚未爆发。然而，当爱因斯坦论坛准备聘请一位新的负责人并找到我时，我并没有完全拒绝这个新选择，虽然我一开始就拒绝了邀请。

"你真的知道这个论坛是干什么的吗？"

我了解得越多，兴趣就越浓。爱因斯坦论坛是两德统一后立即成立的，有两个目的，其一是在原属东德的地区重新建立知识与文化机构。东德原来的相关机构已经随着政权的易主而经历了大换血。当时有许多人抱怨说,这是为没能在自己的地盘上找到工作的西德人提供在东德的工作机会而找的借口。因此,雇用一位美国人就能避开东西两方的冲突。第二个目的则是国际层面的。两德统一之后,德国国内曾多次出现令人不安的右翼民族主义抬头的迹象,每次都引来了国际媒体的关注。与此同时,人们在勃兰登堡州(德国新成立的州当中最大的一个,像弗吉尼亚州和马里兰州环绕着华盛顿特区一样环绕着柏林)发现了它的极具代表性的宝藏:一座已经荒废的小屋,由阿尔伯特·爱因斯坦于1929年亲自建造。还有哪种做法比花点小钱改造这座小屋,并期待能够产生一些有趣的变化更能释放国际友好与进步的信号呢?

我在受邀担任论坛负责人时对这些一无所知。"我需要遵循什么知识议程吗?"在几轮面试中,我曾问道,"如果你们要雇用我这个从以色列来到德国的犹太人,那老实说,我并不打算把余生全部花在讨论怎么清算历史这个问题上。"(有些滑稽的是,我当时认为自己完全不会再接触这个话题了。)

"你可以做你想做的任何事。"他们告诉我。

"比如谈论欧洲启蒙运动?"

"这里是波茨坦,我们乐意之至。"

我的大多数哲学著作都致力于捍卫那场饱受非议的欧洲启蒙运动,这场发生在18世纪的运动为普世人权奠定了基础。波茨坦是腓特烈大帝(Frederick the Great)款待伏尔泰(Voltaire)等启蒙运动思想家的无忧宫的所在地,虽然腓特烈大帝后来逮捕了这位哲学家,但在此之前,他们确实就世界的至善与至恶认真地讨论了两年。我青少年时代的偶像是德·波伏瓦（de Beauvoir）和萨特（Sartre），因此在常春藤盟校里我从未真正感受到自由自在。向广大读者公开哲学问题的机会仅此一次，而且波茨坦离柏林很近，因此我仍然能够待在那个曾经触动我的心弦、在我心中仍旧留有未了情缘的城市：**我们之间不可能真正结束！**

那么，唯一的问题就是抚养孩子了：在曾经的第三帝国的首都抚养3个视自己为以色列人的孩子意味着什么？在今天的特拉维夫，没有比这更流行的做法了，但在2000年，我会仅仅因为考虑要离开以色列前往德国就被骂作叛徒。我在10年前选择了离开德国，当时我认为，外国人（更别说犹太人）在柏林不太可能真正感觉到自由自在。但在某次前往柏林讨论工作的途中，我目睹了一名梳着脏辫的黑人男性和一名粗心的司机发生口角的场景，这让我开始相信：新柏林并不只是一个宣传概念。在20世纪80年代，一个外国人——不论是哪类外国人——在大街上和一个德国人发生口角是完全无法想象的。我们那时都太胆怯了。是因为长久以来由保守党派主导的政府被社会民主党-绿党政府取代了吗？是因为越来越多的外国人涌入了柏林吗？不管原因是什么，你都能在大街上感受到变化：变化之巨大，足以为3个与以色列、美国、德国均有渊源的小孩提供健康阳光的成长环境，让他们无须畏畏缩缩。

20年后的今天，我每天早上一睁开眼都会为自己的好运而心存感激。爱因斯坦论坛正日益壮大，我也非常幸运地在一个价格勉强能承受的街区找到了一套温馨的公寓。在阳光明媚的夏日，我会以为自己来到了文化交融的天堂。仅仅在我居住的街区，就同时开有一家库尔德人咖啡馆、一家芬兰咖啡馆和一家巴西咖啡馆，如果在温暖的夏日傍晚漫步在街上，你还能听到巴西咖啡馆里偶尔传出的音乐声；此外，这里还有一家丹麦面包店、一家摩洛哥餐厅和一家希腊熟食店。随便朝哪个方向步行10分钟，你都能找到一家小书店。这里一共有9家书店，其中一家专营波兰文学作品，在某些晚上，店里还会举办诗歌朗诵或音乐会；另一家则专营英文小说。每个星期二和星期五，你还可以在曾经的"东方运河"（Oriental）的河边露天市场买到面包、鱼、水果和奶酪，以及你需要的大部分其他商品。虽然约有一半的摊贩和三分之一的顾客是土耳其人，但新柏林的一些官员显然对东方主义的兴起感到担忧，所以他们给运河换了个更无害的名字。[我不确定他们是否读过爱德华·W. 萨义德（Edward W. Said）的作品，但本地的警察局长肯定看过那部关于汉娜·阿伦特（Hannah Arendt）的电影。]这里的许多妇女戴着头巾，年长的十分严肃，年轻的则时髦活泼。在城市一角的市场里，穆斯林与非穆斯林推搡、讲价、谈笑，和睦融洽，热闹经久不息。

我当然也看新闻，即使有时候我没看，我的很多朋友也会看。2018年，一名以色列裔阿拉伯人因佩戴犹太帽而遭到袭击的新闻被大量报道后，一位老朋友忧心忡忡地从洛杉矶来信问我和孩子们是否安全。发生在德国的反犹事件总是比发生在其他地方的更能吸引国际媒体的关注。然而很少有人在意德国对此类事件的回应。就在这次事件发生前，德国总理安格拉·默克尔（Angela Merkel）新成立了一个打击反犹主义的高级办公室。事件发生后，包括外交部长在内的2,500名柏林人头戴犹太小圆帽（kippot，"基帕"），在犹太人社区中心门口举行游行集会，这次集会连续数日占据着报纸头版；我所在的地方的日报头条新闻标题是"柏林戴着犹太小圆帽"。几天后，议会举行投票，议员们一致同意正式宣布以色列国的存在是德国国家理性（Staatsräson）或国家利益的一部分。打击反犹主义办公室的官员称，有20%的德国人仍是反犹主义分子，这一比例一度非常稳定，但如今由于两个复杂的因素，这一比例有所上升。我将在本书最后一章讨论这两个因素：一是德国极右翼政党"德国选择党"（Alternative for Deutschland，简称AfD）的崛起，二是在反犹主义的宣传下成长的阿拉伯难民的大批涌入。在美国，只要离开大城市，反犹主义的比例就不会太高。当然，美国的反犹主义也不会比英国的更严重。唯一的不同之处在于应对措施。在德国，对反犹主义的谴责是迅速的、尖锐的、严肃的。这种谴责来自政府高层，而且得到了绝大多数民众的响应。在美国，当夏洛茨维尔的反犹分子逃过谴责后，其他地方的纳粹分子也都能轻易得到宽恕。在英国，工党政府对反犹主义指控的回应慢到简直是在自掘坟墓。

在德国，没人否认还有更多工作要做，这一点在2017年变得尤为明显。当时，默克尔所在的保守党派失去了选票，新的极右翼党派获得了胜利，这一切发生在2015年德国做出接收100万名难民的决定之后。正派的德国人对种族主义的死灰复燃一直保持着警惕，他们忧心忡忡地看待时政，总觉得更糟糕的事情还在后面。在一个难民数量不断增加的世界，谁也无法预料接下来会发生什么；显而易见的是，德国的过去再也不能成为抵挡已经席卷全球的民族主义浪潮的理由。不过，德国确实是世界上唯一一个在难民问题上表现出领导力的国家。德国历史学家扬·普兰佩尔（Jan Plamper）说，尽管德国选择党正在迅速崛起，但积极参与和支持安置难民的德国人的比例仍然从2015年的10%增长到了2018年的19%。后一项数据来自德国知名的研究机构阿伦斯巴赫研究所（Allensbach Institute），这项数据表明，支持难民的德国人远远多于支持极右翼党派的德国人。这场被称为"好客文化"（welcome culture）的运动是德国自二战以来规模最大、范围最广的社会运动。[1]如果美国人要和德国人比慷慨，他们就要让出一部分土地，在一年内接收500万名难民。然而现实是，反移民运动成功说服了英国人脱离欧盟，还说服了美国人，让他们选了一个精神错乱的骗子当总统。

那犹太人问题呢？30年前，我希望德国人对我的犹太人身份心照不宣，或者至少不要因为发现这一点而感到震惊。他们虽然非常清楚集中营的历史，却对活生生的犹太人一无所知。今年，有好几位德国朋友用希伯来语发邮件祝我新年快乐。一位瑞士籍的犹太裔历史学家成了德国历史博物馆的馆长。如今，柏林每年都会举办犹太电影节、犹太文化周和以色列-德国艺术节，好几份犹太主题杂志正在发行，还有大量餐馆供应鹰嘴豆泥。如果想成为一名拉比（rabbi），你可以在改革派神学院、保守派神学院或正统派神学院之间选择。得益于来自俄罗斯的哈巴德派（Chabbad）移民和劳德基金会（Lauder Foundation），正统派犹太人社区正蓬勃发展；为逃离正统派政府而离开祖国的以色列人组成的社区同样欣欣向荣。犹太人身份成了一种潮流，甚至有一大批德国籍犹太拉比是改信者。在20世纪80年代，买犹太逾越节薄饼虽然不是什么秘密，但也带点神秘气息。当时只有一家店卖逾越节薄饼，这家店还售卖其他逾越节物品，比如寇修酒（kosher wine）、鱼饼冻（gefilte fish）、经文楣铭（mezzuzot）和炸鹰嘴豆丸子（falafel）。在这家店于1977年遭到炸弹袭击后，店主把店铺的招牌从"祝你平安"（SHALOM）改成了"东方特产"（ORIENTAL SPECIALTIES），不知道具体位置的话是找不到的。而现在，关于逾越节物品的唯一问题就是要抢购，这是我去年赶在最后一刻去买无酵饼（matzo）未果后得到的教训。"我们低估了销量。"一位店主说，"不用去其他地方了，整个柏林的无酵饼全都卖光了。"就在我琢磨着自己一点一点把无酵擀出来要多久的时候，我突然想起，我的以色列朋友们的父母来参加逾越节宴会可能会多带一盒。你没看错，有些以色列人不在家过节，而是带着子孙跑到柏林来参加逾越节家宴（Seder）。也许明年的逾越节我们会去耶路撒冷？

最能体现德国人思想转变的莫过于5月8日的纪念活动了。1985年，里夏德·冯·魏茨泽克（Richard von Weizsäcker）总统成为第一个把1945年德国投降的日子称为"解放日"的西德政治领袖，并因此上了头条新闻。在此之前，德国人对德国战败的看法一直是矛盾的，不矛盾的人则保持沉默。我一度不能理解这篇演讲的意义，因为我不明白德国人为什么对40年前的一次战败仍然感到痛心，以至魏茨泽克使用"**解放**"一词会是一项革命性举动。［想象一下弗吉尼亚人在阿波马托克斯（Appomattox）庆祝南方军投降的场景，你就能大致理解这一事件的影响了。］今天，柏林的马克西姆·高尔基剧院有一名导演是以色列人，为庆祝战争结束,这家剧院举办了为期3天的艺术节,节目包括新潮的戏剧和影视作品、有关犹太人和穆斯林同性恋的对话节目、以割礼为主题的喜剧,剧院里还有一个播放嘻哈乐和俄罗斯民谣的迪斯科舞厅。当我们在大厅里随着手风琴的乐声起舞时,活动的组织者之一喊道:"这是个值得庆祝的日子!"在剧院外,柏林最大的林荫道上,一面旗帜迎风飘扬,上面分别用德语、英语和俄语写着"我们胜利了"。魏茨泽克的演讲结束后,德国的反法西斯主义者、外国人和柏林为数不多的犹太人都松了一口气:终于有一位西德政治家承认5月8日并不是一个值得哀悼的日子了。不过在此之前,挂着"我们胜利了"的旗帜大肆庆祝的场景绝对是我们想都不敢想的。

几年前我曾暗下决心,要给每个不辞辛苦给我写信的陌生人至少回一次信。这大概是因为我在7岁的时候收到了C. S. 刘易斯(C. S. Lewis)给我的回信,之前我曾写信给他,说我想成为一名作家,然后附了一首自己写的关于纳尼亚的诗。他非常亲切,忽略了诗的惨不忍睹,还写了回信鼓励我。我当时欣喜若狂。

一位名叫斯图尔特的读者来信称赞了我的一篇短文。那篇短文是这本书的核心内容,我已经将它上传到了网上。斯图尔特的信非常严肃,在此我将部分内容摘录了下来:

> 我之前一直住在密西西比(现在住在牛津),我是白人保守派。这说明我肯定是一名种族主义者——还挺搞笑的(在这个时间点上)。但事实上,我以及很多像我一样的人都

很想知道，在美国南部各州还有整个美国的历史背景下，我们到底怎么做才是正确的。您的文章为我提供了实质性的帮助。

但斯图尔特的目的不止于此。除了致谢，他还问了很多问题：

您怎么看？我们应该拆掉南方邦联的所有雕塑吗？所有建筑和街道都应该改名换姓吗？我们是否需要清理与内战历史有关的东西，比如把华盛顿肖像从纸币上撤下来？作为参考，我在密西西比州咨询过许多所谓的民权运动领袖的看法，甚至有机会与詹姆斯·梅雷迪思（James Meredith）共进晚餐，聆听他的见解。他们的观点各有不同，但是哎呀，那些认为应该清除奴隶制时代的一切痕迹的人是最愤怒的。他们的观点对吗？

我在回信中提了一些具体的建议，并在结尾说道，如果所有自诩白人保守派的人都像他一样善于思考，美国会比我以为的要更美好。

我并不需要用特朗普既可怕又可笑的当选来证明美国的现状之糟糕。这种情况是从弗格森市开始的吗[①]？是从枪杀特雷沃

[①] 2014年8月9日，18岁的黑人青年小迈克尔·布朗（Michael Brown Jr.）在密苏里州的弗格森被警察枪杀，杀人的警察达伦·威尔逊（Darren Wilson）后来被陪审团决定不予起诉。此事件旋即引发了大规模抗议。

恩·马丁①的嫌犯被无罪释放的时候开始的吗？当面带傻笑、目光呆滞的年轻人迪伦·鲁夫（Dylann Roof）在查尔斯顿的一座黑人教堂的圣经学习小组上枪杀9名非裔美国人时，此前一直有意无意忽视种族问题的白人似乎终于意识到了问题的严重性，而黑人从未遗忘这个问题。美国人感到痛心，不仅仅因为这场屠杀发生在教堂圣地，还因为许多受害者家属发出呼吁，宣告仇恨永远不可能当道。

迪伦·鲁夫的电脑里全是白人至上主义的宣传材料和他自己手持内战时期的南方邦联旗的照片。就连美国南方人似乎都在那一时刻达成了某种共识。一段视频展示了巨大的善良对最纯粹的邪恶的回应，这种回应促使人们降下了南卡罗来纳州议会大楼前的南方邦联旗，还促使奥巴马总统前往查尔斯顿发表了他最具影响力的演讲之一。奥巴马在演讲时脸色苍白，他大概想到了这些子弹原本是要射向他的。最近，种族主义恐怖袭击的发生频率有所升高，这并不是出于对那些受害者本人的怨恨，而是因为我们选出了一名黑人总统，但总统得到了重重保护，那些白人至上主义者只能转而寻找更容易下手的目标。奥巴马在刚开始演讲时看起来有些颤抖，但后来渐入佳境，他用黑人教会布道般有力的节奏把政治和宗教融为一体，讲得引人入胜。他说，降下南方邦联旗并不是为了羞辱英勇奋战的南方军士兵，而仅仅是想要表明他

---

① 特雷沃恩·马丁（Trayvon Martin）：2012年2月26日，在美国佛罗里达州的桑福德县，一名混血拉丁裔美国人枪杀了手无寸铁的非裔美国人特雷沃恩·马丁，嫌犯最后被无罪释放。此案涉及美国白人文化对黑人历久不去的种族歧视，因此判决一经下达，立即激化了美国社会的种族对立。

们为之奋战的制度是错误的。他没有止步于此。"降旗是我们传达上帝恩典的方式。"在一段与爵士乐手一样灵巧的关于恩典的长篇开场白之后，他开始演唱《奇异恩典》(*Amazing Grace*)，歌声之动听，令人不由得疑惑他为什么没有去当歌手，去从事一项轻松点的工作。深受打动的观众不由自主地站起来齐声歌唱。

这确实挺有效的，不是吗？奥巴马的悼词呼吁美国人民以史为鉴，避免重蹈覆辙，南方各州则主动销毁了各种带有邦联旗标志的物品。美国确实正在变得不一样。和南方腹地各州的州长一样，南卡罗来纳州的州长也是共和党人，但她还是主持了将邦联旗从州议会大楼前降下的仪式，并做好了将其移交给博物馆的准备。亚拉巴马州州长也紧随其后。一些商店宣布将停止售卖有关南方邦联的纪念品。在这个既苦涩又充满希望的时刻，我决定写一本书，详述启发斯图尔特来信的那篇文章。美国和其他国家似乎到了可以从别人的暴力史中学习如何与自己的暴力史和解的时候了。奥巴马的演讲过去数周后，我收到了斯图尔特的另一封邮件。在参与了有关查尔斯顿枪击案后续情况的讨论后，他邀请我去他的母校密西西比大学演讲。我当时正好想了解南方腹地的反种族主义者在种族和历史方面所做的工作，所以非常高兴地接受了邀请，前往位于密西西比州牛津市的威廉·温特种族和解研究所（William Winter Institute for Racial Reconciliation）。

本书将比较美国和德国在清算历史方面的差异，进而鼓励美国和其他国家的国民以德国为鉴。值得注意的是，在德语中，"清算历史"这一概念有多个变体，包括Vergangenheitsverarbeitung、

Vergangenheitsbewältigung、Erinnerungskultur，而据我所知，在英语或其他语言里都没有类似的单词或表达。在我撰写这本书的3年里，我认识的大多数德国人都拒绝将纳粹的罪行和美国种族主义者的罪行相提并论——即使白人种族主义者在2017年夏洛茨维尔的一场集会上使用了纳粹旗帜，而且他们和纳粹党一样具有杀戮倾向①。我认为，这种拒绝本身就表明德国在承担历史责任方面取得了相当的进步。大多数美国人也出于各种完全不同的理由拒绝了这种比较。因此，本书开头将回应他们的论点，同时我也明确承认：没有哪两个国家的历史是完全相同的。

总的来说，本书的前两个部分都出自经验与观察。第一部分简述了东德与西德在两德统一前后为了正视纳粹历史而做的努力。我反对"东德没有正视纳粹历史"这种流行的观点，但这并不等于我认为东德已经做得无可挑剔了。通过以相同的标准审视1989年之前东德与西德所做的努力，我比较了东德与西德在直面纳粹历史和避免重蹈覆辙的做法中存在的种种缺陷。在德国，没有什么比指责对方带有纳粹残余更能加剧东西方冷战敌对状态的了。如果当时东、西德都能够意识到，它们各自都已经在清除纳粹余毒的工作上取得了相当的进步，而且都在（用不同的方法）尽力维持这种进步，德国也许能够实现更深层次的统一。

第二部分主要讨论美国南方腹地残留的种族主义。我将研究的重心放在了美国南方腹地，绝不意味着美国其他地区不存在种

---

① 2017年8月12日，美国弗吉尼亚州夏洛茨维尔市的一场白人种族主义者集会演变成了暴力冲突，造成至少3人死亡、34人受伤，以及一架参与维持治安的直升机坠毁，2名警员丧生。

族主义，但是，我在密西西比州发现的历史意识和其他方面的东西将所有问题毫无保留地摊在了台面上。亚当·诺西特（Adam Nossiter）认为，密西西比州在文化上明显有别于南方其他各州，正如南方各州有别于美国其他地方。他把密西西比州比作一个实验室——"当地人一直在进行一项被迫学习与自己的历史共处"的实验。[2] "南方历史中的罪恶和悲剧是南方的历史遗产的一部分，它们与美国梦当中的纯洁和社会幸福感格格不入，正如历史上的贫穷和失败与美国梦中的富裕和成功难以调和。"C.范恩·伍德沃德（C. Vann Woodward）如是写道。[3] 我在密西西比州生活了半年，从在南方工作的人们身上学到了该怎样从美国破碎的中心改变美国的文化。尽管系统性的种族主义影响到了美国的历史进程和所有人的生活，但南方人民的历史意识使其难以被忽视。此外，南方对美国政治文化的影响与该地区的大小根本不成比例。把目光集中在南方腹地并不意味着忽视美国其他地方，而是通过选出最具代表性的地区对美国进行放大观察。

对这两段截然不同的民族遗产历史（直面和逃避）的考察，应该能够让读者们大致了解今天的局势。

在第三部分，我将全力探讨"我们应该怎么做"的问题。对于我们国家的历史，我们应该负起怎样的责任？我们的孩子应该接受怎样的教育？应该建设纪念碑还是拆除纪念碑？要不要对不公正行为做出赔偿？应该怎样建设政治文化？本书并不打算回答所有这些问题。如果有人在看完这本书之后能够进一步思考，那么它的目的也就达到了。

我所受的哲学训练来自正义理论大家约翰·罗尔斯（John

Rawls），但他常常谦虚地说他写的只是一些抽象的东西。而在写这本书的时候，我尽可能多地搜集了细节。在2016年和2017年，我花了非常多的时间做采访记录。我去了德国和美国南方，采访了那些在争取重塑国家公共记忆方面发挥重要作用的人物以及受他们影响的人们。

有许多优秀的英语著作以及汗牛充栋的德语著作检视了德国是如何清算历史的，也有越来越多的作品详述了美国对重建时期（或者因为"吉姆·克劳①"这一愚蠢的说法而变得无害的种族恐怖时代）的回应。尽管我常常用到调查资料，但我并不想为历史记录添砖加瓦。用保加利亚裔法国批评家茨维坦·托多罗夫（Tzvetan Todorov）的话来说就是："史实是众所周知的，而且是易于查找的。但史实本身不具意义，而我关心的正是意义。"[4]和历史一样，哲学总在寻求理解，但这门学科的框架结构从头到尾都是规范性的。置身于一个被邪恶撕裂的世界，我们应该怎样生存？这是自哲学诞生以来就一直驱动着它的问题。（叔本华认为，如果世界是它应该是的样子，哲学就根本没有理由提出任何问题。[5]）我相信，抽象的概念只有经过具体经验的折射才会变得有说服力，所以我的记录既包括分析也收纳轶事。我也相信，具体的历史案例不仅不会掩盖道德问题，反而能够说明这些问题。这样做的目的在于回答以下问题："清算历史"能够为更自由的未来提供怎样的基础，以及（反过来）会造成怎样的阻碍？我想探

---

① 吉姆·克劳（Jim Crow）：19世纪上半叶由演员托马斯·赖斯（Thomas Rice）创作的黑人形象，反映了对黑人的歧视性调侃和刻板印象——滑稽、贫穷、粗鄙。实施种族隔离的吉姆·克劳法正源于这一形象。

索的是，在思考道德前景和政治未来的时候，我们应该分别使用和舍弃历史的哪些部分。这种道德训练能帮助我们认识各种形式的罪恶（包括简单的和复杂的），并预防罪恶的发生。不应该只有历史学家接受这种训练，它必须成为公众的公共记忆——成为一段让任何能思考的人都无法心安理得地忽视的历史。

本书提出的一些主张会引发争议。我尽量对这些观点做了论证（我选择写进本书的采访内容就可以反映这一点），但我也非常清楚，别人会从不同的角度叙述这些事情。我并不是一个中立的观察者，我讲的也是我自己的故事。不过，我选择采用第一人称并不是因为我相信历史不可避免地会带有主观性；第一人称是我为自己的主张定位并承担责任的一种方式。让·埃默里（Jean Améry）和汉娜·阿伦特是我对紧迫的道德问题进行哲学思考的模范。他们都为我提供了批判性思维的标准，在这个把科学和技术看得比其他任何智识都更重要的时代，我们比任何时候都更需要这种思维。

本书将说明，德国人在接受自己耻辱的历史重负时会经历怎样的痛苦——然而尽管如此，这种情况仍是可能的。由于德国选择党的崛起，许多人对德国在过去几十年中取得的进步产生了怀疑，甚至哀叹我们正经历尼采式的永恒回归（eternal return）。不过，因为清算历史的过程遭到了攻击就放弃它的做法也太荒谬了。清算历史并不意味着能够完全清除反对的声音和种族主义；这个世界上从来不缺笨蛋。先进的民主价值观的优点就体现在它应对那些试图破坏它的人的方式上。当德国选择党将德国人数十年来清算历史的努力抹黑为耻辱的时候，我们其他人必须坚持这一点：

直面耻辱是迈向责任的第一步，而担起责任是迈向民族自豪的第一步。通过从其他救赎失败的国家的视角审视德国所做的努力，我们更能学会珍惜现在已经取得的一切——以及保护这一切不被摧毁。

目 录

第一部分 德国的教训

1 历史比较的运用和滥用 / 3
2 父辈之罪 / 29
3 冷战记忆 / 89

第二部分 南方人的不安

4 人人都知道密西西比 / 165
5 未竟事业 / 235
6 埃米特·蒂尔的面容 / 283

第三部分 拨乱反正

7 纪念性建筑 / 359

8　权利和赔款　／ 427
9　暂作结论　／ 489
后记一　／ 539
后记二　／ 561

注　释　／ 570
参考文献　／ 588
致　谢　／ 595
出版后记　／ 598

第一部分

德国的教训

1
历史比较的运用和滥用

恶皆是他人所为，而我们的人民一直都是非常善良的。正如俄狄浦斯的故事告诉我们的那样，在古代世界，一项恶行哪怕并非出自本意，也可能败坏整个社会。即使是那些认同最抽象的原罪说的人，在遇到具体情况时也更倾向于忽视原罪而去指责具体的人。我们生来就愿意相信，我们的人民和部族可能会犯错，但他们没有任何过错值得用"邪恶"这样的词来形容；不论是对于过去的罪恶还是对于今天的罪恶，这样的倾向同样强烈。我们希望我们的祖先是值得尊敬的，而且的确受到了尊敬。"**我的爷爷为国捐躯了，这有什么罪？**""**我的叔祖父不是种族主义者，他只是在保卫他的家园。**"2015年，查尔斯顿的9名非裔信徒遭到屠杀，随后邦联旗和纪念碑被移除，相关争论也随之涌现，你如果关注过这些，就会认出上述言论。其中的部分言论出自白人至上主义者之口，他们因为白宫里坐着一位黑人总统而愤懑不平，他们拒绝撤下邦联旗的原因也显而易见。另一些敌意稍弱甚至不那么真诚的人可能只是在含糊地遵循家族传统。随着争论的继续，从里士满到新奥尔良,你都能听到与此大同小异的言论。

如果你没有在德国长期生活过,那么在听到德国国防军(Wehrmacht)的后裔发表与上面相似的言论时,你可能会感到惊讶。(这种言论)不仅存在于1945年德军在柏林城外无条件投降后的那段既动荡不安又暗无天日的时期;甚至直到20世纪末,仍有人公开发表这种言论。当时,一项以德国国防军为主题的展览打破了西德最后一项禁忌。该展览由汉堡社会研究所举办,它通过展出士兵们的信件和照片表明,犯下军事罪行的人不仅限于精锐的党卫队,也不限于少数害群之马。汉堡社会研究所举办这次展览意在为二战结束50周年献礼,但他们没有料到展览会引发如此大的反响。毕竟,对于外国观察者甚至德国的大多数历史学家来说,国防军系统性地犯下了战争罪行这一事实几乎与"地球是圆的"一样毋庸置疑。但事实证明,历史学者和普通大众的记忆存在着巨大的差异。德国国防军共有1,800万人,比纳粹的任何其他组织覆盖的社会人群都要广泛。在大街上随便问一个德国男性,如果他本人没有参加过国防军,他的父亲、儿子或兄弟中也至少有一个曾经在国防军中服役。公众对展览的反应也表明,在许多人心中,德国国防军仍然是圣洁的,甚至是英勇的。"**那些勇士只不过是在保卫家园,抵御布尔什维克的威胁,他们同以往或以后的数百万军人没有任何优劣之分。**"

按照一开始的打算,这个展览只是小规模的,但它最终在33个城市展出,吸引了近100万观众。它还引发了媒体的热议,登上了各种脱口秀,并最终在议会引发了一场辩论。反对者们不愿意看着眼前的展览给他们的祖先身上抹上污点。在慕尼黑,约5,000名新纳粹分子高举"德国士兵,英勇无畏"(GERMAN SOLDIERS—HEROIC DEEDS)之类的标语(在德语里,这句话是押韵的)走上了街头。好消息是,就算是在纳粹最初的大本营慕尼黑,也有约1万名市民站出来反对这些游行示威者。

这场骚乱反映了学术研究要想深入个体记忆到底有多难。数十年来,德国的历史学家们一直致力于对纳粹的历史进行彻底清算,但这项工作还未深入大众意识的各个层面。国防军展览带来的影响是深远的。正如展览的发起者扬·菲利普·雷姆茨马(Jan Philipp Reemtsma)告诉我的那样,"国防军是犯罪组织"的看法虽然在当时争议很大,但如今已经成为一项不言自明的常识。这一展览已成为德国战后史的一部分,无论是在当时收听媒体报道的德国人还是后来研究战后德国的人,都不可能没听说过它。人们一提到德国在清算历史方面所做的努力,最先想到的就是国防军展览。

我曾向美国密西西比州的一位性情温和、年近六旬的男士解释道,战后的第一代德国人听起来和"未竟事业"(Lost Cause)版本的美国南方邦联历史捍卫者十分相像。他听完如是说:"但他们一定……(至少在参观集中营的时候)一定知道纳粹的所作所为纯粹是邪恶的吧?"

他们不知道。

本书将讲述德国人是怎样缓慢而断断续续地努力清算历史,承认他们的国家犯下的罪行的。已经有很多书督促我们从大屠杀中吸取教训,其中一些观点令人生疑。我的关注点则是这场灾难结束以后,我们能从德国那里学到些什么。这段历史应该给人们带来希望,尤其是给那些正努力与自身分裂的历史握手言和的美国人带来希望。理解当代德国有一个关键之处：我认识的几乎所有德国人，从公共知识分子到流行歌手，在听说我要写一本以向德国人学习为主题的书时都会哈哈大笑。唯一的例外是一位前文化部部长，他一点都不觉得好笑。当时在柏林的一家餐馆里，他大声告诉我，无论如何我都不应该说别人能够从德国人身上学到什么东西。"犹太人大屠杀是人类历史上最严重的罪行，没有任何罪行能与之相提并论"的看法对正派的德国人来说是一项不言自明的共识，但他们普遍认为这一共识来得太晚了，这也是共识。德国人"清算历史"的行动来得太浅、太迟，最重要的是不全面，正如国防军展览引起的反应所揭示的那样。"**我难道不知道德国人花了多久才把对自己的定位由最大的受害者转变为最大的加害者吗？我难道不知道有许多德国人根本没有转变过来吗？我难道不知道德国仍然存在着种族主义，而且目前以二战后首个获得了足够的选票并顺利进入议会的极右翼政党——德国选择党为代表吗？**"

过去40年来，我大部分时候都待在柏林，所以我对这些非常清楚。我是一名哲学家，不是历史学家或社会学家，但出于一些深层且紧迫的原因，自1982年以来，我一直在努力测量这个一度陷入狂热的国家的温度——最重要的是，我需要判断这里是不是一个适合抚养犹太裔孩子的地方。1988年，我的判断是它不适合。但到了2000年，我改变了主意，因为从20世纪80年代开始出现的那些变化已经扎下了根。

事实上，正是德国在清算历史一事上的失败给那些面临类似问题的国家带来了希望，但这只是一个明显的悖论。比如，美国南方的社会正义活动家们正努力迫使他们的邻居看到，他们的种族主义历史是如何影响今天的种族主义的,当然,他们自己也最早意识到了这项工作有多么困难。承认的方式带着太多戒备,种族主义太过顽固,坚持自己是受害者的倾向太过强烈。那些犯下了堪称有史以来最严重罪行的人经过数十年的努力才承认这些罪行,并开始赎罪,这给予了美国那些为类似的事业而努力的人以巨大的慰藉。如果连那些生长在最黑暗的环境中的人们都需要大量时间和努力才能看到光明,那么为什么美国人(那些多年来一直接受自己格外善良的信息灌输的美国人)不需要充足的时间和努力去接受自己土地上的罪行呢?战后德国用过的方法和犯过的错误表明这是一个缓慢且易错的过程,也表明美国正朝着正义与和解的方向迈出试探性的一步。

有时,失败虽然无法带来最终解决方案,却能推动进步,给人们的生活带来真真切切的改变,并最终孕育希望。对少数人来说,这种改变意味着生活变得更糟糕了:在美因河畔法兰克福、费城和密西西比州,彼时彼地未被定罪的那些谋杀犯终于锒铛入狱。但对更多人来说,这些改变意味着生活变得更美好了。德国人欢呼着接收了100万难民,他们迫切想要摆脱祖先留下来的种族主义,两年后的那些强烈抵制难民的行动也没有改变这一事实。而在另一边,一名黑人连续担任了两届总统。奥巴马在担任总统期间(尤其是在他的每一项举措都遭到大规模反对的情况下)取得的成就令人印象深刻,它们消除了白人至上主义最后的正当性。这恰恰引起了巨大反弹,导致了有史以来似乎最不可能的人成功入主白宫。奥巴马的任期未能消除针对他和他的家人的仇恨浪潮,但他们一直平静地忍受着。可贵的是,消灭仇恨是可能的,因为由它生出的希望既然在过去可能实现，那么在未来同样可能实现。我将论证，特朗普之所以能在2016年赢得大选，在很大程度上是由于美国未能正视自己的历史。

在美国人和英国人的生活中，纳粹的象征意义与人们对他们的普遍认识是相反的。**纳粹**一词只意味着历史中心的黑洞、邪恶的顶点、罪无可恕、罄竹难书。当然，美国和英国的历史学家也对纳粹历史做了大量学术研究，除了德国的相关资料，我还经常参考这些英美的资料。然而，我关注的是公共记忆，即每种文化中的每个稍稍受过一些教育的人都知道的那些东西，那些在他们自己都不知道的情况下早已潜移默化、深入骨髓的东西，比如自己祖国的地形地貌：很少有美国人需要停下来想一想科罗拉多州是不是在康涅狄格州的西边，正如很少有英国人需要花时间思考利兹是不是在伦敦的北边。你就算忘了学生时代学到的其他所有东西，也不太可能忘了这些。

英国人和美国人都知道有600万犹太人被纳粹杀害，正如他们清楚亨利八世（Henry VIII）有6个妻子以及华盛顿砍倒樱桃树的故事；但由于缺乏细节，犹太人大屠杀的这段历史更像个谜。关于前往死亡集中营的路上或集中营里的具体情况的描述已经非常详尽。然而，由于人们对德国法西斯诞生的原因知之甚少，对其后续影响也几乎一无所知，**纳粹**这个词经常被滥用〔比如被本·卡森（Ben Carson）用来形容奥巴马的医改计划，被乔治·W.布什（George W. Bush）用来描述萨达姆·侯赛因（Saddam Hussein），甚至被比尔·奥赖利（Bill O'Reilly）用来描述"黑人的命也是命"运动（Black Lives Matter）〕也就不足为奇了。难怪将纳粹对犹太人的迫害与白人对非裔美国人的迫害相提并论会引起反感甚至愤怒。"有失偏颇的"（tendentious）一词是白人表示反对时使用的最温和的词语。"**奴隶制确实是错误的，但它是个经济问题。你怎么能把它和蓄意谋杀数百万人的行径相提并论呢？**"

谁有权将它们相提并论？这并不是一个无关紧要的问题。最早将纳粹的种族政策和美国的种族政策相提并论的人是纳粹自己。他们在二战后频繁这样比较，为的就是给自己开脱罪责，真是可笑之至。就算是学生为自己在操场上打架找理由，"他先动手的"也是个糟糕的借口。通过援引对美国原住民的种族灭绝来给虐杀数百万斯拉夫人的暴行做辩护更是荒唐透顶。哎，历史学家们已经证明了，纳粹对美国种族政策的兴趣由来已久。20世纪20年代，纳粹借鉴了美国的优生运动来支撑他们装模作样的种族科学。美国的西进运动给印第安人带来了无尽的苦难，希特勒则以此为模板提出了自己的东扩主张，还说这是为了德国人能够获得足够的"生存空间"（Lebensraum）所必需的。纳粹法学家研究了美国的大量种族法案，尤其是有关公民权利、移民和种族通婚的部分，在此基础上起草了臭名昭著的纽伦堡法案。令人不寒而栗的是，这些法学家觉得美国的种族政策用在德国犹太人身上太过苛刻，于是用更宽松的标准取代了臭名昭著的"一滴血"原则[①]（美国法律中决定一个人所属种族的标准）。这种更宽松的标准认为，只要

[①] "一滴血"原则（One-drop rule）：一种盛行于20世纪的美国，用于划分种族的社会及法律原则。这一原则认为，一个人只要有一个祖先拥有黑人血统，就可以被认定为黑人。

某个人的祖父母和外祖父母中的犹太人不多于一人,此人即可勉强被视为德国公民。另一方面,他们十分欣赏美国法律"证明了就算在技术上无法科学地定义种族,却仍然完全有可能建立种族主义法律体系"[1]的现实主义作风。这些法学家中的佼佼者引用了林肯和杰斐逊的言论中最糟糕的部分来支持他们的种族主义政策。这些都不能说明美国的种族主义是德国的种族主义的根源。种族主义十分常见且形式多样。美国拥有世界上最完备的种族主义法律体系(纳粹在20世纪30年代曾积极研究这一体系,并建立了自己的体系),不需要再补充前因后果,这一事实本身已经足够令人头疼了。

当自己的城市在二战中被夷平后,德国人依然热衷于比较。**"盟军对德国平民的狂轰滥炸和纳粹党卫队犯下的罪行难道不是一样严重吗?"** 虽然人们通常更关注在二战中遭到轰炸的汉堡和德累斯顿——这已然成为烙印在人们心头的战后记忆,但在德国和奥地利,仍然有"日本原子弹大屠杀"之类的说法。当然,这些话是从政治倾向极右的人口中说出来的。对于那些力图证明盟军犯下的罪行和德国国防军的罪行一样严重、欧洲人对美洲原住民的大屠杀和纳粹对犹太人的大屠杀一样恶劣,从而为德国开脱罪责的人来说,这种比较总是具有重要意义。

我将尽量遵循茨维坦·托多罗夫的明智箴言:德国人应该关注犹太人大屠杀的独特性,而犹太人应该关注大屠杀的普遍性。这一原则可追溯至康德,但它也是我们在幼儿园就应该学到的理念的变体:如果每个人都把自己的烂摊子收拾好了,我们就都不用替别人操心了。只有那些认为语句的真值已经穷尽语句本身的人,才会认为托多罗夫的说法有问题。其实,正如日常语言哲学告诉我们的，语句往往是行为的一种形式。如果一个德国人谈论大屠杀的独特性，他就是在承担责任；如果一个德国人谈论大屠杀的普遍性，他就是在否认事实。强调普遍性的德国人其实是在为德国开脱罪责；如果每个人都以这样或那样的方式犯下了大屠杀的罪行，德国人又怎么能忍住不为自己开脱呢？

并非只有德国人将自己的种族主义罪行和其他人的罪行进行比较。20世纪60年代早期，在犹太人大屠杀成为公认的事实之前，很多非裔美国人也做过类似的比较。1949年，W. E. B. 杜波依斯（W. E. B. Du Bois）在参观华沙犹太人聚居区时，被自己提出的所谓"本世纪最严重的问题"——肤色界限——的相似之处深深震撼。在1963年的伯明翰教堂爆炸案之后，詹姆斯·鲍德温（James Baldwin）说，美国白人对于迫害美国黑人负有共同的责任，正如德国人对他们在纳粹迫害犹太人时的沉默负有共同的责任。[2] "我们的历史并不比其他国家的历史更血腥，"他接着说，"但它仍然是血腥的。"[3] 艾希曼审判结束后不久，马尔科姆·X（Malcolm X）在与鲍德温的一次谈话中评论道："20年前犹太人遭遇的一切使我们日夜难安，使我们恨不得杀掉艾希曼。没人告诉他们要忘记过去。"[4] 曾冒着生命危险在诺曼底对抗法西斯分子的民权英雄梅加·埃弗斯（Medgar Evers）和几乎没有发表过激进言论的民权领袖、全美有色人种协进会（NAACP）主席罗伊·威尔金斯（Roy Wilkins）也做过类似的比较。有意思的是，我在为本书搜集材料时遇到的非裔美国人没有谁觉得这种比较有什么问题。不过，当白人民族主义者在夏洛茨维尔高喊着"血与土"（"Blood and Soil"）进行示威游行之后，这种比较还需要进一步论证吗？"血与土"（Blut und Boden）是纳粹的口号。这场游行也没有任何**新鲜**之处，依然是火炬游行、行纳粹礼和纳粹符号。除了一点：它们在美国的土地上越来越常见。

如果一个犹太人认同托多罗夫提出的"大屠杀的普遍性"，那么他就不需要再去论证犹太人大屠杀和其他国家的罪行为什么是完全相同的；问题的关键就变成了如何为后者担责。我待在美国的时间和在其他地方度过的时间几乎一样长，但我仍然拥有一颗美国犹太人的心。（如果你既不是美国人也不是犹太人，那么你应该知道，美国人的活法和犹太人的活法一样多。）因此，我在写作本书的时候，仍然震惊于这个国家在正视历史方面的拖延，它仍然不肯直面自己曾经的罪行。由于中学教育和源源不断的电影、电视以及电台节目，一个人不用成为历史学家也能了解有关奥斯威辛的基本事实。相反，如果想要逃避有关奥斯威辛的一切信息，你在过去30年里就必须一直过着离群索居的生活。除了专门研究当代德国的历史学家，一般人都不太可能清楚，德国人在过去70年里为了对抗奥斯威辛带来的阴影都做过什么。

德国与德国历史之间非常复杂的关系衍生出了几个超长的复合词。这些单词虽然都被称为德国最具特色的出口品，但都没有确切的翻译，"清算历史"（working-off-the-past）算是一种比较合理且接近原意的译法。在德语中，有一个词既可以表示**债务**（debt），也可以表示**罪责**（guilt）；似乎只要付出足够的努力，这两者就都可以被清偿。最近，人们将这些词统统换成了更模糊的"**记忆文化**"（Erinnerungskultur），以表明这些债是永远也还不完的。我将在本书中使用以前的说法——清算历史，毕竟记忆活动没有其他内容。人们从20世纪60年代开始使用"**清算历史**"（Vergangenheitsaufarbeitung）这个概念，以一种抽象的多音节表达方式来说明**我们必须对纳粹做点什么**。许多其他国家的人依然认为，纳粹得势完全依靠一群文盲暴徒，不幸的是，糟糕的小说《朗读者》（*The Reader*）和由它改编的同名电影进一步加深了这种印象。事实上，在纳粹党中，来自知识阶层的成员占比最高；他们的后代要求从上到下彻底变革他们留下的体制。

数十年来，这场变革不仅席卷了法律审查体系和学校课程，还主导了公共讨论，催生了无数艺术、电影、文学和电视作品，改变了德国许多城市的面貌。除了著名的欧洲被害犹太人纪念碑（Memorial to the Murdered Jews of Europe，又名Holocaust Memorial，亦译作"浩劫纪念碑"，矗立在统一后的柏林最显眼的一块空地上），德国还有超过6.1万块更小但是更扰人心神的绊脚石（stumbling stone），它们是德国艺术家甘特·德姆尼希（Gunter Demnig）在二战前犹太人居住过的住宅前的人行道上一块块敲进去的。它们由黄铜片制成，每块黄铜片上都刻有一个名字、出生日期和被送进集中营的日期。

与之相比，你可以想象一下，在华盛顿广场中央竖立一块中间航道①纪念碑或美国原住民大屠杀纪念碑会是怎样的情形；你

---

① 中间航道（Middle Passage）：始于16世纪的"三角贸易"（Triangular Trade）的一个阶段。欧洲奴隶贩子先乘船从本国出发，带着盐和布匹等商品前往非洲，然后在非洲将它们换成奴隶，再穿过大西洋到达美洲，在美洲将奴隶换成毛皮、烟草、糖等种植园产品以及金、银和工业原料，最后返回欧洲。整个贸易路线连接了欧洲、非洲和美洲，航线大致呈三角形，因此整个贸易过程被称为"三角贸易"。其中，穿越大西洋将黑人奴隶从非洲贩运到美洲的航线就是所谓的中间航道。

还可以想象一下，当你走在纽约的大街上，脚下的一块块石头提醒着你，这幢建筑是黑人奴隶建造的，那栋房子曾是美国原住民在遭到灭族之前的家，那又会是怎样的情形。过去数年来，美国的一些大学已经开始标出校园内由奴隶劳工建造的区域。那么这个国家的其他地方呢？

华盛顿广场和伦敦的海德公园都留出了部分场地纪念犹太人大屠杀。然而令人疑惑的是，一桩发生在欧洲大陆的事件竟然在美国和英国的国家象征地段占据了如此醒目的位置——尤其是在美国，这个国家在大屠杀发生前丝毫没有帮助犹太难民，在大屠杀发生后却做了大量工作以确保纳粹残党能够移民本国。虽然大部分英国公民支持修改签证限制，从而方便接收犹太难民，但英国外交部的备忘录表明，决策者们担心，如果修改了签证限制，德国人可能"放弃种族灭绝，转而顺势推动外来移民大批涌入，将其他国家推入困境"。⁵这两个没有尽力阻止大屠杀的国家投入大量资源以示纪念，是否仅仅出于愧疚？

很少有人公开提出这个问题，因为唯一明了的答案似乎指向了"犹太游说团"（Jewish lobby）——而这个答案是反犹的。但在历史上，人们在许多议题中都会提到犹太人。犹太人大屠杀在美国文化中的显著地位以及在英国文化中没有那么显要但依然重要的地位发挥了重要作用：我们知道了什么是恶，以及谁应该对此负责。虽然我们都知道种族大屠杀并不始于纳粹，也并未止于纳粹，但"把人们集中起来送进毒气室的行径就是一种邪恶"是当今唯一一个几乎得到了所有人的普遍道德认同的观点。在今天这样一个所有道德要求都受到了越来越多质疑的世界，任何共识都是值得欢迎的。问题在于，大屠杀这样一个绝对邪恶的象征为我们提供了一项黄金标准，在此标准下，其他任何恶行看起来都不过如此。对奥斯威辛的关注扭曲了我们的道德观：就像极度近视的人一样，我们只能看见巨大的、高光的物体，其他的一切在我们眼中都是一片模糊。或者，用精神分析的术语来说，人们关注奥斯威辛是因为他们拒绝了解自己国家的罪行。

直到最近，有关美国历史阴暗面的资料还是很容易被忽视。材料就在那里，但需要努力挖掘。以前，我们只能在大学图书馆和非裔美国人或后殖民研究项目中看到奴隶制和吉姆·克劳法（Jim Crow laws）恐怖统治的历史，如今，它们却已成为普通历史课程和大众文化课程的一部分。［尽管批评者们忽视了这些，但至少有一个转折点：昆汀·塔伦蒂诺（Quentin Tarantino）在柏林拍摄他的前一部电影时受到德国记忆文化的影响，于是接着拍摄了《被解救的姜戈》（*Django Unchained*）。］英国公众的讨论则更加畏首畏尾。正如大英博物馆前馆长尼尔·麦格雷戈（Neil MacGregor）所说："作为一个整体，德国历史最值得注意的是，德国人会利用他们的历史来思考未来，英国人则倾向于利用历史来自我安慰。"⁶英国的小学生们学到的是英国在美国之前废除了奴隶制，但他们鲜少了解英国应当对奴隶贸易承担多大的责任。大部分英国大学生都隐约知道爱尔兰问题，但他们对这个国家的哪个部分是英国王室治下的领土缺乏最基本的认识。英国的帝国主义历史（**"我们给他们修了路，而且跟比利时人比起来我们简直可以算好人！"**）在公众意识中只占很小一部分，因此就连那些受过教育的英国人在了解到英国被普遍认为属于欧洲殖民主义历史的一部分时也会感到吃惊。

一个美国人试图用德国历史的光明面或黑暗面来审视自己国家的罪行，这是一种自我憎恨吗？在得出结论前，我们还应该考虑到，自我憎恨是德国右翼言论中的一个永恒的主题，他们经常把国防军展览之类的活动称为"弄脏自己的窝"。其实，把这类活动描述为艰巨的"清理巢穴"工作更为恰当，相比之下，清理马厩要更容易。正因为德国承认了自己的罪行，它才能在大屠杀发生的短短几十年后就被国际社会重新接纳，被视为文明国家，并成为受到其他国家认可的欧洲领导大国。勇于承认自己耻辱的历史正是力量的象征。

邪恶是不能拿来比较的，虽然人们经常比较。

使用高科技手段蓄意谋杀数百万人是一项比剥削奴隶劳工的经济价值更严重的罪行！

但在中间航道上丧生的黑奴的人数比奥斯威辛集中营里被屠杀的人数要更多！

如果你注重形式，那你可以补充说，即使在急需补充运输力量和兵源的情况下，纳粹仍在不遗余力地折磨虐杀犹太人；纳粹对大屠杀的热情甚至超过了将犹太人当作实验工具的理性利益。（然而你应该记住，被毒气室杀害的犹太人只占被害的欧洲犹太人的一半以下，2,000万被屠杀的斯拉夫人则无一死于毒气室。其他犹太人则都是被更原始的手段杀害的：程度不一的有组织扫射、焚烧、棒杀都是东线战场上常用的方法。）如果你注重数字，你可以说，被俘获的非洲人待在运奴船中的时间比被送往集中营的犹太人待在运畜拖车中的时间要长。这类例子表明，关于苦难的奥林匹克竞赛是愚蠢的。比较罪行对心智有害，邪恶的程度也没有衡量标准。试图确定某种邪恶比另一种邪恶更严重是一项政治议题，而不是道德议题；出于政治目的将邪恶做比较在道德层面是不可接受的。今天，我们至少达成了这样的共识：犹太人大屠杀和奴隶制及其后果都是邪恶的。但是然后呢？

　　本书将比较救赎，而不是比较邪恶。假如你接受了"催生毒气室的种族主义与导致奴隶制和恐怖活动的种族主义可以相互比较"的观点，那么你仍然可能会好奇：我们能不能比较治愈这些历史创伤的过程呢？战后的德国曾被四大战胜国蹂躏和占领，当代美国却没有——即使那些承认这两个国家都曾被种族主义毒害的人们可能也想知道两国是如何自愈的。鉴于两国呈现出了完全不同的境况，一个成功地与自己的历史和解的国家能为另一个国家提供怎样的借鉴呢？[7]

　　让我们先来看看两国的不同之处：

　　1.德国被占领了45年，直到1990年，随着和平条约的签订，战争才真正结束。作为一个彻彻底底的战败国，德国只能承认自己的罪行。相比之下，美国作为战胜国从二战中一路崛起，就连那些和平主义者都承认它一直站在真理与正义一边。谁能强迫美国人承认自己有罪要赎呢？

　　日期是无可争议的。另一个无可争议的事实是，同盟国在西德展开的去纳粹化行动是一场彻头彻尾的失败。（当然，东德的情况更为复杂，下文会提到。）就像重建时期的美国南方人一样，二战后的西德人一开始对所谓的"胜利者的正义"也感到不满，他们蔑视同盟国试图强行改变他们的意识的做法。从纽伦堡审判到强迫德国人参观张贴着"你们犯了这些罪！"（YOU ARE GUILTY OF THESE CRIMES！）标语的贝尔根-贝尔森集中营，官方强迫德国民众认罪的举动基本上遭到了一致的轻视。20世纪50年代西德最畅销的小说是《问卷调查》（The Questionnaire），一位右翼作家将一份去纳粹化的调查问卷作为他的人生故事的框架，书中每一页都在嘲笑"同盟国的人太蠢了，肯定看不懂"。同盟国承认他们的再教育项目失败了；同时，出于迫切希望化解过去的仇恨从而一心应对冷战的考虑，他们在1951年终止了这些项目。清算历史并不是从外部强加给人们就能达成的。只有内部改变才可能做到这一点。内部改变始于20世纪60年代末，始于之前的那些强烈反对正视历史的人的子辈。

美国的种族主义历史比德国的种族主义历史更为久远。第一名奴隶是在1619年被带到詹姆斯敦的；1951年，一个神职人员代表团在参观白宫时带去了一封由病中的阿尔伯特·爱因斯坦写的信，但这封信同样没能说服哈里·杜鲁门（Harry Truman）将滥用私刑列入联邦犯罪。当时，就连地方检察机关内部都存在滥用私刑的情况，他们当然不可能检举自己，而私刑一旦入罪，就将由联邦机关而非地方机关来起诉。当时杜鲁门说时机还不成熟，毕竟他在政治上还要依赖南方民主党人的支持。在残忍的种族主义如此根深蒂固的美国，你怎么能指望美国人一下子就像德国人那样游刃有余地处理历史问题呢？

再说一次，日期没有争议，但事情没有那么简单，我们还应该考虑其他因素。德国的种族主义同样由来已久。在整个中世纪后期，德国犹太人和欧洲其他国家的犹太人一样，都被迫居住在犹太人聚居区，他们一直生活在大屠杀的恐怖阴影下。直到拿破仑的兵锋将法国大革命的理念带到东方，他们才获得公民身份，德国人和犹太人之间引以为豪的共生关系则姗姗来迟，且摇摆不定。哲学家摩西·门德尔松（Moses Mendelssohn）虽然在他的时代被誉为德国的苏格拉底，却仍被普鲁士科学院拒之门外。150年后，爱因斯坦在通过一封推荐信向这所庄严的学院证明了自己"不具备任何令人不适的犹太人特征"后，才获得学院成员资格。当时是1914年，他已经发现了相对论。问题不在于哪国的种族主义更久远、更根深蒂固或更具毁灭性，而在于美国种族主义的形式是否阻碍了其应有的救赎。（而这种救赎在德国已经出现了。）

2.美国内战结束于1865年；二战结束于80年后。既然德国已经在救赎的道路上取得了相当的进展，为什么美国的救赎反而迟迟没有开始呢？

问题的关键仍然在于日期。因记录伯明翰民权运动的历史而获得普利策奖的黛安娜·麦克沃特提议，我们应该从1964年民权法案（Civil Rights Act）的通过开始清算历史，因为不论有多少种形式的种族主义仍在继续，从那一刻开始，种族主义政策被法律明令禁止了。**事实上**（de facto），美国的种族主义政策延续至今，但**法律上**（de jure）的禁止划定了一条分界线。如果你接受这一提议，那就意味着我们距离清算历史的起点不过50年，德国人在这个时间点上举办的国防军展览激起了民众的强烈反弹——这与新奥尔良移除南方邦联纪念碑激起的反弹如出一辙。

美国人迟迟不肯正视自己的历史有几个原因，其中一个原因很简单：美国历史中有一个长达百年的漏洞，甚至鲜有美国白人意识到这一点。对我们当中的大多数人来说，1863年的《解放黑人奴隶宣言》(Emancipation Proclamation)与1955年的蒙哥马利公车抵制运动（Montgomery bus boycott）之间的历史是一片模糊。我在准备写这本书之前对此同样一无所知。就连希拉里·克林顿（Hillary Clinton）这样学识渊博的政治家在2016的竞选活动中也将吉姆·克劳法时期和美国重建时期混为了一谈。就算为了准备大选而精疲力竭，她也不应该将这两者混为一谈，它们的区别简直像孟菲斯市和蒙大拿州的区别一样大。米歇尔·亚历山大①、爱德华·巴蒂斯特②、道格拉斯·布莱克蒙③、埃里克·方纳④、布莱恩·史蒂文森⑤等人的出色工作让我们认识到了动产奴隶制（chattel slavery）是如何演变成其他类型的奴隶制的。我将在第8章概述这方面的工作。在这些知识成为我们课堂上的必修内容并成为共识之前，我们常常能听到这样的抱怨：**奴隶制在19**

---

① 米歇尔·亚历山大（Michelle Alexander）：美国作家和民权活动家，她最著名的作品是2010年出版的《新吉姆·克劳》(The New Jim Crow)。自2018年以来，她一直是《纽约时报》的评论专栏作家。
② 爱德华·巴蒂斯特（Edward Baptist）：美国学者和作家，专攻19世纪美国史，尤其是南方史。
③ 道格拉斯·布莱克蒙（Douglas Blackmon）：美国作家和记者，于2009年因他的著作《换个名字的奴隶制》(Slavery by Another Name)而获得普利策奖。
④ 埃里克·方纳（Eric Foner）：当代美国最有影响力的历史学家之一，在美国内战与重建史、非裔美国人史、奴隶制研究、美国政治文化史、林肯研究等领域勤奋耕耘了半个世纪，出版了几十部著作，代表作包括《美国自由的故事》(The Story of American Freedom)、《给我自由！》(Give Me Liberty!: An American History)、《烈火中的考验》(The Fiery Trial : Abraham Lincoln and American Slavery)等。
⑤ 布莱恩·史蒂文森（Bryan Stevenson）：平等司法倡议组织创始人、执行董事，纽约大学法学教授。代表作为《正义的慈悲：美国司法中的苦难与救赎》(Just Mercy: A Story of Justice and Redemption)。

世纪就结束了，为什么生活在21世纪的我们还要讨论它呢？

　　对于美国人的记忆中存在的黑洞，存在着一些险恶的解释，刚开始有一些人提出，这是将南方邦联军的历史描述成"未竟事业"的捍卫者们共同努力的结果；但也有一种十分天真的解释：美国人更喜欢进步叙事，我们就称之为圆满的大结局吧。我们的故事更多是雄心壮志而非现实。我们可能承认自己在过去犯了一些错，但我们想要相信，这些错误已经以一种曲折的方式得到了修正。特朗普当选后不久，奥巴马曾用"美国的历史是Z字形的"一类的说法鼓舞人心，尽管这一比喻在国民陷入焦虑时可能起到了抚慰作用，但用它来描述美国走过的弯路还是过于抽象了。奴隶出身的废奴主义者弗雷德里克·道格拉斯（Frederick Douglass）早先说过："种族主义暴行最常发生在黑人取得进步的时候。"[8] 三K党成立于重建时期，即内战结束后非裔美国人开始享受联邦获胜赋予他们的权利的那段短暂时期。数十年后，以在军中服役为荣的黑人们从世界大战的战场上浴血归来，却要面对一群滥用私刑的暴徒。一些学者认为，对布朗案判决结果的愤怒在一定程度上导致了黑人埃米特·蒂尔被殴打致死。作为对20世纪60年代民权运动的早期成就的回应，南卡罗来纳州升起了邦联旗，佐治亚州出现了石山公园南方邦联纪念浮雕。毫无疑问，一个黑人家庭入主白宫激怒了一大批美国人，于是他们选出了一个暴力的欺诈犯作为其继任者，后者的政策与大多数人（除了少数亿万富翁）的利益背道而驰。我并不是在为可能的进步唱挽歌。奥巴马的当选使我们在哪怕最具希望的年代（20世纪60年代）都不敢奢望的梦想变成了现实，也激起了全世界人民的希望和心声。不过，只有意识到这种Z字形道路并非偶然,而是具有明显且特定的结构,我们才能再次取得系统性的进展。

3.德国的犹太人社群可能是欧洲增长最快的一个群体,但他们今天在德国人口中的占比离纳粹当权时期仍有很大差距——当时犹太人在德国人口中所占的比例也不到1%。不管怎么计算,犹太人的占比从来没有接近14%——这是非裔美国人占美国人口的比例。

德国的犹太人数量很难统计,因为唯一能够让自己被计入总数的方法就是加入由官方设立的犹太人社区,而加入犹太人社区就意味着个人收入将被自动扣除1%。但他们就算不被税收吓倒,也常常感到自己被这个既充满斗争又保守的社区疏远了。目前,居住在柏林的数千名以色列人都没有加入这个社区,因此也就没有计入总数。我也一样。不可否认,生活在美国的非裔美国人远比生活在德国的犹太人更有存在感,但这一点具有两面性。许多非裔美国人要求成为美国文化中至关重要的部分,这也是一种优势。德国人自从赶走了犹太人,便一直哀叹于自己的文化中有了一块空缺,我们这些在二战结束后才来到或回到德国的犹太人却无法弥补这些空缺。最晚自弗雷德里克·道格拉斯以来,绝大多数非裔美国人都拒绝了重返非洲的提议。相反,他们坚持留在美国,以争取自己作为美国公民的全部权利。美国经济建立在被奴役的男男女女的血肉之上,他们开垦土地,照料庄稼,创造财富,这些正是美国繁荣的基础。黑人对美国文化的贡献同样非常重大;如果不是一代代伟大的黑人艺术家创造了举世公认的典型美国文化表现形式,现在的美国文化是无法想象的。无论是过去还是现在，非裔美国人一直是美国生活中不可分割的一部分，这是存在希望的原因。有着400年历史的4,000万人的声音不容忽视。

4.或许可以忽视吧。但这种观点也有两面性。白人种族主义继续存在且继续致命，在整个美国都是如此：这不仅是一个未经审视的过去的问题，更是一个沉重而残酷的现在的问题。相反，在德国，种族主义可以攻击的对象已经所剩无几了。

在德国，土耳其人和其他有色人种在某种程度上遭受了犹太人曾经遭受过的恶毒攻击。2000—2007年，年轻的新纳粹组织"民族社会主义地下组织"（National Socialist Underground）的一些成员随机谋杀了9名土耳其人和其他有色人种公民，之后又用自制炸弹自杀，仅有一名成员存活下来。对此人的审判震惊了整个德国。这不是孤例，近年来德国境内针对棕色人种的暴力袭击事件屡屡发生。2015年，德国一处难民收容所遭到袭击。正是出于对此类事件的深恶痛绝，数千名德国人举行了抗议活动，他们涌入铁路站台，迎接一车又一车从叙利亚、伊拉克和阿富汗来的难民。由于这种欢迎行为在一些德国人那里引起了深深的恐惧，战后德国第一个极右翼政党在议会中获得了席位。毫无疑问，在可预见的将来，我们还需要保持警惕。历史将继续渗透并影响未来。清算历史的进程永远不会终止。

尽管德国为了应对反犹主义做了大量工作，但**反犹主义**并没有从德国完全消失。朋友们说我了解到的还不是最糟糕的部分；很少有德国人会将他们在一个犹太公共知识分子背后说过的话全部告诉她。我相信朋友们是对的，因为我确实听到过更委婉的侮辱：无论我做什么，总有人怀疑我在德国的职业上的成功是平权行动的结果。这种怀疑也困扰了许多身处美国的非裔美国人。不过，随着时间的推移，我有了更重要的事。我在1988年离开了柏林，主要是因为我想让儿子在正常环境中成长，而在柏林这样一个有这么多冤魂的地方，这似乎是不可能的。一位日托保育员曾经告诉我："要是知道他是犹太孩子，我就不会照看他了。这并不是因为我反犹，他们无法选择自己的族裔，但如果早知道的话，我就不可能像对待其他孩子一样对待他。"至少她很诚实。12年过去了，我的两个孩子已经长大，德国也换了政府，我再次回到了柏林。此时的我开始确信，这里的人们已经能够直面过去，过去的偏见已然消除，犹太儿童不再需要躲躲藏藏，可以在阳光下好好成长。这两个孩子已经成年，依然生活在这个每天都会迎来大批外国人的城市。这是一个巨大的变化。我不会把他们带到一个会迫使犹太人感到恐惧的地方。换句话说：我不会把他们带到一个不得不在德国国防军雕像或纳粹党党旗旁边走过的地方。

总而言之，不论过去还是现在，德国和美国的种族主义都不相同。它们怎么可能一样呢？历史和那些造就历史的人以及被历史造就的人一样特殊，在一个地方行之有效的东西不能直接被移植到另一个地方。从某个角度来看，德国和美国的种族主义历史的差异是显而易见的。从另一个角度来看，那些相似之处又可以教会我们什么是罪恶与赎罪，什么是记忆与遗忘，以及过去对未来有着怎样的启示。许多相似之处都是跨文化的，比如对英国殖民的思考和对荷兰殖民的思考是有联系的，尽管各个国家为历史赎罪的努力都必须结合自身的历史。"**忘记过去，继续前进**"之类的话甚至对个体的心理都没有任何帮助，当然，它们作为政治建议也毫无价值。过去一旦开始溃烂，便会成为裸露的伤口。

两者的共同点始于语言：就和在美国南方一样，在德国，"这场战争"（the War）只有唯一的指称（在美国南方指南北战争，在德国指二战）。每个人都知道这场战争具有决定性作用，其影响延续至今。相比于美国其他地方，这种认识在同样曾被占领且几乎和德国一样满目疮痍的南方腹地更为明显。许多作家认为，内战对美国生活的影响至今仍在继续，有些人甚至声称，美国的主流政治文化表明，南方正试图通过其他方式赢回那场战争。⁹

对大多数美国人来说，内战在战后美国历史中的核心地位不如二战在欧洲历史中的核心地位那么明确。著名历史学家托尼·朱特（Tony Judt）准确地将他对20世纪后期欧洲史的研究称为"**战后**"（Postwar）史。如果对1865年之后的美国进行如此宏大的考察，你就会发现这个概念同样适用，只不过内战带来的阴影甚至更大。我们不应专注于这些差异的细节，而应该利用我们所能收集到的任何经验教训，努力走出阴影。

德国人曾自豪地称自己的国家为诗人和思想家的国度。但在直面纳粹历史的早期尝试中，曾有不止一个人愤怒地说，我们不如称它为法官和刽子手的国度。[在德语中，"诗人"（Dichter）与"法官"（Richter）押韵，"思想家"（Denker）与"刽子手"（Henker）押韵。] 一开始，德国思想家们逃避了一项道德义务，即反思纳粹对理性和权利的侵犯；海德格尔只是其中最突出的例子。大多数哲学家和大多数其他教授一样，在纳粹政权存在的时候支持它，一旦它倒台，他们就回避了这个话题。不过，卡尔·雅斯贝尔斯（Karl Jaspers）和他的学生汉娜·阿伦特、西奥多·阿多诺（Theodor Adorno）、阿多诺的学生尤尔根·哈贝马斯（Jürgen Habermas）以及才华横溢、自学成才的让·埃默里等思想家，都写了许多文章专门探讨这个问题：生活在一个曾经犯下滔天罪行的国家意味着什么？德国的思想传统为这项工作铺平了道路（除了极少数例外），而美国和英国的传统大多没能做到这一点。（一位杰出的英国哲学家曾经告诉我，他对"为什么一些德国人会成为纳粹"的问题和对某个宣称自己是茶壶的人都毫无兴趣。他说："两者都是疯子。"）我从德国哲学那里学到了很多，我的目标是鼓励美国人像德国人那样严肃地讨论罪行和责任——不是为了给他们提供一个方向，而是鼓励他们通过反思获得一种方向感，这种反思并不会因为细微的差异而降低热情。

规则在紧要关头很少起作用。在这种情况下，判断是必要的，而判断只能基于对具体问题的认真思考。了解德国人如何面对他们的历史并不能为另一个国家面对自己的另一段历史提供方法——哪怕德国人在清算历史方面已经做得无可指摘。即使在单一的文化中，也很少有明确的方向。某天中午，柏林科学院院长在和我一起吃午饭时问我是否愿意来看看科学院前厅地板上的马赛克图案。他想听听犹太人的意见，但他不愿意告诉我是哪方面的意见。我盯着地板看了一会，发现那是一幅类似鸭兔图的图案：从某个角度来看，那是个无害的图案；眨眨眼，我看到的又变成了一串相互交织的纳粹标志。此前一直没人注意到这一点，直到以色列总统来柏林科学院进行了一次礼仪性访问，他的随行人员在前厅里踱步时看到了这些纳粹标志。在德国，公开展示纳粹标志是违法的，所以院长收到了地方检察院的传票。如果这些地板是纳粹铺设的，人们根本不用犹豫该怎么做。但问题在于，这栋楼是1903年建的，比纳粹党的诞生早了近20年，地板上的图案只是个古老的印度图案。他们应该把刚刚花了1,000万欧元翻新的地板拆掉吗，还是应该在上面铺一块地毯，又或者是在旁边竖立一块牌子解释它的由来？第三个选项是柏林解决此类问题时的常用方法，也是院长选择的方法。他的继任者则认为最好把牌子取下来，用一张地毯解决问题。

此类例子表明，与历史的每一次对峙都必然无比复杂。哪些街道应该更名，哪些雕像应该拆除，那些犯下罪行的人应该得到怎样的评价，他们的罪过应该如何弥补——所有这些问题都不能一劳永逸地、抽象地得到解决。无论各国的罪行有多么相似，这些罪行必然总是特殊的，弥补措施也必须因地制宜。只有直接分析特定的案例和情境，我们才能正确地取得平衡。

随着美国人开始发现未经清算的过去如何影响了现在，关于历史和记忆的批判性思考最近也越来越多地出现在了他们的讨论中，这有理由给我们带来希望。现在下结论还为时过早，但那场始于20世纪60年代的法兰克福和柏林、改变了整个德国的运动，可能就是始于查尔斯顿和夏洛茨维尔的那些运动的前兆。不论存在多少差异，所有人都相信：如果我们不正视历史，历史就会继续困扰我们。成年人与自己的文化的关系就像他们与自己父母的关系一样：坦然面对过去是迈向成熟的关键一步，只有走出了这一步，我们才能够展望光明的未来。我们都受益于我们既无法选择也不能改变的那些遗产。在成长的过程中，我们会从所有不得不继承的东西中进行筛选，弄清楚哪些是自己想要的——以及应该怎样处理剩下的。

2
父辈之罪

　　我在柏林了解到的最令人惊讶的事情莫过于发现大多数德国人都曾经把自己的苦难放在首位。二战结束后的几十年里，德国人一直沉溺于自己遭受的苦难，而不是他们造成的苦难。他们难道没有在战场上失去儿子、丈夫、父亲和兄弟吗？大多数幸存下来的军人难道不都成了俘虏，而且很多都被送到了西伯利亚吗？妇女和儿童难道不是因为寒冷、因为畏惧炸弹摧毁他们的城市而只能整夜缩在地窖中颤抖吗？他们难道没有失去几个世纪以来一直属于德国的那四分之一的领土吗？战争结束后的那个冬天难道不是冷得人们将行道树都砍来烧火取暖了吗？他们难道不是靠蒲公英叶和土豆皮才活下来的吗？他们在战争中遭受的一切还不够吗？如今，他们正遭受着道德大棒的击打。难道他们必须承认，他们为之奋斗和受苦的事业不仅毫无意义，而且是罪恶的吗？

　　德国的年轻一代无法完全忽视他们的父母在这方面的看法与其他国家的人的看法之间的差异。这也是成千上万在战后出生的德国人在出国旅行时会伪装成丹麦人或荷兰人的原因，他们知道暴露自己的真实身份会让自己遭受怎样的对待：对方可能会冷眼以对，将玻璃杯摔在柜台上，甚至偶尔还会朝他们吐口水。西德的年轻一代在前往巴黎时和东德的年轻一代在前往波兰时都会有这样的遭遇，他们都在用不同的方式寻求弥补。如果他们的父母告诉过他们什么，一定是"世人的反应就是胜利者的正义"。不过在大多数情况下，他们什么都没有说过。

美国《独立宣言》宣称的"对人类舆论的应有尊重"在许多国家可能并不存在，战后的德国尤其感到自己应该无视这条原则。难道世界上其他国家没有犯过错吗？一场世界大战的结束与另一场世界大战的开始仅仅隔了20年，签订《凡尔赛和约》的场景依然历历在目。德国人在这场战争开始时所做的只不过是卷入了一场帝国权力斗争，而当时的大多数欧洲人都不觉得这有什么问题。第一次世界大战末期发生的大屠杀可谓令人发指，以至那些战胜国在战争结束后都想拉一个国家出来抵罪：于是，德国不仅失去了大量领土，还要偿还足以使本国经济陷入瘫痪的战争赔款。

在西德，经常有战争一代的后代告诉我，他们的父母反对他们为了给纳粹时期赎罪而做出的那些新尝试。但他们从未和我讲述整个民族的哀怨，那是他们父母的反对背后所隐藏的情绪：**我们赔偿的还不够多吗**？我用了几十年才了解这些哀怨有多深。

德国的战争一代确实付出了巨大的代价。首当其冲且最为关键的是700万人的生命。这个数字明显少于德国国防军仅在苏联这一个地方杀害的人数——2,700万，但它已经超过了德国总人口的十分之一，几乎没有一个德国家庭能够幸免于难。这700万死者中至少有100万是平民，尽管没有人知道盟军为了报复德军在伦敦和考文垂的轰炸而发动的空袭到底导致了多少人死亡。你如果居住在被轰炸的城市之一，就很可能失去你的家和家里的一切。当一切结束后，你会像其他成千上万人一样，在废墟瓦砾中搜寻，为找到一张旧照片、一个儿童玩偶或一个盒式项链坠（以及任何能勾起回忆的东西）而感激涕零。那时几乎没有东西可吃，在幸存者的记忆中，1946年的冬天是最冷的。

另一个数字是，德国四分之一的领土被永久占领。这就意味着有四分之一的人口在逃往西部时放弃了所有无法携带的东西，因为他们担心苏联红军会像德国国防军对待苏联平民那样对待他们。虽然苏联人在大多数时候并没有这么做，但这是无法预料的，所以数以百万计的难民涌向了西部，给那些不太会遭到轰炸的同胞也带来了麻烦。当然，难民的处境是最艰难的，但他们的新邻居过得也不轻松，因为难民的存在每天都在提醒着人们：德国遭遇了彻底的失败。相比之下，你可以想象一下，如果有某个国家征服了美国西海岸，导致怀俄明州以西的所有人都逃往东部避难，会是怎样一种场景。

有时候我会想，到底谁的怨恨更深一些——男人还是女人？男人们经历了苦难，尤其是在东线战场。他们在豪言壮语的激励下走上战场，想要一展抱负，回来时却成了满身虱子、狼狈不堪的残兵败将。优等种族说和大男子主义充斥着他们的青年时代；而现在，他们却像许多曾在西线作战的人所说的那样，被打得屁滚尿流。在西线被美国人击败对他们来说已经够丢脸了，要他们承认自己曾在东线被斯拉夫人征服更是难以想象，因为他们一直将后者视为劣等民族。作为男人，他们深受打击，因此我们不难理解他们对自己有多么失望。

然而，维持正常的家庭生活的却是妇女。在战争期间，当男人们离开前线回家休假，而且他们在家待的时间刚好足够让他们再给希特勒生一个孩子时，是女性在供养照料一家老小，是女性在每天晚上空袭警报响起时把床垫拖进地窖。在战争结束后，幸运的话，她们的男人可能只是失踪了，但她们往往要等待好几年才能知道具体情况。另外，她们就算不用再争抢柴火或食物，也仍然要一车一车地清理已经变成废墟的家。在她们的子女的记忆中，当时家家气氛紧张，人人表情严肃。连本应令人愉悦的记忆似乎也被阴影笼罩了。"整座城市就是一个大沙盘。"作家达妮埃拉·达恩（Daniela Dahn）回忆道。有时，她们甚至能够在废墟中找到旧头盔当挖掘工具。作家亚历山德拉·森夫特（Alexandra Senfft）表示："他们既是失败者又是加害者，这两重身份给他们带来了沉重的负担。"二战后，治疗师在德国极为罕见，因为纳粹将精神分析定义为一门犹太科学，而一些幸运的精神分析学家已经移民去美国或英国了。与此同时，父辈的罪孽仍在带来精神创伤：战后的第一代德国人有很多因为自己悲惨的童年而拒绝生育。男性认为"父亲"这个概念的权威性被玷污了，女性则将家庭生活视为导致抑郁的源头。对于1940年以后出生的第一代人来说，生育可能是一种英雄行为。

被自己的创伤蒙蔽的男人和女人们往往对其他人的创伤视而不见。维也纳作家希尔德·施皮尔（Hilde Spiel）结束她在伦敦的流亡生涯回到祖国后，人们表示非常羡慕她：**你能跑到国外逃过战争，真是太幸运了！**虽然她的父亲已经放弃犹太教改信天主教，而且非常珍惜他的铁十字勋章（The Iron Cross），但她如果没有离开祖国，恐怕难逃和祖母一样的命运——在特莱西恩施塔特①丧生。但对以前的邻居来说，最重要的是这些归国的移民在战争期间远离了维也纳和法兰克福等地的恐怖——纳粹和盟军对这些地方发动的多次攻击带来的那种恐怖。轰炸过后，人们饥寒交迫。移民们当然应该心怀感激，或至少应该感到幸运吧？

施皮尔并不是特例。还有一些在战后回国的非犹太裔难民本可以留在纳粹德国，却由于政治原因而选择了离开，因此被贴上了叛徒的标签。玛琳·黛德丽（Marlene Dietrich）唱过很多关于她的故乡柏林的情歌，但当1936年戈培尔邀请她离开好莱坞回到德国时，她拒绝了，而是选择为同盟国演唱。1960年她回到了柏林，迎接她的是谴责她背叛祖国的标语；在杜塞尔多夫的一场音乐会上，还有人朝她扔臭鸡蛋。黛德丽退休后去了巴黎，此后再也没有回到德国。最著名的非犹太裔归国难民是维利·勃兰特（Willy Brandt），他在祖国的遭遇最能说明战后初期德国人对二战的看法与其他国家的人对二战的看法之间的巨大分歧。维利·勃兰特在华沙犹太人起义纪念碑前的一跪感动了全世界。我们激动地看到，这位曾经参加抵抗运动的人试图为他的民族所犯下的罪行赎罪，这一做法打开了一扇门，让我们意识到父辈的罪孽并不一定会永远跟着子孙后代。然而，当他在1970年下跪时，全世界其他地方的人都非常欣喜，大多数西德民众却只感到

---

① 特莱西恩施塔特（Theresienstadt）：又译特雷津，位于今天的捷克共和国境内，纳粹在这里建造了一座集中营，曾有数万名犹太人在这里被杀害，还有许多犹太人被关押在这里，然后被转运到其他集中营。

痛心。(对他们来说,)这一姿态表达了谦逊,却也意味着屈辱。下跪被解读为投降,更糟糕的是(意味着)向波兰人投降;而几十年来坚持不懈的宣传已经让德国人将波兰人视为"劣等民族"(Untermenschen)。为什么勃兰特觉得有必要踏上道歉之旅呢?不到10年前,西德的首任总理康拉德·阿登纳(Konrad Adenauer)曾以"勃兰特先生12年来在国外都做了些什么?我们可是知道我们在德国都做了什么"为口号,与勃兰特争夺总理之位。外国人很难理解,勃兰特在1933年逃往挪威(正是这一点让他成了世人眼中的"优秀德国人")的做法在他的同胞眼中却是一个政治包袱。时代变了。这句口号如今出现在了位于菩提树下大街上那座规模很小的维利·勃兰特纪念馆的玻璃橱窗上,今天的德国人会为之感到羞耻。不过,我们如果想找到这句口号的出处,还需要再费一番周折。基督教民主联盟(CDU,简称基民盟)还没有清算阿登纳的那段历史,他仍然被尊为联邦德国的缔造者。

战后,西德人民的受害者情结隐藏得如此之深,以至我们今天几乎察觉不到它的存在。柏林曾经热烈欢迎尼尔·麦格雷戈出任仿照柏林城市宫建造的洪堡论坛博物馆的首任馆长——这不仅是因为他在德国历史领域的研究工作。然而,2015年麦格雷戈在参加英国广播公司的一档德国系列广播节目时,却对那些清理盟军轰炸留下的瓦砾的妇女给出了这样的评价:"与伦敦人不同,她们几乎从未把自己当成受害者。"然而事实上,她们确实把自己当成了受害者。与伦敦的那些清理废墟的妇女相比,德国的"瓦砾女工"(Trümmerfrau)认为自己才是更大的受害者。这不仅因为柏林和汉堡要清理的废墟比伦敦和布里斯托尔的要多,更因为不论英国的清理工作有多么辛苦，这种辛苦感都会因为英国妇女知道自己的国家赢得了正义之战而得到缓解。德国妇女们却无法得到这样的安慰，她们的工作也就没有了兴致。她们只能排着长队收拾废墟中一桶桶的砖头，这些砖头曾是她们的家园。我花了多年的时间阅读、倾听和睁大眼睛调查，才终于明白了一点：大多数德国人把自己的痛苦看得**高于一切**（über alles）。

德国的战败带来的痛苦如此之深，德国人又如此缺乏悔意，以至于外国人对此难以理解；德国人则难以理解外国人为什么无法理解他们的痛苦。他们从小看着全家福照片中穿着长筒靴的阵亡英雄形象长大，认为这是明摆着的事实。失败的刺痛感贯穿了他们的整个童年，以至他们甚至很难将其与童年本身区分开来；现在他们长大了，出于羞耻，他们不敢再多提。当他们意识到，自己的父辈不仅犯下了战争罪行，还认为自己是受害者（这已经算好的了），他们的羞耻感就更强烈了。就连历史学家、文化学者沃尔夫冈·希弗尔布施（Wolfgang Schivelbusch）的杰作《战败文化》(*The Culture of Defeat*) 也只谈到了一战的后果，并将德国在一战中的失败与1865年美国南方邦联的失败相提并论[1]。对于一位出生于1941年的德国作家来说，把1945年的战败经历与其他国家的经历相比意味着越过了道德红线。托多罗夫原则敦促德国人关注犹太人大屠杀的特殊性，使正派的德国人无法将制造大屠杀的人与其他任何人相提并论。

然而，证据是存在的，尽管你无法在希弗尔布施或麦格雷戈等人的著作中找到它。战后初期的德国哲学就是一个出人意料的能找到证据的地方。最著名的例子是马丁·海德格尔，他被一些人视为20世纪最重要的哲学家。他不仅加入了纳粹党，还接受了弗赖堡大学的最高职务。哲学家和历史学家们至今仍在争论这些事情的重要性。他在自己的就职演讲上为纳粹革命创造的新精神做了振奋人心的辩护，而他的助手们当时正因这场革命而失业或被流放。（对此，他仅仅抱怨禁止犹太人上大学的法令给他带来了额外的工作量。）的确，他担任校长的时间太短，他的工作太抽象，使他无法为纳粹的意识形态提供具体的支持。他的学生以及学生的学生都认为，他关心的不是政治的琐碎细节，而是更深层次的、将他带回前苏格拉底时代的关于存在之本质的问题。然而事实上，最近公开的马丁·海德格尔写给弟弟（他的弟弟并不像他那样热爱新政权）的信件表明，他当时非常密切地关注时事政治的变化。他的私人笔记更是确凿的证据；另外，由于一直执着于自己的遗产，他还在遗嘱中明确指示了这些笔记的出版顺序。仅仅想象这样一种场景就令人十分震惊：战争结束几十年后，海德格尔在他位于黑森林的小木屋中为一篇篇关于"全世界的犹太人"的文章在2014年出版的具体事宜做准备，这些文章比戈培尔的长篇大论还要冗长烦闷，但本质上没什么不同。

在这些文章中，反现代的部分至少和反犹主义的部分同样令人不寒而栗。海德格尔有一句臭名昭著的话：死亡集中营里的杀人机器和机械化农业的发展没有根本区别。他在笔记中写下的论述更为糟糕：现代性（他有时认为现代性始于苏格拉底）是我们一切苦难的根源。反犹主义和反现代主义往往并行不悖，正如漂泊无根、四海为家的犹太人身上表现出来的那样。不同之处在于，公开的反犹主义在美国和德国（多数时候）会受到谴责，而反现代主义在今天比在以往任何时候都更为盛行。当进步的知识分子读到海德格尔在《黑皮书》(*Black Notebooks*)中宣称的，盟军拒绝让他重新执教的决定"比希特勒的所有暴行都要残暴"时，他们还会继续谈论"通过阅读海德格尔来反对海德格尔"吗？²这种可怕的自恋就连长期担任海德格尔学会会长的金特·菲加尔（Günter Figal）也无法忍受——他在2014年海德格尔第98本笔记出版后辞去了这一职务。

与海德格尔不同，颇具影响力的法哲学家卡尔·施米特（Carl Schmitt）甚至从来没有向盟军申请教学许可。施米特大概觉得自己无论如何也拿不到许可，因此拒绝经历被他和朋友称为"恐怖活动"的去纳粹化过程。在他漫长的余生中，他一直都在小圈子里反对"像雅斯贝尔斯那样劝人悔过的布道者"。施米特对"纽伦堡的罪犯"和"反人类罪与种族灭绝罪的制造者"的怒斥，建立在他对将自由主义炒作为普世价值观念的批判之上。他曾写道："德国人犯下的是反人类罪。世界对德国人犯下的是以人类之名的罪。差别仅在于此。"他还有一句名言："谁大讲'人道'，谁就是想骗人。"施米特认为，这种欺骗的本质就是用掩盖真相的措辞来隐藏党派的偏好：在政治中，道德概念无关紧要，唯一要区分的范畴只有朋友和敌人；寻求中立的框架、主张以正义而非权力来解决争端的自由民主党人要么是伪君子，要么是傻瓜，因为任何所谓中立的框架都只能代表强势派别对弱势派别的胜利。这是一个古老的说法，可以追溯到前苏格拉底时代的"智者"那里，尽管每一代人里都有人认为有必要重提一次。如果一些进步的思想家认为自己能够接受施米特对自由民主虚伪的那一面的批评而不必接受其他的部分，那他们应该会感到震惊。

尤尔根·哈贝马斯称施米特是病态的：他无法认识到自己的牢骚与他的政党给数百万人带来的苦难之间的差距，这一点令人震惊，而且很难被称为理解上的失败。³海德格尔坚信希特勒所做的一切都不如盟军拒绝让他用阴郁的反现代主义影响德国青年来得残酷，这同样几乎令人难以置信。当他写下这句话的时候，犹太人大屠杀的遇难人数已经统计完毕了。什么样的头脑才会将不被允许在大学任教和数百万人被谋杀相提并论呢？不过，为了论证的方便起见，让我们假设仅有的这两位至今仍被广泛阅读的战时德国哲学家不是正常人，他们的判断失误和他们的名声一样大。那他们的同胞呢？

哲学家卡尔·雅斯贝尔斯和其他许多保守的德国人一样，一开始并不反对纳粹，他还认为纳粹是将欧洲从布尔什维克化的俄国人和没有灵魂的英美人手中拯救出来的卫士。雅斯贝尔斯于1937年被迫从大学退休，1938年被禁止发表文章，并因为纳粹要求他与犹太裔妻子离婚而备受压力。后来，他选择了与海德格尔等早期同事决裂，坚持认为德国人有罪。雅斯贝尔斯认为，除了那些因为反对纳粹而入狱的人，每个德国人（包括他自己）都应该为没能阻止纳粹的崛起而承担道德责任。他的那篇著名的文章《德国的罪责问题》(*The Question of German Guilt*)今天读来会让人好奇。这篇文章的论点似乎是再明显不过的，你甚至会疑惑为什么会有人费心去写这些，直到我们想到他的读者是谁。这篇文章最初是雅斯贝尔斯在1946年发表的一系列演讲的一部分，当时那些已经被纳粹意识形态彻底扭曲思想的年轻听众并不能认识到这个在今天看来微不足道的事实。从哲学的角度来看，雅斯贝尔斯的论证针对的似乎是稻草人。从历史的角度来看，它又提醒了我们，这些人是真实的血肉之躯。看看雅斯贝尔斯为了证明那些在今天看来稀松平常的东西付出了多少艰苦努力，我们就能知道战后的德国人有多大的进步空间。他曾向学生们解释说，并非所有的苦难都是平等的：

> 大多数人都遭受过苦难，但在前线、在家里和在集中营里受的苦是完全不同的；盖世太保的受害者和利用这个政权的人（即使他心怀恐惧）受的苦也是完全不同的。几乎每个人都失去了挚友和家人，但在战场上死去、在轰炸中死去和在大屠杀中死去的后果也是截然不同的。⁴

当代的读者会感到疑惑，这些道理这么浅显，怎么会有人理解不了？一个民族怎么能如此颠倒是非和因果？

雅斯贝尔斯的那篇文章试图通过预测读者的反应来回答这些问题。失败并不少见，失败之后的怨恨也很普遍，让人几乎没有内疚、羞耻甚至后悔的余地——除了为德国在战争中失去的土地和生命感到惋惜。凡尔赛的记忆沉甸甸地笼罩在纽伦堡的上空。这就是胜利者的正义吗？——胜利者试图用道德修辞来掩饰对失败者的卑劣报复。雅斯贝尔斯通过区分两次世界大战，抨击了人们的这一普遍观点：虽然将一战归咎于德国人是不公平的，但**我们必须为二战承担责任**。雅斯贝尔斯自始至终都在使用第一人称复数。他认为，那些最早的迫使德国人承认罪行的尝试是笨拙而徒劳的。二战结束后不久，英美占领区到处张贴着标语，在一张贝尔根-贝尔森集中营尸体照片下方印着这样一句话：**这是你们的错。**（THIS IS YOUR FAULT.）在德语中，"错"（fault）和"罪"（guilt）是同一个单词，而"罪"是很难被外界强加的东西。雅斯贝尔斯描述了大多数德国人看到这些标语时的反应："我的心里产生了一些抗拒：是谁在指责我？上面没有署名，也没有机构的名字——不知道是哪来的。人在受到指控的时候（不管这些指控是否属实）都会先为自己辩护，这不是人之常情吗？"[5]

虽然雅斯贝尔斯没有讨论过苏联占领区的策略，但他认为他们的策略更为高明。1945年，苏联占领当局组织了第一场戏剧演出，此时的柏林基本上还是一片废墟。戈特霍尔德·莱辛（Gotthold Lessing）的经典启蒙戏剧《智者纳坦》（*Nathan the Wise*）呼吁犹太人、基督徒和穆斯林应享有平等的权利，意在提醒观众从他们自己的传统中挖掘更好的思想。正如归国的流亡哲学家西奥多·阿多诺后来所指出的，"清算历史"最重要的部分是对潜意识的影响。法兰克福学派强调精神分析的重要性，他们认为，如果追问历史是为了治愈疾病（无论是在个人层面还是在国家层面），这个过程都必须是发自内心的。别人的勒令只会引起抵触。阿多诺坚持认为，"无论内容是怎样的，宣传本身都是自相矛盾的"。这就是我们的天性：如果有人从外部发起攻击，我们就会迅速自卫。

人们是怎么自卫的？责任是如何转移的？雅斯贝尔斯列举了所有借口，然后将它们一一驳倒。"**国家恐怖是个人无法抵抗的，**

除非你做好了赴死的准备。"（对于这种说法，）雅斯贝尔斯反驳道，在德国境内，集中营里全是做出了抵抗的政治犯。1944年，每个月都有4,000多人被捕。事实上，德国境内的集中营一直运行到战争结束，这表明德国内部一直存在反对纳粹的力量。虽然这种反对不太有效，但多数人也并没有因此丧命。"**德国的地理条件比其他国家的差。一座自1066年以来就从未遭受入侵的岛屿发展出开放、自由的政治文化当然很容易。**"（雅斯贝尔斯对此反驳道，）地理位置并不能决定命运，看看罗马人就知道了。"**世界上的所有国家都承认希特勒政府。他们还涌入柏林参加了1936年的奥运会，还有许多人对新政权表示钦佩。**"（雅斯贝尔斯反驳道，）确实如此。例如，温斯顿·丘吉尔在1937年写道："人们可能不喜欢希特勒的体制，但肯定会钦佩他的爱国成就。如果我们的国家被打败了，我希望我们也能找到一个同样不屈不挠的勇士帮助我们恢复士气，带领我们重回之前的国际地位。"⁶ 雅斯贝尔斯承认，这是一个普遍事实，其他国家也好不到哪里去。但事实上，在过去的12年里，其他国家确实做得更好。

接着，雅斯贝尔斯提出了一个更不明显但更有趣的观点：如果**当时**他的同胞从本性上就比其他国家的人更差，那将是一种安慰。如果胜利者只是无私的世界统治者，那就不会存在道德混乱，对德国的再教育也将是确定无疑的。此外，如果只有德国到处都是原罪，谁又能责怪他们将原罪付诸行动了呢？正如雅斯贝尔斯的学生汉娜·阿伦特所言，在一个人人都有罪的地方，罪人便不存在。几十年后，丹尼尔·戈德哈根（Daniel Goldhagen）的《希特勒的志愿行刑者》（*Hitler's Willing Executioners*）在德国的大卖引起了人们的怀疑，它强调了反犹主义在德国历史上的连续性，被认为是在替希特勒开脱罪责。如果这个国家的所有人都是彻头彻尾的反犹主义者，我们又怎么能指责他们没有采取行动反对纳粹呢？不过，尽管雅斯贝尔斯和他的妻子担心她会被送入集中营，因此直到战争结束他们的口袋里都一直装着氰化物药片，但他还是写道："德国的反犹主义从来没有成为一种**大众行为**（Volksaktion）。德国民众并没有参与大屠杀，也没有自发的暴行。群众只是保持沉默和退缩不前。"[7]

然而，即便是那些愿意承认自己应该为自己的沉默负责的人，也会担心过多的赎罪会削弱一个民族的力量。如果没有对共同的民族传统的责任感，一个民族该如何凝聚在一起？他们凭借什么才能昂首挺胸，带着满腔的民族自豪感抚养自己的后代？雅斯贝尔斯的回答是艰难的，而且带有试探性，他开启了一场延续至今的对话。对某些人来说，德国的传统就算不是致命的，也深受那深不可测的12年的毒害。他们努力去了解或至少揭露它们。年复一年，这段历史的儿女们不辞辛劳地研究战时外交事务的复杂性或文学领域的领军人物如何深受被他们默默隐藏起来的党卫队过往的影响，并发表报告。其他人则大声疾呼：**适可而止吧！**

雅斯贝尔斯不满于他的同胞对他这本所谓的"小书"的反应。他写道，读过这本书的人很少，愿意接受这本书的人就更少了。有人反驳他说，布尔什维克比纳粹更可怕，他们还批评他发起了一场反德国的"运动"。一位参加过雅斯贝尔斯早期讲座的听众说，当雅斯贝尔斯谈到民主与德国的精神复兴的关系时，听众们一边放声大笑，一边用脚摩擦地板。[8]就连他坚持的"战争受害者应该受到区别对待"的观点也没几个人愿意接受。1952年，原定的法西斯主义受害者纪念日变成了国民哀悼日（Volkstrauertag），这就意味着所有的战争受害者将受到同等对待。即使在德国，哲学家的影响力也很有限。

5年后，另一位哲学家做了一个非同寻常的实验，提供了关于德国广大民众在想什么、不在想什么的真实数据。1933年，法兰克福社会研究所成立10年后，其成员被迫逃离德国，这不仅因为研究所的大多数成员来自（世俗）犹太家庭，还因为他们的研究深受马克思和弗洛伊德的影响，而这两个人中的任何一个都足以让研究所成员成为纳粹的眼中钉。后来，研究所成员之一瓦尔特·本雅明（Walter Benjamin）在翻越比利牛斯山脉逃亡时因绝望而自杀身亡。其余人到达了美国，并幸存下来，直到战后的法兰克福大学做出了不同于当时西德大多数大学的选择：请回马克斯·霍克海默（Max Horkheimer）和西奥多·阿多诺。1948年，霍克海默踏上了旅程，意在考察是否要返回这个凶手的国度。他在旅程中写道，此时的大批德国人似乎比第三帝国时期的德国人还要可怕。[9]但他继续写道，这一事实并没有阻止他接受那份因为纳粹大批开除大学里的犹太教授而丢掉的工作。相反，他觉得自己有必要支持那些真正反抗纳粹的德国人，无论这样的人是多么稀缺。他也很难拒绝一个在教育新一代方面发挥作用的机会。此外，霍克海默和阿多诺都对他们以前的同胞到底是怎么想的感到很好奇。于是，他们进行了一项群体实验，邀请了1,800人（包括农民和医生、家庭主妇和高中生、官员和秘书）谈谈德国人的罪恶。组织者将受访者分成了多个小组，目的是营造一种氛围，让彼此类似火车上的陌生人,这样,受访者的发言可能比在面对一位采访者时更坦诚、更自然。

尽管受访者的职业和教育背景各不相同,但他们的语言表达能力以及引经据典的表述方式表明,他们有着相当强的反思能力,只不过他们没有使用。没有人表示希望回到第三帝国的美好时代。也许他们是因为试图在实验人员面前保持谨慎才有此表现,但不管他们对20世纪30年代的和平、繁荣和骄傲有着怎样的美好记忆,随后发生的事将一切都摧毁了。斯大林格勒战役的失败和国内城市遭到的轰炸都让德国人感到震惊和羞耻,这种羞耻在1950年变得尤为明显。然而,这种羞耻不含任何道德成分。几乎所有参加小组实验的人都否认自己有任何负罪感。

一名退伍军人甚至否认德国发动了这场战争。他说,是美国把德国人派去了苏联,让德国人冲在最前面,从源头上打击共产主义。[10]即使没那么偏激的德国人也认为,世界应该感激德国对苏联的攻击,如果不是德国国防军耗尽了苏联红军的力量,布尔什维主义不仅会席卷欧洲,还会席卷美国。[11]德国与布尔什维主义的斗争是这场战争的起因,如果当初西方只与德国结盟,就不会有今天的朝鲜半岛问题,我们也不用担心未来的第三次世界大战了。[12]还有人认为,战争的起因可以追溯到更早的时候:德国作为一个有文化的国家,在19世纪也想扩大领土,但其他殖民大国不希望再出现一个竞争对手。[13]

指出其他国家(尤其是美国)的罪行是为自己的国家开脱的一种有效手段:为什么美国没有接收更多的犹太难民?[14]一些人还提到了私刑,认为美国对待黑人的方式比德国对待犹太人的方式更残忍。毕竟美国黑人一直被视为二等公民，而德国犹太人直到纽伦堡法案的出台才被视为二等公民。由仇恨驱动的私刑比有序进行的大屠杀更糟糕。此外，私刑是发生在公共场合的暴民暴力，而纳粹的大屠杀是在波兰的秘密集中营里偷偷进行的。[15] 还有，如果纳粹真的那么坏，为什么所有的外国外交官（他们肯定比我们这些普通人更了解事情的真相）都表现得和平常一样？战前，法国大使还和希姆莱一起打猎。他们如果知道自己是在和杀人犯打交道，为什么还能安然坐在他身边？[16] 这项实验的受访者最常提到的是对德国平民的轰炸，因为他们大多数人都亲身经历过：任何犯过这种罪行的人都无权指控他人犯有战争罪。[17]

　　阿多诺和其他研究人员经常对受访者的反应中存在的矛盾做出评论。为了保护自己免受道德真理的诘责，灵魂能迂回曲折多少次？相当多的受访者宣称自己并没有反犹主义思想，尽管其中许多人在说完这句话之后马上又发表了反犹言论。除了对和蔼可亲的犹太医生或最喜爱的犹太同学的回忆外，受访者们还表达了其他立场：犹太屠夫会虐待动物；[18] 相比于诚实劳动，犹太人更喜欢骗人，看看有多少犹太人在黑市工作吧；[19] 德国犹太人还算好的，因为他们已经不再是真正的犹太人，所有麻烦都是那些长相古怪、说着磕磕巴巴的德语的东方犹太人（Ostjuden）带来的；[20] 或者说，希特勒杀害犹太人是错误的，但他让犹太人离开了国家的重要岗位，这是一件好事，因为犹太人曾经统治这个国家，而他们根本不是真正的德国人。

　　最突出的道德近视（moral myopia）现象表现为这些受访者对战后德国人和犹太人关系的描述。一名受访者说，1945年后，我们希望与犹太人建立良好的关系，我们伸出了手，但他们没有回应，所以现在我们不欠他们的。"[21]还有人说，盟军占领德国面临的问题是，此事深受那些心怀不轨、想要报复的移民的影响。[22]一名受访者愤愤地谈到了他在美国战俘营中的经历，他说那里是由"可怕的"犹太人管理的。"怎么个可怕法？""他们把我们的口粮削减到最低限度，还让我们看布痕瓦尔德（Buchenwald）的照片，据说那里的死者来自集中营。我们没有人想看，但他们只要发现你闭着眼睛，就会从后面猛推你一把，以确保你是清醒的。这绝对不民主。"[23]

在小组实验中，只有一名受访者表现出了实验人员可能期望的那种道德反思。她是一位年长的、信奉天主教的妇女，是少数几名使用宗教语言的受访者之一。"我认为，我们遭遇轰炸正是我们向那些被我们残害的无辜者赎罪的方式。美国人说得对，我们一年杀的犹太人比他们一年杀的黑人还多。这是事实。我遭遇了三次轰炸。我并没有做过这么多错事，但我不会去问上帝：'你为什么这么对我？'我们犯下了那么多的罪过，这个国家总要有一部分人在赎罪。我们的孩子也要继续为此赎罪。"[24]

阿多诺和他的研究团队对大部分采访内容做了评论。他们试图了解整个德意志民族是怎样逃避负罪感的，同时，他们也经常使用精神分析的概念：这名实验对象有妄想症的临床表现，那名实验对象幼稚地认为，占领德国领土的美国人有义务供养他们，**并努力获得他们的垂怜**。[25]阿多诺的团队并没有试图分析为什么其中一名妇女以正常的方式对道德灾难做出了回应；她知道自己的国家犯了罪，同时心怀一种需要赎罪的内疚感，且深知自己和孩子可能要付出一切代价赎罪。在她那里，没有欺瞒，没有狡辩，也没有逻辑扭曲。

难道相比于分析善，我们更擅长分析恶？还是说，善归根到底是无法分析的：善本来就很简单？

贝蒂娜·施汤内特（Bettina Stangneth）是那些对德国清算历史的努力不以为然的哲学家之一。施汤内特生于1966年，属于无论走到哪里都会引人注目的那一类人。她在西德北部的一个村子里长大，家里没有什么书。在那里，没有人能想象到她居然想去读博士。她的家人不怎么谈论政治话题，但她记得自己确实经常听到"你在学校不要谈政治"之类的话。

"人们不敢说自己的父亲在纳粹时期做了什么。在去纳粹化的听证会上，几乎每个人都撒了谎，但那时候人们经常喝酒，喝醉了就会说一些不该说的，然后告诉孩子们'不要说出去'。没有人意识到自己做错了，他们只觉得自己是失败者，而现在是胜利者说了算。"

施汤内特无法解释她在童年时代对理解的渴望是如何激发出强烈的阅读欲望的。她在16岁时"无可救药地爱上了"歌德，接着，她又写了一篇关于康德的"根本恶"（radical evil）概念的论文。不知不觉间，她成了当代最博学、最雄辩、最有独创性的哲学家之一。我怀疑她之所以不太可能进入大学任职，不仅因为学术市场职位稀缺，还因为她那强烈的、带着自信的独立性。她的代表作《耶路撒冷之前的艾希曼》（*Eichmann vor Jerusalem*）在国际上大获成功，使她没必要再去找个教职证明自己。她现在住在汉堡,依然没有教职。她偶尔会穿着飘逸的泰国丝绸服饰受邀前去演讲,但大部分时间她都在思考那些令她无法释怀的问题。

《耶路撒冷之前的艾希曼》出版于2011年,是对汉娜·阿伦特的经典之作《艾希曼在耶路撒冷》(*Eichmann in Jerusalem*)——20世纪再也没有任何其他哲学著作能够持续激起如此强烈的愤怒[26]——的精彩回应。不过,与其他批评家不同的是,施汤内特对阿伦特提出的犹太人的自我憎恨或对受害者的谴责毫无兴趣。通过对阿伦特未能接触到的一些惊人的资料的分析,施汤内特意在得出一条简单的结论:艾希曼在面对审判时试图伪装成一个平庸的官僚,这是一场精心策划的表演,意在自保。这种说法并不新鲜,但施汤内特在某种程度上证明了这种说法;她并没有将注意力放在艾希曼本人身上,而是关注他身边的人和他的助手。艾希曼在耶路撒冷的举动本应收效显著,就像他的许多纳粹同行一样。自纽伦堡审判以来,没有哪个纳粹分子的刑期超过几年,甚至那些被轻判的人也经常能得到减刑。因此,施汤内特写道,艾希曼的谋划完全是出于理性算计。一系列于20世纪50年代在阿根廷制作的文件反映了艾希曼对自己所犯罪行的真实感受,施汤内特仔细研究了这些文件。

这些文件大部分都是由在党卫队的一名荷兰军官威廉·扎森(Willem Sassen)家里录制的采访录音转成的文字记录。在1957年的大部分时候,扎森每个周末都会与艾希曼会面。艾希曼亲自编辑并注释了每一份文字记录。参加会面的还有躲到庇隆(Perón)治下的阿根廷以逃避审判的另一些纳粹分子,他们仍然坚持纳粹意识形态的几乎所有内容。他们躲在布宜诺斯艾利斯苟延残喘，密切关注着德国政局，他们了解到的一切让他们心中重燃了结束流亡、再度掌权的希望。他们知道自己有许多前同事在西德的总理办公室、外交部、军队和法院担任要职。他们也清楚，盟军早期的去纳粹化努力换来了西德民众的蔑视，随着冷战的开始，这些努力都悄无声息地被放弃了。总的来说，纳粹主义的复活（或多或少有一两次修正）是大势所趋。他们认为，唯一的阻碍就是所谓的"犹太人大屠杀谎言"。纳粹的核心思想在于，犹太人是永远的敌人；他们大多数人都在前线战斗过，也知道纳粹杀了很多犹太人。但那毕竟是战争。从汉堡到德累斯顿，不是也有无数的德国平民由于盟军轰炸而身亡吗？600万犹太人被有计划地屠杀完全是另一回事，但这些纳粹分子确信这是敌人的宣传，目的是向德国人勒索钱财。有谁比艾希曼这样一位藏匿在布宜诺斯艾利斯郊区一栋不起眼的房子里管理着一个养兔场的前犹太人事务顾问更能反驳这种宣传呢？当然，里卡多·克莱门特（Ricardo Klement）——艾希曼在阿根廷的化名——可以提供一份详细计算已屠杀的犹太人人数的文件，从而推进他们的事业。

艾希曼在布宜诺斯艾利斯的证词令同情他的听众非常失望，因为除了证实纳粹的确杀害了最初估计的600万犹太人以外，他表示唯一的遗憾是没有按原计划杀害欧洲全部的1,100万犹太人。他表达的最热切的希望是，"自从见到耶路撒冷的大穆夫提①以后，我就对穆斯林产生了强烈情感"，他还希望数百万穆斯林能够完成这项计划。²⁷他的坦言让他的纳粹同伙难以接受。他们信仰的纳

---

① 大穆夫提（grand mufti）：伊斯兰教教职，教法说明官。

粹主义的逻辑应该会将他们引上艾希曼的老路：恶毒的反犹主义、令人无法忍受的幽默风格、感性的民族主义，以及"犹太人企图控制世界""对犹太人实行种族灭绝合情合理"的偏执想法。不过，即使是扎森这样狂热的党卫队军官也难以接受艾希曼对机械地屠杀儿童过程的描述。没有证据表明艾希曼的证词使该组织的成员在思想或心灵上有任何深刻的改变，但当艾希曼承认大屠杀是事实后，他们通过否认大屠杀来重新掌权的希望也破灭了。

《耶路撒冷之前的艾希曼》最引人注目的地方，并不是揭露了艾希曼试图通过援引康德来捍卫那种以种族灭绝为结论的哲学世界观。他的大多数同党都持有这种世界观。正如纳粹种族和政治办公室负责人瓦尔特·格鲁斯（Walter Gruss）在1939年所说的："我们不可能与国际知识体系达成一致，因为它们不真实、不诚实，而且仅仅建立在'人类平等'这样一个令人难以信服的谎言之上。"[28]他们认为，统治世界的欲望是一种自然本性。犹太人既没有国家，也没有军队，他们企图用思想的武器来统治世界，其中最突出的是国际主义的信条：先是犹太民族的希伯来圣经中的预言文本，然后是共济会和法国大革命，最后是最危险的马克思主义。艾希曼宣扬的这些观点只能吸引那些仍然关心他的自传或仍然对他在犹太人大屠杀中发挥的具体作用（这与阿伦特"平庸之恶"的观点并不冲突）感到好奇的人。

施汤内特的研究揭示了一种特殊的社会氛围，在这种氛围中，艾希曼的观点似乎完全可信。进入20世纪60年代，西德承诺的民主秩序变得岌岌可危，回归纳粹主义的可能性不能被完全排除。法院和大学里到处都是前纳粹分子，但这并不完全是因为他们声称的"没有人能代替他们"。"他们应该邀请移民回国,而不是利用制度为他们回国设置阻碍。"施汤内特说,"阿登纳愿意任用前纳粹分子,这一举动向数百万犹豫不决的西德民众传递了一则信息:这里也有你们的位置。你们只需要按秩序行事,我们不会在意你们的过去。"阿登纳政府早在1952年就知道艾希曼的下落,但审判艾希曼不符合西德政府的利益;艾希曼的辩词可能会让世人发现他的许多前同事都在新时代担任要职。此外,想要避免揭开往事的也不只有西德政府。梵蒂冈再清楚不过地表示:"我们不应该继续起诉二战的主要纳粹分子。现在,他们属于捍卫西方文明、反抗共产主义的积极力量,而我们如今比在以往任何时候都更急需团结一切反共力量。"[29] 这份声明写于1960年,当时梵蒂冈外交官要求将艾希曼遣返回阿根廷。正如施汤内特告诉我的,"反共产主义是纳粹意识形态中遗留下来的唯一可以付诸实践且不会引起西方的任何反对的部分"。

施汤内特花了10年时间研究那些执迷于复兴纳粹事业的人,因此对他们在当代德国留下的影响格外警惕。"也许是因为我的听觉特别灵敏吧,"她说,"就是字面意思。我从小就总是在无意中听到一些不该听到的事情。"她不相信德国人已经能够直面纳粹这段糟糕的历史:把持纳粹政权的不是无知的大众,而是受过教育的精英。参加万湖会议(Wannsee Conference,那次讨论"犹太人问题的最终解决方案"的会议)的15名官员中,有8人拥有博士学位。"二战后,纳粹被描述成嗜血的外星人,最好嘴里还叼着尖刀。没有任何一个教授愿意承认自己已经适应了纳粹制度,而且适应得很好。"因此,施汤内特认为,我们还不了解纳粹思想和当代思想之间的联系。她研究过纳粹时代的大学使用的书籍和现在的大学指定的书籍之间的联系。[30]她也不认为这种延续性仅存在于德国。"人们投票支持希特勒，就跟投票支持特朗普一样，是因为他们不想放弃自己的特权。这不是无知的问题。他们非常清楚启蒙的代价：人与人之间的平等意味着全人类的平等，而不仅仅是保证自己的舒适。我也必须遵守道德法则。"她和我一样因为一些思想进步的德国哲学家竟然延续了由纳粹思想家掀起的攻击启蒙运动的方式而感到震惊——"阿多诺和霍克海默等被纳粹政权迫害的学者逃离德国仅仅是为了在全世界宣传与纳粹相同的反启蒙思想，这一点太可怕了，无法用言语来形容。"她接着说道，只有一种武器可以抵抗种族主义和沙文主义，那就是理性的批判，它能让我们了解自己的理解能力，承认理性的局限性。"人们放弃了这个最强大的武器，因为他们被告知理性是问题所在。纳粹很清楚，要想解除一个人的武装，最好的办法就是说服他放下手中的武器，让他相信这些武器毫无用处。"

我认同她的哲学信念，但无法赞成她在纳粹的做法与当代德国的做法之间的联系上得出的所有结论，虽然我对于她那种长期保持警惕的习惯深感敬佩。我的德国朋友们也都认为保持警惕是一种好习惯。我们会相信一个为自己的悔恨之深、在狱中的表现之良好以及改过自新之彻底而自豪的人吗，哪怕他只犯下了一桩罪行？正是出于这种良好的习惯，正派的德国人从来不会让别人觉得他们在吹嘘自己的改过自新。

"我不明白为什么德国人会被国际社会重新接纳，"她接着说，"虽然纽伦堡审判确实向未来发出了这样的宣告：'我们会惩罚罪犯，但不会惩罚整个民族。我们不搞种族战争，那是德国式的疯狂。'盟军本来可以在纽伦堡绞死所有人，但他们想要表明他们可以区分罪行的程度。这是向德国人民伸出的和平的橄榄枝。确切地说，我们收到的不是橄榄枝，而是一扇敞开的门。目前我们还不清楚德国人民是否接受了这份礼物。赫尔曼·戈林（Hermann Göring）在纽伦堡审判时说，人们会在这场审判的五六十年后为他建造纪念碑。我们把因为抢劫而砸碎旅行者头颅的罗宾汉（Robin Hood）变成了英雄，谁知道一百年后我们又会怎样看待希特勒？德国人在进行诠释方面很有天赋，我们知道怎样模糊人们的视线。"

她坚持认为，相对主义并不是后结构主义的产物。如果你相信，世界上除了胜利者的真理就不存在别的真理，那么你就可以构建一个框架，使用那些能够吸引胜利者的术语来解释一些事物。"东、西德都是这么做的。我们一直都知道如何让外国人觉得他们可以用我们自己的方式来解释我们，并得出这样的结论：'伙计，你太棒了。'"

"这是我在写这本书时面临的最大的担忧。"我告诉她。

"你确实应该担忧。我们都不想在糖衣炮弹中迷失自我。朝你投来炮弹的德国人根本不是我们所希望的人，而是那些暗地里想要停止赎罪的人。他们甚至没有特意隐瞒这一点……"

"贝蒂娜，"我打断她，"我可以提醒你其他国家的情况吗？"

"你问的是我们的国家。我们做得不好就是不好，别人做得好不好和我们没有关系。"

我提醒她，在查尔斯顿大屠杀发生后，美国南方的许多州撤下了凶手曾经挥舞的邦联旗。"特朗普的首席战略专家斯蒂芬·班农（Steve Bannon）发了好几篇文章鼓励人们升起邦联旗，让它自豪地飘扬。然而在德国，公然升起纳粹旗帜是绝不可能的。"

"当然不可能。"她回答道，"如果**什么**都没有改变，那就太糟糕了。我们当初主动退出了国际社会，（现在想回去，）当然应该接受多年的试用期。"

"我觉得你们已经通过了试用期。"

"我觉得没有。"

施汤内特的结论在研究战后德国史的非犹太裔德国学者们那里比较普遍，然而许多犹太裔德国人的看法却不太一样，其中就包括希莉·库格尔曼（Cilly Kugelmann），她最近刚从柏林犹太人博物馆项目总监的位置上退休，住在一个曾是高学历犹太裔德国人聚居中心的社区；爱因斯坦曾经就住在附近。如今，在柏林的舍讷贝格有一座犹太人纪念碑：两位艺术家创作了一件装置作品，他们逐条列出了针对犹太人的法律，将它们悬挂在了街道两旁高高的灯柱上。

库格尔曼于1947年出生在法兰克福，当时她的父母刚从奥斯威辛集中营被释放，他们的第一个孩子就是在集中营里被杀害的。她的父亲在奥斯威辛审判中做过证人，但他从未向她提起奥斯威辛。"父母有权**不**告诉孩子他们曾经有多屈辱，"她说，"他们想要保护孩子，而不是表现自己的无能，让孩子看到自己破碎的一面。"根据她的描述，她成长在法兰克福的一个幸存者聚居区，那里的人要么经历过创伤，要么已经精疲力竭，彻底放弃了搬家的想法。和其他大多数幸存者的孩子一样，她在高中毕业后搬到了以色列；和大多数人一样，几年后她又回到了法兰克福。在那里，她参与创办了《巴比伦》（*Babylon*）杂志，这是战后德国第一份犹太知识分子期刊。此事引发了很多人的想象，使他们开始期待犹太文化在这个曾经致力于根除犹太文化的地方复兴。当我告诉她这份期刊在20世纪80年代中期的柏林引起了怎样的轰动时，她可怜兮兮地说："我们当时只有四个人。"她指出，现在柏林有这么多以色列人，成熟、世俗的年轻以色列人完全可以在这里创造一个新型希伯来社会。["甚至可能变成犹太社会。"她的挚友米夏·布鲁姆利克（Micha Brumlik）说道。]后来，库格尔曼成了新的犹太人博物馆的项目总监，该博物馆由联邦政府出资建造，由丹尼尔·里伯斯金（Daniel Libeskind）设计。在博物馆的建造过程中，媒体进行了大张旗鼓的宣传，说它预示着德国犹太人的历史进入了一个新时代。"参观博物馆的游客很少有人对德国犹太人的历史特别感兴趣，"她告诉我，"他们想看的只有清算历史。"

库格尔曼的成长背景本来应该让她变成那种忧郁伤感、顾影自怜的人。然而相反，她以优雅、勇敢和智慧扮演好了自己的角色。她为犹太人博物馆开馆10周年准备的庆祝活动围绕着一场为期三天的研讨会展开，研讨会的主题为"我们将何去何从：犹太人、土耳其人和其他德国人"。在参加研讨会的知识分子中，穆斯林的数量超过了犹太人的数量，这两个团体都致力于讨论如何应对德国（一个移民占总人口的20%的国家）发生的巨大变化。

10年前，公众就对这座博物馆的开馆充满期待。当时，德国首都刚刚从波恩变成柏林，犹太人博物馆准备了一场隆重的开幕式，它的邀请函可谓十分抢手，这似乎标志着德国已经发生了一些改变。在开馆的几周前，有几位德国女性问过我着装要求，她们觉得我作为犹太人肯定知道怎么穿才合适。"邀请函上写的是让穿'奇装异服'，但应该保持在什么程度呢？""低胸装可以吗？""有亮片的衣服合适吗？"这些女士习惯于把"犹太人"和"悲剧"联系在一起，因此不太确定该如何着装。最后，所有人都穿了时尚闪亮的衣服，施罗德总理主持了开幕式。没人记得当时上了什么菜，因为私人开幕式是在2001年9月10日晚上举行的，只有少数人收到了邀请函。原定于次日举行的公众开放活动很快就被取消了。库格尔曼说："我们立刻意识到，世界已经变了。"

不过，她还是将注意力放在了德国的变化上，她认为这种变化是深刻且重要的。2000年，德国通过了一项法律，规定拥有德国血统不再是获得德国公民身份的必要条件，这是一项重大的转变。犹太文化在德国的复兴也是一项重大转变。"对如今的犹太人来说，德国是世界上最安全的国家之一，"她说，"这要归功于过去几十年来公众清算历史的努力。政客只要在公共场合发表反犹言论就会失业。不过，这并不意味着反犹主义或种族主义已经被根除；我们仍要保持警惕。"但她坚持认为，这是很多国家都存在的问题。德国曾经走过的弯路能够提供一些帮助。

于1980年出生在圣彼得堡的社会学家波利娜·阿伦森（Polina Aronson）是更典型的"战后一代"的代表。现居德国的犹太人大多来自苏联。这个群体的规模和犹太属性仍存在争议。如果按犹太律法来算，只有那些母亲为犹太人的人才可以被认定为犹太人，那么他们大约有一半能算犹太人。如果按犹太人的习俗来算，对犹太传统有一定了解的人才能被认定为犹太人，那么能算在内的人就更少了。不过，他们的犹太特征已经足够明显，再加上他们的苏联护照的种族身份一栏写的都是犹太人，这足以确保他们在苏联解体前获得出境许可，或在苏联解体后获得德国签证。

"人们常常给我打上犹太人的标签，"她说，"正面和负面的都有，从聪明机智到老谋深算。我们都知道为什么，不必具体说明。"

"确实不必。但你看起来就像犹太人，"我说，"如果只看你的照片，我肯定会认为你是俄亥俄州郊区某个犹太教堂里的一位年轻专业人士。"

"那是当然。但在和德国人交谈时我永远不可能听到这种话。"

"当然。"

波利娜称自己是公开化时代（glasnost era）的孩子。她的祖父是一名印刷工，很早就离开了家乡的犹太村镇，成了共产主义者。直到读了他的日记中提到的"它荒凉的建筑、酸涩的幽默和方言，还有像普鲁士一样平坦而宽广的地形"，她才明白自己为何对柏林有如此深沉的爱。对于她的祖父和父母来说，德国人和纳粹之间的区别是很明显的。列宁格勒战役夺去了75万人的生命，但她的祖父母和外祖父母幸存了下来，他们也经历过各种战役：她的祖父是红军战士，祖母是战地医生。但他们是在共产国际的传统中长大的，在这个传统中，德国人扮演了非常重要的角色，以至于他们从未把卡尔·李卜克内西（Karl Liebknecht）与海因里希·希姆莱混为一谈。

波利娜告诉我，在来柏林之前，她"对犹太文化一无所知"。

她在当地一家健身房的母婴休息区给孩子换尿布时,另一位母亲听到她在跟女儿说俄语,便上前跟她搭话。后来她们发现,她们的孩子不仅生日仅仅相隔几周,还分别名叫亚当和夏娃。两位母亲很快成了朋友;那位朋友名叫玛丽安娜(Marianna),是一位电视主播,在布鲁克林的一个俄罗斯社区长大。她向波利娜介绍了犹太传统的基本元素。

一个星期五的晚上,我应邀和她们两家人一起庆祝安息日。门一打开,我就闻到了新鲜白面包卷(challah)的香味。波利娜正在和大一点的孩子们一起做面包,她们的丈夫(都是非犹太裔德国人)正试图让小一点的男孩们和他们的乐高玩具不至于一团糟。这两个家庭起初都考虑过把孩子送到当地的犹太幼儿园。

"我们本来以为那会是一家布鲁克林风格的幼儿园,孩子们会在那里做贝果面包。"波利娜说,"然而,我们看到的是戴着假发的俄罗斯女人,还有戴着犹太小圆帽、穿着带有流苏饰边的犹太传统服装(tzitzit)的小男孩。我之前都不知道'tzitzit'是什么。"她笑了起来。玛丽安娜只好对她解释,那是犹太教正统派男性穿的带流苏边的衣服。

波利娜很享受"他们生活中美丽的混乱",但最后还是决定把女儿送到一所世俗幼儿园。由于柏林的幼儿园数量很少,所以玛丽安娜和她的丈夫马克曾经尝试将孩子送到犹太教正统派幼儿园,但后来因为恐龙而放弃了。

"恐龙?"

在一次家长会上,一位母亲抱怨说,老师给孩子们看了一本有恐龙图片的书。犹太律法(Torah)对恐龙只字未提,犹太历法则认为世界是在公元前3761年被创造的,而恐龙据说……当玛丽安娜和马克意识到他们是唯一一对不反对幼儿园教授恐龙知识的家长后,他们让儿子离开了那家幼儿园。

"那些家长都是什么身份?"我问。

"大多数都来自俄罗斯的年轻家庭,也有一些来自英国。因为有人说,柏林对信奉犹太教正统派的信徒很友好。"

波利娜喜欢周五的安息日晚餐仪式,虽然她的周六安排得满满当当。她会把孩子们带到小镇的另一头去上俄语课,"这对他们的身份认同来说是更重要的部分"。她还没有学会所有的祷词,所以有时她只是烤面包,点上蜡烛,然后说一句"安息日平安"("Shabbat Shalom")。"对我来说,这是在向阿道夫·希特勒及其同伙竖中指。他们想杀掉我们,但失败了。好了,开吃吧,我说完了。"

"你在这里遇到过反犹事件吗?"

"从来没有。"波利娜回答道。她从2004年以来就一直住在柏林。"但我遇到过其他事情。有很长一段时间,我根本没法讲犹太笑话,明明有那么多好玩的犹太笑话。"于是她讲了个我不知道的笑话。我必须承认,犹太人特有的幽默中有一种自我否定,这可能吓到德国人,让他们感觉冒犯到了犹太人。但如果这些笑话是德国人说的,那确实**可能**构成冒犯。对波利娜来说,这是她记忆中住在圣彼得堡的祖父母身上鲜活的犹太人特征的一部分。

在德国的时候,她虽然时不时也会怀念犹太人的黑色幽默,但在更多时候,她会被那些向难民表达善意、提供帮助的德国人所打动,她觉得这种善意很有德国特色。"那是一种非常真诚的情感：他们准备好了随时区分善与恶，并付诸行动。"她认为这是德国反思历史的结果。

难民到来时，波利娜也会主动提供帮助。她先是在一个为新来的难民募捐的活动上做饭，然后将家里空余的房间借给了一名来自阿勒颇的25岁计算机工程师穆斯塔法（Mustapha）。他已经找到了一份清洗工业冰箱的工作，但之前一直睡在公园里；他在地中海上弄丢了包括睡袋在内的所有财物。波利娜承认，自己在丈夫出差时曾经感到害怕：毕竟她向一个完全陌生的人敞开了家门。"如果他去药店买仙人掌肥料做炸弹怎么办？"不过，她旋即想到了自己的家人在二战前后是如何得到陌生人的帮助，他们又是如何报答的；她还想到了犹太裔俄罗斯作家瓦西里·格罗斯曼（Vasily Grossman），他曾写道，帮助人类同胞的本能（这种本能通常与所有理智相悖）能够战胜最强烈的仇恨。[31] 所以，在穆斯塔法找到住处前，波利娜一直让他借宿在自己家。

"他对你是犹太人这件事有什么反应？"

"他很乐意戴'基帕'安息日帽，但我们并没有认真谈论过这个话题。他还有很多别的事要操心；他的家人还在阿勒颇。我们的确围绕鹰嘴豆泥的配方发生过争执。他想在里面加酸奶。"

我问波利娜，其他国家的人能从德国人那里学到什么。

"坚持不懈地自我反省，"她立刻回答道，"即便我们可能对反省的答案并不满意。"她接着说道，自我反省体现了对历史本身和经历过历史的人的尊重。

贝蒂娜·施汤内特则仍然对此持怀疑态度。"让我感到愤怒的是，在开始了解穆斯林之后，我们突然发现基督教-犹太教传统是德国文化的基础。我们利用了一个在今天如果由我们来决定就将不存在的组织来削弱一个无法自卫的新敌人。这要归功于我们强大的解释天赋。"她告诫人们不要听从电视里的话("赎罪事业总有一天会结束"),因为她担心沉默的大多数人只是在等待一个合适的时机来脱掉忏悔的外衣。"对于同盟国给予我们的第二次机会,许多德国人非但没有心存感激,反而觉得自己是一场巨大的不公的受害者。这就是他们喜欢蒂莫西·斯奈德(Timothy Snyder)这样的历史学家的原因,毕竟他会特地从国外赶来为他们开脱。"

施汤内特的这部关于艾希曼的作品也支持了她的上述观点。她认为,阿伦特犯下了错误,但这并不是因为她没有全程参与审判;没有任何一个观察者做到了这一点。用艾希曼审判的首席调查员阿夫纳·莱斯(Avner Less)的话说,她是被"无名小卒"的举止蒙蔽了,这不足为奇。施汤内特深入了解了艾希曼,还专门写了一本以他为主题的书,因为每个见过艾希曼的人都被阿伦特所说的他的"平庸"蒙蔽了。施汤内特认为,阿伦特只是没能理解这一点:有思想的人可以有意识地作恶,或在面对自己的罪行时拒绝忏悔。哲学家们真的认为"没有人会主动地、在明知一个行为是恶行的时候作恶"。这种想法可以追溯到苏格拉底那里。施汤内特说:"我们都知道,在畸形的环境中长大的人心理会变得扭曲,会做坏事。但这并不能解释眼前发生的事:那些心理没有遭受创伤的人,那些有能力进行反思的人,却做出了干最坏的事情的决定,有意识地产生了反启蒙情绪。"有思想的人也可能继续执迷于自己所受的苦难——即使这种苦难在旁人看来只是对一桩桩可恶罪行的正义惩罚。

施汤内特提醒我，海德格尔的许多笔记至今仍未出版。"一个在1947年还能写下'盟军比纳粹更残暴'这种话的人，到1961年也不会说出什么更好的话。固执的人只会一天比一天更固执。目前已出版的那些笔记是他在再次见到阿伦特之前写的。我们会好奇他在战后的笔记里是怎么描述她的吗？当然好奇，但我们能忍受吗？"

认为自己遭受的苦难**高于一切**（über alles）的倾向并不只存在于德国，也不怎么新鲜。伏尔泰的《老实人》（Candide）里有一位了不起的老妇人，她缺了一只眼睛和半个屁股，一直陪着居内贡（Cunégonde）旅行。在前往新大陆的时候，她提议做一个小游戏："纯属娱乐，你可以找每个游客说说话，听他们讲讲自己的故事，但凡其中有一个人没有多次咒骂他出生的日子，没有老是说'我是世界上最不幸的人'，你就把我扔进大海。"[32] 竞争性的受害者心态可能是最接近人类本性的普遍规律，它确实由来已久，且普遍存在。在这方面，二战后的德国跟战败后的美国南方相比也不遑多让。虽然美国南方战败得更早，但南方人喋喋不休的抱怨跟德国人是一样的：他们英勇的儿子在战场上丧生，他们的家园变成了废墟，还有随之而来的穷困潦倒和食不果腹——再加上对他们所谓的"粗野的占领军"的仇恨，谁还敢坚持说他们是罪有应得的呢？如果德国能够把注意力从它经历的苦难转移到它造成的苦难上，其他国家有什么理由不去效仿它呢？

有些人会从这种痛苦中编织出一种神义论：所有苦难都是有

意义的。编织者也不一定是那些亲身经历过痛苦的人。驱使他们去寻找一个理解苦难的框架的，往往是他们的祖先经受的苦难，对他们来说，想象的成分比亲身经历的成分更多一些。美国南方"未竟事业"的神话是那些将童年理想化的南方人创造出来的，毕竟大多数人都不记得小时候的事了。德意志第三帝国从建立到灭亡只花了12年，斯大林格勒战役结束后，纳粹的好日子就一去不复返了。那些维持了不到10年的有关新公路、大众汽车、波罗的海免费度假以及暮色中的火炬游行的记忆都被赋予了神话色彩。德国人和美国南方人都曾认为自己是旧日的荣誉准则的捍卫者，认为自己是在抵抗敌人的商业唯物主义，但其实很少有德国人真的希望回到过去。有一群自称"帝国公民"（Reichsbürger）的人拒绝承认德意志联邦共和国的合法性，他们视其为二战同盟国的产物。（事实上，近50年来的情况一直如此。这也是件好事。）他们的人数非常少，大约只有1.3万人，所以他们全都在德国相关机构（类似于美国联邦调查局）的监视名单上。反移民情绪也让一个新的右翼政党得以发展壮大，但最近就连一位保守派德国总统也开始承认"伊斯兰教是德国的一部分"。

我对此不抱任何幻想：有许多德国人对难民感到不满。所谓的"欢迎文化"吸引了上百万难民入境，也引来了人们（不论有没有受过教育、有没有享受特权）的嘲讽和恐惧。在2017年的大选中，德国选择党获得了12%的选票，但它的支持者并不都是来自东部的穷人，虽然媒体只关注了这些人。我就算没有在大街上或沙龙里碰见这些人，也会在报纸上读到他们。此前，著名的新闻杂志《明镜周刊》（*Der Spiegel*）准备刊登一篇关于难民问题的文章,按照德国人的惯例,他们在文章刊登前先向哲学家们征询了对此问题的看法。当他们问到我时,我回答说,在每天都有人在地中海里淹死的情况下,比起讨论"帮助"这一概念的哲学定义,我更关心实际问题。从波兰到葡萄牙,到处都是空无一人的村庄,为什么不给难民一个重建家园的机会呢?在这篇文章刊登出来后,一封读者来信中散发的恶意让人不寒而栗:"难道我不知道大多数难民都是没有通过辛勤劳作克服困难的经验的非洲人吗?我们怎么能指望他们开发废弃的村庄呢?说到被遗弃,是年轻人遗弃了那些村庄,但老人还在。我们怎么能让他们的村庄被非洲部落统治呢?"

这封邮件的作者接着表示,一个以爱因斯坦的名字命名的论坛的负责人的思想竟如此差劲,真是令人愤慨。但他显然没有意识到,爱因斯坦本人也是难民,而且曾花费大量精力和财力来帮助弱势的难民逃离第三帝国。

因此,我所知道的这个故事有多个层面。在德国,种族主义几乎从未消失,这封读者来信一类的评论就清楚地反映了这一点。我唯一可以肯定的是,德国对待难民的态度比它的大多数邻国要好得多——你只要去问问波兰人、法国人或英国人就知道了——而且德国对难民问题的回应就是对其自身历史的回应。更重要的是,最初的回应是自上而下的。安格拉·默克尔接纳100万难民的决定既受到了赞扬,也受到了指责。对于这一勇敢的政治立场(在那段时间内算是勇敢的),我不会轻描淡写,然而这位总理在做出这个决定之前等了整整12天。在2015年8月的最后几天里,发生了一件非同寻常的事情:由于对右翼分子袭击难民收容所的做法感到深恶痛绝，成千上万的德国人成群结队走出了家门欢迎难民，他们有的跑上火车站台挥手致意，有的为收容所募捐食物、衣服和被褥。还有数千人报名参加了与难民的交流活动，包括教难民学习德语和与难民一起踢足球、听音乐。支持难民的行动形成了一股浪潮，许多人卷入其中，既有时髦的年轻艺术家，也有古板沉稳的小店主；我在柏林碰到的几乎每个人都想做点什么。当被问及原因时，一些人说他们只是无法容忍地中海变成一大片墓地，大多数人都提到了历史教训的重要性。当东普鲁士在战后成为波兰的领土时，他们中的一些人的祖父母曾当过难民；另一些人的祖父母对纳粹的支持则制造了大批难民，这些难民中只有小部分幸运地逃离了家园。即使是那些没有提到自己祖父母的人，也觉得出于历史的经验有必要这么做。对海德瑙难民营的袭击是一场针对异族人群的集体迫害，每个德国人都被教导要牢记其后果。虽然对难民的抵制使德国选择党获得了政治权力，但在官方掀起的欢迎浪潮过去3年后，仍有人在默默帮助难民融入德国社会。在我的邻居里，有一位上流社会的记者和一位靠做清洁工维持学业的年轻女性每周都会抽时间教叙利亚人学德语。在我的熟人中，有一对年轻的夫妇和一位年迈的科学家把自己家里的空房间提供给了难民。扬·普兰佩尔在他2019年的那部关于德国难民史的著作中总结道："虽然德国仍然存在很多种族主义，但归根结底，进步和成功还是占了大部分。"[33]

父辈的罪恶会延续到孩子们身上吗？如果会，这种影响将持续多久？

自20世纪60年代末以来，从社会学巨著到通俗小报，这个问题一直是德国人讨论的潜在话题之一。这种恐惧长期笼罩着许多德国人的生活，以至我们很难找到一个能完全摆脱这种恐惧的人。这是一种心理特征，而非出于虔诚。一般来说，我们很难因为曾祖父辈的所作所为而有所触动，因为我们可能根本不了解他们。不过，如果父辈的罪孽一代代延续下去，那就是另一回事了，这确实是个问题。没人能完全摆脱母亲传给女儿、父亲传给儿子的影响，除非我们异常谨慎。可即使如此，这些影响也不可避免地会在我们身上留下一些痕迹。

亚历山德拉·森夫特于1961年生于汉堡的一个有自由主义思想的家庭。她的父亲是一位左翼律师，母亲患有严重的抑郁症，常常无法照顾孩子。在母亲早逝很久之后，亚历山德拉写了一本令人心酸的书，尝试去理解母亲的痛苦，书名为《沉默的伤痛》（*Silence Hurts*）。她的论点是：母亲的精神疾病源于外祖父在母亲14岁时被处决，以及她的家人不肯承认他参与了犹太人大屠杀。亚历山德拉的外祖父汉斯·卢丁（Hanns Ludin）是纳粹派驻斯洛伐克的特使，他签署了驱逐斯洛伐克犹太人的命令。"他肯定有过负罪感，"卢丁的一位朋友多年后说道，"这种负罪感折磨着每一个诚实的纳粹分子，因为他知道自己背后发生了什么，而且是以他的名义……现在他意识到，自己当初经常会闭上眼睛，就是为了不亲眼看到这一切。"[34] 亚历山德拉的母亲埃丽卡是汉斯·卢丁最年长也最喜欢的孩子，她早年生活在被占领的布拉迪斯拉发，那段记忆温暖而快乐：他们在别墅花园里表演手风琴和戏剧（这栋别墅是为了安置纳粹特使及其家人和仆人而从犹太人那里抢来的），享受新鲜美味的食物、赛马和山间滑雪旅行。二战接近尾声时，他们一家人被召回德国，但一家之主主动向美国人自首了。他在布拉迪斯拉发受审，并因战争罪被判处死刑。1947年的某天，埃丽卡得知父亲已经被处决了。那是在圣诞节前不久，她寄往监狱的包裹送达得太晚了，父亲还没来得及打开。亚历山德拉的外祖母独自抚养6个孩子，让家里充满了音乐和温暖。亚历山德拉从未听外祖母说过纳粹的好话，但也从未听她说起已故丈夫的坏话。亚历山德拉是在外祖母去世后才开始她的研究的。她的那本书使她成了家族中的害群之马，姨妈们觉得她玷污了自己母亲的光辉形象。在这个曾经其乐融融的家庭里，没有一个姨妈愿意接受她。

"但你的书是那么温和，那么宽容，"我告诉她，"你是在试图理解你的外祖父母。"

"我并不同情那些坚信纳粹主义的人。一个人如果不否认、不掩盖自己的罪行，并努力去了解自己的家人是如何卷入其中的，那么我们就有了对话的基础。"

她的书也表达了这一点。《沉默的伤痛》的成功或许使她受到了家族的排斥，但也带来了另一些东西。有类似经历的读者们的来信表明，不只纳粹分子的子女们在与父辈的罪行做斗争，他们的孙辈也深受影响。她还写了另一本书《犯罪者的长影》（*The Long Shadow of The Perpetrators*），既讲述她自己的人生经历，也穿插了其他人的故事。

亚历山德拉认为，她父母那一代人（自己的父母是纳粹分子的那一代人）中的许多人在思想和政治上都很好地正视了纳粹的历史。不过，这只是纯粹理性上的正视。他们无法直面情感。没有人喜欢承认错误。要付出怎样的努力才能承认你的父母犯了**世界史级别的错误**呢？

纳粹分子的孩子们被困在了这片阴影里，他们为了逃离这片阴影尝试了很多方法。一些人（比如亚历山德拉的母亲）自杀了，另一些人则完全断绝了与家人的联系，而且拒绝组建自己的家庭。还有一些人（比如里夏德·冯·魏茨泽克，他后来当上了德国总统，发表了影响深远的演讲）承认了德国的罪行——但始终坚称自己的父亲是无辜的。"他担任纳粹德国外交部长约阿希姆·冯·里宾特洛甫（Joachim von Ribbentrop）的首席助理只是为了防止其他人做出更糟糕的事情。"魏茨泽克在纽伦堡为他的父亲辩护时还只是一名年轻的法律系学生。他的辩护没有获得成功：他的父亲被判5年监禁，但在牢里待了不到1年就被释放了，就像其他大多数纳粹分子一样。这位总统始终认为对他父亲的判决"不公正、不人道"。

"魏茨泽克的演讲确实代表了思考模式的一种转变。"亚历山德拉说，"但他没有正视自己父亲的罪责。他把一名加害者变成了受害者——这让其他德国人很容易照做。"

"你如何解释他为父亲辩护的行为？"

"当你所爱之人是加害者时，你就会产生这种典型的矛盾心理。谈论其他纳粹分子很容易，谈论自己的亲友就不那么容易了。可以肯定，大多数纳粹分子都拒绝在自己家谈论二战，但也有其他方法：阅读信件、查阅档案、参加团体活动或接受治疗。"

德国如今有很多这样的团体，纳粹分子的子女和孙辈与纳粹曾经试图消灭的那些人的子女和孙辈在其中交流。这些团体与密西西比州的威廉·温特研究所领导的组织或帮助奴隶主的后代与奴隶的后代展开交流的组织并没有什么不同。亚历山德拉曾与几个这样的德国团体合作过,其中一个由已故的以色列精神科医生达恩·巴龙(Dan Bar-On)领导,后者出版了好几部著作记录这项工作。"达恩的方法建立在这样一种理念的基础之上:听别人讲述自己的故事时,你总能发现一些和你一样的东西,这样你们就不再是陌生人了。我在一些一开始拒绝正视对方的人们身上试验过,而且成功了。"

我在密西西比州也见过这样的团体,但从来没有参加他们的活动,所以我拜托亚历山德拉邀请我参加他们的团体活动。我去科隆时受到了彼得·波加尼-文特(Peter Pogany-Wendt)的热烈欢迎。他于1954年出生在布达佩斯,他的父母在集中营里活了下来,并吸取了一些教训:最好的方法是躲起来。无论走到哪里,他们都不愿意承认自己是犹太人,彼得在半生中也是如此。现在,他是一名精神科医生,治疗过很多人,尤其是那些因为流亡生涯而遭受过这样或那样的创伤的人。他还协助成立了一个名为"犹太人大屠杀代际影响工作组"(Working Group for Intergenerational Consequences of the Holocaust)的组织,犹太人和德国人在这个组织中会面,讨论他们仍在努力摆脱的历史问题。"从现象学上来看,"彼得说,"加害者的孩子和受害者的孩子非常相似。"比约恩·克伦多费尔(Björn Krondorfer)是北亚利桑那大学的一名从事宗教学研究的德国教授,也是马丁-斯普林格研究所(Martin-Springer Institute)的主任,该研究所旨在"通过犹太人大屠杀的意识实现全球参与"。彼得和比约恩为那个周末准备了一系列的练习。对于一个20人的团体里将出现一个局外人，他们并不介意——只要我同意参加活动，而不是只做旁观者。

在一次练习中，比约恩在地板上铺了一张长条纸，将德国和犹太历史上的一系列时间节点在上面排成一条线。他让我们走过这条线，站在最能让我们产生共鸣的时间节点上。1939年看起来更像是第二次世界大战开始的年份，还是波兰第一个贫民区诞生的年份？如果1953年是德国和以色列签署第一份条约的年份，那么我们是更认同阿登纳还是更认同本-古里安？我们又该如何谈论这个问题呢？

我同意参加活动，而不是在一旁观察，所以我也要做这些练习，也觉得有必要说实话。我无法真正认同任何一方。我是美国人，不是德国人，我家里也没有犹太人大屠杀的受害者。"一个都没有？"几个人惊讶地说。"大多数美国犹太人的家人都受到了大屠杀的影响。"然而我没有。因此，我认为对他们表示认同会淡化受害者的经历。在我于28岁时来到德国之前，我甚至对犹太人大屠杀并不怎么感兴趣。小组里的其他人要么坚定地认同阿登纳，要么坚定地认同本-古里安，但他们理解我的犹豫。

对亚历山德拉来说，这样的团体非常重要。"你需要身边的其他人也寻找真相，因为家里人和周围的人会反对你，会指责你不忠诚。你需要那些有相同经历的人的支持。"她将自己的作品视为与过去进行情感和认知斗争的桥梁。"如果你的父母或祖父母是纳粹分子，你就必须这么做。不这么做的人，也就是否认历史事实的人，会把这种含糊的情感传递给他们的孩子，让孩子们迷失方向。如果你因为外国人而感到不安,那么你的孩子也会不安。我和我的孩子们明明白白地讨论过这些问题,因为我知道,这个社会仍然有很多仇外心理。"

"你不认为情况已经有所改变吗?"

"改变了,但又没有改变。很多人吸取了教训,彻底改变了,但大多数人没有。价值观可以改变,但有时候,这个过程比较漫长。我们的民主还很年轻,我们仍需不断努力。"

与许多人一样,亚历山德拉也对在过去两年里不断壮大的反欧盟、反移民政党感到非常担忧。公开发表反犹言论仍是一项禁忌,但反穆斯林情绪明显带有浓厚的种族主义色彩,而且还在不断增长。"抵制闪米特人也没什么关系。"我说道,然后我们都笑了起来,在心底暗暗地笑,无力地笑。亚历山德拉预测道,反穆斯林的情绪将助长德国的反犹主义和种族主义。她和丈夫谈过,如果德国选择党赢得大选,他们就离开这个国家。

"但现在我们决定留下来,我们要为民主而战,要提醒我们的人民铭记历史。"

曾经获奖的作家卡罗琳·艾姆克(Carolin Emcke)说:"对我们这一代人来说,生而为德国人就意味着不信任自己。"她出生于1967年。

在德国,精确的出生日期很重要。如果你出生在1910年以前,那么你所受的教育就还没有受到纳粹宣传的渗透,你可能认识很多犹太人,就算其中有一两个品行比较恶劣,也不会破坏犹太人在你心中的整体印象。如果你出生在1928年之后,你所受的教育全部掌握在纳粹手里,但你年纪太小,不能加入国防军,虽然你可能在二战末期那些让人绝望的日子里成为一名高射炮助手①。如果你出生在1910年与1928年之间,那你可能不太走运。战后的日期同样重要。如果你是在1960年之后出生的,那么你的父亲不太可能是军人——不过他在学生时代可能有参军的经历,还可能体验过戈培尔所谓的"总体战"和没完没了的轰炸。如果出生得稍早一点,你可能感到分裂和痛苦。我认识那一代人当中的一些人,他们没有谁不曾在某个遥远的地方独自崩溃过。如果你曾经不幸发现父母的可怕真相,那你应该能和德国人产生共鸣。无论做过什么或没做过什么,你的父母仍然是给你喂牛奶、擦屁股、细心呵护你的人;如果没有他们,你可能在两岁之前就早夭了。即使你发现他们是纳粹分子也不能改变这一点。

他们被称作"六八一代"(68ers),出生于20世纪40年代,在电视上看过艾希曼和奥斯威辛的审判,然后突然明白:父母和老师的沉默与严肃事出有因。"这反映了受害者的沉默。"希莉·库格尔曼说,"但还有另一种情况:受害者因羞耻而沉默;加害者的沉默则是出于悔恨。"德国精神分析学家亚历山大·米切利希(Alexander Mitscherlich)和玛格丽特·米切利希(Margarete Mitscherlich)夫妇的著作《无法哀悼》(*The Inability to Mourn*)是这种觉醒的体现之一,他们为整个民族做了心理分析。经历过

---

① 高射炮助手(Flakhelfer):官方术语是Luftwaffenhelfer。纳粹德国于1943年出台法令,征召1926年和1927年出生的男性在校学生前往"辅助防空"部门服役,这些人就是所谓的高射炮助手,他们的任务是协助守卫防空炮台。后来,征召的范围扩大到了1928年和1929年出生的学生,也不再仅限男性。因此1926—1929年出生的德国人通常被称为"高射炮助手一代"(Flakhelfer-Generation)。

战争年代的那一批德国人必须在20年内彻底改变自己的身份。国防军的英雄们变成了炸弹的受害者和战俘营里的失败者，这是一个相当艰难的转变；现在，他们又不得不习惯于自己的加害者身份。**从英雄到受害者再到加害者**：这种转变该如何接受？米切利希夫妇认为人们无法做到这一点，因此整个国家都处在困境当中。他们无法为敬爱的元首及元首赋予他们的身份哀悼，也无法为希特勒政权造成的死亡哀悼。

由于父母不能哀悼，不能承担责任，甚至不能谈论战争，所以子女注定也无法将这些表达出来。有人说，要是没有这种沉默，西德就不可能重建；清理废墟已经够难了，更别说他们还要反思废墟是如何形成的。难怪他们的表达会不得当，而且往往更糟。由于无法认同自己的父母，所以他们急于认同受害者，这些受害者可能是犹太人、巴勒斯坦人，也可能是越共。米切利希夫妇称之为"对无辜的嫉妒"（an envy of innocence），许多人公开说出了这种嫉妒：他们多么希望自己的父母之前在铁丝网的另一边。那些生了小孩的德国人经常给孩子取希伯来文名字。20世纪80年代，要是在柏林随便一个游乐场上大喊一声"雅各布"（Jakob），你起码能看到三个金发碧眼的小脑袋转过来。

他们有时也会陷入自我怜惜。即使那些不太相信理论的人也会阅读阿多诺、霍克海默和本雅明的作品，但他们对活生生的犹太人的反应最多也只有尴尬。1983年的一个雨天，我和朋友坐在啤酒花园（Biergarten）中，一个朋友对我说："我每次见到你都会想到达豪（Dachau）集中营。"有时，他们会用一种亲犹主义（philo-Semitism）取代父母的反犹主义，但这种亲犹主义跟之前的选择半斤八两——至少对我这个犹太人来说没有好到哪儿去；有时，他们只是把反犹主义稍微调整了一下，不论是有意还是无意。当得知以色列人在占领他国时也会变得很残忍，许多人松了一口气，有人甚至感到高兴。

今天，一些人在回顾20世纪60年代的德国时说，纳粹为人们反抗父母提供了一个借口和一种暴力的转折，毕竟这种反抗不管怎样都会发生。"他们突然发现，他们不再需要拿荷尔蒙当借口了，反抗父母有现成的正当理由。"贝蒂娜·施汤内特说。然而，正是这一代人打破了沉默，尽管他们的口号——怎么说呢——并非完全没有问题。那些劫掠者高喊着"住空房总比住外国强"的口号，争相占领柏林的那些在战后被遗弃的公寓。

20世纪60年代末的骚乱导致的结果之一是，各大官方机构纷纷表示有必要说些什么。骚乱逐渐平息后，一部分骚乱制造者开始游说各大官方机构，他们还推出了一系列制度化的赎罪仪式。它们常常让人感觉像是倒置的犹太历，一年中有很多日期都需要标记出来。很多仪式是如此公式化，以至我有时甚至觉得还不如什么都不干，但随着时间的推移，这种打破沉默的努力逐渐变得越来越带有反思性，越来越深思熟虑。

在清算历史方面，没有哪个德国人比扬·菲利普·雷姆茨马思考得更认真，花的时间更长。他还为此花掉了一大笔积蓄。他曾写道："我是一路见证着战争和死亡长大的。"他生于1952年，总能在历史的关键节点躲过一劫。他的父亲老雷姆茨马在一战中受了重伤，所以在二战期间不必参加战斗。老雷姆茨马也不是纳粹分子，而只是一个会在私下维护自己的荣誉准则的机会主义者。战争一结束，他就跑去纽约找他的犹太裔合伙人，向后者支付了他应得的那笔已经正式雅利安化的生意的利润。"我父母的一些好友的确**曾是犹太人**，"扬·菲利普告诉我，"我们之前还互相拜访过。但这并不意味着问题不存在。"他小时候问过母亲："希特勒到底对犹太人做过些什么？"母亲没有回答，而是问她的犹太朋友应该怎么回答。母亲的犹太朋友没有给出任何建议，而是说，她很高兴他们被迫听到这些问题。扬·菲利普的母亲很生气：什么样的朋友会说出这种话？扬·菲利普记得，他在家里没有听过任何反犹言论，除了有一次母亲告诉他不要和犹太人结婚，因为这会让他的孩子们很难找到自己的归属。

"我不确定这算不算反犹主义，"我回答道，"我母亲也是这么说的——不要和非犹太人结婚。这对孩子们来说很难。"

扬·菲利普和我相识已有15年了，他说许多人都曾认为他是犹太人，这让我吃了一惊。他们认为，如果他是犹太人，他的所作所为就说得通了。有一次，他的一个老同学在读了他早期写的一篇文章后联系了他。那篇文章讨论了马拉诺人（Marranos）的命运，他们本是犹太人，但西班牙宗教裁判所强迫他们改信基督教，然后观察他们是否仍在秘密信奉犹太教。"在安息日，烟囱里冒烟了吗？"扬·菲利普写道，他希望马拉诺人能保持他们的传统，并对周围的基督教社区保持恨意。他说："如果没能做到这一点，他们就容易产生受害者病理反应。"老同学的看法则不太相同。他走近扬·菲利普，用一种几乎带着威胁的语气问道："你是犹太人吗？如果不是，你就不可能写出这样的东西。"

扬·菲利普头脑复杂，心思缜密，还拥有出色的反讽能力，但他身上的其他一切特征（从淡金色的头发到努力使自己在喜欢的人面前显得不拘束）都表明他是一个**北欧人**。在我们这一代德国人里，他是唯一一个能让我完全放松地拿犹太人开玩笑的人。跟他待在一块，我永远不必担心自己会做出可能被人视作亲犹主义或反犹主义的举动。

"此外，"我笑道，"这也不算什么秘密……"

"我知道。其实我父亲在第三帝国时期几乎垄断了香烟生产。我怎么可能是犹太人呢？"

对当时的1,900万前线士兵来说，一支香烟是手中唯一的消遣，因此香烟制造商可以从战争中赚得盆满钵满。老雷姆茨马虽然从未加入纳粹党，但他与戈林关系很好。他们俩在一战中都是飞行员，所以在二战中能以同志的身份对话。戈林对老雷姆茨马公司的优待是有代价的。"帝国元帅先生想要一幅伦勃朗的画。""如果雷姆茨马先生愿意捐赠500万美元建造一座新剧院的话，帝国元帅先生会非常高兴的。"与其说这是老雷姆茨马对戈林的贿赂，不如说这更像是戈林对老雷姆茨马的敲诈。战后，老雷姆茨马被指控腐败，但他的前犹太同事特地从移民地回来为他作证，所以他被无罪释放。

父亲去世时，扬·菲利普只有7岁，当时他还太小，没来得及过问战争年代的事情。但当一位独立历史学家开始着手研究他的家庭时，他毫不吝啬地提供了自己的信息。他在一个充满加尔文主义气息的家庭中长大；他父亲的中间名是"Fürchtegott"，意为"敬畏上帝"。他家的走廊里挂满了他的几个已故的同父异母兄弟的照片。由于三个兄弟都英年早逝——其中两个丧命前线,所以扬·菲利普继承了他父亲的大部分战争财。他研究过文学、哲学和社会学;成年后,他卖掉了自己在香烟公司的股份。他花了大半辈子来弄清楚如何用这笔钱做一件光荣的事情。

有些事做起来比较容易。他聘请了一位艺术史学家来鉴定他手上的画作有没有偷来的或从逃亡的犹太人那里低价购得的。"我不想把偷来的艺术品挂在我家的墙上,"他说,"如果我特别喜欢什么东西,我会出一个公平的价格把它买下来,但如果是偷来的……"说到这儿,他厌恶地皱起了眉头。西德政府从20世纪50年代开始向犹太人集中营的幸存者支付赔偿金,但非犹太裔奴隶劳工的赔偿问题直到21世纪才得到解决。"家里的说法是,我们公司没有使用奴工,但我聘请了一位历史学家去查明真相。他的研究一直深入到克里米亚。要是纳粹赢得了战争,我就应该在乌克兰的一座烟草种植园里长大,周围应该都是穿着条纹制服的人。"他将研究结果拿给一位表亲看,并建议后者与他一起捐出超过要求数额的钱来赔偿给奴隶劳工。"我们用'捐'这个词,并不意味着捐了钱我们就会变**穷**。"但表亲们并不想参与。扬·菲利普对其他许多事业的贡献同样很突出:他希望保护那些被遗忘的作家的作品,为他们的遗孀提供帮助;他也想保护以色列和德国的犹太机构。他创立了汉堡社会研究所并为其提供资助,该研究所主要研究暴力和如何预防暴力等问题。他写了二十多本书,题材从纳粹的罪行到穆罕默德·阿里(Muhammad Ali)不等。不过,在德国,他的名气主要还是因为发生在20世纪90年代的两件事。当时他遭到了绑架和恐吓,直到他的妻子凑齐了德国有史以来最大的一笔赎金,他才重获自由。从此,他也变了一个人。媒体对这次绑架案的关注仅次于对国防军展览的关注。

拥有财富或拥有智慧可能都不会招致忌妒,但两者兼具的人很少不被忌妒。作为德国最聪明也最富有的人之一,扬·菲利普招来了许多奉承和怨恨。良好的风度使他很少抱怨,但他的生活并不轻松。绑架案之后,他每次在公众场合露面都有私人保镖随行,保镖会在他进入房间前先检查一番。在他从自己创办的研究所退休之前,寄到那里的每一个包裹都要进行爆炸物扫描,毕竟在萨尔布吕肯举办的国防军展览也遭到了燃烧弹的袭击。

扬·菲利普和他的员工都没有料到国防军展览会在民众当中引起这么大的反响。德国国防军在纽伦堡审判中被故意免予起诉。我们认为,这在一定程度上是他们给未来的一条经验;同盟国想表达的是,种族战争是德国的问题,而他们与德国人不同,他们不会惩罚整个民族。德国军队和其他任何军队一样都是异质的;想要逃脱兵役,唯一的办法就是做一些比服兵役更糟糕的事情,比如在集中营工作。纽伦堡审判起诉了只能自愿加入的党卫队,却没有起诉征召了数百万人入伍的国防军。(尽管法庭很清楚国防军也犯下了战争罪,但它坚持认为这只是法律上的无罪宣告,而不是道德上的。)他们将德国国防军从犯罪组织的名单上划掉还出于一个少有人知的动机:国防军的罪行大多发生在东线,而德国多年来的宣传已经让人们形成了这样一种观念:斯拉夫人是"劣等民族"。至少,死掉一个波兰人远没有死掉一个法国人那样令人发指。

虽然德国国防军没有在纽伦堡接受审判,但在审判后的几十年中，历史学家们达成了一个共识：德国国防军犯下的谋杀罪不仅仅是几个害群之马的错，而是广泛的、系统性的，这些罪行在二战中发挥了至关重要的作用。对大量平民的屠杀也不是正常情况。德国有战争法，其中特别提到了要区别对待平民和战俘，当时每个军官都深知这一点。蓄意破坏这些法律只是东线战场上雪崩式的秩序败坏的一部分。此外，个人也有自主行动的空间。对于上级的命令，下面的反应各式各样：有公然反抗，有拒绝服从，也有主动制造比命令要求的还要多的暴行。即使在战事最激烈的时候，士兵也不仅仅是机器上的齿轮。

国防军展览所做的仅仅是通过集中关注纳粹在塞尔维亚、波兰和白俄罗斯这三个国家的战争罪行来揭示这些已经被人们广泛接受的事实。然而，公众的反应表明，专业历史学家和公众的记忆之间存在着巨大的鸿沟。许多参观者带着父亲或祖父的照片与展览中的照片进行对比，他们一直在积极寻找那些在家族中被长期回避的问题的真相——有些是因为照片里的士兵没能从战场上回来。一些参观者发现自己的亲属没有出现在士兵折磨平民的照片中，于是终于松了一口气。一些人发现了他们之前一直担心的证据，于是通常会表示感激：现在他们明白了，为什么爸爸或弗朗茨叔叔从战场上回来后就像变了一个人。还有一些人表达了强烈抗议，说这个展览不尊重死者。参观展览的不光有国防军老兵的子女和孙辈。也有许多老兵亲自来了，他们的反应各有不同。有些人愤愤不平地抱怨，说这是对他们的抹黑，是对那些牺牲的战友的诋毁；另一些人则平静地说："这就是事实。"显然，在这次展览中，大量私人情感得到了释放，主办方则想方设法帮助参观者表达出这些情感,而对展览的反应也成了研究对象。

这些反应揭示了人类转移负罪感的不同方式。有人提到了**不可抗力**(force majeure):来自布尔什维克的威胁,以及对不服从命令就会受到惩罚的恐惧。此外,也有参观者坚称自己也是受害者(东线士兵所受的苦难、国内城市遭受的轰炸),何况其他国家也犯下了战争罪。一位批评家认为,"处决人质的命令对许多士兵来说也是痛苦的,盟军的轰炸机飞行员却能免于这种经历,他们造成了地窖中成百上千人的惨死,但他们没有目睹这一切"。一些人呼吁那些如今被斥为杀人犯的士兵保持个人尊严,并呼吁大家坚持爱国主义:他们希望德国能像其他正常国家一样尊重那些保家卫国的人。

媒体对公众的抗议做出了回应,他们还找到了一名波兰历史学家,后者正在研究波兰被瓜分期间发生在那里的罪行。尽管关于展览伪造照片的说法已经不攻自破,但这位历史学家还是发现了几张信息有误的照片。特别是其中一张照片里的是被其他人杀害的波兰公民,但当时纳粹为了煽动情绪,说这名波兰公民是被犹太人杀害的,从而为在当地实施大屠杀提供借口。这位历史学家认为,照片里的一些尸体被描述成被杀害的犹太人,但他们其实是波兰人。就在主办方准备在纽约重新开放展览前不久,扬·菲利普决定关闭整个展览,并将其交给一个由来自多个国家的历史学家组成的独立委员会进行审查,以确保每个展品都经得起推敲,等审查结束后再开放。

该委员会的报告确认了国防军展览是有史以来审查得最为详细的历史展览,后来他们还埋怨历史学家们根本不考虑鉴定照片的难度。该委员会列出了一个个令人触目惊心的细节（当初，正是由于这种追求令人痛苦的细节的精神，德国才涌现了一大批力求将历史变成一门精确学科的人才）：

> 在图69-1中，一名身穿浅色外套的男子正在恐吓一名蜷缩在地上的苏联红军士兵。照片中还有刻着十字架的棺材和用布覆盖的尸体，几名士兵用手帕捂着口鼻，试图避免闻到脚边腐烂的尸体散发出的恶臭。他们的动作并不一定意味着腐臭味来自照片中的尸体。气味也可能来自画面之外的院子另一边挖出的尸体。[35]

诸如此类的描述之详细，令人不忍。

委员会经过长达一年的研究得出结论：在展出的1,433张照片中，只有不到20张应该被删除，因为这些照片描述的罪行很可能是芬兰人、匈牙利人或苏联秘密警察犯下的。委员会还提出了几点修改意见，以便这场展览能够更清晰地反映主题。不过，最重要的是，他们认为这场展览想传达的主要内容是真实的：有300万苏联战俘被杀，无辜平民遭到疯狂报复；每当有一名德国国防军士兵阵亡，就会有100名人质被杀；每当有一名国防军士兵受伤，就会有50名人质被杀；此外，还有无数寻觅食物的白俄罗斯农民被枪杀。可以说，东线的战争是一场针对全民的战争。审查整改之后的展览规模扩大了一倍，并于2001年重新开放。毫无疑问，这次展览广受好评。数百名新纳粹分子上街示威游行，反对展览，但媒体的立场这次是明确的。整改后的展览毫无疑问证明了，不论单个士兵做出了怎样的行为或决定，国防军就是一个彻头彻尾的犯罪组织。曾出版多部关于德国记忆文化的重要著作的阿莱达·阿斯曼（Aleida Assmann）说道："德国国防军展览首次将战争记忆和大屠杀记忆融合在了一起。"

扬·菲利普本人长期遭受攻击——虽然很少有人当面攻击他。他还被人骂作"nest fouler"，意为"公然宣扬家丑的人"。德国民众无法接受用"种族叛徒"（race traitor）这个词来骂人，但其实"nest fouler"就是这个意思。他和德国国防军之间错综复杂的关系也许与他很少公开提及的一些事情有关。在那次绑架中，他在地窖里被锁了33天，他不知道自己能否在这次绑架中幸存下来，只知道不希望自己的尸体被丢弃在树林里。如果歹徒愿意的话，他宁愿被抛在游客经常去的地方。也许还会有人在旁边放一朵花，或者只是单纯地停下来思考一会儿。意识到这一点后，他开始寻找更多关于与他从未谋面的同父异母兄弟乌韦·雷姆茨马（Uwe Reemtsma）的信息。乌韦曾是一名军官，参加过占领丹麦和入侵乌克兰的行动。他在进攻位于杜布诺的苏军军营时在大街上中弹，当晚死亡，年仅20岁。最近，德国战争墓地保护组织在乌克兰发现了他的坟墓。扬·菲利普听到这个消息后，让人把他的骸骨运回了汉堡，与家人合葬。

我问过他有关德国"未竟事业"意识形态残余情况的问题。

"当时，德国并没有像奥地利那样的退伍军人俱乐部。国防军展览第一次真正遭到攻击其实是在维也纳。德国的退伍军人们可能会在当地的酒吧里聊天，但从来不是有组织的，也许他们担心此类组织会遭到同盟国的打压。纽伦堡审判之后，大家都看清了坐在被告席上的那伙人的真实面目。贝托尔特·布莱希特（Bertholt Brecht）的《阿图罗·乌依》（*Arturo Ui*）就很好地反映了这种情形。"

然而在当时，那群将在日后被视为德国进步力量的人却将纽伦堡审判看作胜利者的正义。1947年，后来成为联邦德国总统的古斯塔夫·海涅曼（Gustav Heinemann）指出，审判取得的效果与初衷完全相反："人们并没有孤立那些应该对第三帝国的罪行负责的人，相反，德国形成了一种新的抵制同盟国的团结形态，用'再纳粹化'（renazification）来形容再合适不过了。"扬·菲利普告诉我，就连备受尊敬的《时代周报》（*Die Zeit*）创始人玛丽昂·登霍夫女伯爵（Marion Countess Dönhoff）也是个"不诚实的人，这真是令人难以置信"。"她总是戏谑地谈到自己和施陶芬贝格（Claus von Stauffenberg）反抗希特勒的行动，但她又说自己从未听说过奥斯威辛。一个人怎么能同时满足这两点呢？"不过他认为，纽伦堡审判还是对大众造成了潜移默化的影响。"至少戈林的预言没有成真：50年后，并没有人为他们建造纪念碑。"

此外，纽伦堡审判还造成了很多其他的潜在影响——尽管这些影响很少显露出来。1947年，一群年轻作家聚在一起成立了四七社（Group 47），目的是在战后复兴德国文学。四七社的成员包括海因里希·伯尔（Heinrich Böll）、君特·格拉斯（Günter Grass）、汉斯·马格努斯·恩岑斯伯格（Hans Magnus Enzensberger）、彼得·汉德克（Peter Handke）、保罗·策兰（Paul Celan）等著名人物。"那是一段非常艰难的往事，"拥有文学博士学位的扬·菲利普说，"策兰在四七社里经历过一些很可怕的事情。

他们当中的许多人对移民怀有敌意,而且因自己的国防军士兵身份而自豪。这样的人并不是全部,但占了大多数。"

亚历山大·米切利希在1946年旁听了对纳粹医生的审判,然后写下了一本关于后者的种种罪行的书《令我视人如草芥》(*Das Diktat der Menschenverachtung*)。这本书总共印刷了25,000册,德国医学协会将其全部买下并销毁,试图阻止广大民众了解关于在集中营里的囚犯身上所做的医学实验的信息。"米切利希说,这样的人太多了,"扬·菲利普告诉我,"这个世界上偏执变态的虐待狂也没有肆无忌惮的医生多。"尽管这本书在几年后被修订和重新出版,但米切利希再也没有在医学院任职。他后来成了法兰克福大学的心理学和哲学系教授。

然而,纳粹政权的几乎方方面面都接连受到了调查,负责调查的通常是那些隐藏自己或同事违法行为的专业人士的接班人。医生之后是法官,再之后是银行、外交部、马克斯·普朗克研究所。如今,这已经成为一种常态,或者说是众望所归。我听到过年轻的历史学家抱怨同事的投机心态。在形势严峻的学术就业市场上,一份为期三年、针对**任何对象**(无论是前纳粹分子还是蝴蝶)的调查雇佣合同让人很难拒绝。开辟新调查领域的动机也并不总是令人钦佩。"被盗艺术品的问题早在1945年就被搬上了台面,"扬·菲利普解释道,"当时肯定有许多律师试图将被盗的艺术品还给移民,但这种做法没有法律依据。直到苏联解体,德国想找回散落在俄罗斯的被盗艺术品时,才开始有人着手解决从移民手中盗来的艺术品的问题。"

我问他,德国在长达数十年的清算历史过程中都犯过什么错误。他沉默了很久。"我认为这个过程不可能提前发生,"他说道,"看看阿多诺的群体实验吧。他得出的结论是,他们在心理上已经不堪重负。在经历了轰炸和痛失至亲后,他们变得过分关注整体的恐怖,变得无法区分负罪感和痛苦。幸运的是,德国被占领的时间很长。"他还认为,战后的繁荣也起到了一定的作用:"我认为,并不是失业成就了希特勒;我们都知道有多少富人支持他。不过,战后相对快速的繁荣意味着没有人会抱怨同盟国把我们变成了乞丐。如果没有这个缓冲,清算历史的意识甚至会来得更晚。它来得本就够晚了。"

然而它还是来了,并一直延续了下来,结果似乎也很可靠。根据所有民意调查机构的数据,德国人对极右翼观点的接受度要低于英国人和法国人。"我不能说它是由单一因素导致的,"扬·菲利普补充道,"我只能说,有好几个因素共同发挥作用,就像生活中常常发生的那样。很少有什么事情是单一因素导致的。"

事实的确如此。他拒绝透露到底是哪次经历促使他将自己的毕生精力投入德国清算历史的事业中的。艾希曼审判和六八运动①发生时,他年纪尚小,未能参加。"如果你没有参观过奥斯威辛集中营,你就会觉得少了点什么。"他承认,"有些事情是无法准备的,不管你读了多少与之相关的书。在奥斯威辛,巨大的储藏柜里装满了打包好的手提箱;被送进去的犹太人还随身带了肥

---

① 六八运动(68er-Bewegung):20世纪五六十年代发生在联邦德国,主要由左翼学生和民权运动人士共同发起的一场反战、反资本主义、反官僚精英等的抗议活动,是同一时期的国际学运的一部分,受到法兰克福学派的影响。1968年,运动不断升级,开始向着暴力与极端的地下武装斗争发展。从1969年起,运动内部逐渐分裂,派系间的相互倾轧使运动趋于瓦解。这场运动深刻地改变了德国社会。

皂和鞋油，以为会用得上。你根本无法提前为亲眼见证这一刻做好心理准备。另一样让我震惊的事物是铁丝网，它并不是非常大，虽然里面的人无法逃脱，但外面的人可以用拖拉机直接将它推倒。纳粹从来没有想到会有人尝试这么做。这就是他们给人的第一印象：自信。站在'劳动带来自由'（'ARBEIT MACHT FREI'）的标语前，我一时恍然——我内心深处的某个部分似乎从未完全相信这件事真的发生过。"

然而，在一生中的大部分时间里，他一直在试着理解这件事——但他也没有被它带偏。他的代表作《信任与暴力》（*Trust and Violence*）开篇就提出了一个在他看来似是而非的问题：一个再正常不过的普通人是如何变得像纳粹分子那样暴力的？他写道，这个问题是错的，因为在现代之前，普通人一直都很享受暴力。普通人会变得暴力是因为世界上没有那么多虐待狂给他们带来暴力的享受。我们不如这样问：在现代性导致了奥斯威辛集中营的情况下，我们如何能够相信现代性？

扬·菲利普认为，我们所拥有的提出这个问题的能力就是进步的象征，因为只有在现代的语境下，暴力才会被视为异常现象。在三十年战争时期，欧洲文化中充斥着暴力，而暴力往往被理解为一种娱乐方式。罗马人建造了角斗场（他们最大的纪念碑）来观看屠杀，如同我们在体育场里观看足球比赛。基督教创造了地狱，在那里暴力是永恒的。我们认为暴力应该得到遏制，希望暴力能够得到根除，这些假设都是全新的。这些假设和希望一直都是减少暴力行为（从活人祭祀到酷刑）的基础。我们因未能进一步减少暴力而展开自我批评，这本身就是现代性进步的标志——尽管"现代性的进步"一说本就存疑。世界上仍然存在暴力行径和滥用权力的现象，但我们能够要求将作恶者绳之以法，就已经是世界历史上的一项伟大成就了。

事实上，《信任与暴力》认为，社会的基础是信任，而不是暴力。即使在独裁政权统治下的社会也是如此。没有哪个暴君可以完全依赖暴力，因为他就算精力再旺盛，在连续工作36个小时之后也必须休息，所以他必须信任别人才能安心去睡觉。我们也不能不信任别人。有了这种信任，整个社会才能抵制暴力。"当第一座难民营遇袭时，所有人都担心暴力会持续下去。但很多人参加了游行，表示我们不接受暴力。所以情况有所改变。"

那次袭击并不是最后一次，但袭击的次数也并没有人们担心的那么多。你可能会说，这种袭击一次都不应该出现，但扬·菲利普的视野更为宽广："大多数美军士兵都参与了美莱村大屠杀（My Lai massacre）。他们听信了同样的宣传：**村子里全是越共，包括妇女和儿童**。有些士兵发疯般向村民开枪——但也有一名士兵威胁他的战友们说，如果他们不停止射击，他就朝他们开火。那名士兵因此被授予了勋章——虽然这是很久之后的事了。"

扬·菲利普·雷姆茨马的工作非常细致。他知道二战之后德国人经常会用其他国家的暴行为自己开脱。但这明显和他的初衷大相径庭。撇开意图不谈，他多年来一直努力直面德国的罪行，这让他得以在不违反托多罗夫原则①的前提下，探索国家之间的暴力史。他不可能说出"我们做了别人没有做出的道德决定"这

---

① 这里的"托多罗夫原则"指的是本书第1章曾提到的托多罗夫所说的"德国人应该关注犹太人大屠杀的独特性，而犹太人应该关注大屠杀的普遍性"。

种话。不过,《信任与暴力》一书在结尾提出了一个关于自我肯定的问题:"你有什么资格教我们什么是道德?"扬·菲利普相信,答案只有一个:"因为我没有参与屠杀。"[36]这个答案与《艾希曼在耶路撒冷》中最重要的一段话有异曲同工之妙:

> 短短几分钟,科夫纳(Kovner)讲完了这名德国军士伸出援手的故事。审判庭顿时鸦雀无声。似乎人群自发决定静默两分钟,用以纪念这位叫作安东·施密特(Anton Schmidt)的人。在那两分钟里,像是突然射出的一道光,冲破莫测的黑暗,只有一个想法赫然矗立在那里,不容置疑、毫无疑问——假如能有更多这样的故事,那么在今天的法庭上,在以色列、德国、全欧洲甚至可能全世界所有国家,一切都将会变得截然不同!……因为,此类故事中的教训都很简单,每个人都理解。从政治角度说,正是处在恐怖条件下,大部分人才会顺从;但是**有一些人不愿顺从**,就像那些进行"最终解决"的国家提供的教训——实际上,它"可能发生在"大多数国家,但是**它并非在一切地方发生**。从人性的角度讲,为了让这个星球继续作为人类的居住地,我们不再需要什么,也不必再过问什么。[37]①

---

① 这段译文出自译林出版社于2017年出版的《艾希曼在耶路撒冷》。

3
冷战记忆

虽然我有意在其他章节留下许多尚待探讨的问题,但本章有一个清晰而简单的论点:在正视纳粹历史方面,东德比西德做得更好。任何对历史做出规范性评价的尝试都很复杂,这次也不例外。不过,大多数英美读者仍会对这一评价感到意外。对于大多数德国人来说,这种评价就相当于哲学意义上的"在一场旧式决斗中扔掉了一只手套"。

如今,两德统一被誉为20世纪历史上为数不多的让人欢欣鼓舞的时刻之一,但在1990年的谈判过程中,德国以外的所有人都非常担忧。当时仍占领着德国领土的同盟国尤其感到焦虑不安:如果德国再度统一,曾经的灾难会重演吗?他们试图在等待了45年的和平条约里加上各种各样的保证条款。玛格丽特·撒切尔(Margaret Thatcher)邀请了历史学家们调查德国人是否会对欧洲造成威胁,并亲自前往莫斯科,试图获得米哈伊尔·戈尔巴乔夫(Mikhail Gorbachev)的支持,让他跟她一起反对两德统一,她担心两德统一会威胁世界的安全。弗朗索瓦·密特朗(François

Mitterrand）希望东德能够继续存在，因此也采取了同样的行动；后来，当统一已是大势所趋，他又提出了新要求：作为统一的代价，德国要放弃德国马克，使用欧元。戈尔巴乔夫则坚持要求这个重新统一的国家永远纪念那些为了将祖国从法西斯的统治下解放出来而牺牲的红军战士。美国司法部纳粹罪行部门负责人尼尔·谢尔（Neal Sher）很了解东德的同行，他在1990年6月最后一次拜访东德司法部长时提出了一个请求：两德统一后，在研究纳粹的罪行时，请采用东德的标准，而不是西德的。[1]

然而，当时的实际情况却并非如此，人们几乎忘记了东德是如何清算历史的。西德人对东德人的最高评价是，东德颁布了反法西斯的法令（verordneter），即在法律意义上规定了反法西斯。东德人如果听到这种话，心情好的时候可能哈哈大笑，心情不好的时候可能会感到愤怒和不解。"反法西斯主义是东德的国策，**且理所当然**。"作家英戈·舒尔策（Ingo Schulze）说。英美读者甚至连这一点也忘记了；没有多少人记得二战是如何打赢的。在斯大林说服其他同盟国开辟西线战场之前，苏联红军已同德军展开了长达3年的殊死搏斗。盟军有3.7万名陆军士兵和1.7万名空军士兵在诺曼底战役中牺牲，苏联在二战中则有2,700万公民丧生——其中包括1,200万名军人。

《纽约时报》曾刊登一篇文章介绍2016年12月发生在柏林的恐怖爆炸事件的来龙去脉，这让我对《纽约时报》对外报道的信任大打折扣。在谋杀案发生的市场上矗立着一座破败的教堂，而文章作者认为："战后，东德重建了历史地标，希望抹去关于纳粹的记忆。但西柏林人将威廉皇帝纪念教堂（Gedächtniskirche）作为遗址保留了下来——德国人将其视为自己遭受的毁灭和恐怖的见证，并通过它时刻提醒人们牢记历史。"[2]

这种说法几乎完全是错误的。为了清除浮夸的帝国主义的一切象征，东柏林拆除了许多历史地标建筑，其中最引人注目的是如今正在重建的柏林城市宫。在城市宫不远处，他们修建了两座纪念馆，以防人们遗忘这段历史。其中一座是法西斯主义和军国主义受害者纪念馆（Neue Wache，"新岗哨"），配有仪仗队和永恒不灭的火焰，馆内陈列着凯绥·柯勒惠支（Käthe Kollwitz）的雕塑作品《母亲与亡子》（Pietà）。（两德统一后，由一动不动的士兵组成的仪仗队也消失了。）另一座更小的纪念馆是为了纪念"红色管弦乐队"（Red Orchestra）的，这是盖世太保给一系列抵抗组织取的名字，这些组织的大部分成员都被纳粹处决了。西柏林没有类似的纪念馆。威廉皇帝纪念教堂塔楼废墟前的牌匾上写着"提醒你们，这是上帝的审判"（"A REMINDER OF THE JUDGEMENT OF GOD."）。众所周知，上帝的审判不带任何政治色彩，尽管全世界的政治家都会把每一道闪电视为上帝站在他们那边的信号。在整个20世纪80年代，西柏林的进步人士一直强烈要求为二战的主要受害者建立一座更引人注目的纪念馆。因为那座被摧毁的教堂塔楼和上面虚无缥缈的牌匾暗示了（而非直接表明了）教堂和那些家园被毁的德国人才是最大的受害者。《纽约时报》的报道却完全颠倒了事实，尽管那篇文章的作者曾在柏林生活过两年。走在这座城市的主干道上，他不可能看不到这两座纪念馆。当初漫步在菩提树下大街上时，他是不是忽略了什么？

德国读者不可能如此无知，但他们的认知受到另一个问题的困扰：两德统一30年后，德国东西两个部分之间的紧张关系依然存在。这些紧张关系部分源于过去的敌对竞争，另一部分则是由于新的矛盾。如今的人们常说，1989年的一系列事件带来的并不是东西两个部分的统一，而是西部对东部的殖民。30年后的今天，德国东部地区政界、工业界、媒体界和学术界的绝大多数领导岗位仍然由西部人占据，东部人只占据了1.7%的领导岗位。大多数东部人认为，殖民化的说法是不言而喻的。

我无意争辩东德是不是一个模范国家，也不打算为它最著名的机构史塔西（Stasi，全称为"德意志民主共和国国家安全部"）开脱。不过值得记住的是，即使是爱德华·斯诺登（Edward Snowden）最狂热的支持者，也没有把整个美利坚合众国纳入监控项目。东德也应得到同样的待遇。

没有什么比下述问题更能激起东西方的恼怒了：在清算历史方面，谁做得更好？东德审判的纳粹分子更多吗？西德支持过以色列吗？我们必须通过冷战时期东西方之间最有趣的竞争来理解德国清算历史的过程。我在1982年首次来到柏林，当时我通过从那些立场完全相反的频道听新闻来锻炼自己的语言能力。我从西德的电视上了解了苏联入侵阿富汗的消息，东德的电视台则报道了美国支持中美洲右翼民兵的新闻。我同时收听这两个频道的新闻，保持消息灵通。

那段时间是我学习生涯的关键时刻。在分裂的柏林，我了解了生存环境对我们认知世界有多大的影响。即使是那些像我一样学习过批判性思维的人，也不得不通过我们周围的哲学框架来看待这个世界。这些框架看起来更像是一些脱离了哲学设想的陈词滥调，因此更有效力。这并不意味着我会突然转换框架，然后下结论说东德版本的历史才是正确的，更不意味着我会做出判断说所有一切都是假的。我只是意识到，我们需要从许多不同的角度来看待事情，才能最大限度地接近真相。

我的美国护照和我在这座城市的头两年获得的丰厚奖学金让我得以亲身体验东西两边的生活。我只需乘坐地铁到一个边境检查站，回答警卫的一两个问题，用25西德马克兑换25东德马克，然后就站在了铁幕的另一边。这座城市东西两个部分之间的竞争经常体现在物质方面：如果西柏林有一座歌剧院，那么东柏林就有两座；西柏林是美英法三国占领区合并而来的，占地面积更大，东柏林为了弥补面积上的不足，转而追求高度。这座城市最高的建筑耸立在亚历山大广场上，方圆几英里内都肉眼可见。这种小打小闹似乎是城市两边保持和睦共处的独特方式。双方都投入了相当多的资源来展示他们最好的一面。不过在一件事上，双方的竞争最为激烈，而且没有人能分出谁优谁劣：双方都指责对方未能处理好法西斯主义的问题，并且都坚称自己做得更好。

德国东西两边的人是如何将自我定位从受害者转变为加害者的呢（尽管过程很曲折）？从东西方竞争的角度来看待清算历史，是审视任何国家尝试面对其国家罪行的必备要素的一种方式。冷战使德国的情况变得特殊，但德国也为其他国家做了示范。每个国家的情况都是特殊的，都需要结合大量背景知识来理解。不过，不同程度的清算历史在所有文化中都很常见。

一个国家要想摆脱自己的犯罪史，以下方面至关重要：

1.这个国家必须形成一套连贯的、能够为大众广泛接受的历史叙事。在这一点上,语言是最重要的和最核心的。美国内战的起源是奴隶制还是各州的州权?美国公民及移民服务局对此并没有明确的说法。对德国来说,1945年5月8日是解放日还是无条件向外国势力投降日?由于东德从一开始就称这一天为"解放日",因此西德总理康拉德·阿登纳认为,"解放"是一个共产主义词语。尽管东德的历史叙事并不完整,就像大多数其他国家的历史叙事一样,但这套叙事的主旨非常明确:纳粹是坏的,消灭他们是对的。东德人从未怀疑过这一点。相比之下,在西德,整整30年来,这种简单的说法却一直含糊不清。

2.历史叙事始于文字,并通过符号得到了强化,而许多符号都涉及对死者的缅怀。我们应该缅怀哪些英雄,悼念哪些受害者?美国建立了数以百计的纪念碑来纪念仪态高贵的南方邦联军总司令罗伯特·爱德华·李。2018年,布莱恩·史蒂文森建立了一座国家纪念馆以纪念私刑受害者,但自由斗士约翰·布朗(John Brown)或至少哈丽雅特·塔布曼(Harriet Tubman)的国家纪念馆在哪里呢?无论东德还是西德,都没有建造纳粹纪念碑;两德统一后,德国才为受害者修建了一些意义重大的纪念碑。

3.历史叙事是通过教育传递的。我们应该教孩子们记住哪些,忘记哪些?当我还是个孩子的时候,在美国的教科书里,西部大开发的英雄叙事完全掩盖了对印第安人的种族灭绝和奴隶制的恐怖,而且教科书从来没有提到吉姆·克劳。

在那之后，美国的教科书慢慢有了改进。东德的历史教科书从一开始就坚决反对法西斯主义。相比之下，在二战结束后的头几十年里，西德的儿童学到的东西是，历史到1933年就结束了；他们的老师和教科书都不讨论纳粹的历史。今天，关于纳粹主义的内容不仅出现在了历史课上，还在文学和艺术等学科中占据着核心地位。

4. 如果配上音乐，文字就会更有力量。那么，我们能唱"迪克西"（"Dixie"）吗？德国国歌呢？这个问题会让大多数外国人不寒而栗，因为这个话题会让他们不由自主地想到《德意志高于一切》（"Deutschland über alles"）。国歌的捍卫者们常用的说辞是，这首曲子是约瑟夫·海顿（Joseph Haydn）在很久以前创作的。尽管如此，东德还是创作了新的乐曲和歌词作为国歌。一首合适的国歌能够表达人民最美好的愿望。重要的是要合适。现在，美国也许到了重新写国歌的时候了；当前的美国国歌调子不好唱，歌词里提到的战争也没几个人记得。要不是保罗·罗伯逊（Paul Robeson）版本的《美国人之歌》（"Ballad for Americans"）实在太老旧了，我宁愿投票支持将它作为新的美国国歌；它是唯一一首在民主党、共和党和共产党的全国代表大会上都播放过的歌曲。那是1940年的事了。

5. 那么，那些不太具有象征意义的东西呢，比如牢房和现金那样冷冰冰的东西？罪犯是否都被绳之以法并被关进监狱了？无辜的受害者是否得到了赔偿？在那些著名的民权案件中，梅加·埃弗斯、钱尼、古德曼和施韦尔纳被谋杀①，嫌疑人在几十年后才被绳之以法，其他大多数罪犯甚至根本没有受到审判。埃米特·蒂尔谋杀案在案发63年后的2018年才开庭重审。但近年来那些杀害手无寸铁的黑人儿童的罪犯呢？枪杀特雷沃恩·马丁的凶手仍逍遥法外；杀害塔米尔·赖斯（Tamir Rice）的凶手一直没有被起诉，他虽然被克利夫兰警队开除了，但又被俄亥俄州另一个城镇的警队雇用。这样的例子数不胜数。西德的司法部门只起诉了极少数纳粹分子，而且通常会给那些被定罪的人减刑。东德审判战犯并给他们定罪的比例则要高得多。德国的东西两部分分别以不同的方式对纳粹时期的罪行进行了赔偿。相比之下，截至撰写本书时，美国仍拒绝在国会围绕一项关于奴隶制赔偿问题的决议案展开讨论。

这份列表并不详尽。在一个国家试图替过去赎罪的过程中，可能还有其他因素在发挥作用，这取决于时间和地点。然而，任何不包括上述因素的尝试可能都是片面且薄弱的。如果不记得马丁·路德·金对经济正义的呼吁，将他的生日定为国家纪念日的做法就毫无意义可言。

在比较东西德的战争叙事之前，重要的是要理解西德用于记忆东德的历史叙事方式的变化。1986年的"历史学家之争"

---

① 詹姆斯·钱尼（James Chaney）、安德鲁·古德曼（Andrew Goodman）、迈克尔·施韦尔纳（Michael Schwerner）谋杀案，也被称为"密西西比民权工人谋杀案"。这三个人都是美国民权活动家，试图在密西西比州登记非裔美国人投票。在1964年6月的"自由之夏"活动期间，三人一同被谋杀。

（Historikerstreit）震撼了整个西德，东西双方都处在这场大辩论的讨论范围内。这场论战始于海德格尔的学生、保守派历史学家恩斯特·诺尔特（Ernst Nolte）抛出的一个爆炸性论点。他将希特勒的所有罪行和不端行为都归为对斯大林的回应，并认为希特勒正是模仿了斯大林。之后的论战占用了媒体一年多的时间；不只历史学家和哲学家，几乎全国的记者都牵扯了进来。这场论战的主题从一开始的"谁是始作俑者"逐渐演变成了"法西斯主义和共产主义能否相提并论"。左翼哲学家哈贝马斯并不是唯一一位认为二者不能相提并论的人。中间派人士鲁道夫·奥格斯坦（Rudolf Augstein）在自己创立的《明镜周刊》上也明确强调了这一点，他在文章中写道：将共产主义与法西斯主义相提并论，不仅是在为后者开脱罪责，也是在淡化纳粹罪行的本质。没有比因为某些人"生来就是错误种族的一员"就蓄意谋杀数百万人更恶劣的行径了。

值得注意的是，这场论战也涉及将希特勒的德国与斯大林的苏联相提并论的合理性问题。哈贝马斯、奥格斯坦和其他许多人坚持认为，将斯大林的一些举措与纳粹的罪行相提并论从道德上来说是不合理的。隔壁东德的罪行在这场论战中全程不占任何话题。正如东德剧作家海纳·米勒（Heiner Müller）后来所说的，东德留下的是堆积如山的史塔西档案，而不是堆积如山的尸体。哲学家金特·安德斯（Günther Anders）在写给阿道夫·艾希曼的儿子克劳斯的公开信《我们，艾希曼之子》（*We, Sons of Eichmann*）中写道：

斯大林也年复一年地制造了许多受害者,这是事实——而且非常可怕。然而,我们也不能混淆以下区别:**他从来没有想过像希特勒和艾希曼那样以工业化手段大规模屠杀大批人类,系统性地制造尸体**。即使那些在历史学家之争中偏袒德国的历史学家也不敢就此指责斯大林。[3]

在经历了断断续续的早期阶段之后,西德在20世纪80年代末似乎达成了一个共识:纳粹的罪行是其他任何罪行都无法比拟的,任何将纳粹的罪行与其他罪行相提并论的做法都是在为德国人开脱罪责。托多罗夫原则的一半内容——"德国人应该关注犹太人大屠杀的独特性"——被德国人接受了。

如今,除了历史学家,很少有人还记得那场历史学家之争,这场论战所达成的共识也已被遗忘。在关于极权主义的含糊不清的描述的掩盖下,关于共产主义和法西斯主义的比较研究支撑起了一个小型的知识产业。友善的西德人在谈到这个问题时,通常会先说一句"我不想将它们相提并论,但是……",然后再用一种含蓄的方式将两者等同起来。如今,"德国的两个独裁政权"的说法以一种不太隐秘的方式否认了二者之间的区别,这种说法已经成了很多人的口头禅。一些纪念碑的碑石上刻着"纪念德国的两个独裁政权的受害者"(TO THE VICTIMS OF THE TWO GERMAN DICTATORSHIPS)的字样。在1990年以前,"清算历史"这个词本身只表示纳粹的历史需要被理清。在两德统一后,曾有人要求发起第二轮"清算历史"行动,以清算纳粹历史的方式来清算东德的共产主义历史;行动的倡导者也承认,当初西德未能成功地以这种方式摆脱纳粹的影响。第二轮行动的复杂性超出了本书的讨论范围，但坚持这样做本身就表明他们认为纳粹主义和共产主义同样具有破坏性。

当然，德意志民主共和国的"民主"只是名义上的：国内媒体受到严格审查，边境被封锁，选举成了全国性的笑话。然而，一旦我们把东德和纳粹德国等同起来，关于东德的一切就都被污染了。就像20世纪50年代的西方世界倾向于将共产主义描述为一种恶疾一样，话题就从政治转向了病理学。[4]这样一来，我们就没有了围绕政治原则和实践展开任何合理讨论的余地。对于纳粹和恶疾，唯一能做的就是予以清除。

我们对过去的记忆限制了我们思考未来的可能性。如果共产主义遭到抹黑，那么新自由主义就赢了。除了新自由主义者认为无休止的竞争是自然而然的，任何对团结或人类动机以外的东西的呼吁都会被解读为对流血和杀戮的呼吁。目前，我所关注的是这种解读是如何篡改公众的历史记忆，导致人们几乎完全忘记东德的反法西斯历史的。一些历史学家研究过这个问题，但现在的公众记忆大多认为，德国处理纳粹历史的过程是从两德统一开始的。

人们把德国的分裂视为对其战争罪行的惩罚，这也为上述说法提供了一些佐证。比如，诺贝尔奖得主君特·格拉斯在1990年就反对两德统一，理由是德国人在奥斯威辛集中营犯下的罪行尚未赎清。另外，柏林人庆祝柏林墙倒塌的喜悦之情与见到失散多年的表亲或同胞时的那种感情并无多大关系；在拥抱陌生人的风潮持续多日之后，东西两边的关系仍旧紧张。柏林人的喜悦源于另一种感受，许多人看着这堵墙倒塌，激动地将它喊了出来：战争终于结束了。虽然柏林墙的倒塌象征着战争的结束，但将1989年定为德国清算历史的起点却是一种圆滑而草率的做法，这种做法忽视了东德之前所做的一切。

柏林那些宏伟的纪念碑之间的差异是惊人的。欧洲被害犹太人纪念碑的占地面积有两个足球场那么大，它矗立在德国首都最中心、最昂贵的一块土地上；在将这块地卖给大型保险公司或汽车公司与建造大屠杀受害者纪念碑之间，政府选择了后者。该纪念碑占据了约2公顷的土地，紧挨着德国的国家象征——勃兰登堡门。它是这个统一的共和国的一份举世瞩目的声明，但一直饱受争议。直到2017年，右翼政党德国选择党的一名候选人还在抱怨首都的中心竖立着"国家耻辱的象征"。建造这座纪念碑相当不易，因为上述观点在20世纪90年代非常普遍。

最早要求在被炸毁的教堂原址上建造一座意义重大的大屠杀纪念碑的是一小群西柏林人，包括哲学家玛格丽特·冯·布伦塔诺（Margherita von Brentano）、历史学家埃伯哈德·耶克尔（Eberhard Jäckel）和记者莱亚·罗什（Lea Rosh）；莱亚·罗什在冯·布伦塔诺去世后全权接管了这项倡议。经过他们的多次游说，议会最终同意在这块土地上建点带有纪念性质的东西，并发表声明征集设计方案。随后的辩论以及50份入围提案的篇幅与曼哈顿电话簿相当。最终，美国建筑师彼得·艾森曼（Peter Eisenman）的方案脱颖而出：2,711块混凝土碑占据了整个空间，整个设施看起来就像一座后现代风格的犹太人墓地。有批评者抱怨说，这座纪念碑太抽象了，几乎可以代表任何东西，于是，人们又在纪念碑的下方建造了一座用文字和照片记录欧洲犹太人大屠杀事件的地下博物馆，你可以在那里找到你想要的所有信息。然而成千上万的游客大多只是在混凝土碑前自拍，很少有人会走进博物馆参观。越来越多人在这个庄严肃穆的空间做出不恰当的行为，艾森曼对此没有多说什么：他以自己的方式建造了这座纪念碑，现在轮到参观者来决定如何使用它了。

这座纪念碑的正式名称是"欧洲被害犹太人纪念碑"，我参加了它的落成仪式。那是2005年5月的一个凉爽的早晨，发言者包括议会的议长和官方犹太社区的负责人，低沉的犹太音乐为他们的演说伴奏，一位拉比在演说结束时诵读了祈祷文。当时，纪念碑前还没有挤满衣着暴露、吃着冰激凌的游客。早在纪念碑对公众开放之前，对它的描述已经见诸报端，所以我知道，每块碑拥有不同的高度和角度并不是真的为了让人联想到古老的墓地，而是为了营造出集中营里的因犯每天都能感受到的那种恐惧和疏离感。我在其间徘徊，试图寻找那种感觉。我试着想象奥斯威辛集中营里的场景，想象被屠杀的那100万名儿童，这些纪念碑是以他们的名字竖立的。我没能做到这一点。我在纪念碑之间又穿梭了一会儿，最后还是带着失望的情绪走了出去。

这座位于柏林市中心的纪念碑实在很难被忽视。而要想参观东柏林曾经最大的战争纪念碑——特雷普托苏维埃战争纪念碑（Soviet War Memorial Treptow），你就必须前往特雷普托公园。在每一年中的某一天，这里都会人山人海。1945年5月8日，德国无条件投降仪式在柏林郊外的一栋小别墅里举行，当天是莫斯科时间的5月9日,因此这一天也成了苏联和今天的俄罗斯最重要的节日。在这一天,人们会在特雷普托公园庆祝解放,孩子们会身穿正装(有时是仿制的苏联红军军装),在父母的带领下玩接球或飞盘游戏,摆出各种姿势拍照。许多人会庄重地在纪念碑前或别处放上一枝红色康乃馨,有些人会戴着写有已故亲属名字的小牌子,有些人会向自己的孩子解释这些历史事件的经过。还有一些人来到这里主要是为了和来自吉尔吉斯斯坦或哈萨克斯坦的朋友们一起野餐,庆祝这个节日。其实,与其说这个节日是为了纪念那场战争,不如说它更像是为了给人们一个机会,让他们在晴朗的春日重温自己的青春,就像美国的阵亡将士纪念日一样。想必他们的孩子也会延续这种仪式。戈尔巴乔夫坚持保留这座纪念碑和其他苏联纪念碑,他担心西方会忘记苏联红军在战胜法西斯方面做出的贡献。这种担忧并不是杞人忧天,因为甚至许多还在世的经历过那段时期的人都已经忘记了。

除了这一天,在一年中的其他任何一天,这座巨大的纪念碑前几乎都空无一人,只有少数参观者有幸得见它的庄严和肃穆。在柏林会战中牺牲的7.3万名苏联红军战士中,只有7,000人被葬在那里。走进特雷普托公园,首先映入眼帘的是一位低着头的悲恸的母亲雕像,由一块大石头雕刻而成,周围是一棵棵白杨树。左转走上垂柳环绕的人行道,你会看到一座半拱门,两侧各有一名石雕士兵,手持钢盔,单膝跪地,向牺牲的战友致敬。与那位母亲的雕像一样,这些士兵的雕像也比真人大。在半拱门这里抬头远望,你可以看到远处的小山顶上有一座更大的雕像,那正是纪念碑的核心部分:一座30米高的苏联红军士兵雕像。他的左臂抱着一个从废墟中救出来的孩子，右手握着一把剑，将代表纳粹的万字符砍碎并踩在脚下。这座雕像于1949年揭幕，苏军指挥部本来计划将其建造成世界上最大的战争纪念碑。

纪念碑上的所有文字都是斯大林写的。从路边的垂柳到山顶的士兵雕像，你必须走过很长一段路，穿过很多爬满常春藤的无名坟墓，道路两侧是两排大理石石棺，每座石棺上都饰有浅浮雕，石棺的一侧是德语，一侧是俄语，用斯大林的话讲述着战争的历史。其中的大部分内容只是简单地提到了德国国防军的残暴行径、苏联红军的英勇奋战以及后方群众的坚定支持。只有第一句话是假的：在德国人入侵之前，苏联的一切都是好的。

米沙·加博维奇（Mischa Gabowitsch）于1977年出生在莫斯科，后在德法边境地区长大。他曾长期担任俄罗斯两大社会科学期刊的编辑，目前正撰写一部关于苏联战争纪念碑历史的著作。他还撰文批评过俄罗斯的自由主义者对德国的赎罪工作的推崇。在12月的某一天，我邀请他带我去逛逛特雷普托，彼时他刚出版了一本书，讨论欧洲5个国家对苏联战争纪念碑的处理方式。

"特雷普托苏维埃战争纪念碑和欧洲被害犹太人纪念碑代表了历史的不同侧面，但它们并不互补。"米沙告诉我，"它们每一个都忽略了另一个所包含的历史中的重要部分。后者不能代表发生在东方的大屠杀，只代表集中营里发生的事情；地下博物馆还提到了另外数百万非犹太人被枪杀、焚烧、活埋的历史，只不过没有把它们作为标志性事件呈现出来。"欧洲被害犹太人纪念碑只关注了犹太人，忽略了其他数百万受害者；特雷普托苏维埃战争纪念碑则几乎没有提及受害者,它只纪念英雄,甚至对这些英雄都做了匿名处理。米沙指责道:"就算不提斯大林手下的受害者,特雷普托苏维埃战争纪念碑也忽略了列宁格勒战役和无数战俘的相关内容。"毫不夸张地说,特雷普托苏维埃战争纪念碑讲述的是胜利者的故事。苏联红军的勇气和善良(还记得那个士兵抱着的孩子吗?)战胜了纳粹万字符所象征的邪恶。这的确是事实,但苏联红军也有一些不那么光彩的行为。正义战胜邪恶的故事让我们感到不安。有人说,我们生活在一个后英雄时代;承认受害者比创造英雄更容易。米沙说:"能说出'将两座纪念碑放到一起就是完整的历史'这样的话当然很好,但还不够。这两座纪念碑都很不完整。不过,如果我们能够至少将它们放在一起看,那就太好了。"

我问起了一个关于苏联时代的纪念碑的常见抱怨:即使它们纪念的是受害者而不是英雄,它们也很少用到**犹太人**这个词。米沙回答道:"首先,这句话只是部分正确。"事实上,人们在犹太幸存者的倡议下,以犹太人的风格建造了数百座纪念碑,上面还刻有希伯来语或意第绪语的碑文。这些纪念碑大多建在小镇或村庄的集中屠杀点附近,所以没有大城市里的巨型纪念碑那么显眼——这种情况被称为巴比亚尔综合征(Babi Yar syndrome)[5]。"然而,"他继续说道,"在种族确实受到了压迫的情况下,他们是经过了深思熟虑,才决定把被害者描述为苏联公民的。"当时,苏联承认的民族有120多个。"隔壁明明就有一个非犹太人村庄因为其他原因也被烧毁了,那里的人也死得很惨,为什么非要说这些被害者是犹太人呢?"当时,为了报复游击队的活动,纳粹也屠杀了大量非犹太城市居民和农民,将大约300万战俘虐待至死。(对纳粹来说,)斯拉夫人的生命几乎完全无足轻重,尽管纳粹原本打算让斯拉夫人充作奴隶而非杀掉他们。米沙说:"并非所有斯拉夫人都被指定为种族灭绝的对象,但我们应该歧视那些被系统性灭绝程度更低的种族吗?我不知道。"苏联的官方声明很少提及犹太人的一个原因与罗斯福几乎从不提及犹太人的原因是一样的。苏联和美国政府都意识到了本土存在着反犹主义思潮。

"你必须以这样或那样的方式给人群分类。"米沙继续说道,"你可以按照加害者使用的民族语言给他们分类,也可以称他们为苏联公民。不过,考虑到乌克兰西部的一些居民在纳粹到来的两年前就已经被迫成了苏联公民,'苏联公民'这个分类也很成问题。他们自己肯定不是这样看待自己的。尽管如此,人们还是有理由摒弃对加害者的分类,虽然我认为人们可以按照自己喜欢的方式纪念死者。"

最近,来自以前的苏联统治区的人们的纪念活动已经从集体纪念无名英雄转向寻找亲人的坟墓。米沙提到,一些集体墓穴中挂着纸质标志牌,上面标有通常由孩子们所写的士兵的名字。他们的出生日期不同,死亡日期却很接近:他们都是在残酷而令人绝望的柏林会战中阵亡的。

米沙还谈到了柏林犹太人社区内部的紧张氛围,大多数社区成员来自曾经的苏联。俄罗斯犹太人希望少提大屠杀,多谈谈曾在苏联红军中服役的父母和祖父母。他们厌倦了对受害者的关注,希望缅怀英雄——或者说,如果要记住受害者,就应该记住所有人:既包括犹太人,也包括来自苏联的另外数百万人。米沙复述了托多罗夫原则，也认为国家的情况不同，关注的重点也应该不同。"俄罗斯**应该**多讨论对犹太人的大屠杀意味着什么，因为它以前没能做到这一点。在德国，如今的主要挑战是要让人们明白，这场战争还有其他解释角度，如果不是只关注大屠杀，你就不会否认它，也不会认同反犹主义。"他认为，议会关于欧洲被害犹太人纪念碑的漫长讨论已经被定格为一代人的遗产。"我们已经认同了这样一种叙事：德国人杀害犹太人是一项国家罪行。他们把这种叙事刻进了石头里，让子孙后代无法逃避或反驳。"

东德的官方说法很简单：我们是另一个德国，从一开始就是反法西斯的。对于东德的政治和文化领域的领导精英们来说，事实的确如此。他们有些是共产主义者，在纳粹掌权后逃离了德国；那些没能离开的则成了纳粹集中营里的政治犯——希特勒手下的第一批受害者就是共产主义者。许多后来成为共产党精英的人，也就是美国人口中的"早熟的反法西斯主义者"，曾在西班牙为共和政府而战。10年后，他们又随着苏联红军回到了德国。1945年6月11日，新成立的德国共产党中央委员会发表了一份成立宣言：

> 每个德国人的良心和耻辱都要燃烧起来。德国人民对战争及其后果有重大的罪孽和责任。希特勒并不是唯一一个犯有反人类罪的人！在1932年大选中投票支持希特勒的1,000万德国人也必须承担一部分罪责，尽管我们共产党人已经警告过：谁支持希特勒，谁就是在支持战争……不幸的是，广大民众失去了对体面和正义的基本感知，当希特勒许诺会将

战争和掠夺换来的丰盛成果分给民众，他们就追随了他。⁶

然而西德的任何当局都没有发表过类似的声明。他们的历史叙事并不完全是"未竟事业"版本。纳粹统治下的美好时光太过短暂，二战的破坏性又太大，因此他们来不及像美国南方人怀念有裙撑的裙子那样怀念阿尔卑斯紧身连衣裙。大多数西德人无法真正怀念纳粹的历史，也无法庆祝纳粹的终结。因此，他们在受害者情结中挣扎了二三十年。柏林投降仅一个月后，东部就响起了自豪而果断的赎罪呼声，西部却没有。

不过，这些都是官方举措，反法西斯是东德法律的要求。东德公民是真的认同政府的反法西斯政策，还是仅仅因为需要跟从党的路线才被动接受了这一点？我决定采访一下在东德长大的朋友和熟人。其中有三个人是犹太人，他们都对东德的政策持批评态度；还有几个是积极的持不同政见者。正如任何历史学家都会说的，人的记忆往往会失真。然而，与那些曾在东德时期公开批评政府的人（只有一个例外）对话的时候，我知道我是在与不受党派界限束缚的人交谈。

不过，我采访的第一个人是一名西德人，他是西德派驻东德执行外交任务的代表团负责人。他不能被称为大使，他的代表团也不能被称为使团，因为那样称呼的话就意味着西德承认了东德是一个国家，也就是说接受了德国最终分裂的现实。因此，汉斯·奥托·布罗伊蒂加姆（Hans Otto Bräutigam）在他居住在东柏林的那10年里通常被称作常驻代表。

用"老派绅士"来形容汉斯·奥托·布罗伊蒂加姆并不恰当。

他出生于威斯特伐利亚一座小镇上的一个天主教家庭。他的父亲在一战时是海军军官,后在一家钢铁厂担任化工产品部门主管。他的父亲虽然根本不尊重希特勒,还曾轻蔑地称其为"下士",但很早就加入了纳粹党,因为他赞同纳粹党的外交政策,包括修订《凡尔赛和约》以及抵御布尔什维主义向德国的渗透。

"在那时,反布尔什维克比反犹重要得多,"布罗伊蒂加姆解释道,"大多数德国人认为,我们国家的使命就是保护欧洲免受共产主义的侵害。作为一名忠于战友的退役军官,我父亲曾试图加入国防军,但由于他在钢铁厂的工作对军工产业很重要,所以这一请求遭到了拒绝。"

"那真是太走运了。"我知道有很多德国人至今仍在为自己的父辈在哪条战线上做过什么或没有做什么而困扰。除非父亲是少数几名因战争罪而受到审判的纳粹分子之一,否则他在这场战争中做了什么就只能留给孩子们去想象。

"是的,"布罗伊蒂加姆说道,几十年后重新提起这件事,他的声音仍有些颤抖,"但他为什么**想要**参军呢?他是一个民族主义爱国者,或者说爱国的民族主义者。和其他许多人一样,他将希特勒和德意志民族区分开来,并且只忠于后者。他的首要任务是抵抗共产主义。他哥哥也是如此。他们都不是反犹分子。"

"有趣的是,你的职业生涯大部分时间都集中在东德。"

"确实。但在这方面,我的家人并没有真正影响到我,他们从来没有去过东德。我的兴趣在别处:我一直认为,只有东西方互相尊重彼此,德国的问题才能解决。当时我并不倾向于左派,当然也不倾向于东德的社会主义。和维利·勃兰特一样，出于外交和政治上的原因，我也必须和东德保持某种密切联系。我在那里遇到了很多让我钦佩的人。比如克里斯塔·沃尔夫（Christa Wolf）、克里斯托夫·海因（Christoph Hein）等作家和曼弗雷德·施托尔佩（Manfred Stolpe）、弗里德里希·朔尔勒默（Friedrich Schorlemmer）等教会人士。当然，也有不想和政治扯上任何关系的普通人。"

不过，这些都是后话了。汉斯·奥托·布罗伊蒂加姆生于1931年，他是幸运的。他记得炸弹从天而降，落在了邻居的房子上，而自己家幸免于难。他在10岁时和同龄的孩子们一样加入了希特勒青年团的少年队，但后来并没有进一步卷入纳粹组织。他家里那种保守的天主教传统以及他父亲对"下士"的蔑视，为他提供了一种替代纳粹意识形态的选择。战后，美国人解散了他父亲供职的那家为纳粹战争机器提供零件的钢铁厂，后来他父亲又在一家生产工业光亮剂的小型家族企业中找到了一份工作。汉斯·奥托怀着成为一名律师的梦想离开家乡，后来获得了国际法博士学位。1956年，他获得了奖学金，进入哈佛法学院并在那里学习了1年。

从哈佛毕业后，布罗伊蒂加姆回到了那个时代特有的沉默和压抑的氛围中。他投身于外交事业，很快发现自己擅长的研究方向是西德与东德的关系。在他漫长的职业生涯中，要说对东德的了解，他是我所认识的任何一个人都无法比拟的。1974年，就连相互承认也能被视为一项外交成就。设立一个常驻代表团意味着需要就每一个细节进行长时间的谈判，甚至"常驻"（Permanent）和"代表团"（Mission）这两个词是否需要大写的问题也要谈。

布罗伊蒂加姆认为，他的任务是建立一种能够切实改善人们生活的外交关系：为被边界隔开的家人创造更多相互探访的机会，以及为被包围的西柏林制定合适的能源和交通政策。虽然他们小心翼翼地避免支持任何持不同政见者的活动，但这个设立在东柏林中心地带的常驻代表团还是成了东德公民获取信息甚至参加非正式爵士乐音乐会和诗歌朗诵活动的场所。在冷战时期，这里经常是两国公民互相接触的唯一场所，毕竟两边的公民都曾接受灌输，认为对方是最可怕的敌人。统一是一个难以想象的目标；人们最大的希望是这两个国家能够踏着缓慢而微小的步伐走向团结，哪怕只是形成一个松散的邦国联盟——正是这种联盟在19世纪末使德国走向了统一。在冷战气氛日益紧张的20世纪80年代，这种微小的步伐至关重要。美国在西德领土上部署核导弹之后，东西德10年来在一些小事上日益密切的合作发挥了作用，避免了重大灾难的发生。

布罗伊蒂加姆是代表团的负责人，他"非常愉快地履行着自己的职责"，直到后来成为西德驻联合国大使。在专注于处理东西德关系近20年之后，他开始期待能够见识更广阔的世界，这也是他在年轻时加入外交部门时的愿景。他被派去联合国工作已经是在1989年初，他不知道此时过去是否合适。当时，东德国内反对派的力量正日益壮大。他虽然非常了解这个国家，但并不比当时的任何人更能预见那年的冬天会发生和平革命。直觉告诉他事情正在起变化，但这毕竟只是一种感觉，而官僚主义已经开始掌控局面了。他怀着沉重的心情去了纽约，毕竟他找不到任何正当理由撤销调任。他花了那么多年的时间为面对统一做准备，但当国家真的统一的时候,他人还在纽约。他从没有想过自己可以在有生之年亲眼见证统一,"我离开柏林的时候真的很难受"。

当我将我要写的这本书的名字告诉他时,他摇了摇头,脸上带着难以置信的微笑。"我不相信我们能成为别人的榜样。"他换上严肃的表情继续说道:"在战后的头几年,我们一直难以直面自己的责任,后来,我们花了20年才开始意识到这一点——契机就是奥斯威辛审判;在德国,奥斯威辛审判比艾希曼审判的意义更为重大。德国人将纽伦堡审判视为胜利者的正义,在暗中强烈反对审判结果。我认为德国并不是榜样。"他重复道:"我们花了太长时间,而且有很多人一直拒绝承担责任。"

大多数有思想的德国人都会这么说。拉尔夫·乔达诺(Ralph Giordano)是一名有一半犹太血统的德国记者,他写了一本厚厚的书《第二重罪》(*The Second Guilt*),描述了战争中的种种压抑,讨论了谁该对此负责的话题。西德人曾经是德意志民族的主要群体,但他们仅仅记住了战争结束时的场景:轰炸、伤亡和饥饿。几乎没有人想过,那些可以被视为发动和支持了人类历史上最血腥的战争的人应该受到惩罚。这个国家沉浸在自己的痛苦之中,只顾清理城市中俯拾皆是的碎砖块和混凝土。之后,他们花了几十年的时间才把注意力转移到清理道德废墟的问题上。

"不过,有一点是其他国家需要知道的,这很重要,"我向布罗伊蒂加姆保证道,"清算历史是一个过程,这需要时间。"

我将话题转向了我关心的主要问题,因为我希望他是为数不多的能够在不带任何怨恨或偏见的情况下谈论东西德关系的几个人之一。他的视角可能是独一无二的,因为在他之前担任常驻代表的君特·高斯（Günter Gaus）已经去世了。他会认为东德的反法西斯主义是真的吗？

"反法西斯从一开始就是东德的意识形态，"他回答道，"你可以认为这是他们的'国家理性'（Staatsräson）。我认为东德最大的优势之一就是他们谴责法西斯主义的行动要比西德的早得多。"

"西方评论家称之为'依法反法西斯'（antifascism by decree）。"

"我所体会到的并非如此。反法西斯思想根植于他们的信仰最深处。"

西德的主张意在表明，东德的反法西斯主义只是上面的规定，是政策的一部分，而这种政策有时会被用来替一些最终无法自圆其说的国家行为辩护。但是，命令苏联占领区的1,700万德国人抵制法西斯主义，而不是任由他们将自己视为战争的主要受害者，这种做法难道不对吗？

起初，东德人在心理上和他们的西德同胞一样抗拒这种做法。最好的相关资料是维克托·克伦佩雷尔（Victor Klemperer）的日记，他是一位研究法国启蒙运动的德国犹太学者；他本来要被驱逐出境，但他忠贞的雅利安妻子顶住了纳粹强制要求她和他离婚的压力，使他得以不被驱逐。克伦佩雷尔在被迫辞去教授职务后，开始撰写极其详尽的日记，以独特的视角描绘纳粹统治下德累斯顿的日常生活。这部细致入微、意义深远的著作在他去世后的1988年出版，并成为畅销书。不过，公众对人们在纳粹统治下的生活的好奇并没有延展为对克伦佩雷尔在战后最初几年所写的日记的好奇：战后的这些日记虽然已经出版，但并不像他早期的日记那么受关注。[战后日记的原名为"Ich sitze zwischen allen Stuhlen"（我坐在所有集中营之间），直译成英文应该是"I am sitting between all the camps"，但最终的英译本标题却是"The Lesser Evil"（较小之恶），这体现了一种与该书的本意完全相悖的政治判断。]对公众来说，这其实是一种遗憾，因为战后日记的信息量至少和畅销的早期日记一样丰富。

在这些日记中，克伦佩雷尔描述了一些既令人痛心又滑稽可笑的场景：一些前纳粹分子来找他，希望他帮忙证明自己品行良好，以便他们找到工作或至少得到更好的口粮。一位音乐教师希望他帮忙证明她从未停止演奏门德尔松·巴托尔迪（Mendelssohn Bartholdy）的曲子；他以前教过的一个学生希望他帮忙证明自己的博士论文的要旨是反法西斯；少数几个在纳粹时期还在街上和他打过招呼的人都希望他能证实这一点；有些人甚至提出可以付钱给他。在发现许多大人物实际上都是懦夫后，出身资产阶级的克伦佩雷尔加入了共产党，这在以前是他无法想象的。整个战争期间，他一直在观察德累斯顿人。所以他在1946年5月的日记中写道："在德国我还能相信谁？一个人都没有。"就在3个月前，他写道："我更倾向于支持东德成为苏联的一部分。看看我的变化有多大。"克伦佩雷尔并不是在指责小资产阶级或不识字的暴民。他在1946年1月的一次柏林之行中写道："反动派有三座靠山：容克贵族、军队和大学。只有前两座（随着解放）倒下了。"大学仍是纳粹支持者的精英堡垒。许多人认为，要根除德国社会顽固的种族主义和反动情绪，就要进行长期而彻底的"依法反法西斯"，克伦佩雷尔也是这些人中的一员。

"克伦佩雷尔的日记让我印象深刻，所以我给我的每个孩子都买了一本。"布罗伊蒂加姆说,"我告诉他们,这是必读书。"

布罗伊蒂加姆还证实了另一些已经悄然淡出战后历史记载的事实:在东德受审和被解除职位的前纳粹分子比西德的要多得多。美国和英国占领区的占领军最初打算实施一项大规模的去纳粹化计划,按照犯罪程度将德国人分为五类,并据此分别对其加以赦免、惩罚或再教育,但这项任务过于艰巨。要完成这项任务,他们需要向曾经的纳粹政权掌权者发放问卷,但拥有德语语言能力、能够读懂和评估问卷的盟军士兵的数量远远达不到要求。很快,冷战开始了,美国和英国更关心的是他们的盟友是否反苏,而不是挖掘盟友肮脏的过去。去纳粹化计划被移交给了西德政府,但后者并没有兴趣继续实施这项计划。不久后,计划终止了。阿登纳政府并没有审判和惩罚罪犯,而是开始补偿受害者。

康拉德·阿登纳是一名保守的天主教徒,也是德意志联邦共和国的首任总理。他决定向以色列政府和大屠杀幸存者支付巨款,这一举措在西德颇具争议。这也是这些款项被称为"补偿"(compensation)而非"赔款"(reparation)的原因之一,毕竟一说到"赔款",很多人都会想起令人憎恶的《凡尔赛和约》。

"几十年来,联邦德国一直主张补偿款应该由和约来决定,但和约迟迟未能签署,所以他们一直回避补偿的问题。"布罗伊蒂加姆说,"但是,如果我们想要重新得到国际社会的接纳,支付赔偿款——不管我们如何称呼它——以及与以色列建立外交关系都是必要条件。德国人做过那么多可怕的事情,显然不应该被重新接纳。"

"然而,西德不参与清算历史,不就是在补偿款问题上暗中讨价还价吗？比如阿登纳政府让纳粹高级军官继续担任要职，又比如他们说不会在政治或文化上和纳粹有任何交集——"

"你说得对，"他说，"阿登纳谈到了无声的遗忘，但他并不是唯一一个希望如果没人提起纳粹，就没人会想起这一切的西德人。不过，在过去的几十年里，情况变了。没人再抱怨我们把德国东部的领土拱手让给了波兰。也许在战后的头几年，我们能做的仅此而已。人民已经疲惫不堪了，这个国家必须重建。在20世纪50年代，展望未来比回顾过去更有意义。"

西德的经济奇迹曾经被描述为一场大规模的集体压抑行为，一种用来遗忘过去的方式，就好像从早到晚为宠物铲屎能让你从一段错误的爱情中走出来。哲学家赫尔曼·吕贝（Hermann Lübbe）曾是一名所谓的无害的纳粹分子，他的说法更能引人深思：他认为，如果没有"沉默的交际"，这个国家就不可能迎来重建。虽然马歇尔计划对西德经济的重建至关重要，但所有这些沉默、麻木的努力工作还得到了另一个因素的刺激，即对转移注意力的渴望。这个过程在东西德都进行得很顺利。

布罗伊蒂加姆的工作集中在那些可衡量的事情上：补偿、赔款、冷冰冰的外交政策。然而这些都是他通过软外交的形式确立的。我对象征性的东西同样感兴趣；确保事物得到正确的名称非常重要。1985年，里夏德·冯·魏茨泽克总统宣布将5月8日定为德国的解放日，将其载入了德国历史，我其实并不能理解之后媒体大张旗鼓的宣传。他讲话的语气和大多数德国政客一样枯燥、波澜不惊，演讲的内容也显得无甚亮点。"我们应该铭记战争是怎么结束的，也不应淡忘战争是如何开始的。没有一个国家能够免于战争和暴力，但对犹太人的种族灭绝在历史上确实没有先例。我们在将自己定位为战争的受害者之前，应该先想到其他民族更是德国发动的战争的受害者。"像这样单调乏味的讲话持续了近一个小时。战争都已经结束40年了，谁还需要听这些？

事实证明，至今仍有数百万自称客观的曾经的西德人称那一天为"战败日"或"无条件投降日"。大多数人则对此完全避而不谈。后来，格哈德·施罗德总理称赞这次演讲创造了一种新的集体规范，一种新的历史认同。今天再读这篇演讲，我才明白它的重要性，因为我现在明白了，对以前的人们来说，有些东西似乎是无法理解的。直到演讲之前的那一刻，大多数西德人还一直认为自己是这场战争最大的受害者。冯·魏茨泽克比我更了解他的听众，因为他的那次著名的演讲从一开始就承认了这一切。只有站在听众的立场理解他们的痛苦，才能使他们认识到德国人欠盟军一个人情，因为盟军给这个国家带来了解放，而这是软弱且盲目的德国人仅凭自己无法做到的。

在演讲的结尾，魏茨泽克总统使用了一个特别优雅的修辞，把德国人民和以色列子民相提并论。在二战结束40周年之际，德国人为什么不试着向他们的军队曾试图灭绝的民族学习生存之道呢？"以色列人在沙漠中颠沛流离了近40年，终于回到了应许之地，然后开启了历史的新纪元。彻底改变对当时的罪行负有责任的那代人（他们如今已成父辈）也需要40年。"他是在将维持埃及人奢侈生活的奴隶制与一个残暴政权的战争机器相提并论吗？也许不是。也没有证据表明冯·魏茨泽克认同摩西。然而他已经白发苍苍，他的父亲也早已去世，这就使他终于能够说出那些在世人看来理所当然的事情:这世上还有许多人遭受的苦难比德国人更多,而且这些苦难是德国人一手造成的。

"但在东德,这一天不是一直被称为解放日吗?"我问布罗伊蒂加姆。

"确实如此,而且人们也在这一天庆祝苏联的胜利。这不仅仅是一种强制性的义务;许多东德人发自肺腑地对此心怀感激。"

东德作家达妮埃拉·达恩在那次著名的演讲过去几年后见到了冯·魏茨泽克,当时她告诉他,东德一直把5月8日称为解放日,并将其定为国家法定节假日。"魏茨泽克大笑了起来,是很友好的笑。但我看得出来,他终于明白了。他此前从未想过这个问题。在西德,好像所有人都从未想过可以把5月8日定为解放日。"

"东德的解放日纪念活动是真诚的吗?"我问布罗伊蒂加姆,"我听说老师会教学生唱《感谢你们,苏联士兵》("Thank You, Soviet Soldiers")之类的歌曲。他们是真诚的吗?"

"许多人的确是真诚的,而且也有许多人与苏联有着强烈的情感联结。比如克里斯塔·沃尔夫或延斯·赖希(Jens Reich)。他们对苏联的情感就像我们这一代西德人对美国的情感:感谢解放。感谢和平。它已经变得不那么情绪化了,而是成了德国历史中的重要部分。"

"在对于德国历史的看法上,没有几个西德人与你相同。"

"确实如此。"

"如今,一些人在谈到第三帝国和苏联这两个独裁政权时,习惯于把法西斯主义和共产主义等同起来,我想你并不赞同这种看法。"

"当然不赞同，"他回答道，声音比之前更大，情绪也更激烈，"**一点也不**（Ganz und gar nicht）。这两者完全不同。我从一开始就认为这种比较是荒谬的。"

"但这种看法非常普遍，你认为原因何在呢？"

布罗伊蒂加姆叹了口气。"也许这是个正常的过程。东德离我们更近，我们对这段历史的感受也更真实。真正经历过纳粹年代的人却已经没有多少了。"

"如果是前东德人这样比较，也许还有点道理，但是……"

"东德人从来不这么比较。"

"我也是这么想的。"

"大多数东德人认为纳粹主义和共产主义根本无法相提并论。他们知道，实际的东德比西德想象的要复杂得多，只不过这一点一直被关于史塔西的讨论掩盖了——如果你真的想了解东德，这种讨论并没什么价值。"他又叹了口气。"西德一直有一种试图完全忘记纳粹时代的倾向。现在的情况虽然比20世纪50年代的好一点，但这种倾向依然存在。"

我怀疑当下流行的这种将共产主义和法西斯主义相提并论的做法有着比镇压共产主义更黑暗的目的。我认为这并不是有意为之，但正因如此，它也更难对付。没有几个国防军士兵真的愿意拿起武器屠杀犹太平民，尽管一旦上了前线，很少有士兵违抗命令。1935年后，德国开始征兵，一般只有在重要的战争工业或集中营里工作的人（比如布罗伊蒂加姆的父亲）才能避免被征召入伍。一个独裁政权仅仅依靠军队不可能走得长远；它还必须激发军人的斗志。纳粹如果仅靠劝诫新兵狠下心来射杀耄耋老人或捅死襁褓中的婴儿,是绝不可能培养出英雄主义精神的;这些行为确实发生过,只是没有对群众广而告之。⁷相比之下,"保卫欧洲免受共产主义的侵害"的呼声则要响亮、清晰、有效得多。共产主义者有时会被描绘成有鹰钩鼻的形象,和漫画中的肥胖银行家一样,每个研究纳粹宣传的学生都能注意到这一点。然而,尤其是在战争真正开始之后,他们的关注重点便不再是犹太人,而是布尔什维克的威胁。斯大林格勒战役扭转了战局,此后"抵抗苏联,保卫家园"的口号甚至都不用宣传了,因为很明显,苏联红军在进入柏林之前,是不会停止对德国的反击的。

正如希特勒在法国战败后所写的那样:"我本可以全身心地投身于摧毁布尔什维主义的事业,这是德国的根本任务,是我一生的抱负,也是民族社会主义**存在的理由**(raison d'être)。"摧毁布尔什维主义的力量"本应同时完成对东部广大地区的征服……以确保德国人民未来的福祉"。⁸德国国防军入侵波兰和苏联,并不是为了尽可能多地屠杀犹太人;他们的任务范围更广。当然,这样说并不是在否认大屠杀,也不是要忽视反犹主义在纳粹意识形态中的重要位置。阿尔诺·迈尔(Arno Mayer)是少数几位强调反共在纳粹计划中的核心地位的用英语写作的历史学家之一。他写道:"毫无疑问,在德国,对犹太人的攻击被视为激烈对抗民主自由主义、先进资本主义和文化现代主义的结果。这三者都曾是犹太人获得解放的重要支柱和载体。"⁹不过他也坚持认为,"反犹主义虽然是纳粹世界观的一个基本原则,但它既不是纳粹的基础,也不是纳粹主要的或唯一的意图"。¹⁰二战期间,美国官方也表达过类似的观点。例如,1944年,哲学家阿瑟·O. 洛夫乔伊

(Arthur O. Lovejoy)给美军士兵写了一本小册子,解释二战的起因。领土扩张和军火制造商的利益被放在了首位,反犹主义只是顺便被提及。[11]

在德国,没有人会怀疑反犹主义是导致那12年的黑暗历史的主要原因。但德国人都知道,德国国防军幸存者与牺牲者身上有了英雄光环,是由于他们输掉了与共产主义敌人的战斗。只有右翼势力才会宣之于口。很少有德国人能够完全摆脱心中那种挥之不去的内疚感,不过这种内疚感可以通过重塑纳粹的反共产主义意识形态而得到缓解。爸爸或爷爷端起枪可能并**不是**为了射杀那些绝望的犹太人,他的目标是布尔什维克,犹太人只是刚好挡了道。布尔什维克如今的形象越是糟糕,他们回忆里的纳粹形象就越是美好。如果法西斯主义和共产主义在本质上是一回事,那爸爸和爷爷不也是在和邪恶战斗吗?

"在这一点上我们是一致的,"布罗伊蒂加姆说,"我认为人们将它们相提并论的决定性原因在于,德国人仍然需要为纳粹开脱,这种想法深植于心底,而且人们对此心照不宣。这就是人们更愿意关注东德的原因。"

2003年,历史学家托尼·朱特邀请我与他共同组织一场比较法西斯主义和共产主义的国际会议。他认为哲学家和历史学家一起讨论这个话题会有好处,他还希望能在爱因斯坦论坛上这么做。如果我能筹集一半资金,由他领导的纽约大学雷马克研究所(The Remarque Institute)便同意提供另一半资金。我们坐在纽约市的一家位于某个地下室的餐馆里,开始策划这个项目。

"一个不同之处在于，"托尼说，他是最早开始批评东欧社会主义的西方左翼思想家之一，"我可以和一名前斯大林主义者坐同一张桌子，但我不会和一个前纳粹分子坐在一起。"

很久以后我才意识到，对大多数西德人来说，情况恰恰相反。他们在孩提时代可能每天早上都会和一两个前纳粹分子一起坐在餐桌旁，而且他们也不太可能遇到前斯大林主义者。当时，我只能表示同意，并建议邀请一位前斯大林主义者参加我们的会议。

"马库斯·沃尔夫（Markus Wolf）是个天才，"托尼说，"你觉得你能请得到他吗？"

马库斯·沃尔夫在担任那个相当于美国中央情报局的东德情报机构的首脑的大部分时间里，一直被称为"隐面人"（man without a face），因为他从未被人拍到过。据说他还掌管着世界上最厉害的情报机构——摩萨德（Mossad）除外。他于1986年退休并开始批评东德政府。在退休后的头几年里，他写了一本感人至深的回忆录，讲述了自己与众不同的人生。

米沙·沃尔夫（Mischa Wolf，马库斯·沃尔夫对外的名字）于1923年生于德国，纳粹掌权后随父母和弟弟康拉德·沃尔夫（Konrad Wolf）一起逃到了莫斯科。他的父亲弗里德里希·沃尔夫（Friedrich Wolf）不信教，但和其他许多人一样，他也可能因为种族问题而受到纳粹的迫害。弗里德里希没有等到纽伦堡法案的颁布就在1934年离开了德国，因为他不仅是犹太人，还是一名共产主义者。作为一名医生，他一生都致力于改善穷人的健康状况；同时，他还顺便创作反法西斯的戏剧。

米沙和弟弟在莫斯科长大，但与移民社区里的其他人不同，他们并没有受到当时那种恐怖氛围的直接影响。(这或许是由于弗里德里希自愿去了西班牙当医生，因为他和许多人一样认为笼罩在肃反氛围中的莫斯科要比内战中的西班牙更危险。)弟弟康拉德与苏联红军一起打到了柏林，米沙则在后方造飞机。战争结束后，一家人回到了柏林，他们的背景和能力使他们成了东德精英阶层的成员。弗里德里希成了东德驻波兰的首任大使；康拉德成了东德最优秀的电影导演，后来成为东德艺术科学院的院长；米沙则成了国家安全部国外情报总局的负责人。当柏林墙终于倒塌时，米沙被指控犯了叛国罪。他逃去莫斯科待了一阵子，后来回到柏林受审，最终被判无罪。法庭同意他的辩词：每个国家都有权拥有一个搜集外国情报的机构，而米沙只是在认真经营东德的情报机构。

米沙·沃尔夫说他很乐意接受我们的邀请，并询问需要为会议做什么准备。我们一致认为，比起正式的演讲，非正式的谈话要好一些。问题是，谁和他谈？我问布罗伊蒂加姆是否愿意与米沙公开对谈，他要求给他3天时间考虑考虑。米沙倒是很乐意与布罗伊蒂加姆交谈，但由于此前他从未获准进入说英语的国家，所以他不确定自己的英语水平够不够。我向他保证，如果有需要，我和托尼都很乐意给他当翻译。这不算什么大事，我想。

事实证明，让历史学家对会议主题产生兴趣比让哲学家产生兴趣更容易；我所在的领域并不以对实际事件的反思而闻名。但托尼是那种能够说服著名历史学家艾瑞克·霍布斯鲍姆(Eric Hobsbawm)参会的人，即便他刚刚在《纽约书评》(*The New*

York Review of Books）上痛批了霍布斯鲍姆的自传。我给几个会资助这类活动的德国组织一一写信，列出了一份优秀的历史学家和其他人的名单。他们都给出了同样的答复：会议看起来很精彩，他们很乐意提供资助——只要我不邀请马库斯·沃尔夫。

我明白为什么布罗伊蒂加姆说需要时间考虑了，他知道这会引起多大的争议。最后，我得到了纽约开放社会基金会的资助，2005年的那次会议也非常成功。布罗伊蒂加姆和米沙的讨论并没有得出什么震撼人心的见解。他们在大多数重要问题上意见一致：两人都认为，尽管斯大林主义是对起源于启蒙运动时期的平等理想的一种曲解，但纳粹主义除了猖獗的种族主义外，没有任何理想可以被曲解。然而，除非你认为意识形态没有意义，否则一个从一开始就是为平等团结而战的人和一个从一开始就拥有种族主义世界观的人是有天壤之别的。这就是为什么托尼愿意和前者见面，但不愿意与后者同桌。

参会的其他发言者谈到了意识形态和伦理、初衷和环境、灰色地带和问责之间的差异。事实证明，米沙的英语比他担心的要好，托尼和我完全被他吸引住了，甚至想一直听下去。在会议的闭幕晚宴上，托尼邀请米沙来年到雷马克研究所做客。米沙欣然应允；他从未去过纽约，而且他在美国还有一个同父异母的兄弟，两人已经有半个世纪没见面了，现在他们都上了年纪。我和托尼开始策划另一次联合活动，这次是在纽约。我至今还保留着他发来的电子邮件，讨论活动细节的字里行间都洋溢着兴奋。

不过米沙·沃尔夫最终还是没能获得前往美国的签证。托尼在愤怒地质问多次后了解到，这是高层的意思。美国国务卿康多莉扎·赖斯（Condoleezza Rice）与安格拉·默克尔进行了磋商，后者当时还不是德国总理，而是反对党基督教民主联盟的领导人。两人都得出了结论：此事绝无可能。托尼提出了抗议，还走了秘密渠道，但美国国务院态度坚决，于是托尼精心策划的会面只好不了了之。一年后，米沙·沃尔夫在睡梦中离世。他最后还是没能和同父异母的兄弟再见一面。

这个故事揭露了东西德关系的一些问题。它还表明，公开讨论纳粹时代的影响在二战后如何继续存在以及这种影响如何导致了东西德之间最深刻的紧张关系是一件多么困难的事情。几年后，《纽约书评》在托尼不幸英年早逝后发表了一篇长文，使这件事变得更加有趣了。文章作者是蒂莫西·斯奈德，他后来在法西斯主义和共产主义之间画上了可疑的等号。他参加了那次会议，并认为有必要将以下内容写出来："在柏林的一次会议上，前东德间谍头子马库斯·沃尔夫恶意刁难托尼，让他用德语重复一个问题。托尼照做了，但带着一种他从未有过的犹豫……对托尼来说，犹太人大屠杀在他的成长过程中无处不在，就像雾气一样。"[12]

读到这篇文章时，我一下子惊呆了。沃尔夫使用德语的时候并没有恶意。我们还向他承诺，如果他有需要，我们可以为他提供同声翻译服务。托尼如果犹豫了，也只是因为他的德语不太好。不管怎样，他试图在翌年将沃尔夫带到纽约的种种努力证明，他对这个问题没有任何反感，事实恰恰相反。斯奈德为什么会把这种交流理解为恶意呢——除非他先入为主，认为所有前共产主义者的话都是带有恶意的。

一个在东德当了10年外交官的保守的西德人是一个很好的信息源,他可以避免受到意识形态的束缚。数字则可能是另一个信息源。在过去的20年里,德国投入了大量资源详细研究纳粹历史。外交部和司法部之类的主要政府机构已经调查过战后有多少前纳粹分子继续在这些机构里工作,其他行业也纷纷效仿。在对如此多的细节进行如此细致的研究之后,肯定已经有人列出了一份概况清单:东西德还有多少前纳粹分子身居高位?有多少人受到了审判,其中又有多少人被定罪?西德赔了多少钱给以色列,东德又赔了多少钱给苏联?我从不相信数字能说明一切;但我认为数字是可靠的。

也许,这又是一个"只见树木,不见森林"的例子。但我在仔细研读了数百页有关清算历史的资料后变得越来越气馁。两项相隔两年的研究得出的关于在德国两个州受审和被定罪的纳粹分子的人数完全不同,我还能将得到正确数据的希望寄托在谁身上呢?一位美国历史学家安慰了我。"我们甚至不知道有多少人在美国内战中丧生,"珍妮弗·斯托尔曼(Jennifer Stollman)说,"更不用提有多少非洲人死在了中间航道上。我们只知道这个数字在400万—2,000万之间。我们在计量史学中学到的第一件事就是,数字是由人写的。"

这就意味着,虽然我们可以获得一些数据,但其中的一些会涉及政治。有时,统计数字背后的政治意图是显而易见的。两德统一后,联邦政府委托进行了一项研究,调查前东德发生过多少起严重的亵渎坟墓事件。被推倒的墓碑或被涂上纳粹万字符的墓碑的数量确实会引起恐慌,但问题在于,没有谁会费心委托人去调查同一时期发生在西德的亵渎事件的数量。其实西德的此类事件更多，但由于没人有兴趣耗费资源和人力来统计，所以这些数字并不准确。[13]由于政治利益使然，统计留在政府、警察部门、大学等机构中的前纳粹分子的数量变成了一个几乎令人发狂的问题。很多机构并不想知道这方面的数据。东德将自己塑造成了一个反法西斯国家，所以根本不愿承认有这样的前纳粹分子存在，尽管人人都知道，这种人不仅有，而且还不少。西德的情况则更为复杂，你甚至可以将其当作黑色喜剧的素材——如果你感兴趣的话。二战结束时，美军缴获了1,070万张纳粹党党员证，之后这些东西一直保存在美国人手中。考虑到许多党卫队军官甚至试图将他们的制服换成带有黄星的夹克，因此美国人并不放心将纳粹分子名单交给德国人保管。后来，由于冷战开始了，"我们能相信谁不是纳粹"的问题变得远不如"我们能相信谁反共"的问题那么重要。美国人在翻阅党员证时发现了许多著名政治家的名字，便把证据锁在了柏林档案中心严加看管，因为他们不想让自己在冷战中最重要的盟友难堪。德国人发现，把这些文件交给美国人保管很方便。以汉斯-迪特里希·根舍（Hans-Dietrich Genscher）为例，这位著名的外交部长知道自己的党员证也在档案中，所以他要求美国人顶住与日俱增的压力，不要把档案移交给西德。最后，美国人终于厌倦了对他们不公开信息的指责，在1994年——根舍退休两年后——坚持要求德国人接管这些档案。

这只是为何纳粹的所有东西都很难计数的一个引子。记录都是不完整的，许多记录要么在战火中遗失了，要么被人蓄意隐藏起来了。我们也很难得出一些估值以供比较：我们很难确定到底是从东德流向苏联的工厂设备和铁轨的价值更大,还是从西德转移到以色列的资金的价值更大。仍有相当多的研究正在进行,10年后我们或许能看到更可靠的数字。目前的估计数据都是根据那些最没有争议的资料总结出来的。

审　判

在东德,共有12,890名纳粹分子被判有罪,其中129人被判死刑,其他人则被判处了时间长短不一的有期徒刑。在西德,共有6,488名纳粹分子被判有罪,没有人被判死刑,大多数人在服刑期间很快就得到了减刑。大多数人不是作为谋杀犯受审的,而是作为谋杀犯的共犯受审的。例如,一个叫约瑟夫·奥伯豪泽尔(Josef Oberhauser)的人在波兰的贝乌热茨谋杀了30多万人,结果仅作为共犯被判处有期徒刑4年半,相当于每谋杀一个人只需坐牢7.8分钟。[14]安德烈亚斯·艾希米勒(Andreas Eichmüller)和马尔特·赫维希(Malte Herwig)也记录了一些与此相似但不完全相同的数字。[15]正如(西德)刑事司法教授英戈·米勒(Ingo Müller)从这些数字中得出的结论所说的那样:

> 因此,东德被定罪的人数是西德的两倍,在占总人口的比例方面,前者则是后者的六倍。因此,我们必须考虑到,那些受到牵连最深的前纳粹分子中的大多数人在可能的情况下都更愿意去西德。[16]

考虑到有许多前纳粹分子曾在司法部工作（直到1966年，前纳粹分子仍占西德主要官员的66%），再加上联邦刑事犯罪调查局（Bundeskriminalamt，相当于美国的联邦调查局）的行政雇员中有3/4是前纳粹分子，其中一半以上曾是纳粹党卫队成员，因此西德的前纳粹分子被定罪的比例如此之低并不令人意外。[17]德国联邦情报局得到了美国中情局的协助，其领导人是赖因哈德·格伦（Reinhard Gehlen），他不仅是一名纳粹分子，在苏德战争期间还是负责军事情报的将军，后来他还帮助他的同志们（如阿道夫·艾希曼的首席助理）逃脱了起诉。这些事实也解释了为什么西德政府在追捕和起诉前纳粹分子方面并不坚决。

公职岗位上的纳粹分子

进步的左翼政党和绿党在议会中发起了呼吁，要求彻查纳粹对西德政府各部门的影响，尤其是在对恐怖组织"民族社会主义地下组织"的调查遭到联邦机构的可疑阻挠之后；这些机构本应调查2000—2007年间9名中东裔公民的被杀案。可预见的是，基督教民主联盟的一些议员以"东德也有前纳粹分子"为由，反对向西德各部门的彻底历史调查拨款。东德的纳粹分子不太可能被精确地统计出来，但2016年德国政府通过了投票，决定投入400万欧元对西德进行全面调查。

《办公室与往事》(*Das Amt und die Vergangenheit*，一部长达880页的专门介绍纳粹时期的德国外交部的著作) 预见到了这些麻烦事。人们曾经误以为纳粹时期的德国外交部一直在默默抵抗纳粹，这在很大程度上是由于时任外交部副部长恩斯特·冯·魏茨泽克（Ernst von Weizsäcker）在纽伦堡审判中的欺骗性证词。一个由五位全球知名的历史学家（其中有两位分别来自以色列和美国）组成的委员会写了一本书，得出了相反的结论：德国外交部在犹太人大屠杀事件中发挥了至关重要的推动作用。这本出版于2010年的著作引发了巨大争论，以至这场争论本身也成了历史调查的主题之一。[18] 未能进入委员会的历史学家们抱怨委员会的资料信息来源不全面；委员会则抱怨说许多文件都被毁或遗失了。未能进入委员会的历史学家们抱怨说，委员会应该学习历史方法入门课程；委员会回应道，这些人因为自己没有被选中，心生嫉妒才会这么说。这些只是专业历史学家群体内部争论的一部分。在这个群体之外，一些人说这本书是一场政治上的猎巫运动，让人想起东德的宣传；另一些人则声称**他们**是前纳粹分子，他们这么说只是为了恢复已故同事的名誉。2011—2015年，持各种观点的人们吵得不可开交。

一项针对内政部的初步研究发现，1961年西德内政部雇员中的前纳粹分子占比为66%，达到历史最高水平；1962—1970年，这个比例是50%。东德内政部的前纳粹分子比例则是14%。这比东德愿意承认的数字要高得多，但仍比西德的要低得多。[19]

简而言之，尽管所有可靠的消息源都认为，曾在西德政府任职的前纳粹分子远多于曾在东德政府任职的前纳粹分子，但我们很难获得确切的数字——就连一个部门的数据都很难获取。上述数字必须被理解为初步数据。这项耗资400万欧元的全面研究始于2016年，预计将于2020年公布结果。考虑到德国人对细节的追求常常远胜于对速度的追求，我不会一直傻傻地屏息等待。

纪念性建筑

德国联邦政治教育中心（The Federal Office of Political Education）发布了一份关于1990年以前为纳粹受害者建立的所有纪念性建筑的研究报告。鉴于柏林是比较东西德的最佳地点，所以我在这里只讨论柏林的情况。他们统计的建筑范围很广，小到建筑物上的一块牌匾，大到巨型雕塑纪念碑。由此，他们得出的数据是东柏林有246座，西柏林有177座。[20]我们还应该注意到，1989年东柏林的人口为1,297,212人，面积为409平方千米，而西柏林的人口为1,854,552人，面积为480平方千米。两边的纪念性建筑既包括由曾经矗立在这片土地上的犹太教堂遗址改造而成的纪念碑，也包括向被纳粹迫害的犹太人和纳粹政权的其他反对者表示悼念的纪念碑。有些差异是预料之中的。东柏林纪念的更多是反抗纳粹的英雄，特别是共产主义者，以及5,000名很早就表现出反法西斯精神并在西班牙内战中加入国际纵队的德国人。西柏林纪念的更多是那些遭到纳粹迫害的基督教领袖，还有一座纪念碑纪念的是那些经常被遗忘的同性恋受害者。纵观这些经过了精心编纂的资料，我发现了一个惊人的事实：西柏林的纪念碑有近一半是在20世纪80年代建造的，由此时开始，从民间产生的巨大压力最终促成了欧洲被害犹太人纪念碑和一系列较小的纪念碑的建造，西柏林的一些人认为这些纪念碑早就应该建起来了。

柏林郊外有一种特殊的纪念馆，很容易拿来比较。在东德，人们修复了布痕瓦尔德集中营、拉文斯布吕克集中营和萨克森豪森集中营，并把它们改造成了纪念馆。用于完成这些工作的资金来自国家财政和私人捐款。全国的学生在受教育阶段的某个时候，都至少会去参观一座集中营。相比之下，位于西德的达豪集中营直到1965年才得到了第一笔公共资助。直到那时，迫于达豪国际委员会（Comité international de Dachau，一个由以前的集中营囚犯组成的组织）的压力，巴伐利亚州才将达豪集中营改造成了一座纪念馆。该州境内的数百座小型集中营则至今仍然没有任何纪念符号。在两德统一之前，西德当局始终没有为集中营纪念馆的保护或支持工作提供任何联邦财政拨款。

赔 款

因为涉及的内容太多，因此赔款金额的计算工作变得尤为复杂。赔偿纳粹受害者个人是一回事，因为德国国防军给人民和财产造成了损失而赔偿整个国家又是另一回事。此外，我们也不清楚该如何单独计算后一项数值。东德的工厂里价值数十亿马克的有形资产被转移到了苏联。在计算它们的价值时，我们是应该计算这些资产在1953年的价值，还是计算它们如果留在德国本土可以带来的收益？

根据最可靠的研究，西德总共向个人受害者支付了约800亿德国马克的补偿款（compensation），其中包括向以色列和犹太人索赔大会（Jewish Claims Conference）支付的一次性补偿。[21]

东德的补偿款总额难以算清，最佳估值为10亿—20亿德国马克。东德只向居住在东德境内的受害者支付了补偿款——这正是它的补偿金额与西德的相比似乎微不足道的原因之一。然而，如果我们再去看看两方的赔款（reparation），比例就颠倒了过来。根据最保守的估计，东德的赔款为900亿德国马克，西德则只有195亿德国马克。（这些数据是根据1953年德国马克的价值计算的。如果以今天的货币价值计算，东德其实支付了1,800亿欧元的赔款。）鉴于东德的人口只有西德的40%，所以人均赔款额的差异更为惊人：东德与西德的人均赔款金额比约为110∶3。[22] 赔款对东德经济的打击是毁灭性的，这也是东德经济明显落后于西德的一个主要原因。尽管根据波茨坦协定最初的规定，两德都要为国防军造成的破坏向苏联做出补偿，但东德承担了其中的大部分费用。

如果统计数字存疑，那么象征物方面的情况就更复杂了。

当《德意志高于一切》在1841年被创作出来时，它的含义与后来完全不同。它不是在趾高气扬地表达德国的优越性，而是在呼吁人们抛开琐碎的分歧，将37个邦国统一为一个民族整体。西德政府在1952年禁掉了这首歌的前两段内容，但它也知道呼吁重新创作一首国歌是行不通的。歌词再也不能提及"德意志妇女"或"领土要求"——这些词语已经被纳粹玷污了。在删掉这两段之后，如今的国歌只剩下无害但老套的第三段内容被单独奏唱。

统一、正义和自由

为了德意志祖国

让我们一起为了这个目标而奋斗

像兄弟那样团结起来,献出我们的双手和真心

统一、正义和自由

是我们幸福的保证

在繁荣昌盛的光芒中绽放

绽放吧,德意志祖国

在繁荣昌盛的光芒中绽放

绽放吧,德意志祖国

东德则做出了另一个选择。1949年,东德委托创作了一首新国歌《从废墟中崛起》("Risen from the Ruins"),由汉斯·艾斯勒(Hanns Eisler)谱曲,他将悦耳动听的大调和愤慨激昂的小调结合在一起,这种震撼人心的作曲方式特别适合用来激发民族情感。歌词由官方诗人约翰内斯·R. 贝歇尔(Johannes R. Becher)创作,他在有限的文字中尽可能地加入了对清算历史的承诺。以下是前两节歌词:

从废墟中崛起

面向未来展雄翅

为了你的崇高事业

统一的祖国德意志

不让旧日灾难重临

为此我们紧密团结

我们要让大家

> 看见空前灿烂的阳光
>
> 照亮祖国的天
>
> 幸福的前程以及和平的生活
>
> 降临祖国德意志
>
> 世界人民渴望和平
>
> 伸出手来去支持
>
> 只要像兄弟一般团结一心
>
> 就能战胜敌人
>
> 我们要使和平光辉永照
>
> 母亲不再为儿子
>
> 哭泣哀悼

在东德放弃统一以换取现金和改善与西德的关系后，这些歌词就不再被公开传唱了。只剩汉斯·艾斯勒的曲调仍会被传唱。

《从废墟中崛起》本可以成为重新统一的德国的理想国歌，它承认了过去的罪恶，宣告了对另一种未来的渴望。虽然它的词作者贝歇尔后来在斯大林化的顶峰时期曾为国家服务，但这又有什么关系呢？大家知道创作美国国歌《星光灿烂的旗帜》（"The Star-Spangled Banner"）的弗朗西斯·斯科特·基（Francis Scott Key）后来做了什么吗？《天佑女王》（"God Save the Queen"）的那位无名创作者呢？这大概就是东德第一位也是最后一位民选总理洛塔尔·德迈齐埃（Lothar de Maizière）的观点。在为实现统一而进行的热切而匆忙的谈判中，他指出，西德如果坚持保留它的过去的一部分，可以用世人皆知的由海顿创作的老曲调演唱

《德意志高于一切》的歌词。对此，手里握着所有经济牌的西德回答道：不。当时西德的执政党是基督教民主联盟，他们给出这个答复并不奇怪。他们需要几十年才能认识到德国清算历史的必要性（不管是哪种形式的清算），而对于自己的党史，他们从来都没觉得有什么需要清算的。他们为什么希望每次唱国歌的时候都回忆起过去呢？

在今天的柏林，东德留下的唯一的痕迹是交通信号灯上指示止步和通行的神气活现的"红绿灯小人"（Ampelmann），它显然比曾经的西柏林红绿灯上的机器人形象更有吸引力。如果你想把印有柏林城市标志的纪念品带回家，印有红绿灯小人的马克杯或T恤衫是最容易找到的。纪念品商店不会告诉你这一切是如何保留下来的，年轻的售货员自己也不太可能知道。

然而，国歌是国家政治宣传的一部分，是上面颁布的法令。东德却将自己国歌中的反法西斯主义用作指控西德的武器。

东德很快就把西德既没有调查也没有起诉前纳粹分子这一事实当作宣传自己国家的工具，这同样是事实。在东德和西德，人人都知道纳粹的影响仍然存在，但这一事实要么被固化成了教条，要么完全无人提及。东德的教条是这样的：作为德国领土上的第一个反法西斯国家，我们完全打破了法西斯历史的一切连续性。西德的教条是这样的：共产主义并不比法西斯主义好多少；因此东德根本没有与过去决裂。由于这两种教条都不符合事实，因此人们通常宁愿保持沉默。

东德也有前纳粹分子。

当然有。两边毕竟同属一个民族。不过，东德从一开始就没有那么多纳粹分子，随着东线战场德军的崩溃，很多人逃回了西部。由于纳粹把布尔什维克宣传为野蛮人，再加上他们害怕苏联会由于国防军曾经的所作所为而报复他们，因此大多数纳粹分子宁愿待在美国占领区等待战败。这就意味着东德从一开始就没有那么多"大鱼"，但东德审判的纳粹分子人数比西德的多得多。更重要的是，虽然东西德的大多数人都与纳粹多少有些联系，但领导层的情况又不一样。东德各行各业的领导人，包括政界、行政部门、媒体界和艺术界的精英，在骨子里都是反法西斯主义者，其中一些人甚至为此付出了血的代价。西德领导人至少是纳粹的共犯；甚至那些没有公开反犹的人都公开表示过对共产主义的憎恨。西柏林拒绝让抵抗运动的英雄们在公立学校讲述他们的战时经历，因为他们大多数是共产主义者。在西德，信仰共产主义总是比信仰法西斯主义更可怕。尤其是在两德统一后，德国通过了新的养老金法案，养老金金额的计算方式就明显反映了这一点。在纳粹党卫队中担任军官的时间或赶着运牛车去奥斯威辛集中营的时间都可以计入养老金年限，在东德服义务兵役或开普通火车的时间却不可以。[23]

东德表现出反法西斯是为了赢得苏联占领军的好感。

同样地，"西德支付赔款是为了赢得美国占领军的好感"的说法也是出于同一种逻辑。在1990年和平条约签署之前，双方都在以不同的形式清算历史，以讨好各自土地上的占领军。清算历史不仅仅关乎内部。每个开启这项工程的国家都会向外界发表声明。在非洲后殖民革命觉醒后，苏联声称，美国的种族隔离与其理想完全背道而驰。随后，冷战时期的肯尼迪总统也将民权立法当作工具。美国在20世纪60年代通过了民权立法，无论外部压力在其中发挥了多大的作用，这项立法都是值得称赞的。同样地，东德公开承诺自己是反法西斯国家，无论外部压力在其中发挥了多大的作用，这种承诺都是值得称赞的。

东德以反法西斯为借口，掩盖了国内的不公和压迫。

事实的确如此。最明显且最愚蠢的例子是，东德在西柏林周围建造了长达128千米的混凝土屏障，并称之为反法西斯防卫墙。人人都知道，建造这堵墙的目的不是抵御来自外部的入侵，而是封锁内部的公民。东德政府给这堵墙取的名字可能比其他任何东西都更能引起人民的鄙视和嘲讽。清算历史总是关乎政治，如同婴儿照片和圣经之类的其他任何东西一样，它也会被政治滥用。不过，即使是那些希望东德花更多时间处理斯大林主义残余的前反对派，也认为东德在清算纳粹的罪行方面做得不错。

东德确实歪曲了历史，它声称自己是从德国的废墟中崛起的反法西斯国家，言下之意是，纳粹是西德的问题。它宣称摆脱资本主义就能摆脱法西斯主义，这种说法和西德所谓的"摆脱公开的反犹主义就是摆脱了法西斯主义"一样片面。东德试图通过颂扬苏联红军来表明他们也是胜利的一方——以致偶尔有人说，孩子们都搞不清楚自己的父亲在二战中属于哪一边。政府的立场使大多数东德人相信，他们天生就站在历史正确的一边。然而，这反过来又是个危险的想法，因为某一时刻正确的并不等于永远正确——埃里希·米尔克（Erich Mielke）的职业生涯无疑印证了这一点：他曾在西班牙内战中对抗法西斯主义者，后来却成了史塔西的头目。不过,东德加入了反法西斯阵营,并邀请了那些在纳粹时期被迫移民的人回来重建另一个德国,所以他们至少这一次站在了历史正确的一边。

东德清算历史的行动流于表面。政府的政策可能还有些效果,但没有延伸至个人。

哲学家斯坦利·卡维尔(Stanley Cavell)将思想家分成两类,一类以政治为范畴,另一类主要以心理为范畴。[24] 对东德人来说,政治范畴是最重要的;西德人则更关注心理范畴。[25] 西德的"六八一代"因为当局在战后头几十年没有清算历史而愤怒,他们坚持认为清算历史就意味着与父母算账——而且往往意味着暴力对抗。然而在东德,个人层面的清算历史却很少。正如西德哲学家贝蒂娜·施汤内特所说的:"在那里,回顾历史并不是一个自我启蒙的问题。马克思主义认为,真正的改变在于政治和经济关系的改变;一旦你改变了这些关系,改变了政治领导层,战胜了邪恶,你就不需要启蒙了。这是一种过于乐观的意识形态。"

我认为,要想彻底清算一个国家的罪行,就必须在政治和心理两个层面做出改变。不过,如果必须设定先后顺序,我更希望将政治承诺(立法禁止种族主义,惩罚种族主义罪行,以及从政府最高层到小学教育全面谴责种族主义)放在第一位。

东德是反犹的。

1991年,西德研究机构埃姆尼德研究中心(EMNID)发布了一份报告,比较了东德和西德的反犹态度。当时两德统一还没多久,东西方之间的界限依然分明。他们的结论是:西德各州人口中有16%表现出了极端的反犹倾向，而东德在这方面的比例是4%。[26]在东德，从纳粹手中幸存下来的犹太人获得了一系列福利，从数目可观的国家养老金到特许住房，再到免费的公共交通。虽然比起反犹主义，东德更关心纳粹的反共意识形态，但东德对前者也做了详细记录。据历史学家雷娜特·基希纳（Renate Kirchner）统计，东德出版了1,086部关于犹太人和反犹主义的著作。早在西德的电视台开始播放美国电视连续剧《大屠杀》（*Holocaust*）之前，东德就有1,000多部电影和电视节目定期向广大民众普及大屠杀。[27]

和苏联一样，东德在1967年的第三次中东战争中也站在了阿拉伯国家一边，这是事实。实际上，在西德和东德清算历史的其他所有形式方面，几乎都仍然存在争论。正如历史学家马里奥·凯斯勒（Mario Kessler）总结的那样："我们阅读的所有这些著作都经常引用相同的资料来支持自己的主张，它们表明了历史学家们可以根据相同的论据得出大相径庭的结论，或者更确切地说，他们的意识形态和政治立场影响了他们的判断。"[28]

如果东德如此善于清算纳粹的罪行，那它为什么不彻底清除斯大林主义的余毒呢？

问得好。许多东德人认为，如果东德当年能够清除斯大林主义的余毒，那它也许就能存续至今。

延斯·赖希（Jens Reich）是一位分子生物学家，还曾是东德著名的持不同政见者——他的名气是如此之大，以致当他拒绝入党、拒绝宣誓效忠体制时，他丢掉了生物研究所所长的职位。他被分配到了一个不那么有趣的工作岗位上,继续进行科学研究和政治工作,组织批判性讨论小组。他希望能够以此改变东德。

我们是在他家里见的面,他家位于西柏林的一个中产阶级聚居区。"我们并不想推翻东德,而是想要改革它。"所有真正加入过反对派的人都这么说。

延斯·赖希的父亲曾在东线战场当医生。我问他有没有和父亲讨论过二战。

"我父亲坚持认为,德国国防军的成员不全是罪犯。"

"他是在国防军展览之前就这么认为的吗?"

"20世纪50年代,我们就在东德讨论过国防军的犯罪问题。我父亲在前线的时候,说要在村子里建诊所,为当地居民和士兵提供服务。"他们也会为美国军队在二战中的所作所为而争吵。"我父亲很生气,因为美军一旦在他们占领的城市遭到抵抗就会立即撤离,然后从空中轰炸这座城市。"这导致了成千上万无辜平民的死亡。"我当时认为这是可以理解的。因为他们在太平洋战场上伤亡惨重,不能再在这里浪费兵力了。"

他们父子间的争论应该并不激烈,因为延斯在提起他父亲时语气里满是爱意和尊敬。从战场上回来后,他父亲加入了共产党,希望在建立一个新的社会主义德国的过程中出一份力。由于大部分医生都去了工资高得多的西德,所以他父亲在当地很受欢迎,后来还创立了一家医院。"父亲在愚蠢的专制体制下受了很多苦,但他从未说过一句关于苏联或东德的坏话。"

延斯·赖希还记得学校是怎么讨论纳粹时期的德国历史的。讨论的重点是反法西斯抵抗运动的英雄,但他们也会讲述受害者的故事。"在我知道的人当中，没有谁会认为解放日是'被外国占领日'，但这种想法在西德很常见。这一天是德国战败的日子，但其实许多东德人都把它当作解放日。"歌颂抵抗运动的英雄有助于减轻心理负担，使孩子们不致带着负罪感长大。"我们学到的不是全部，但也有很多。但在西德，历史课到威廉二世那儿就结束了。"

和其他人一样，延斯坚持对东德的特定时期加以区分。20世纪50年代的斯大林主义时代让位给了"一个悲伤的时代"。"柏林墙建成后，我们被挡在墙内无法离开，但德国不再存在残暴的独裁政权了。"当时，东德在很多方面仍有审查，但现在延斯只记得绕过审查有多容易。根据他的亲身经历，东德当时并不存在反犹主义。他说，大多数受过教育的东德公民都不认同政府在第三次中东战争中的立场。"在西德，左派的反以色列情绪非常强烈，但东德的情况不是这样。"他也没有发现任何反苏情绪。"狂热的反苏分子全都去了西德。我们剩下的人都知道国防军和纳粹党卫队的存在，并且时常会想**'我们究竟都做过些什么？'**"延斯是德苏友好组织的成员，他在苏联有许多同事，其中有一半是犹太人。他也没有感觉到东德人民对其他国家有什么排外情绪："我们与世界上的许多地方隔绝开了，但我们很高兴能见到外国人。"

他说，有见识的东德公民总处在一种矛盾的处境中。许多真正想要建立一个新德国的人被放在了无法改变任何事情的荣誉职位上。"许多人对这个不断重复自己基本的反法西斯论调的政党感到失望，它已经僵化到再也无法获得年轻人的信任。老一辈应该早点正视现实，承认**'这不是我们的社会主义'**。但我还是不能接受别人指责我们的反法西斯主义是空洞的。在其他事情上,我无话可说。"

弗里德里希·朔尔勒默身材高大,五官端正,嗓音洪亮,最后这项特征肯定对他的牧师生涯有所帮助。据说马丁·路德当年就是在朔尔勒默后来任职的那座大教堂的大门上亲自钉上了九十五条论纲。尽管历史学家们对此仍有不同看法,但朔尔勒默还是给我指了指那扇门,如果这个故事是真的,那么这扇门和路德的论纲肯定早就被多次加固了。朔尔勒默如今已经退休,但很明显,他在这座大教堂里仍然来去自如,他还领我参观了为纪念宗教改革500周年而进行的翻新工作留下的痕迹。他在维滕贝格也会感到很自在,他在鹅卵石街道上遇到的几乎每个路人都会向他问好;如果对方是游客,朔尔勒默还会停下来帮对方指路。认识他的人都不会忘记他在1983年发起的"铸剑为犁"运动(Swords into Plowshares)。作为一名坚定的和平主义者,他反对东德的军国主义。就连那些错过了示威活动的人应该也记得那张著名的照片,照片中是一位上身赤裸的铁匠,朔尔勒默邀请他把一件真正的战争武器打造成一件农具,从而使这个比喻变得更具象化。现在德国有一座纪念碑纪念的就是这个场景。朔尔勒默也是第一批抗议东德的环境政策(或者说缺乏环境政策)的人之一。

"西方记者不知道该怎么称呼我们。我们不是反对派,'持不同政见者'也不太恰当,所以他们称我们为民权活动家。史塔西估计我们有5万人,但我觉得这个数字太高估我们了。"

我告诉他,汉斯·奥托·布罗伊蒂加姆坚持要我和他谈谈。

"布罗伊蒂加姆是个可爱的、目光敏锐的人。他很会提问,也很会倾听。他对东德的描述不太阴暗,也不太美好。"朔尔勒默回忆说,在和布罗伊蒂加姆一起乘渡轮时,他一直用洪亮的嗓音说话,布罗伊蒂加姆出于保护他的目的,提醒他说话小声点。他很感激后者的关心,但"我的态度一直是:他们应该知道我要说什么"。

"每个人都知道自己在被史塔西监听,难道不是吗?"

"有些人这么说是为了证明他们什么也没做,有些人这么说是为了证明自己比监听者更勇敢。我知道史塔西在监听,但我不知道连洗手间和走廊里都装了窃听器。我的一位终身挚友是一名少校,两德统一后我从他那里学到的东西比从史塔西秘密档案里学到的还要多。"他摇了摇头。"史塔西确实存在过,但我不会拿它和别的机构(比如南非的间谍机关)做比较。它并没有干涉我们的生活。我们在大部分时间里都在享受平凡的生活:美味的荷兰干酪和醇香的红酒。"

1944年,朔尔勒默出生在一个小村庄,他已经不记得有关二战的事了。他的父亲——也是一名牧师——在东线当过医疗勤务兵,他给儿子留下了一本日记;这么说吧,如果有人发现了这本日记,他就会进监狱——这还是最好的下场。15岁时,朔尔勒默开始阅读有关犹太人大屠杀的文学作品,他指责过父母:"**你们怎么能允许这种事发生?**"母亲哭了。父亲则面无表情,但后来主动提出要和他详细谈谈二战。

作为一名医疗勤务兵,朔尔勒默的父亲从未开过一枪,但他仍然认为自己是个罪犯,因为他一路跟随军队到了莫斯科郊区。朔尔勒默从书房里拿来了父亲的日记,给我读了写于1942年2月

13日的一段话："我们刚刚收到严格的命令：平民百姓应该更害怕德国士兵，而不是苏联游击队。哪个村庄藏匿游击队，就要杀光哪个村，不论男女老少。我们要掠走所有的东西，不留一头牛、一颗种子。这不是一场英雄的战争，而是一场血腥的毁灭之战。"日记还讲述了他父亲被一位苏联老妇人救下的事，她让他睡在自己家的炉灶上。要是没有她，他早就冻死了。虽然她自己的儿子是被德国国防军杀害的，但她并不认为他是凶手，而是只将他当成一个需要帮助的年轻人。"父亲跟我讲过苏联人民的伟大——当时他是这么说的，因为他亲身经历过。"

朔尔勒默说，东德内部（包括那些没有公开谈论过二战的家庭）达成了明确的共识。"我们不把那场战争叫作第二次世界大战，我们称之为德国的盗窃和灭绝战争。与西德人不同，东德人普遍承认德国人造成的灾难，每个人都清楚列宁格勒发生的饥荒，以及谁该为此问责。还有惨绝人寰的斯大林格勒战役。"

不过，东德至少有一个人自称是战争的受害者，那就是约阿希姆·高克（Joachim Gauck），他也是一名东德牧师，并于2012年当选德国总统。他在自传中提到了苏联士兵把他父亲关进战俘营的事情以及他对此的愤怒。当我提起那本书时，朔尔勒默很生气。"那本书撒了谎，它隐瞒了很多东西。他父亲为什么会被捕？因为他父亲是个狂热的纳粹分子，是第一批加入纳粹党的人之一，还是海军陆战队的一名重要人物。最重要的是，（在被关进战俘营的）5年后，他父亲活着回来了，而很多人却没能回来。高克还有什么好抱怨的？"

"如果东德没什么人响应高克的说法，那人们是如何纪念二战的呢?"

"在我父亲那一代,仍然有人在私下里说:'**至少我们设法与世界对抗并僵持了6年**。'在纳粹统治下受苦受难的人们将5月8日视为解放日,他们希望纪念这一天。魏茨泽克的演讲虽然也对东德造成了影响,但并没有真正为大众所接受。在今天看来,我认为这也是一次关于德国的团结的演讲:无论生活在何种制度下,我们因负罪感而团结在一起,因共同的责任而团结在一起。"

朔尔勒默称赞了东德的艺术,特别是电影和文学,因为它们摆脱了纳粹历史的影响,也培养了对苏联的同情心。他说,如今在看到关于二战的电影时他仍然会感到震惊:他不确定自己当时如果在场,会不会加入这场杀戮。至于苏联,他说:"我们必须与在这场战争中做出最大牺牲的国家打交道。他们曾被蔑称为斯拉夫'劣等民族',后来却突然成了征服我们的人。"这确实令人难以接受,但许多东德人最终还是将征服者当成了朋友。"他们中的一些人,比如克伦佩雷尔认识的那些欣赏德国文化的军官,正在尝试接受一些进步的文化理念,这是他们在斯大林统治时期的东德无法尝试的。"西德人认同美国人的看法,但"美国人的损失无法和苏联人的相提并论……"。他说到这里就打住了;毕竟他是一名牧师。"每一桩死亡都是一项罪行,这不是数字的问题。但我们在苏联实行的焦土政策是独一无二的。"

朔尔勒默如今仍然经常担任牧师,他最近主持了一场葬礼,死者曾代替自己的父亲被关进苏联的监狱。战俘们被安排去奥得沼泽的雷区扫雷,只有八分之一的人能够幸存下来。"我们能责怪苏联人派德国战俘去扫雷吗?那些可都是德国人埋的地雷,是为苏联红军准备的。死者的父亲也不是无缘无故被判刑的，他应该是个纳粹分子。但作为牧师，我不好在葬礼上问这些。"

我们还谈到了东德的象征。他觉得特雷普托苏维埃战争纪念碑比欧洲被害犹太人纪念碑更令人动容。"那些水泥纪念碑看起来不太好接近。"当听到曾经的东德国歌中的歌词"**母亲不再为儿子哭泣哀悼**"时，他仍然会感动得热泪盈眶。"这有点夸张，但有时灵魂就是需要这种东西来打破它周围坚硬的外壳。东德有很多和平歌曲，当我在演讲中提到这些歌曲的时候，观众们仍然会跟着唱。从最好的意义上来说，它们是浪漫的歌曲——人们渴望某种东西，并因此而感到振奋。"

虽然东德和西德清算历史的方式有所不同，但朔尔勒默认为它们有一个共同点：两方的工作都给人一种"责任在于纳粹"的感觉，而且都让人觉得纳粹另有其人。在西德，纳粹是"**那些高高在上的大老板**"。在东德，人们与受害者之间的情感认同已经发展到了让他们忘记自己曾是纳粹的同谋，而只将纳粹视为西德的问题的地步。虽然西德的纳粹分子更多，但东德的受害者身份认同感更强。"但这只是故事的一半，"他说，"作为东德人，我们从未完全认清自己的责任。"

我提醒朔尔勒默，我们第一次见面是在几年前，当时他邀请我参加了一场为马丁·路德·金的诞辰准备的关于种族主义的研讨会。我问他："你认为其他国家能从德国尚未完成、尚待改进的清算历史债务的过程中学到什么呢？"

他毫不犹豫地回答道："人们可以学到，没有哪个国家、哪种文化、哪种宗教能够完全避免坠入我们曾经坠入的深渊。一旦开始，总有人会放弃自己的良知，站在强者一边。所以，我们需要建立一种预防机制，以应对这种不确定性。如果贝多芬、巴赫、托马斯·曼、康德和黑格尔的国度都能做到**这一点**……"他停顿了一下，继续说道："但这也就意味着我们都有能力请求宽恕，并且——在不否认事实的前提下——给予宽恕。这需要时间。我不是指时间可以治愈所有的伤口，而是说我们需要花时间才能意识到，一个人在成为一名受害者之前先是一名加害者，而他之所以会成为受害者，是**因为**他从一开始就是加害者。不过，如果我们不相信我们可能认清自我、做出改变，并建立一个基于人权的社会，那么伤害就会重演。"

赫尔曼·西蒙（Hermann Simon）认为，他能活到现在完全应该归功于苏联红军。他母亲是个年轻的中产阶级犹太人，在战争期间一直躲在柏林。在她去世之前，他说服她讲出了自己的战时经历，如今这本名为《藏匿》（Untergetaucht）的回忆录已经出版。她对地下生活的描述（避免被出卖，寻找藏身之所，以及在可能的情况下寻找食物）极其具体且扣人心弦，以至读完之后，我不由自主地想要追寻她的足迹，造访书中提到过的那些地方。她最常住的房子离我家不远，是附近少数几栋在战后仍旧保留着未翻新的灰泥墙的房子之一。除此之外，它看起来非常普通。在找到别的避难所之前，她曾在这里躲避战争中的恐惧以及常有的性剥削。朴素的劳动人民给予她的帮助远多于境况较好的中产阶级，她对此印象深刻，所以在解放后不久就加入了共产党。

"我们当然称之为解放。"西蒙说。

他母亲后来成了洪堡大学的哲学教授；他父亲在战争期间与英国人并肩战斗，后来成了洪堡大学的犹太研究教授。和大多数共产主义者不同，他们是犹太社区的成员。"我很幸运，"西蒙说，"我父母在我出生时为我登记的身份就是犹太人。我还参加了犹太成人礼。每个人都知道我们是犹太人，这从来不是一件需要遮遮掩掩的事情。"

赫尔曼·西蒙研究过历史，还曾花数年时间研究古钱币，后来他发现研究古犹太人更有趣。他出版了一部介绍奥拉宁堡大街犹太教堂（Oranienburgerstrasse synagogue）历史的著作，当时这座教堂还是一片废墟。他还是东德的"水晶之夜"（Kristallnacht）50周年纪念活动的负责人之一。1988年11月，在柏林墙的另一边举行了多次演讲。东德开始借此机会修缮这座曾经的德国境内最大的犹太教堂，并在里面设立了一个犹太中心。现在，这个中心里设有一座展览馆、一座大型图书馆和一个研究中心；这里也是柏林唯一一座允许男女坐在一起的犹太教堂。赫尔曼·西蒙担任该中心主任长达27年，直到2014年退休。有报道称他与史塔西有联系，因此他的任期受到了影响。不过他已经摆脱了一切有损名誉的指控，并受到现政府的尊重。

他对东德清算纳粹历史的一些方法持怀疑态度。"就好像我们是新德国，是胜利者。有些孩子以为他们西德的祖父是德国国防军，东德的祖父是苏联红军。年轻人花了很长时间才意识到，纳粹的恐怖并不局限于西柏林社区，比如舍讷贝格或韦丁，它就发生在这里，发生在东德首都柏林米特区。"他一直觉得特雷普托的纪念碑有点俗气。"但我从来没有忘记，我的存在要感谢苏联红军。"

他也不能抱怨东德的反犹主义。"每个人都有过遇到反犹主义的经历。我在加拿大的亲戚还会唱反犹歌曲。东德很少出现反犹现象，一部分原因是法律会严厉打击，另一部分原因是最坏的纳粹分子都去了西德，西德对他们来说更安全。也许这个国家的某个角落里一直存在着反犹主义，但我从来没有碰到过。从某种意义上说，我们仿佛住在一座孤岛上，就像我的美国朋友们一样，他们当中没有谁见过特朗普的支持者。"

他回忆说，学校里有很多关于反犹主义、犹太人大屠杀以及向苏联支付的巨额赔款的讨论，但他从来没有听到过任何不满。不过对于预测前景，他还是持谨慎态度。他了解自己生长的这个国家，但两德统一又造就了一个新国家。在这个新国家生活27年后，他依然觉得自己对它的了解不足以支撑他做出判断。

"目前人们的态度是，我们是加害者，而不是受害者。我不知道这种态度会持续多久。毕竟态度是可能突然转变的。"

这是一种德国式的怀疑态度，与西蒙的背景无关。每个德国人都警告说需要继续保持警惕。

贾尔达·雷布林（Jalda Rebling）生于1951年，她的母亲先后在奥斯威辛集中营和贝尔根-贝尔森集中营里待过，后来回到阿姆斯特丹生下了她。当安妮·弗兰克（Anne Frank）和玛戈·弗兰克（Margot Frank）去世时，贾尔达的母亲就和她们在一起。她是犹太人，也是一名共产主义者。贾尔达的父亲则两者都不是，他从德国移民到荷兰只是因为他讨厌纳粹。后来，他因为冒着生命危险努力营救那些被驱逐的犹太人而受到以色列犹太大屠杀纪念馆（Yad Vashem）的表彰。当盖世太保在1944年发现这群犹太人时，贾尔达的母亲也在其中。

"背叛他们的是荷兰人，而不是德国人。没有哪个地方的驱逐行动能够像荷兰的那样顺利。荷兰人是国家的忠仆。政府让他们做什么，他们就做什么。"被从阿姆斯特丹驱逐到奥斯威辛集中营的犹太人比其他任何地方的都多。贾尔达的母亲林·贾尔达蒂（Lin Jaldati）和姨妈是她们的家族中仅存的成员。贾尔达的姐姐当时只有两岁，在盖世太保到达前几小时被一个荷兰家庭藏了起来。所以她总是担心自己可能不小心说错话出卖这家人。

战后，林·贾尔达蒂发现丈夫和女儿都在等她，但她不想回到阿姆斯特丹，尤其是在1948年之后，麦卡锡主义的反共浪潮使得持有共产主义政治观点的人在这里难以生存。1953年，贾尔达的父亲得到了一份工作，开始在东德担任一家报纸的音乐评论员，于是他们全家都搬到了柏林。在柏林，贾尔达的母亲成了著名的意第绪语歌手，因歌声和自己的故事而被誉为英雄，只有贾尔达知道，她经常陷入无端的恐惧和抑郁。

作为抵抗运动英雄和第一个在舞台上演唱意第绪语歌曲的人的女儿，贾尔达过着一种备受保护的生活。"我是重要人物的孩子。我可以轻易逃脱惩罚。"第三次中东战争期间，一名官员让她摘下她一直佩戴的犹太六芒星，说这是犹太复国主义侵略行为的象征。她回答道："这是我外祖父母的象征，他们在奥斯威辛集中营被杀害了。"然后他就闭嘴了。

"我一点都不怀念东德，也不会跟那些告诉我东德有多美好的人交往。但我也不会和那些说东德很糟糕的人交往。"

"所以，你父母都是共产党员，但你不是？"

"我当然是党员。"她沮丧地笑了起来，"我想改变世界，而且此前我以为从党内开始做出改变能达到最好的效果。很久以后我才明白，世界只能从外部改变。"

贾尔达本来并不打算追随母亲的脚步，但当母亲邀请她参加一场纪念安妮·弗兰克的音乐会时，她发现自己也喜欢唱意第绪语歌曲。一场在美国举行的巡回演唱会将贾尔达和犹太复兴运动联系到了一起，她在那里找到了从母亲的歌中体验到的快乐。"在那之前，我一直都只将犹太教堂当作哀悼的地方。"后来，她到美国学习，然后成了一名唱诗班领唱。贾尔达在柏林郊外建立了一个小教会，她和妻子埃米·亚当（Amy Adam）一起住在那里；埃米是一位犹太艺术家，她的母亲也是奥斯威辛集中营的幸存者。她们俩经常合作开展项目，试图告诉公众犹太教并不只是悲剧。

"意第绪语是弱势群体的语言。"贾尔达说，"它拥有德语所没有的一切：幽默，讽刺——哪个伟大的德国作家拥有这些？"

"嗯，但德国有海涅。"

"没错。海涅和图霍尔斯基[①]。"我们都笑了，因为他们都是犹太人。我想知道，为什么东柏林有一条以海涅的名字命名的街道，市中心还有他的雕像，西柏林的诗人区却没有——那边倒是

[①] 库尔特·图霍尔斯基（Kurt Tucholsky）：1890年生于柏林，德国记者、作家，魏玛共和国时期最重要的评论家，以海因里希·海涅的传统自命，致力于评论时政，抨击社会现状，并一再呼吁警惕纳粹主义的危害。1935年逝世。

有几条以歌德和席勒的名字命名的街道。这可能是个偶然,也可能不是。

"东德的民权运动采用了意第绪语歌曲。这是一种认同弱势群体的力量的方式。"

不过她还是告诉我,东德平静的表面下仍然存在着反犹主义。"我们的信箱上被人涂了纳粹万字符。可能是反共分子或反犹分子干的。谁知道呢。"

贾尔达还注意到了犹太音乐家圈子里那种微妙的反犹主义。有一次她在柏林一家大剧院举办音乐会,在音乐会开始之前,有人跑过来跟她说,幸亏意第绪语在美国很好地保存了下来,所以它才能回到德国。"这么说,犹太人大屠杀(Shoah)并没有那么糟糕?"她反问道。这个故事让我想起了另一件事,即美国南方的一些种植园会用喇叭裙和薄荷朱利酒来推销蓝调音乐。"**如果在奴隶制下能诞生这么美妙的音乐,那么你还会觉得奴隶制很糟糕吗?**"这到底是等级森严的种族主义,还是对细微差别不够敏感?

贾尔达还描述了另一场和一群来自不同种族的音乐家共同举办的音乐会的场景,地点在犹太社区中心。她穿着音乐会礼服,非犹太音乐家们则穿着牛仔裤。"犹太社区的成员——你知道的,就是那些戴着晃眼的金饰、喷着过浓的香水的集中营幸存者们——认为这是不尊重人的行为。他们决定再也不邀请非犹太人一起演奏犹太音乐了。于是,犹太音乐家圈子开始讨论谁有权演奏犹太音乐。只有犹太人吗?那这是不是意味着犹太人不能演奏巴赫了?"她总结道:"完全是无稽之谈。"我发现,如果谈到文化挪用,我们能一直聊到第二天早上。

她知道，关于纳粹历史的严肃讨论如今正在进行。"来得太晚了，但至少来了，不像荷兰或法国。"贾尔达并不认为普通市民需要启蒙，毕竟他们关心的是国家是否安宁，自己是否健康，住的公寓是否体面。"能够提出值得讨论的问题的人一直都很少。"

我不同意这一点。未经审视的过去最终还是会渗入人们试图创造的平静生活中。"人类需要的不仅仅是面包和马戏。"

"人类当然需要其他东西。问题在于他们是否想要。"

她并不认为启蒙运动在反犹主义问题上的作用辜负了我们的期待；相反，她认为我们需要更多的启蒙运动。单靠书籍和讲座来启蒙是行不通的；最有效的方法是人与人之间的互动。她介绍了一个由她妻子创建的活动项目：她们两人乘坐一辆彩绘大巴车，到各个小镇上向人们介绍犹太教。"我们在孩子们心中种下了问号，从穆斯林儿童开始。"

"但那也算是一种启蒙。我在密西西比州见过。"

她不确定自己是否同意这个说法。"也许我们也需要更多的书籍和讲座。在和你谈话之前，我从来没有意识到美国和英国对二战的叙述并没有包含苏联的角度。现在，我在美国和英国听到的一些内容就说得通了。我们一直都知道西方世界发生了什么，但我们并不知道西方人对东方的我们知之甚少。"

英戈·舒尔策的小说在德国是畅销书，并被翻译成了30种语言。这就是他经常被称为东德最优秀的作家的原因。"这是一种赞美，但他们并没有意识到这种赞美会带来怎样的效果。会有人说某人是西德最优秀的作家吗?"

"这就好像在说某个美国人是最优秀的黑人哲学家。"

"没错。"

英戈·舒尔策于1962年出生在东德。"当时,反法西斯主义无处不在,而且理由充分。说它来自谁的规定简直是无稽之谈。纳粹迫害的第一批人就是共产党人,然后是社会民主党人,再然后才是其他人。"他就读的学校曾邀请抵抗运动的老兵来访,还组织学生集体参观了布痕瓦尔德集中营。由于家族的缘故,他与苏联文化的联系尤为深厚。他的祖父在二战期间是造飞机的,苏联人带走了他,就像美国人带走了沃纳·冯·布劳恩(Wernher von Braun)和其他人一样。他们在莫斯科北部的伏尔加河畔生活了10年。"与二战后的东德相比,那里的生活条件还算不错。后来,我母亲也常常怀念苏联。"他从来不和家人讨论二战,虽然"发现自己的祖父曾经为纳粹造过飞机这个事实让人很难受"。

苏联文学和电影在英戈的生活中扮演了重要角色,他从孩童时代就开始收集苏军的勋章。"还有,当时有一件可以说非常疯狂的事:革命的冲动来自苏联。"在柏林墙倒塌前一个月,戈尔巴乔夫警告德国统一社会党的领袖埃里希·昂纳克(Erich Honecker):生活会惩罚那些迟到很久的人。对东德国内的那些持不同政见者的支持来自苏联。"反对改革的是德国的共产主义者——其实也不是共产主义者,而是党内的那些领袖。"英戈再次强调,是苏联红军解放了奥斯威辛。

"你知道美国人在诺曼底的贡献吗?"

"当时我和美国的关系是矛盾的。我们听说他们花了很长时间开辟第二战场,但我们也听说了英美对德累斯顿的恐怖袭击。后来,美国人在广岛的行径令这一切都变得不值一提。"从柏林到符拉迪沃斯托克,每个东欧人都从小就知道,世界上只有一个国家真正部署了核武器。

然而,一个孩子认同苏联人会让人感觉很奇怪,可是当时又没有人想认同德国人。"所以当我们玩'牛仔和印第安人'游戏时,唯一的问题是,每个人都想当印第安人,没有谁希望扮演贪婪的占领者。"尽管英戈从小就知道白人对美洲原住民的所作所为,但他在成长过程中看到的完全是另一个美国。他看到哈里·贝拉方特(Harry Belafonte)在东柏林的一场演唱会上为伟大的演员和活动家保罗·罗伯逊哭泣,而东柏林至今还有一条以罗伯逊的名字命名的街道。

1982年我刚到柏林的时候,很多人都在关注部署在德国的核导弹和中美洲的战争。在西柏林的咖啡馆里,流亡的智利人远多于美国移民。当西柏林人听到我是美国人时,他们的反应让人很难接受。他们要么把罗纳德·里根的事怪到我头上,要么因为麦当劳而抨击我。东柏林人碰见美国人的概率更小,他们的反应又不太一样;他们通常会问我认不认识激进的哲学家安杰拉·戴维斯(Angela Davis)。

"我以前会把全部零花钱拿来支持安杰拉·戴维斯。"英戈说,"这很正常,就像我们也会声援智利一样。连我们这些持不同政见者都知道政变是一种犯罪。当时有很多东西都是以萨尔瓦多·阿连德(Salvador Allende)的名字命名的。"

在不写小说也不陪女儿的时候，英戈在政治方面就会变得很活跃。他写的文章都很深刻，也很精巧，他还就德国的时事做过演讲并接受采访。他对新自由主义秩序发起了猛烈批判，正如他长期以来对东德社会秩序的批判一样。我知道他在德累斯顿长大，所以问他为什么极右翼能够在那里保持这么大的优势。

"德累斯顿一直都很保守，"他说，"而保守派在感到不满时就会变得右倾。当德国那些领着养老金的人不得不翻垃圾桶捡瓶子谋生的时候，所有的难民却都能领到钱。保守派称这种情况为丑闻。德国人没有像样的养老金，这确实是件丑闻，但这与难民问题毫不相干。"许多民众终身工作，却得不到足够的养老金，其生活条件更是常常令人震惊，他们确实会为了换几分钱而捡瓶子。英戈认为，这个问题正变得越来越严重，只不过在东德发生得更早，因为那里的养老金更低，储蓄也没有什么必要。国家只顾着照顾自己。

"保守派是从国家的角度而非社会的角度思考问题的。将'我们的舒适生活依赖于对发展中国家的剥削'这一事实告诉民众也不能为你赢来选票。这也是导致难民潮的主要原因。然而，我们还是不得不说：你如果不为全世界的社会正义而努力，就无法在一个国家内部真正实现社会正义。"

英戈和他最新的小说《彼得·霍尔茨》（*Peter Holtz*）中的主人公一样正直善良，虽然一些评论家认为它庸俗不堪并因此对它不屑一顾。还有谁会相信有人会为了普世的公益而行事？英戈正准备去参加这本新小说的朗诵会，我急忙问他：你认为东德的反法西斯主义有什么问题？

"如果东德在清算纳粹历史方面做得更好，那它应该会是一个不同的国家。但那也就意味着要讨论斯大林主义的问题。每个人都知道这些问题的存在，但它们从来没有被公开讨论。"

其他国家能从德国的经验中学到什么？

"把自己的国家当作外国来看待。关键是要和过去断绝关系，准备好带着羞耻和恐惧去看待自己的历史。德国这么做并非出于自愿。而且它的这个过程也还没有完成。直至今天，人们仍然无法想象殖民历史的残酷性。"

在2016年11月的一个沉闷的日子里，约40名历史学家、社会学家和作家来到柏林犹太人博物馆，参加了一场关于东德犹太人的私人会议并交换意见。他们都不再年轻了，其中很多人是东德犹太人。此外，还有几名西德人、一名法国女人和三名美国人，包括我自己。我们在很多问题上达成了一致。

1. 西德从来没有邀请犹太移民回国，但东德邀请了。并不是每个东德人都希望他们回来，但有相当多的文化界和科学界领袖是这么希望的。当时，东德大学里的雅利安人坚持要求雇用犹太教授，由东德政府出面邀请。

2. 那些回国的犹太人和其他人都怀有一种强烈的愿望，想要建设一个更美好的德国。他们不想成为受害者，而是想占据主动性。他们不希望自己白受了那么多苦。他们有着强烈的社会责任感，认为社会不公会导致暴力。作为德国人，他们拒绝接受纳粹宣扬的"你们不属于德国"的观点。这到底是谁的德国？尽管他们的思想都比较左倾，但他们还是震惊于麦卡锡主义盛行的美国的反共产主义。"我的父母是在目睹了罗森堡夫妇的审判后回国的。"一位与会者说。1953年，美国处决了埃塞尔·罗森堡（Ethel Rosenberg）和朱利叶斯·罗森堡（Julius Rosenberg）夫妇，罪名是"向苏联泄露核机密"。贝托尔特·布莱希特（Bertolt Brecht）没有等那么久，他在受到众议院非美活动调查委员会（HUAC）的质询后就离开了美国。

3. 东德和西德都有反犹主义。不同之处在于领导层，而且两国领导层的看法完全不同。尽管如此，双方都想给世界其他国家发出抵制反犹主义的信号。

4. 每个国家都有自己的神话。东德的神话是将自己塑造成一个反法西斯国家。西德的神话则是另一回事：除了少数罪犯，从捕狗人到外交官，没有人知道东德发生了什么。我们的前线士兵是英勇的战士，不是罪犯。

东德人看起来很紧张。他们承认这些说法是事实，但他们不喜欢这种语气。有人说，东德在失去一切后，甚至连历史也被盗用了。自1989年以来，所有对东德历史的主权解释（包括宣称犹太人在东德处境艰难）都来自西德。一名东德犹太人说："我记得的不是这样。"

"他们谈论的是一个我从未生活过的国家。"东德作家达妮埃拉·达恩说道，她以对两德统一进程的一连串尖锐而激烈的批判而闻名。她也不理解为什么有些人说东德没有讨论过犹太人大屠杀。"他们**当时**都在哪儿?"七年级和八年级的德语课上教的文学作品一半都是关于大屠杀的;在中学的最后一学年,与大屠杀相关的作品仍然占德语课程的三分之一。"在这方面,东德的原则是宁滥勿缺,特别是全体学生都必须参观布痕瓦尔德集中营。更不用说当东德的德国电影制片厂(DEFA)出品它的所有战争电影时,西德电影还在热情地歌颂巴伐利亚的乡村女孩。"

与会者中有许多历史学家,因此这次会议讨论了历史和记忆的区别。"为什么书面资料是神圣不可侵犯的?"法国历史学家索尼娅·孔布(Sonia Combe)问道,"史塔西的档案可能会说谎。文件记录也可能不完整。虽然人们的证词和文件提供的信息不尽相同,但我经常发现证人能给出文件无法给出的答案。"

我看着其他人的脸,想起了1993年在明尼苏达大学举行的一次会议。当时两德统一还没有过去多久,曾经的东西德的难民收容所都遭到了袭击。之后,成千上万德国人排成长队、手持蜡烛发起了抗议。但每个关注德国的人都在担心:统一是不是为种族主义的民族主义敞开了大门?

作为居住在德国的犹太人的代表,我受邀参加了这次会议。当时,我刚刚出版了我的第一本书《文火:柏林犹太人笔记》。一名非裔德国妇女和一名土耳其男子也作为代表应邀出席了这次会议,他们从内部谈论仇外心理,补充了讨论视角。其余发言者都是西德人。

我完全没有提到东西方的比较,只说了一句"作为犹太人和外国人,我觉得在东柏林比在西柏林更自在"。顿时,全场哗然。虽然这只是我顺口说的一句话,但所有人都想讨论这个问题。西德人被激怒了,一个接一个地站出来纠正我。

"我说的是我自己的经历。"我说。

"我的经历也是如此。"非裔德国妇女说道。

"我的也是。"土耳其男子说。

如果你邀请了一些代表不同意见的人来发言,即使他们的想法与你的不一致,难道你不应该照样保持倾听吗?西德人对关于东德的事是如此执着,以至会议的主题都被他们忽略了。在美国,白人告诉黑人该如何看待美国历史的情景被称作"白人说教"(whitesplaining)。德语中却没有相应的词。

回到当下,我看着会议的气氛正慢慢变得紧张。这场在犹太人博物馆举行、由研究东德及其犹太人问题的专家组成的会议最后得出了另一个让所有人都同意的观点:在两德统一已有四分之一个世纪的今天,我们还在为这些问题争论不休,这难道不令人吃惊吗?

会议结束时,我比以往任何时候都更加坚信:除非德国的东西两边停止相互竞争,并承认对方的努力虽然片面且受到冷战意识形态的影响,但仍是真诚的,两德就没有真正完成统一。

德国东西两边最有思想的人都不愿意称赞德国清算历史的做法。他们非常清楚其中的缺陷和不完整——在柏林墙的两边都是如此。正如弗里德里希·朔尔勒默所指出的,最大的缺陷是两边都有的:真正的法西斯主义者往往是**他人**。两边都存在推卸责任的情况,而且两边都没有多少人能坦坦荡荡地说出"**我有罪**"。对双方来说,清算历史的所有方式都被当成了工具,并在漫长的冷战中成了对抗彼此的有力武器。

然而，证据就摆在那里，我们很难不同意马尔特·赫维希（Malte Herwig）的说法："如果清算历史是一项奥林匹克运动，那么东德的司法系统将一直领先于西德。"那些质疑东德并未认真清算历史的人起码应该开始动摇了。第一也最重要的一点是，那些在东德生活过的人即使对此地生活的其他方面持批评态度，也仍然认为东德清算历史的工作是真实的。第二，政府难道不应该推行某种形式的反法西斯主义吗？同盟国的所有国家都认为这是必要的，只是西方国家早早放弃了。于是，几乎每个在20世纪五六十年代上过学的西德人都至少知道一个经常发表令人震惊的纳粹言论的老师，而且他们身上的军国主义或种族主义色彩一个比一个重。除了海德格尔和施米特这样的著名人物，许多前纳粹分子在二战后留在了教授岗位上。因此，纳粹式的宣传持续不断地影响着学生们，直到他们长到20多岁。[29]东德政府则从刚成立的那一刻起就杜绝了这种可能性。1949年8月24日，党的执行委员会下达了如下指令：

> 坚定不移地将学校民主改革继续下去，对于德国社会的进一步发展，特别是反法西斯民主秩序的巩固至关重要……鉴于斗争形势的不断加剧和这场斗争的必然性，只有每一位教师和教育工作者都与一切反动的、新法西斯主义的、军国主义的、战争贩子的行径（特别是反苏势力和理论）展开斗争，与所有宗教仇恨、民族仇恨和种族仇恨展开斗争，我们才能完成这些任务。

在东德，全国的历史教科书都是标准化的，每隔几年就会推出一个新版本，而且每所学校都会同时收到它们。同其他地方的教科书一样，东德教科书的历史叙事也是为冷战服务的。1990年之前，东德的所有教科书都引用了杜鲁门的一句话："我们如果发现德国快赢了，就应该去帮苏联；如果苏联快赢了，我们就应该去帮德国。这样，他们就可以尽可能地杀死更多的人。"不管这句话是不是用作宣传的，它的准确性是毋庸置疑的。1941年，杜鲁门对《纽约时报》说了这句话，当时他还是一名参议员。

我再重复一遍：在某一时刻站在了历史正确的一边并不能保证你在另一时刻也能站在正确的一边。不过，也有那么一些时候，东德站在了历史正确的一边。忘记这一点不仅是在篡改历史，也是在篡改政治和道德。因为失忆是推卸罪责和将其妖魔化的一种方式——而且是让罪责永远延续下去的最可靠的方式。

第二部分

南方人的不安

4
人人都知道密西西比

"该死的"（Goddam）这个词的表达方式不止一种。妮娜·西蒙（Nina Simone）以先知般的愤怒，淋漓尽致地传达了这个词最初的情感——愤怒。当仁慈的上帝都要诅咒你的时候，你就真的彻底完蛋了。20世纪60年代，美国南方的电台曾禁止播放《该死的密西西比》（"Mississippi Goddam"）这首歌，他们说这首歌亵渎了上帝的名字。

不过，"该死的"这个词也可以表达另一些东西，比如启示，甚至是奇迹。因为人们对密西西比的了解大多带有神话色彩："黑暗的中心，冰山的中央"——或者至少是你希望在太阳下山前赶快逃离的地方。从过去的私刑数量到如今的肥胖率，密西西比州在人们不想领先的每一项比赛中都能拔得头筹。尽管偶尔会面临来自邻近的亚拉巴马州和路易斯安那州的挑战，但在我们所看重的所有日常事项排名方面，密西西比州都占据末位：健康状况最差，财富最少，教育质量最差。

所有这些问题都可以通过立法和税收而得到缓解。然而，由政府强制推行的任何一项政策都会唤起人们对重建时期的记忆，这些记忆已经在一定程度上被埋藏起来：1865—1877年，联邦政府试图解决内战带来的问题。当时，国会中激进的重建派支持改革性立法，他们的主张包括赋予近400万被解放的非裔美国人以完全的公民权。同时，他们还准备让联邦军队继续占领南方，以确保相关法律能够得到执行。战败的南方各州无法容忍被军队占领，这种历史记忆激起了人们的反抗情绪，使他们开始抵触"**那些北方佬试图告诉我们该做**"的一切事情。虽然很少有人会大声说出这种想法，但南方人在潜意识里总觉得从华盛顿传来的任何消息都是北方佬发起军事行动的信号，这也是他们反对一切可能从外部为南方带来好处的计划（不论是基础设施建设还是奥巴马医改）的原因。我们只要深入了解一下重建时期就会知道，这种潜意识背后有这样一段历史：在共和党内的激进派引进义务教育之前，南方一直没有公立学校。学校、公路、照顾孤儿的公共机构以及为支持这些项目而征收的各种税都是广泛的结构性改革的产物，这些改革甚至一度成功压制了三K党的发展势头。[1]南方人对重建的痛恨与对政府项目的抵制是有直接联系的，尽管很少有人明确指出这一点。所以密西西比州宁愿让自己的首府保留那些坑坑洼洼、能毁掉车轮的公路和能够把大学毕业生变成文盲的乡下学校，也不愿通过征税来解决这些问题。

密西西比州并非一直是美国最穷的州。19世纪初，人们刚在密西西比定居时，这里的大部分地方都是荒野，熊和黑豹随处可见。到了南北战争时期，棉花种植使密西西比州成为全国第5富裕的州；这种"白金"在当时就相当于如今的石油，是一种国际货币。密西西比州有7.8万人拿起武器支援南方邦联,只有2.8万人生还,其中三分之一的人在战场上至少失去了一条腿。想象一下没有马歇尔计划帮助的德国,你就能知道南北战争给美国南方腹地造成了怎样的破坏。由于重建计划未能在物质和道德上彻底改造这片土地,因此它的状况只能继续恶化。在共和党内的激进派失去国会的支持后,就更没有任何力量可以敦促密西西比人重新审视他们的历史了。历史的发展方向恰恰相反,密西西比州成了美国第一个颁布"黑人法典"(Black Codes)的州,这些法典有效地废除了自由民和妇女在解放时被承诺的一切权利。美国其他地方则都倾向于将种族问题视为南方的问题,以掩饰自己也是同谋的事实,所以密西西比只能靠自己解决问题。只要买得到车票,成千上万的非裔美国人就会立即逃离这片恐怖和贫困之地。事实上,除了威廉·福克纳(William Faulkner),任何有头脑的密西西比人都更希望去其他地方重新开始生活。

我在多年前曾两次开车经过这个州——飞驰而过,中途遇到加油站都没停。密西西比州让很多人毛骨悚然,脊背发凉。"**胡说**,"我告诉自己,"**你是白人**。"但我又想起,**施韦尔纳和古德曼**也是白人。他们是犹太裔志愿者,在1964年的"自由之夏"①时期来到这里帮助登记选民,却遭到了谋杀。在20世纪60年代的密西西比,被杀害的男男女女不计其数,其中只有两人是白人和犹太人。但当我在2016年跨越州界时,他们的名字又在我的耳边响

---

① 自由之夏(Freedom Summer):也称"密西西比之夏",是1964年由种族平等大会(CORE)和学生非暴力协调委员会(SNCC)等民权组织领衔发起的一项选民登记活动,旨在推进密西西比州非裔美国人的投票登记。

起。我为此地的高速公路之笔直和地形之平坦而感到震撼。所有人名都似曾相识，有时候甚至熟悉得让人惊异。这也难怪：如今，密西西比标榜自己是美国音乐的发源地。谁能想象没有蓝调音乐的美国文化是什么样子的？没有猫王，也没有艾瑞莎·富兰克林（Aretha Franklin）的美国文化？不久前，密西西比还获得了"世界私刑之都"的名号，这两个称号确实都实至名归。

突然间，所有事情都说得通了。杰克逊、利兰、图珀洛，这些地名我在歌里都听到过，但从未在空间里想象过。如果配上音乐，一句歌词就能勾起我的一段回忆，我那在大部分时候都比较平庸的记忆力就会迸发出惊人的能量。当车子驶过名为"塔拉哈奇"（TALLAHATCHIE）的河流上的一座小桥时，我霎时想起了几十年前鲍比·金特里（Bobbie Gentry）的《比利·乔的颂歌》（"Ode to Billie Joe"）的全部歌词。这首歌本就已经够让人感到不祥了，更何况我又想起这里就是埃米特·蒂尔的尸体被发现的那条河。对于他的尸体被抛弃在了三角洲地区的具体哪个地点，人们仍有争议，但毫无疑问，这名14岁黑人少年被绑架，被折磨，被杀害，最后被扔进了滚滚泥水中。

当我看到一个服务中心的广告牌时，这一切都在我的脑海中浮现了出来。柜台前大腹便便的白人男子递给我一杯咖啡，在他的热情坚持下，我只好把咖啡接了过来。我将我的目的地告诉了他。"啊，牛津，"他说，"你喜欢文学？"他递过来一本介绍福克纳故居的小册子，我适时地表示我会去看看。他又递给我一本介绍密西西比州蓝调之路的小册子，我笑着接过小册子，然后走了出来。咖啡的味道和我预料的一样寡淡，但我还是等到确定他已经看不到我的时候才把它倒掉。

美国有20多个城镇以英国的那座梦幻之城——牛津大学的所在地牛津市——的名字命名。人们之所以给它们起这个名字，大多是因为希望当地也能诞生这样一所名校。密西西比州的牛津市也不例外。在密西西比州，牛津市因其拥有的顶尖公立大学——密西西比大学而闻名，这所大学仍是掌握密西西比州商业和政治命脉的上流社会成员上学的首选。很多校友在橄榄球赛季的每个周末都会到访，还经常会顺便去看望在这所学校就读的子女。妻子们会在校园中心一片宽敞的覆盖着绿荫的小树林里铺开亚麻布，摆上瓷器，为赛前的优雅野餐做准备。他们当中没有几个人记得，这片绿荫地曾被熊熊大火覆盖，鲍勃·迪伦（Bob Dylan）在他的歌曲《牛津小镇》（"Oxford Town"）中就写到了这一点："两名男子死在了密西西比的月光下。"（"two men died' neath the Mississippi moon."）

在密西西比州之外，牛津市因两件事而闻名。1962年，"南北战争中的最后一场战役"在这里打响：当时，州长罗斯·巴尼特（Ross Barnett）试图阻止一位名叫詹姆斯·梅雷迪思（James Meredith）的年轻退伍军人成为第一个进入密西西比大学学习的非裔美国人。罗斯得到了数千名暴乱学生的支持。后来，肯尼迪总统派去了3万军队帮助当地恢复秩序，事件才得以平息。事件发生后，在整个美国南方，勇敢的黑人青年男女冒着生命危险走进种族隔离的大学。发生在牛津市的暴力行为更是影响巨大，甚至成了全国性的转折点。提到"Ole Miss"，有人会想到橄榄球场和木兰花，也有人会回忆起催泪瓦斯和猎枪。不过，对那些记得暴力事件的人来说,"Ole Miss"并不是一个亲切的昵称,而是一个带有种族色彩的词语,会让人想起奴隶们说"Ole Miss"和"Ole Massa"①的那些日子。正如詹姆斯·梅雷迪思所写的:

> 种植园里的"Ole Miss"曾是密西西比州最重要的人物。她手里掌握着这座种植园里每一把锁的钥匙。她是文化监察者、基督教美德的培养者、媒人,她还是教育和培训主管。最重要的是,她是白人至上主义的女王。在这个州,所有这些角色都是由密西西比大学扮演的,所以将"Ole Miss"当作密西西比大学的昵称非常贴切,毕竟它从过去到现在一直是这个州最有权势的机构。[2]

因此,我学会了用"University of Mississippi"这个官方名称来称呼它,尽管它比"Ole Miss"多了8个音节。

牛津市的另一个特别之处在于,它是南方唯一一位诺贝尔文学奖获得者威廉·福克纳的故乡。我故意用了现在时态②;福克纳于1962年去世,但他的灵魂至今仍在这座城市上空徘徊。尽管在他的一生中,他的大多数邻居都讨厌他——"不重要先生"是当地人给他起的绰号。但福克纳利用他的语言技巧,把战后南方令人自豪的扭曲的历史变成了世界级文学。今天,当地人会非常

---

① "Ole Miss"和"Ole Massa"中的"Miss"和"Massa"分别指"Mistress"和"Master"。这两句口头语曾是南方黑奴对种植园女主人和男主人的称呼,可译为"我家太太"和"我家主人"。此外,"Ole Miss"也是对密西西比大学的昵称。
② 前面那句"它是……威廉·福克纳的故乡"原文为"It's the home of William Faulkner"。

自豪地告诉你，他们家就是福克纳小说里虚构的约克纳帕塔法县的原型。福克纳的故居罗恩橡园（Rowan Oak）现在是一座有趣的博物馆，里面摆满了纪念品。有时，人们还会在博物馆前的大草坪上举办关于他的作品的研讨会。福克纳的坟墓位于当地的公共墓地，墓前经常摆放着鲜花和他喜欢的波本威士忌。为了防止人们遗忘他，人们还在市政厅前的长凳上放了一尊真人大小的福克纳铜像。福克纳的灵魂吸引了其他作家，也引来了各种文学会议和档案馆，这也是牛津市广场书店成为全国最好的书店之一的原因。和那些在书店读完书后就会去城市杂货酒吧喝一杯威士忌的市民们一样，我感觉自己来到了一个小小的、温暖的、有文化气息、有良好素养的天堂。尽管酒吧的阳台正对着约翰尼·雷布（Johnny Reb）的雕像，这是一个被发明出来用以代表在南北战争中为南方而战的所有邦联士兵的标志性人物。

牛津市并不是真正的密西西比，这句话我听过多次。牛津市一直被称为天鹅绒山谷（Velvet Ditch）。除了美丽古朴的广场上有一些不错的书店和饭店（还有律师事务所和高端精品店），你在这里没法买到真正的生活必需品。要买东西，你必须开车走高速公路到别处去。除了沃尔玛，你还能在高速公路上看到写着"反叛的身体"（Rebel Body）的健身工作室招牌、写着"反叛的音乐"（Rebel Music）的吉他店招牌，以及写着"反叛的破衣烂衫"（Rebel Rags）的服装店招牌。密西西比大学备受尊敬的橄榄球队的名字就是"反叛者们"（The Rebels）。不过在2014年，校长下令禁止在球赛中场休息时播放"迪克西"，于是许多校友被激怒了。他们当中没有人愿意冒着生命危险捍卫奴隶制，但"**反叛**"

这个词有种莫名的吸引力。另外，所有这些象征都属于家庭传统。

毫无疑问，每个土生土长的密西西比人都说，这里有一种吸引人心的力量，将每个密西西比人紧密联系在一起。"每个人都喜欢自己的出生地，难道不是吗？"一名刚从密西西比大学毕业的学生问道。"不是的。"我只好告诉他。柯蒂斯·威尔基（Curtis Wilkie）是一位自由派记者，在波士顿和中东等地做了几十年的新闻报道之后，他回到了密西西比。他说这里的人更友善。李·帕里斯（Lee Paris）是一位保守派商人，他创立了一个跨种族的教会组织，他说自己喜欢南方文化的温和。我也会不由自主地被这里的温和氛围中蕴含的亲切所感动，陌生人会帮忙扶门，帮你捡起掉落的包裹，在人行道上或收银机旁碰到的人会友好地和你打招呼。这种温和的氛围是事实，这里被私刑处死的人数位居全国之首也是事实，这两种事实是无法调和的。"**私刑**"这个词的内涵远不止表面上的那么简单。被处以私刑的人会被砍成碎片，被慢慢烧死，他们的手指和牙齿会作为纪念品被出售给那些专程开车过来目睹和嘲笑这一切的暴徒。密西西比人敬爱的耶稣在奄奄一息之时遭到了嘲笑，但耶稣遭受的痛苦与受私刑的人比起来也不过如此。我很难将这与我所知道的任何关于**温和**的定义对应起来。

然而，白人群体并不是唯一一个被一次次吸引到这里来的群体。查尔斯·塔克（Charles Tucker）说："作为一名南方人，我感到非常自豪。"他是一个来自三角洲小镇的高个子黑人，我认识他的时候他在温特研究所工作。他告诉我，南方的食物更好，南方人也更热情——不管是黑人还是白人。"我之前一直住在北方，可直到来到南方，我才意识到自己有多渴望别人的陪伴。南方人会看着你的眼睛和你说话。隔了一段时间再次见面的人会拥抱你。他们还会问候你的家人,而且很真诚。南方确实存在很多问题,但南方人在做人方面没有问题。"

当我初次走进温特研究所时,我在塔拉哈奇河上感受到的那种恐惧立刻烟消云散:一群陌生人——黑人和白人各占一半——站起身来热情地向我表示问候,然后一个个过来拥抱我。该研究所由苏珊·格利森(Susan Glisson)于1999年创立,以威廉·温特(William Winter)的名字命名,并得到了他的资助。温特是重建时期以来密西西比州最进步的州长。

> 对于那些一提到密西西比就会想起老式美国南方形象的外地人来说,"威廉·温特种族和解研究所"听起来就像是一个矛盾体,充其量是富人们为改善本州的形象所做的面子工程。但研究所的创立者都是非常坚定的人……这就使它成了密西西比州的另一面的典范,研究所成员们所代表的这个群体在人数上只占整个州的少数,但都充满活力……他们打破了密西西比州在讽刺漫画中的形象:乡下人、种族主义者和蛊惑民心的政客。[3]

卡萝尔·乔治(Carol George)的这段文字描述的是温特研究所取得的第一个重大胜利:它在将杀害民权工作者钱尼、古德曼和施韦尔纳的主要凶手送上法庭的过程中发挥了关键作用。另外,研究所还取得了其他成功:协助一个三角洲社区缅怀埃米特·蒂尔;在弗格森事件发生后为密西西比州的警长们提供培训,以避免再次出现以貌取人的情况；平息了导致人们拆除新奥尔良的邦联雕像的那些议论。他们的大部分工作都是在密西西比大学的校园内完成的，到2018年为止，该研究所一直设在密西西比大学校园内。考虑到密西西比大学在过去的民权斗争中扮演的核心角色以及它在密西西比州当前的权力关系中的核心地位，该研究所在牛津市所做工作的意义远不止学术层面。

研究所的工作人员形形色色，包括一位参加过麦库姆民权斗争的74岁黑人老兵杰姬·马丁（Jackie Martin），还包括一位来自底特律的犹太历史学家珍妮弗·斯托尔曼。斯托尔曼金发碧眼，时年50岁，她将自己的工作视为某种形式的"修复世界"（tikkun olam，希伯来文化中的一种理念）。她们的大部分工作都是谈话。

"人们常说谈话既空洞又无用。"苏珊·格利森说，"但只有空谈才是无用的。诚实的、目的明确的谈话却是有用的。"

苏珊是一名白人女性，说话的语调甜美轻柔。她扎着长长的棕色马尾辫，戴着棒球帽，她经常穿着的工作服会让人想起20世纪60年代的主要民权组织之一学生非暴力协调委员会（SNCC，全称Student Nonviolent Coordinating Committee）的早期工作人员。她出生于佐治亚州奥古斯塔的一个贫困家庭，没人想过她会获得历史学博士学位。她成长在一个"进步的浸信会教堂，一个被人们视为不存在的地方"。她还记得她的牧师曾经因为邀请黑人儿童参加教会的圣经夏令营而收到过死亡威胁。苏珊在来到密西西比时发现了叙事的力量，当时她正在写一篇关于埃拉·贝克（Ella Baker）的论文，贝克是基层民权组织的领军人物。"我们知道我们需要知道的关于种族问题的所有事实，但光有事实并不能治愈疾病。叙事展示了我们易受伤害的种种方式。"她制定的指导原则可能会让学者们畏缩：要出席，并要表示欢迎。我们来这儿不是为了纠正别人的。

"我第一次看到这套原则的时候很讨厌它们，"珍妮弗说，她本人说话非常尖锐、单刀直入、非常有趣，"但事实证明，这些指导原则很有效。"

"我一开始根本不知道自己在干什么，"苏珊补充道，"这套原则是我在车里想出来的。"

她是这样描述研究所的任务的：

……控诉种族主义暴力；举行一些被我称为赎罪仪式的公共仪式；踏上历史之旅，并制作一些改变人们关于地理的记忆的标记；为学校设立人权课程并授课；通过社区建设改变以种族暴力著称的社区的公共叙事，从而为之前被隔离的群体提供治疗；围绕虐待的模式和遗留问题展开学术调查和学术研究；寻求新的机构改革，倡导和政策团体之间的伙伴关系；消除结构性压迫，并以公平的结构取而代之。[4]

脱离了全国范围的关于种族问题的讨论，上述工作就都无法展开。人们经常呼吁展开对话，但对话很难达成。讨论种族问题会让每个人都感到不安。如果和一个非裔美国女性提起种族，那我是不是把她归入了某一个类别，而不是把她当成了一个个体呢？在柏林的头几年，每当看到德国人听说我是犹太人后的反应，我确实感到自己属于某一个类别。突然之间，他们会觉得有必要提起自己的叔叔在二战前帮助过犹太移民，或者送我一本关于摩西·门德尔松的昂贵书籍。我对"叔叔"的存在越来越心存疑虑，对摩西·门德尔松也没那么感兴趣。在一次正式晚宴上，我被一对夫妇夹在中间，他们不停地告诉我他们有多喜欢伍迪·艾伦，我则试图将话题转向莫扎特。不过我失败了。

在南方，种族话题明显居于中心位置（虽然并不总是如此），以至人们在谈话中根本无法绕开它。温特研究所制定了一些程序，试图让这些谈话变得诚实和富有成效。我在2016年了解这些程序的时候感受到了前所未有的希望。准确地说，这些程序总共有8项。苏珊、珍妮弗和我回忆起奥巴马当选那天晚上我们各自在哪儿。2007年，我在读完他的书后成了一名志愿者，当时朋友们还说我不懂美国：只有生活在欧洲的人才会相信一名非裔美国知识分子可能当选美国总统。我和她们坐在密西西比的一家餐厅里，听她们讲起研究所及其盟友的一个个胜利，这让我重新回忆起了奥巴马竞选初期的光辉岁月。

苏珊说，让她们坚持下去的动力是她从她的导师、学生非暴力协调委员会资深成员查克·麦克迪尤（Chuck McDew）那里学到的东西。"密西西比是运动的百老汇，而你离不开百老汇。"用不那么抽象的话说，如果你能改变密西西比州的社区，你就能改变一切。站在世贸大厦的遗址上，你就知道这里是美国最糟糕的中心，这算是一种救赎吗？"我仍然认为密西西比州是治愈整个美国的关键。"杰西·杰克逊说，"密西西比有某种魔力。"[5]

也许这不仅仅是一项挑战；也许你其实就是喜欢那些让你有点害怕的地方。这种害怕不能太多，一点点就行。毕竟，我花了很多年才不再对柏林感到恐惧。我不能说我对密西西比的恐惧变成了深深的爱，但它确实变成了深深的迷恋，这是通向深爱的第一步。每个人都说，不管你有没有意识到，即使在它最艰苦、最严酷的地方，密西西比也依然散发着一种温柔的魅力。

牛津市的人已经听腻了福克纳的那句名言："过去从未消亡，它甚至从未过去。"不过，不论被重复多少次，这句话都是真理，尤其是在密西西比。历史学家霍华德·津恩（Howard Zinn）对南方的评价是有道理的："南方不是美国社会的对立面，而是它的本质，因此南方可以被当作一面镜子。通过这面镜子，整个国家可以看到自己被放大的瑕疵。"[6]如果说南方是一面镜子，那么密西西比就是一台显微镜。

2016年，我在温特研究所短暂停留了一阵子，之后我问他们第二年我是否可以去那里休假。我觉得他们应该不会真的相信我会回来，就像家乡的朋友在听到这句话后会问我的："你说要去**哪儿**？**现在**？"2016年，唐纳德·特朗普在南方所向披靡，并最终赢得了大选。我又开始有一点担忧了，但计划已经定下了。我在温特研究所有一间办公室；我还租好了一栋房子，房前有门廊和摇椅，坐在摇椅上能看到市民们在密西西比大学和广场之间来来往往。要研究美国是如何"清算历史"的，似乎没有哪个地方比得上温特研究所了；它的官方网页上写着它的愿景："构建这样一个世界，在这个世界中，人们能诚实地看待他们的历史，以便更真实地活在当下，过去的不平等将不再决定未来的可能。"

珍妮弗·斯托尔曼在底特律郊区的一个犹太社区长大。让她成为一名维护社会正义的活动家的驱动力是什么呢？"机缘巧合"是她给出的答案之一。她的生日和马丁·路德·金的生日是同一天，她又恰好出生在他去世的那一年。她的父亲和姑姑参加了"从塞尔玛向蒙哥马利进军"（Selma to Montgomery March）的游行，他们和其他参加游行的犹太人一样认为种族隔离与犹太传统相悖，所以他们决定做些什么。珍妮弗一边训练一个小组，一边向我描述她自己的经历。她还提到了另一件事。"我在差不多五岁的时候被收养了，所以我还记得自己从一个每天只能喝洋葱皮汤的地方来到了一个装饰着紫色透明硬纱的卧室。"从贫穷的恶性循环中解脱出来并过上优越的生活，使她在很小的时候就意识到了社会不公的随意性。在20世纪80年代的密歇根大学，种族主义是激烈而公开的。在那里，她学习了美国历史，并开始在政治方面变得活跃；她最终以一篇有关美国南方犹太妇女的论文获得了博士学位。

"我上过希伯来语学校，学习和教授过犹太法典，在以色列生活和工作过。这就够了。我不需要再去拿一个犹太历史方面的博士学位。"不过，佐治亚州一位种植园主的犹太妻子的日记还是吸引了她。"法拉汉宣称奴隶主大多都是犹太人，这是谎言。不过，犹太人也必须正视自己的历史，而不是听信这些胜利主义者宣扬的'我们善待奴隶，我们都是民权活动家'的说法。我们必须说出真相。"她开始阅读19世纪生活在美国南方的犹太妇女的信件，这些信件让她感到震惊。"女人们从来不打她们的奴隶，但会威胁说要卖掉他们。"当她在家乡的犹太社区中心谈到自己的工作时，她受到了听众的严厉抨击，其中不乏大屠杀幸存者。"我之前一直坚信我们的社区是坦诚而又富含自省精神的。'年轻的女士,'一位年长的男性卷起袖子,露出了他的文身号码,'你知道你讲的故事有多危险吗?'他指责我同情路易斯·法拉汉(Louis Farrakhan),因为法拉汉曾将种族歧视归咎于犹太人群体。我说:'不,我是想让你明白,我们是这段历史的一部分。撒谎只能反映我们的焦虑。如果不能说出全部实情,我们就不算是真正的美国犹太人。'当时,现场只有一位女士支持我。那一个晚上的经历抵得上十年的教育。"

之后,珍妮弗继续在全国各地的几所大学教书,也在密西西比大学待过一阵子。她曾经以为自己能够在科罗拉多州杜兰戈的刘易斯堡学院安顿下来,那里有庞大的美国原住民学生群体,为了与他们打交道,她学习了纳瓦霍语,还经常在下午去杜兰戈斜坡滑雪。2013年,苏珊·格利森邀请她前往温特研究所担任学术主任,进入一所一直是白人至上主义的象征的大学,为促进种族和解而努力。珍妮弗知道自己的北方犹太人身份会让她在密西西比像个外人,但她还是接受了挑战。她帮助研究所制定了应对种族主义的程序,之后很快便作为一名专家随时待命,致力于缓解种族紧张关系。她的工作区域不仅限于密西西比大学,还包括整个美国南方的校园和社区。

珍妮弗成了我在密西西比的导师。我第一次去三角洲就是她带着我去的。她能分辨尚未发芽的庄稼,我对此感到惊讶,因为我只能看见一地枯枝。在克拉克斯代尔,我们遭遇了一次劫车事件,当时我正沉迷于一个优雅的废弃蓝调俱乐部,心不在焉,她帮我们脱离了险境。她还会帮助我理解密西西比的事物如何运作以及为何不运作，在必要的时候她还会帮我翻译密西西比的方言。比如，"**愿上帝保佑你的心灵**"（Bless your heart）听起来很友好，但其实更像一种诅咒；比如，一块牌子上写着"KWIK KAR KOMPANY"，与其说它反映了当地的文化水平之低，不如说它更像是对三K党的公开效忠誓词（如果想亲自数数公路上有多少像这样故意的拼写错误，那你可能要花费相当长的时间）；又比如，木兰花不仅是一种古老的州花，还被人们视为纯洁的象征。

珍妮弗还带我见识了这所美丽的大学里遗留的邦联印记。约翰尼·雷布的雕像就耸立在校园入口，雕像上刻有拜伦勋爵（Lord Byron）的名言。这里曾有过一场胜利，虽然现在只有萧萧风声能为其作证。一面美国国旗孤零零地在旗杆上飘扬，而那上面曾经飘扬着密西西比州的州旗，上面印有州政府拒绝更换的邦联徽章。温特研究所领导了一场轰轰烈烈的学生运动，迫使学校撤下了州旗，虽然这场运动在当时引发了巨大的关注和争议，三K党也发声了，但最有争议的还是詹姆斯·梅雷迪思的纪念雕像。

在每年的黑人历史月（Black History Month），为了纪念梅雷迪思，一个名为"卓越人士"的非裔美国学生团体都会带领游客参观校园。我的导游罗斯科（Roscoe）把长发扎成了马尾辫，但他和他的伙伴们一样穿着深蓝色夹克，打着黄色条纹领带。参观之旅从礼堂开始，当时，暴乱的学生试图袭击梅雷迪思，他被带到了礼堂避难。罗斯科说："一想到曾有3万联邦军队士兵保护一个黑人孩子入学，我就因为他为黑人群体的付出而感到无比荣幸。"我们接着前往下一个地点，一名法国记者和一名美国点唱机修理工就在那里的混乱中中弹身亡。当时有大批媒体报道此事，人们都说内战就要再次爆发了。在从南方各地赶来的三K党成员的帮助下，学生们的目的不再仅仅是把梅雷迪思赶出去；他们还举起了南方邦联旗，反抗可恨的北方，因为北方坚持要求执行联邦法律，赋予梅雷迪思以自由选择学习地点的权利。柯蒂斯·威尔基当时还是个学生，回忆起当时的情景，他说："我以为学校可能会停课，甚至有人认为密西西比州可能再次脱离联邦。当时的局势就是这么紧张。"直到今天，密西西比州的大多数黑人还是宁愿去历史悠久的黑人大学学习，也不愿冒险走进密西西比大学的校园，尽管后者拥有更充足的资金和更好的设施。"叔叔阿姨问我们为什么要选择一所以种族主义闻名的学校，"罗斯科说，"我们的答案和詹姆斯·梅雷迪思的一样：我们只是在行使宪法赋予我们的权利。"我们站在旗杆旁边，看着光秃秃的树梢上方，星条旗在风中摇曳。"后来，为了降下密西西比州州旗，我们不得不奋起反抗。看到它消失，我们的心仿佛在歌唱。"

这次参观之旅的终点站是梅雷迪思的纪念碑。这座纪念碑于2006年揭幕，是一座由四根柱子支撑的大理石门，它的四个方向的横梁上刻有四个单词：勇气（COURAGE）、时机（OPPORTUNITY）、毅力（PERSEVERANCE）和知识（KNOWLEDGE）。年轻的詹姆斯·梅雷迪思向前迈步的青铜雕像就矗立在"勇气"对面。在联邦法警的护送下，这个身材矮小、面容英俊的年轻人神情坚定，毫无惧意。梅雷迪思说他从来没有害怕过。然而，当肯尼迪总统派来保护他的军队都遭到自制燃烧瓶和枪炮的袭击时，他怎么可能一点都不慌乱呢？詹姆斯·梅雷迪思在他2012年的自传里回答了这个问题:"作为一名在1960年生活在密西西比的黑人男性,我已经是一具行尸走肉……一个死人想要活下去并不需要多大的勇气。"[7]

罗斯科请大家"为这个人替我们做出的牺牲"默哀片刻。他继续说道,我们应该扪心自问:"我们现在正在做的到底是普通的事,还是詹姆斯·梅雷迪思希望我们做的那种能够鼓舞和激励他人的事?"大家默哀了片刻。这群人大部分都是黑人学生,也有少数白人和老年人。他们看上去神色严肃、陷入沉思,而且面露欣慰之色。

"卓越人士"所表达的感激之情是崇高而感人的,但他们在梅雷迪思雕像前的解说忽略了事情的复杂性。首先,这所大学在半个世纪里可能已经发生了翻天覆地的变化,它甚至不惜花费重金,留出了校园里的核心位置来纪念那个让它声名狼藉的人。不过这所大学里的人并不全都认同这种变化。说得具体一些,2014年,有两个喝得醉醺醺的兄弟会男孩在雕像的脖子上挂上了绞索,并给雕像盖上了邦联旗。之后,在全国的关注和来自外界的压力下,学校开除了他们,但指控他们犯下仇恨罪的是联邦法律,而不是州法律,最终的判决也不同寻常。其中一人被判入狱六个月,另一人被判缓刑一年,并被勒令就福克纳的《八月之光》(*Light in August*)第十九章写一份长达五页的报告——这一章讲的是一起私刑。这毕竟是牛津市的联邦法院下达的判决。我们很难想象在脱离上下文的情况下应该怎么把那一章单独拎出来理解,但法官一定是觉得要求被告读完整本书就太奇怪也太残忍了。

关于这座雕像，还有一个更基本的事实却是导游从始至终完全没有提及的：詹姆斯·梅雷迪思本人厌恶这座雕像。到2018年，他的态度已经有所缓和，但多年来他一直表示不仅要拆除雕像，还要将其"碾成齑粉"[8]。苏珊·格利森告诉了我整件事的来龙去脉。"我们希望以一种能够反映这场运动本身的草根性质的方式来纪念密西西比州为争取平等的教育机会所做的斗争。我们并不想塑造一个救世主。"苏珊和校园里的其他进步人士筹集了资金，还招募了一个国家评审团来评判他们的设计方案。评审团最终选中了非裔美国艺术家特里·阿德金斯（Terry Adkins）的作品，他的设计包括两扇门，上面分别刻着"正义从此通行"（JUSTICE HENCEFORTH）和"教育永远正道"（EDUCATION FOREVERMORE）。两扇门中间的防飓风玻璃窗上刻着梅雷迪思1966年的反恐惧游行带来的启示：**不再恐惧地教书。不再恐惧地坚持。不再恐惧地团结。**（Teach in fear no more. Insist in fear no more. Unite in fear no more.）

不过，校长否决了这个设计，他觉得**恐惧**一词"太消极了"。尽管遭到了抗议，但校长还是坚持拒绝了原创设计，采用了另一个委员会的设计，决定为詹姆斯·梅雷迪思建造一座雕像。梅雷迪思称之为"偶像"（an idol）、"雕刻的形象"（a graven image）和"对第二诫的违反"（a violation of the Second Commandment）①。他不喜欢看到自己被描绘成一个"温和的、孤

---

① 按照圣经《出埃及记》第20章的说法，神与以色列的先知和众部族首领摩西立约，颁布"十诫"，作为犹太人的生活准则和最初的律法。其中第二诫的第一句就是"不可为自己雕刻偶像"。

独的恳求者"[9]，他还愤怒地发现，雕像上有一段"对我1966年的日记内容的引用，这段话经过了阉割、断章取义……表达了我对密西西比土地的热爱，却没有提及我对它的白人至上主义统治体系的憎恨"。[10]这段话是对当地爱国者的抚慰，意在安抚那些反对梅雷迪思雕像的校友们——这很可能是因为他们都属于希望把梅雷迪思赶出学校的那群人。雕像上刻着如下话语：**无论第多少次来到密西西比，我的心中总会涌现出前所未有的感觉……喜悦……希望……深爱。我一直觉得密西西比属于我，而一个人必须爱他的所有物。**

苏珊说，最令梅雷迪思困扰的是，他知道自己被利用了。梅雷迪思的雕像和无数条以马丁·路德·金博士的名字命名的街道一样，被人们用于做出如下宣告：我们已经跨过了一个拐点，种族主义已成为过去。雕像揭幕仪式在密西西比大学举行，众议员约翰·R.刘易斯（John R. Lewis）和摩根·弗里曼（Morgan Freeman）等人在仪式上发表了胜利演说，进一步强化了这一说法。梅雷迪思本人虽然也受邀参加了典礼，却没有受邀发言——"由于时间限制"，这是密西西比大学给出的说法。有人说**他太反复无常了**，有人说**他难以捉摸**，还经常有人说**他是个疯子**。

密西西比大学并不排斥偶尔邀请那些会引发争议的演讲者，尤其当演讲者是不打算停留于此地的外人时。我第一次去牛津市的时候听了黑人女权主义作家布里特妮·库珀（Brittney Cooper）的演讲，当时的听众包括数百名师生，其中大部分是白人。她是个很棒的演讲者。我很高兴她能在那种场合表达对美国的系统性种族歧视的愤怒，但在一名白人学生提出问题后，她的回答让我很不安。"我们该怎么办？"女孩问，"特朗普真的可能当选总统。"当时是2016年3月，特朗普在初选中势头正猛。"黑人对疯狂的白人种族主义有着长期的经验，"库珀回答说，"我们学会了低调行事，低调地抚养孩子，低调地过自己的日子。"

我一直等到学生们的问题都问完了才走向演讲者，为她错过了一个教育机会而感到不安。"难道我们不应该告诉学生们要行动起来，确保他们认识的每个有投票权的人都去投票吗？"我问道。之后我又补充道，作为一个生活在国外的作家，我十分清楚美国总统这个位置对整个世界的影响有多大。

库珀上下打量了我一番，然后说："你一直说'我们'，但特朗普跟我没关系。他是白人的问题。我和白人之间没有'我们'。"

我艰难地开口说，我根本不认识任何会考虑投票给特朗普的人，但我担心心怀不满的选民们。

"心怀不满的白人选民也是白人特权的一部分。"库珀说。

我本来还想和她继续讨论，如果所有心怀不满的和被剥夺公民权的黑人选民都去投票，国会内部会产生多大的变化。但我不想争辩，很显然我们俩无法对话。

"现在确实还没有'我们'，"珍妮弗站在已经有些发火的我旁边说道，"但我不得不相信未来的情况不会永远如此。"

我和布里特妮·库珀之间有很多"我们"：我们都是女性，都是作家，都是人文学科教授，都是美国人。也许她还跟我一样都是母亲。当然，我们都是人类，如果某个精神不稳定的领导人想要玩玩核武器密码，我们就都会被炸成碎片。种族经历分化了我们，但我们难道不能用其他经历弥合这一分歧吗？

温特研究所有一个特色项目"欢迎桌"，是以我们能够弥合分歧的假设为前提设计的。它将人们分成15—20人不等的小组，每个小组里都有不同肤色的人。一开始，小组成员会参加一次周末聚会，之后每个月聚会一次，持续一年半。小组成员们会分别以个人的形式进行一系列旨在建立组内信任的练习，然后围绕更为复杂的种族问题进行讨论。你第一次注意到种族问题是在什么时候？这个问题把大多数人带回了童年，不论白人与黑人的童年经历有多大的差别。小组成员们会先阅读关于家庭和身份的诗歌，然后按要求创作并分享自己的诗歌。一个小组会分成两到三个更小的组展开交流，然后再恢复成一个组，这样每个人就都可以讲讲他们同伴的故事，而不是自己的。学会侧耳。学会倾听。所有这一切都是为了创造一个名为"我们"的马赛克图案，让我们能够敞开心扉，去面对更艰难的事。

一旦组员之间建立了信任，组内就会产生信息交流。例如，大家会讨论系统性的和蓄意的种族主义之间的区别，以及这两种种族主义对我们造成伤害的方式。意图并不重要——至少并不总是重要的。（柏林犹太作家库尔特·图霍尔斯基写道："**善良**的反面是**好心**。"）也许你表现出的带有种族主义或性别歧视意味的成见并非有意的，但如果你是在这样的环境中长大的，你就必须努力才能意识到它们的存在。

温特研究所的行事风格使得这项工作的参与者感到非常愉快，同时它也十分强调加害者和受害者的人性。"我们的大脑边缘系统时刻都在准备着区分安全和危险，它在每个瞬间都要接收

1,100万个次要信号，"珍妮弗说，"我们可以有意识地将其中的40—50个信号加以分类，其他工作则在无意识中已经完成了。"隐性的偏见总在作怪。这就是以前我在纽黑文的人行道上看到一名高大的、穿着随意的年轻陌生黑人男性向我跑过来就不由自主地开始紧张的原因。我怎么知道他跑过来只是想问我是不是他在塔维斯·斯迈利（Tavis Smiley）的节目里看到的那个人？虽然我成功地将自己的情绪藏了起来，并在他面前表现得泰然自若，但一开始的紧张还是让我羞愧了好几年。珍妮弗说："你要学着认识这种偏见，而不是把它当作武器。这样你就可以控制它了，这能让你自己得到解放。"根据我们了解到的关于神经可塑性的知识，即使无意识的过程也可以被改变。

不过，如果我们不先承认这种过程，它们就肯定无法被改变，声称自己是后种族主义者或色盲也无济于事。正如一个小组里的一位非裔美国女性所说的："如果你说你看不到颜色，那就意味着你看不到我。"一个朋友告诉她，他刚刚才意识到她是黑人。"但我一直都知道**他**是个白人。他说他'刚刚才意识到'是什么意思？"我记得很久以前有个德国人急着告诉我他不会一直注意我是犹太人，就好像对于我是犹太人这个令人不快的事实，唯一体面的做法就是完全忽略它。这就是大多数白人对待种族问题的态度，其中的意味很明显：生来就不是白人，这个事实会令人不愉快——虽然只有白人会对此感到不愉快——所以正确的做法是完全忽略它。"我的工作就是和那些焦虑的白人打交道，"珍妮弗说，"那些因为过于担心说错话而干脆保持沉默的白人。"这种情况会让种族仇恨不断滋长和发酵。从某个角度来说，它的影响要比彻头彻尾的种族主义行为更恶劣。

要建立信任，就要直面种族主义，谈论其过去和现在；就要了解我们吸收和继承种族主义的机制；就要找到让我们和其他人能够正面对抗种族主义的办法。所有这些工作都可以通过或长或短的项目来完成。温特研究所已经为刑事司法工作者、教师、企业和密西西比州的警察部门组织了一些此类项目。在"欢迎桌"项目最后三分之一的阶段，小组需要自行组织一个项目，和"欢迎桌"项目同时收工。第一个项目的目标是让杀害钱尼、古德曼和施韦尔纳的凶手接受审判。他们也可以展开公民权教育，纪念社区英雄，还可以利用海岸漏油事件呼吁环境正义，甚至可以在三角洲社区建一个公共花园售卖薯条和奶油蛋糕。重点在于，每个社区都需要选择一个符合自身需要的可行的任务，以小组内部的信任为基础，在所有人为一个共同的目标而努力并促进集体利益的过程中培养更深层次的信任。我知道，这听起来要么太乌托邦了，要么太陈旧了，还很可能同时具备这两种特征。不过，在其最初的20年里，成千上万人参加了温特研究所的项目，我亲眼见证了这些项目的成功。

我问过研究所成员阿普丽尔·格雷森（April Grayson），她是怎么处理工作中必然会出现的紧张情绪的。

"有两个我，一个是私下的我，一个是工作中的我。"她回答道，"我可能会对某人说的话感到愤怒，但我尊重他们讲述自己的故事的权利。"相信叙事的力量（相信每个故事都需要被讲述）并不等于相信每种观点都同样有价值。可尽管如此，温特研究所还是因为态度过于温和而受到了批评。一些人批评研究所给予了种族主义白人以过多的叙事权利,让那些人美化了自己。"我们试图强调,我们采用的方式并不是唯一的方式,但我们维护了人们的故事的神圣性。不论你有着怎样的身份,当你被倾听时,你都会感到自己受到了重视,于是会更加敞开心扉,参与到逐步深入的对话中。"

阿普丽尔是一名身材娇小、面容姣好的白人女性,她出生于1970年,体内流淌着四代密西西比人的血液。"曾加入邦联军的经历是他们的背景,但他们从未将其浪漫化。"她父亲一家被视为怪人,因为他们总是在读诗。"我花了好几年才弄明白这些箭头都是哪来的。我们是在做园艺的时候发现它们的。我不得不承认,这片对我来说无比亲切的土地是属于美洲原住民的,密西西比州民权史上最臭名昭著的事件之一就发生在这条路上。"弗农·达莫(Vernon Dahmer)是一个备受尊敬的人,他经营着一家独立商店,因此他说起话来比其他非裔美国人更加直言不讳。三K党用燃烧弹袭击了他的家,达莫向袭击者还击,充分拖延了时间,让妻儿得以从后门逃进树林,但他自己却在几小时后因吸入过多烟雾而死。"每当想要离开密西西比的时候,我都会想起他的妻子,"阿普丽尔说,"经常有人问她为什么不离开,她的回答总是一样的:'如果我离开了,我就无法改变这一切了。'我想,如果埃莉·达莫(Ellie Dahmer)能做到的话,我也能做到。"

阿普丽尔在密西西比河三角洲小镇罗灵福克的一个思想进步的家庭中长大,她父亲是本县公立学校的一名勤勤恳恳的校监。当时,大多数白人都会把孩子送到"隔离学校"(seg academies)去上学。在**布朗诉托皮卡教育局案**之后,联邦政府明确表示要认真执行废止种族隔离的法律，这些私立学校就是在这种背景下为了继续维持种族隔离而建立的。在作为社区社交中心的卫理公会小教会里，有许多人认为她父亲是恶人，而这仅仅是因为他支持白人和黑人应该得到平等的公共教育。

她的家人一直都不知道该信任谁。谁知道街角的杂货店里那位好心的女士是不是三K党成员？"人们不理解我们当时有多害怕，"阿普丽尔说，"我认识麦库姆的一家人，这家的女儿当选了密西西比小姐。后来，他们被赶出了密西西比，因为这家的父亲竟然胆大妄为，跟记者谈论起取消种族隔离的必要性。"阿普丽尔认为自己是幸运的，尽管她和哥哥就读的公立学校没几个白人学生，但她有许多参加过民权运动的非裔美国教师，所以她对民权运动史的了解要远远多于现在的大多数学生。

阿普丽尔和大多数善于反思的密西西比人一样离开了这个州数年。在离开后，她去了西雅图工作，并学习了制作纪录片。"我喜欢西雅图，但那里太'白'了。"时至今日，在说到这些的时候，她的语气里仍然透露着难以置信。之后，她回到了温特研究所，有时担任口述历史学家，负责拍摄研究所的重大事件和主题活动，后来她又担任"欢迎桌"项目的负责人。阿普丽尔非常温柔，即使发怒也会表现得很温和，但她又能让别人真真切切地感觉到她在生气。她对政府持续阻挠黑人与白人接受平等的公共教育的行为感到尤为愤怒。"之前是隔离学校，现在是特许学校（Charter school）。种族问题仍然存在，而且有人在蓄意破坏公共教育基金。"当她耐心而熟练地组织会议时，她的愤怒就又一点都不会显现出来了。

我刚刚看到一个小组在讨论密西西比州州旗的话题。小组内的大多数黑人说他们并不在乎，贫穷和教育问题比州旗的象征意义更为重要。参与讨论的白人则坚持认为，州旗上的邦联标志和纳粹党的万字符差不多。黑人们说两者还是有不同的，但没说具体原因。一位年长的非裔美国管理人员遵从自己的直觉说道："每次看到它，我的心都会被撕裂。但我不会让别人察觉这一点。"

这场讨论最后不了了之了，我不知道大家是否达成了共识。"这并不是多愁善感，"阿普丽尔说，"这种情绪可能会变得非常强烈。在新奥尔良，有一个人怀着深深的恶意，努力想证明我们的项目是荒谬的。还有一个人提着猎刀找过来，就是为了恐吓我们，但我们没有被吓到。他本来有可能情绪失控，但这件事就这么不了了之了。"尽管温特研究所的项目引来了一些诋毁，但仍有许多社区要求研究所为它们设立项目，以至员工们甚至不得不拒绝一些申请。

最近，阿普丽尔和一位天主教神父在密西西比州的小镇瓦德曼开展了一个"欢迎桌"项目，镇子入口处的指示牌上写着：

> 这里是天堂的一角
>
> 欢迎来到瓦德曼
>
> 世界甘薯之都

这里的甘薯都是由谁采摘的？来自中美洲的移民，其中的大多数人是在多年前合法入境的，但如今他们的签证都已经过期了。他们谈论的不是邦联标志之类的话题，而是一些与象征性符号不那么相关的问题：离散的家人、暴虐的雇主、威胁要自杀的孩子们，以及由于害怕被移民及海关执法局（ICE）带走而不敢再去教堂的人们。阿普丽尔一如既往温柔地引导着大家。直到我们准备离开时，她才激动地说，真希望自己是个移民律师。

在开车回牛津市的路上，我打开了广播，收听美国家庭电台，里面正讨论耶稣是否支持限制移民的话题。发言者说，他当然支持了，而且他也会支持修建边境墙。我们是怎么知道的呢？《启示录》告诉我们天国有门；如果天国有门，那就理所当然会有一堵墙。他还说我们必须用羔羊的血清洗自己的袍子才能进入这扇门。这就意味着你必须融入大家。

那天是2017年2月8日，如果想知道这个故事的来源，你可以查一查那天的电台节目。这个我编造不了。

"是什么让你坚持了下来？"我问珍妮弗。

"黑色幽默对我很有帮助。"

"不会无聊吗？"

"我做的事从来不会重复。"

"可能恐惧，也可能沮丧，但绝不会无聊。"苏珊·格利森说。

"我从没见过你生气，"珍妮弗对她说，"连他们在新奥尔良把我们打得屁滚尿流的时候都没有。"

"我只对两个人吼过，"苏珊说，名字我就不重复了，"当时，那个人说他应该是车里的第四个人——而他其实就是个混蛋。他开始对我大吼大叫，于是我吼了回去。我希望每个说自己应该是车里第四个人的人都一边待着去。"

那辆车里有被谋杀的英雄钱尼、古德曼和施韦尔纳。那个人的说法让我想起我在德国的时候时不时会听到的一句话:"我的祖父是个秘密参加抵抗运动的英雄。"和其他重要的运动一样,民权运动创造了希望、夸大其词和彻头彻尾的谎言。当一切尘埃落定,谁不希望自己曾是个英雄呢?

温特研究所的另一位工作人员杰姬·马丁在15岁时就是一位真正的民权英雄了。她于1946年出生在麦库姆,那里是密西西比州最暴力的地方之一;但她更喜欢谈论将她养大的那个自给自足的黑人社区带给她的温暖。虽然她的母亲只有八年级的文化水平,她父亲的文化水平甚至更低,但他们还是努力让10个孩子过上了另一种生活。实行种族隔离的图书馆不对黑人开放,于是社区里的人尽可能买书并互相分享。杰姬小时候不认识任何白人,因为只有在母亲的陪同下,她才能穿过将不同肤色的社区分隔开来的铁轨。"埃米特·蒂尔被私刑处死这件事至关重要,我们的父母将它当作教育的素材。'这就是我们对你们如此严格的原因。我们要保护你们不受白人社区的伤害。'"她说,尽管如此,父母并没有把她和她的兄弟姐妹们教育成畏首畏尾的人,他们只是养成了谨慎的习惯。父母也没有教他们去恨任何人。孩子们只是不明白,为什么白人拥有那么多权利,他们的权利却那么少。从二战战场上回来的黑人老兵改变了南方的氛围。他们在欧洲被誉为解放者,可一回到美国南方,他们却没有多少自由。杰姬的叔叔曾经说过:"如果我连战场都敢上,那我就有足够的勇气去面对一切。"不过,如同其他许多地方的非裔退伍军人一样,他在20世纪50年代还是愤然离开了南方。

"1961年夏天,鲍勃·摩西(Bob Moses)来到了这座小镇。"这位带有传奇色彩的民权活动家邀请麦库姆的年轻人与他一起鼓励选民们去登记。"年轻人很勇敢,所以他们能够改变这座小镇。我们当时没有考虑过危险。"杰姬回忆道。学生非暴力协调委员会筹建了一所学校,教人们解读宪法,因为非裔美国人必须通过宪法测试才能注册投票。正是在那一年,麦库姆首次爆发了静坐示威。在北卡罗来纳州的静坐示威取得成功之后,16岁的布伦达·特拉维斯(Brenda Travis)试图通过在当地的汽车站点一份汉堡来打破种族隔离。随后她因非法闯入被判刑一年,提前获释后她又被就读的高中开除。杰姬和哥哥以及另外112名学生一起参加了罢课抗议,他们一路游行到了市政厅,这么多黑人学生一起游行示威的场面让一群围观者感到十分震惊。

这群受过非暴力抗议训练的学生们在游行示威的过程中秩序井然。他们一路唱着歌,听从指挥在市政厅前停住,然后跪下祈祷。鲍勃·摩西和查克·麦克迪尤——"我们称他们为伙计们"——拼尽全力保护学生们的安全,但他们无法阻止暴徒将学生非暴力协调委员会的白人工作人员鲍勃·泽尔纳(Bob Zellner)殴打到失去知觉,也无法阻止他们逮捕学生。"有一名狱警很友善,还给我们送来了水。我要是记得他的名字就好了。我们当中的一个女孩开始哭泣,因为她妈妈会因为她而失业。但我们当时肾上腺素激增,感觉自己在改变世界,所以浑身热血沸腾。"

大多数学生未满18岁,所以当晚就被释放了。当他们第二天回到学校时,校长要求他们签署一份承诺书,保证再也不参加公民抗议活动。他们拒绝了,他们的父母也坚定地支持他们。他们知道一个社区可以团结一心，而他们也不会让学校再剥夺任何一个黑人孩子的权利。另外，父母们感到很自豪。"也许他们自己没有站出来，但他们的孩子可以。"

114名学生全部被学校开除了，并被禁止进入密西西比州任何一所公立学校就读。他们当时还不知道这是一件多么幸运的事：他们进入了密西西比第一所自由学校，鲍勃·摩西（他获得了哈佛大学哲学硕士学位）、查克·麦克迪尤以及其他老师教授他们课程。后来，一些私立宗教学校也表示愿意接受他们就读。田纳西州民权英雄黛安娜·纳什（Diane Nash）带着杰姬去了亚特兰大，后又去了纽约，向人们讲述这群高中生勇敢反抗恐惧的故事。

杰姬也曾一度离开密西西比，但她后来还是回到了家乡，在当地政府行政部门工作了近30年。退休后，她开始在温特研究所兼职，还经常和阿普丽尔一起组织"欢迎桌"项目。"我们有机会展示不同种族之间的关系可以是什么样子的了。"她表示，"外面的人不知道密西西比的情况，这个秘密无人知晓。"杰姬不相信这个国家能够解决一切种族问题，但她相信一切都会好起来的，她亲眼见证了事情往好的方向发展。她已经74岁了，但仍对工作满怀热情。她对密西西比州最大的期待就是希望它成为美国的模范州。

我问她，为什么有这么多南方白人憎恨奥巴马总统。她很快给出了回答——对此，她不需要思考。"有两个白人告诉我，他们害怕奥巴马会报复白人对黑人所做的一切。"

"但他没有！而且他妈妈也是白人！"

"他们还是会害怕。"

"没有更多黑人寻求报复,我认为这简直是一个奇迹。"

"我们不会做这么低级的事。"杰姬说。

当我在2017年回到密西西比时,唐纳德·特朗普刚刚就职。没有人认同布里特妮·库珀的观点;新总统跟所有人都有关系,各行各业都有人在努力应对这个问题。虽然人数不多,但涉及的行业之广令人欣慰和振奋。

那年的2月初,海地裔美国法学教授米歇尔·亚历山大(Michèle Alexandre)组织了一次聚会,邀请了当地活动家参加,他们在一家纸杯蛋糕店里讨论了初步措施。"人们情绪低落,产生抗拒心理完全在意料之中。"她表示,"我清楚这一点,虽然我的心情也还没有完全平复下来。但是我们知道,司法、环境、教育等所有主要机构都将出现混乱。特朗普上任后做的第一件事就是解雇员工,以便换上狐狸守卫鸡舍。下一步就是发起诉讼,他们想让我们打消保护弱势群体的想法。"

"我们必须不断提醒自己,这不是大多数人想要的。"白人志愿者丹尼尔说道。

"人们认为,谁的声音最大,谁就代表着大多数。"温特研究所的查尔斯·塔克说,"所以我们必须不断重复传达我们想传达的信息,而且要更大声。"

"我们不是在妖魔化那些投票给特朗普的人。"苏珊·格利森说。

温特研究所是一个无党派组织,不受任何党派的限制,他们相信民权就是人权。我理解他们的想法:他们希望尽可能扩大这个圈子。有些政治保守主义者认为所有人都应该得到同样的公平对待；他们没有什么原则性的理由不去反对种族主义、性别歧视和对同性恋的恐惧。但从历史上看，保守主义和种族意识常常相辅相成，这种情况不仅仅出现在美国。这种联系并不是必然的，却是实实在在的。不过，我也理解为什么这个组织对道德的强调超过了对政治的强调，虽然这确实导致他们一开始就给组织取了个非常笨拙的名字："反对恐惧和对美国原则的侵蚀的忧国忧民公民小组"（A Group of Concerned Citizens Against Fear and the Erosion of American Principles）。

  不到三周后，蛋糕店就装不下这群忧国忧民的公民了。他们组织的市民大会在牛津市最大的剧院举行。一位漂亮的金发女子代表"母亲们呼吁行动"组织（Moms Demand Action）解释了应该如何向议员们发出呼吁，推动新的枪支法案。南方贫困法律中心（Southern Poverty Law Center，简称SPLC）的一位律师解释了他们的组织是如何在20世纪70年代起诉三K党并使其破产，以及如何追踪特朗普当选后涌现的新仇恨组织的。两名学生在大会上为他们在日产汽车公司组织的劳工运动寻求支持，日产汽车公司设立在密西西比的工厂是该州最大的工厂，该公司将工厂搬到密西西比就是因为看中了贫穷且失业率高的三角洲地区拥有大量没有加入工会的廉价劳动力。一位白发苍苍的前记者发誓要组织其他退休妇女去追踪那些回避选民"执行奥巴马医改"的要求的众议员。所有这些活动和其他社区活动都在进行中。如同在特朗普当选后成立的其他组织一样，他们也专注于地方行动，并希望能够通过这些行动在全国范围内造成影响。现在下结论还为时过早，但我旁听了很多场此类会议，所见所闻超出了我的预期，这让我兴奋不已。如果我在纽约或柏林观察特朗普执政前半年的民生情况，我可能会感到绝望。相反，我看到的是，正式来说，在美国受教育程度最低的州，我加入了当地的合唱团：如果密西西比有希望，那么其他地方也一定有希望。

3月初，出现了一个名为"密西西比选举"的组织，它的宗旨是为2018年的中期选举做准备。很明显，维护公民权利的唯一途径就是选出关心公民权利的国会议员，这是学生非暴力协调委员会的英雄们在50年前就已经明白的道理。"密西西比选举"组织的志愿者正挨家挨户敲门鼓励人们投票；由于密西西比太穷了，他们没法投资做数据管理，因此也就没人知道谁没有投票以及为什么没有投票。

埃拉说："这就像你的祖父拒绝购买苹果手机一样。"埃拉是一名年轻的黑人女性，曾在艾奥瓦州为奥巴马的竞选团队工作。作为第一个在全国大选中投票的州，艾奥瓦州在收集大量数据方面很有经验。在一次志愿者培训课上，埃拉列举了18种如果发生在密西西比州就会被判剥夺选举权的犯罪行为。有些是很奇怪的旧时代糟粕，比如盗窃木材。不过，也有许多曾犯下其他罪行的人不知道自己有资格投票——他们即使在服刑期间仍有资格投票。志愿者们挨家挨户拜访是为了向那些自以为没有投票权的人普及相关知识，并鼓励他们注册选民。

"自从'自由之夏'以来，这样大规模的行动还是头一次出现。"和埃拉一起工作的高个子白人男青年约翰说。在学生非暴力协调委员会的组织下，当年的"自由之夏"吸引了近千名北方白人学生帮助密西西比黑人登记投票。

推动选民登记是亚当·弗莱厄蒂（Adam Flaherty）的工作之一。他首次参与的传统形式的政治行动最终失败了：资助公立学校的州宪法修正案没有获得足够的票数，因此没能通过。亚当对此感到痛心，但这并没有削弱他改善密西西比的责任感，也没有让他成为密西西比所哀叹的流失的人才之一。

我第一次见到亚当是在我发表一场关于德国和美国清算历史的不同方式的演讲之后。这位相貌温和的金发年轻人试探性地举手问道："你认为这种差异是哈贝马斯的商谈伦理和罗尔斯的反思平衡观念之间的差异导致的吗？"事实上，我并不这么认为，但一个就读于密西西比大学的大三学生能够问出这个问题完全出乎我的意料。于是我认识了这个年轻人，每次和他见面他都表现得很特别——他每次都会变得更加不同凡响。他是家里第一个上过大学的人；他的父亲，一个临时建筑工人，曾骂他是个"受过大学教育的混蛋"。他通过沉浸于文学和戏剧来暂时摆脱原生家庭的困扰，最后还获得了拿着罗德奖学金前去正牌牛津大学学习哲学、政治学和经济学的机会。然而病重的母亲心脏病发作，所以亚当放弃了这个机会。他住在密西西比州牛津市郊外的祖父母家，既努力维持着对自己日益增长的道德和政治原则的信念，又要面对拒绝所有这些原则的家人。亚当告诉我，他父亲认为杰斐逊·戴维斯（Jefferson Davis）要好过亚伯拉罕·林肯，亲戚们也都把票投给了特朗普。亚当在多年前努力摆脱了他们的世界观，形成了自己的思想。

"同理心会侵蚀你。仅仅在合理的讨论范围内展开对话是不够的。我不会为了救赎父亲而牺牲我的自主权。但这是我生活中的一个领域,我有机会做好事。虽然最后的结果可能是一场空,但我觉得结果并不重要,你知道吗?对哲学家来说——"他停顿了一下,显得若有所思,然后接着说道,"南方是道德和政治理论的完美试验场。"他一边说着,一边匆忙跑去登记新选民。亚当非常关注理性和情感之间的联系,以及是否可能通过理性论证来加强人们对不公正的认识。在他人生中的大部分时间里,他的周围似乎都是对这些话题不感兴趣的人,难怪他就像一个落水者在暴风雨中抓住木筏一样紧紧抓住了哲学。然而毕业后,他放弃了专业研究,而是选择加入了"为美国而教"(Teach for America)项目,在三角洲地区教授数学。

在珍妮弗和我共同教授的哲学和社会公正研讨课上,布卡·奥科耶(Buka Okoye)脱颖而出。他高大、黝黑,长相英俊,他的父亲是一名住在杰克逊的尼日利亚移民。他是公共政策专业的一名大四学生,但对哲学了解颇深。他在课上的发言总是谨慎、有分量,而且非常严肃。每当他开口说话,其他人都会停下来听他讲。不过,直到我们在纪念马丁·路德·金遇刺的孟菲斯游行活动上花了两个小时讨论哲学,我才真正开始欣赏他。我们偷偷溜到游行队伍的最后面,这样就可以远离喧嚣的游行军乐队,听清彼此的声音。我们讨论了康德的自治理念和卢梭的民主思想,在到达洛林汽车旅馆之前还一直在讨论海德格尔能否被解构的问题。

布卡是全美有色人种协进会校园分会的主席,在他的推动下,密西西比大学开始重新考虑校园内的邦联标志是否合适的问题。当时,查尔斯顿大屠杀引发了一股浪潮,促使各所大学审视自己的校园里仍被引以为豪的白人至上主义残余。密西西比大学也不例外。它花了四个月的时间,承受了相当大的来自学生的压力,才把州旗从校门口移走。"我们学校终于明确了立场,"学生组织者多米尼克·斯科特(Dominique Scott)说,"在这场战争中,你选择站在哪一边?"

如果说密西西比大学花了150年才得出它没有站在南方邦联那一边的结论,那我也只能说,迟到总比不到好。另一个问题是,我们应该怎样处理校园内与内战有关的27个历史遗迹。不出意料,校方任命了一个新的委员会,该委员会一开始由4名已退休的白人男性组成。"有没有人想过为什么他们那个版本的历史如此糟糕?"布卡说。他领导了学生抗议运动,还得到了许多教职人员的支持,这种种努力最终成功地扩大了委员会,将有色人种吸纳了进来。新委员会的第一个目标就是校门口那尊巨大的约翰尼·雷布雕像。一开始的委员会提议挂一块牌子,牌子上完全没有提及奴隶制,这在暗中反映了南方人所持有的一种普遍观点:奴隶制根本不是内战的起因。相反,它还用如下话语来标榜自己:本校于1962年10月录取了第一位非裔美国学生詹姆斯·梅雷迪思,并从那时起一直致力于提高学校的包容性。

除了一栋以密西西比州种族主义思想最严重的州长詹姆斯·瓦达曼(James Vardaman,他公开主张动用私刑来阻碍黑人投票)的名字命名的建筑,对于学校内的其他雕像和标志,委员会并不赞成予以拆除或重新命名。相反,委员会支持对其进行语境化(contextualization)处理,即在将带有攻击性内容的材料放入历史背景中保存的同时,让本机构保持反对这些材料的立场。我在柏林见过很多这样的例子,比如前文就曾提及,柏林科学院特意竖了一块牌子来解释科学院大厅地板上的万字符早在纳粹当权之前就出现了。所以我特别想听听在委员会完成另一个版本的报告后,在密西西比大学校园内召开的市民大会是怎么讨论这件事的。

全县最古老的非洲卫理公会主教制教堂是小钟楼教堂,当晚这里座无虚席。此次会议由唐·科尔(Don Cole)主持,他的职业生涯始于密西西比大学;他是因为在1969年参加要求增加黑人教师和黑人运动员的游行而被密西西比大学开除的黑人学生之一,从那时起,他就在为平等事业而奋斗。如今他是密西西比大学的数学教授兼多元文化事务部门的主任助理。科尔在会议开始时指出,与耶鲁大学、哈佛大学和斯坦福大学相比,密西西比大学在"语境化"的工作中走得更远。在向校长提交最终报告之前,委员会希望能够通过召开这次会议来确保整个过程的公开透明和社区的充分参与。目前,该委员会下设了好几个小组委员会,包括一个负责审查其他小组委员会工作的小组委员会。

那天晚上到场的社区成员几乎都是白人,他们很乐意提供意见。在那座黑人教堂里,白人一个接一个地站起来,报出自己的毕业日期,还说自己是知名校友。有一位校友为稳妥起见,还报上了他的兄弟和姐夫的毕业日期。你如果关注过美国近期的热点话题争论,就一定不会对他们的立场感到陌生。"历史无法改写,我们不应该挖掘陈芝麻烂谷子,如今让我们反感的事在当时可能没什么大不了。""就随它们去吧,不要**破坏密西西比大学的传**

统,我们在这条路上已经走得太远了。""看在上帝、州政府和密西西比大学的分上,别再继续了!"有人带来了一张海报,上面有表格和数字:"我从事经济开发。据调查,65%的游客希望获得保留了历史特色的旅行体验。这是一个价值1,920亿美元的产业。"他补充道,如果改变了那些有历史印记的建筑,校友的捐款可能会受到影响。

请注意,当时并没有人提出要改变任何建筑,除了那栋以倡导私刑的州长詹姆斯·瓦达曼的名字命名的建筑。会议只讨论了要多竖立一些标志牌的问题。

艾伦·库恩(Allen Coon)是一名身材高大的金发学生,他一直积极参与旨在撤下邦联旗的运动。他对瓦达曼和其他种族主义者之间的区别提出了质疑,这些人都广受推崇,而且都有建筑以他们的名字命名。"瓦达曼只是在口头上说说,其他人则付诸了行动。赞美私刑和杀掉黑人有什么区别?"

"我们了解你的问题了,"唐·科尔说道,他看上去很不自在,"我们也还在争论这个问题。"

查克·罗斯(Chuck Ross)是一位研究美国黑人历史的黑人教授,也是委员会的成员之一,他看起来就要控制不住脾气了。"现代人怎么能这样理解历史?当时的人很清楚自己在做什么。作为一名历史学家,我不可能没有注意到那些人留下的信件和回忆录。他们为自己的所作所为感到骄傲。"一名白人校友站起来支持他。他提出了主张:现在的问题不是否认历史,而是扩展历史。"如果我们建了一座艾达·B. 韦尔斯(Ida B. Wells)纪念馆,那我们也可能建一座瓦达曼纪念馆。"艾达·B. 韦尔斯是一位勇敢地反对私刑的作家，出生在牛津附近的霍利斯普林斯。

几个小时后，科尔引用苏格拉底的话结束了这次会议：未经审视的生活是不值得过的。"这就是我们在学术界做的事，"科尔说，"将一切都摆上台面仔细审视，我们认为这样才能让真相浮出水面。委员会成员们把自己的一生都奉献给了这所大学。他们不想毁掉它，只想让它变得更好。"科尔每天的生活都如履薄冰。

历史学家蒂莫西·里巴克（Timothy Ryback）在《大西洋月刊》（*The Atlantic*）上发表了一篇文章，将委员会的语境化工作与正牌牛津大学近期的事件做了比较。对塞西尔·罗兹①的雕像提出抗议的学生们被告知，他们要么接受这尊雕像，要么就必须离开牛津大学——当然，他们收到的通知是以优雅的牛剑（Oxbridge）腔调写成的。里巴克认为，牛津大学可以从位于与它同名的那座城市的密西西比大学那里学到一些东西。[11] 不出所料，正在推进语境化工作的委员会在其官方网站上刊登了这篇文章，但密西西比州那些躲在幕后的人的立场就没那么坚定了。会议结束几天后，我采访了查克·罗斯：你是否认为这一切都只是表面功夫？密西西比大学真的想要改变吗？

"这是一个非常复杂的问题。"罗斯说。他停顿了一下，轻晃着头，考虑应该从哪里开始讲："自从1962年詹姆斯·梅雷迪思得到入学机会以来，许多人认为这所大学一直在剥离自己的南方

---

① 塞西尔·罗兹（Cecil Rhodes）：英裔南非商人、矿业大亨和政治家，在1890—1896年任英国开普殖民地的总理，也是英国帝国主义的拥戴者。牛津大学校园内的塞西尔·罗兹雕像从2016年起就开始受到批评。

身份。他们倒没有说'我们因为种族融合而失去了一些东西',但大学体制已经成了南方人荣誉的象征。它已经成了防止来自不同阶级的白人挑战彼此的一个非常有效和重要的方法。"

罗斯怀疑自己在有生之年都看不到真正的改变。有些人希望推动密西西比大学向前发展——仅仅是为了"确保像你这样的人,也就是前来监督的公共媒体,能够看到密西西比大学的进步"。还有一些校友希望密西西比大学能够保持过去的样子:"你如果想让校友们捐钱建造一些像我们现在所处的地方这样的建筑,就要让他们感到舒适。"市民大会结束后,罗斯和一位校友交谈过,这位校友反对一切改变——包括瓦达曼纪念馆的名字。这位校友非常怀念过去的密西西比大学,希望一切都能够保持在他大学时代的样子。罗斯的回应是建议密西西比大学重新组建一支完全由白人球员组成的橄榄球队,这就意味着"你们永远都不会有机会击败亚拉巴马州队或其他队伍,因为比赛规则变了,非裔美国运动员已经成了那些队伍的主力"。在密西西比州和亚拉巴马州,地位比橄榄球更高的就只有上帝了。那位校友对这个提议感到非常震惊,而且不能理解。他也不理解罗斯的观点:如果你想让黑人运动员为你赢得比赛,你就不应该强迫他们在邦联标志周围游行。

"在密西西比大学,这类标志随处可见,所以很多非裔美国学生干脆放弃了反抗。你的祖母、姑妈、父亲,每个人都告诉你:你改变不了白人,这是他们的学校。"

对查克·罗斯来说,这种消极态度是不可取的。他一直在密西西比大学教授历史,学生有黑人也有白人。他试图通过自己在语境化委员会中所做的工作，至少让人们对那些标志引发的问题保持敏感，尽管他本人一直对深度变革的可能性持怀疑态度。密西西比州州长宣布将4月定为"南方邦联历史月"（Confederate Heritage Month），这显然是在回击联邦政府将2月定为黑人历史月的决定。

我一直对黑人历史月和女性研究保持警惕，因为我认为它们将研究对象限定在了重建后的隔离区。这些项目在无意间强化了"只有黑人对这些东西感兴趣"和"对女人来说这已经是干得不错了"这些心照不宣的想法。我希望生活在这样一个世界：每个研究美国历史的人都会读弗雷德里克·道格拉斯，每个研究英语的人都会读乔治·艾略特（George Eliot）——不为别的，只为了更切身体验19世纪的生活。如果他们跳过了道格拉斯，遗漏了艾略特，下一代人在长大后就会认为，没有道格拉斯，他们也能学习美国历史；没有艾略特，他们也能学习英国文学。知识的隔离并没有比其他类型的隔离好到哪里去。

不过，我还知道这场争论的另一面。罗斯教的是美国黑人的历史，因为他想教的内容和希望讨论的问题没有在标准的历史课程中得到应有的关注。他很容易感到气馁，因为他相信自己遇到的大多数密西西比白人仍然完全停留在旧的邦联思想中，而这种思想自1980年里根当选以来就一直盘踞在南方政界。在2016年大选中，他为白人男性选民的数量之多感到震惊。"他们三三两两地聚在一起交谈。我能看到的黑人男性很少，黑人女性多一点。当时我就明白，如果整个美国的选民群体组成都是这样，选举的结果肯定非常糟糕。后来，有史以来最不合格的候选人赢得了大选,这完全是对巴拉克·奥巴马当选的报复。"

我完全同意这一点,但我在密西西比碰到的年轻人让我看到了希望。他们不仅包括亚当和布卡。虽然我知道这样的人是少数,但我不断发现其他很多人也非常聪明、非常坚定,他们渴望正义,渴望改变。

"我认为你大概没什么机会接触兄弟会与姐妹会的人。"罗斯说。

他说的没错。每到周五和周六晚上,当他们来到广场上,我就会尽量避开那里。男生们会炫耀高级轿车,女生们则会卖弄紧身的名牌服装,早在夜幕降临、繁星闪烁之前,他们就已经在人群中穿梭了。他们称之为"希腊生活",这可能是他们的大学生活中最重要的部分了。不论是在南方还是在北方,很多州立大学的情况都是如此。来找我的学生早就选择与这群人划清界限了。

我问了罗斯最后一个问题:"如果你是在俄亥俄州教美国黑人的历史,你觉得会有什么不同?"

"噢,那就没那么刺激了。在这里,历史是活生生的东西。它不仅仅存在于你写的书里,也不仅仅是让学生讨论的东西。你有机会亲历历史。"

我们的那次谈话过去一年后,委员会提出了最终建议,密西西比大学校长为那块饱受争议的标志牌主持了揭幕仪式。丽塔·施韦尔纳·本德尔(Rita Schwerner Bender)——迈克尔·施韦尔纳的遗孀——曾就约翰尼·雷布的雕像提出过一个简单的解决方案,那就是加上密西西比州的分离条款,明确指出奴隶制是邦联事业的核心。然而丽塔并不是委员会成员,委员会最终放到标志牌上的内容是：

> 随着越来越多的邦联退伍老兵逝世，南方各地的纪念协会都为他们建造了纪念碑。这些纪念碑经常被用来宣扬一种被称为"未竟事业"的意识形态，这种意识形态宣称，建立邦联是为了捍卫各州的权利，而且奴隶制也不是内战的主要原因。密西西比大学于1906年批准建立了这座雕像，牛津市和拉斐特县的居民为它举行了落成典礼。虽然建造这座纪念碑是为了纪念在内战中牺牲的当地邦联士兵，但我们必须意识到，南方邦联的失败实际上意味着数百万人获得了自由。1962年9月30日晚上，这座雕像成了那些反对种族融合的人集结的地点。
>
> 这座具有历史意义的雕像提醒着人们，这所大学有着种族分裂的历史。今天，密西西比大学从过去汲取经验，继续承诺将致力于向所有追求真理、知识和智慧的人开放神圣的知识殿堂。

"我是一名受过训练的历史学家，"委员会成员之一珍妮弗·斯托尔曼说，"但就算是我，看着这些内容还是觉得很无聊。"从技术上讲，这可能是一个让双方都满意的处理方法。比起激怒大家，花几个月的时间想出一种符合史实的叙述并用枯燥乏味的语言写出来更容易让大家睡着。一个学术机构商量出这样的解决方案不足为奇。

2019年，密西西比大学的学生团体进行了投票，决定移除约翰尼·雷布雕像。不过密西西比州当局是否允许他们这么做还有待观察。

牛津当地的居民经常抵触密西西比大学的进步势力为了向他们提供启蒙而做出的努力，他们有的礼貌，有的粗鲁。当地人对他们理想中的密西西比大学的热爱只会让他们加倍抵制这种努力。当温特研究所提出希望为当地学区的教师举行欢迎桌项目时，镇上的一些人表示反对，为首的是为右翼电台明星劳拉·英格拉哈姆（Laura Ingraham）工作的李·哈比卜（Lee Habeeb）。

哈比卜关注温特研究所有一段时间了。当听说温特研究所计划在他女儿的学校举办研讨会时，他就上网查了查。温特研究所的3名工作人员在自己的个人脸书账号上发布了对2016年大选的时评，我们可以说，这些评论能够代表美国东西海岸的数百万人甚至全球无数人的反应。（《时代周报》和《明镜周刊》是德国最受尊敬的周刊。美国大选结束几天后，《明镜周刊》的封面将特朗普描绘成了一颗直扑地球的邪恶彗星，《时代周报》的封面则是哭泣的自由女神像和一句英文旁白"Oh My God"。）然而在密西西比州，绝大多数白人选民都支持特朗普，没有多少人认同温特研究所那几位工作人员的看法。珍妮弗·斯托尔曼写到了愤怒的农村白人选民，还写到了要停下来哭泣和休息一会，然后振作起来继续为平等而战。杰克·麦格劳（Jake McGraw）转发了玛丽娜·勒庞（Marine Le Pen）的推文并评论道：全世界的法西斯分子正在联合起来。梅洛迪·弗赖尔森（Melody Frierson）发布通告，表示自己愿意举办一场座谈会来讨论如何阻止特朗普就任总统。所有这些内容都被哈比卜截图、复印,做成传单分发,其标题是:"偏执的活跃分子应该在我们的学校里教导学生何为宽容吗?"

哈比卜要求在牛津中学礼堂举行的校董事会会议上讨论这个问题。和许多类似的建筑一样,这座礼堂的大厅上方照例悬挂着几颗阴森恐怖的灯泡。除了一面巨大的美国国旗和一块写有"我们信仰上帝"(IN GOD WE TRUST)的小牌子,唯一能缓解这种阴沉气氛的只有黑板上的一幅小小的拼贴画,上面有一颗写着"犹太人"(Jude)的黄色星星,整幅拼贴画用锡箔纸和绳子装饰。显然,学生们一直在了解种族主义——位于遥远的他国的另一种种族主义。礼堂里挤满了人,校董们都在努力维持秩序,他们把每位发言者的发言时间限制在了10分钟以内。哈比卜对此提出了质疑,他要求将妻子的发言时间加到自己的时间里。

"我们想听听你妻子自己的意见。"学校董事会主席以一种带着南方人特有的魅力的方式说道。

几名与会者站起来表示支持温特研究所和他们的研讨会。一名参加过欢迎桌项目的意大利裔美国人说这是他一生中最高尚、最令人振奋的经历之一。阿普丽尔·格雷森作为温特研究所的代表发言时说,他们一直在努力寻找一种能让人们讨论困难问题的模式。对着座无虚席的大厅,她用一种略带颤抖的声音说,她很高兴能看到这种对话。

那些愤怒的人拒绝平静下来:

> 脸书上的帖子证明了他们就是一群自由主义极端分子,

不管他们的网站看起来有多么"欢乐和谐"(kumbaya)①。

这些员工没有一个是保守派,但他们却在这里大谈宽容。我不想让任何人跟我女儿谈论有关种族问题的内容。

他们的项目没有任何问题,有问题的是开展项目的人。你想让切·格瓦拉或斯大林来教你的孩子吗?有个员工在他的脸书主页上发了一张印着切·格瓦拉的T恤衫的照片——切·格瓦拉又被称作古巴屠夫。

我才不在乎什么轻微的冒犯!说白了,因为政治正确,有50件事是我的孩子不能谈论的!

我是基督徒,不只是在星期天。这些人才是外来者![12]

听听60年前的那些反对种族融合的说法同样很有启发性,虽然这些说法彼此略有不同。"任何积极反对种族主义的人都是破坏和平生活方式的外来煽动者,他们还是不信基督的共产主义者。"当时大厅里的气氛非常紧张,但出人意料,学校董事会以6∶0的表决结果,允许温特研究所为自愿参加的老师举办研讨会。

显而易见,学校董事会主席宣布这个决定时的心理是非常矛盾的。她用非常亲切柔和的语调说:"我对哈比卜先生提到的某些人在脸书上发布的帖子非常关切,我不会粉饰这一点。不过温特

---

① "Kumbaya"一词来自20世纪20年代采录的美国黑人灵歌(一种宗教音乐),表达了非裔基督徒呼唤上帝降临、拯救苦厄的愿望。Kumbaya一词是英语Come by here的音转。到了20世纪50年代,Kumbaya成为美国人野营时喜爱的歌曲。朋友们围坐在篝火旁,笑语欢歌,其乐融融,这种场景赋予了Kumbaya以欢乐和谐的含义,因此可被译作"欢聚一堂"。这个词现在经常被政客使用,用来表达对某种一团和气的场面的鄙夷不屑。于是,在美国的政治话语中,Kumbaya成了一种嘲讽。

研究所的工作人员都是专业的,他们不会把个人观点带到项目中。我和曾与斯托尔曼博士共事过的密西西比警察局长们谈过,他们都说会毫不犹豫地引荐她。"最后,她以"这都是为了我们的孩子"之类的公式化发言作结,然后宣布会议结束。这场胜利最终被证明是代价高昂的。没错,我在温特研究所的朋友们可以将他们的课程带进牛津的公立学校了。但有多少人会继续礼貌地或粗鲁地破坏他们的工作呢?

"你们在做上帝的工作。"柯蒂斯·威尔基说。我们当时坐在广场书店里,等待理查德·福特(Richard Ford)的朗读会开始。我是以温特研究所访问学者的身份和威尔基认识的。

"是**他们在**做上帝的工作,"我马上回答道,"我只是把他们的工作写下来而已。"

柯蒂斯·威尔基和牛津市颇有渊源。在关键的1962年,他在这里学习,他的曾祖父是一名邦联士兵,也是密西西比大学的荣誉毕业生。柯蒂斯出生于1940年,他的书《迪克西》(*Dixie*)描述了他由于和黑人民权领袖亚伦·亨利(Aaron Henry)的接触而从一个普通的密西西比人变成种族主义政策的激烈批评者的历程。后来,柯蒂斯成了一名记者,他在三角洲地区采访过马丁·路德·金,在白宫采访过吉米·卡特,还在以色列和巴勒斯坦采访过许多犹太人和阿拉伯人。2002年,他回到了牛津,当时进步主义政策在南方正面临着阻力。如今,他在密西西比大学教新闻学和美国南方历史,在不工作的时候,他偶尔也会在他精致的花园里啜饮甜茶。我在一个星期天下午见到了他,当时他正为自己的家乡感到痛心。

"我在将近20年前写下了《迪克西》，当时我对我们的未来非常乐观，尤其是在种族问题上。所以那个时候我决定回到家乡。"他说，但现在的密西西比正在倒退。20世纪60年代的战争正在重现。甚至出现了白人"为了不帮到黑人而投票反对对自己有利的事这样骇人听闻的事件"。

"你认为事情仅仅这么简单吗？"

"在密西西比，归根到底，一切都会回到种族问题上来。"

对柯蒂斯·威尔基来说，李·哈比卜是国家右倾的象征。柯蒂斯虽然没有参加那次学校董事会会议，但听说了很多。作为一名南方人，他从来没有丢掉慢条斯理的腔调，也从未失去捍卫南方、反对向北方屈服，并努力让南方仍然在国家的政治舞台上占有一席之地的能力，就此而言，他算得上是牛津的贵族：他的"左"倾观点能得到原谅，因为他的血统使大多数事情变得可以被原谅。自从几年前密西西比大学开始讨论如何处理邦联标志、哈比卜第一次露面时，他就开始关注哈比卜了。柯蒂斯还以为他是某个受到科赫兄弟（Koch brothers）资助的隐秘组织的成员。

"哈比卜很聪明，他不会在公众面前让自己难堪。"柯蒂斯说。不过，柯蒂斯在学生时代就听说过一些更极端的组织。"那些人被称为'地下反叛者'（Rebel Underground），他们会把写有种族歧视内容的小册子塞进你宿舍的门缝。在梅雷迪思出现前后，校园里一直有这些人的身影。接连有两位校长挺身而出反抗那些混蛋。"校长罗伯特·哈亚特（Robert Khayat）和丹·琼斯（Dan Jones）受到了大多数师生的尊敬。尽管哈亚特的自由主义立场使他很难得到高等教育机构（这些机构由州长任命，负责监管州立大学）的认同，但他筹集了很多资金，不能随便罢免。之后，高等教育机构解雇了哈亚特的继任者丹·琼斯，因为他们认为丹·琼斯在处理邦联标志这件事上的立场"过于自由"。柯蒂斯想给新任校长杰弗里·维特（Jeffrey Vitter）一个机会。"他并不像我们希望的那样激进，但到目前为止，他还没有走到成为恶魔的那一步。"虽然这句赞扬不冷不热，但柯蒂斯相信，不论未来的校长是谁，密西西比大学的进步是无法阻挡的。2002年他开始在这里任教时，黑人学生的占比只有4%，但现在这一比例已经接近20%了。最近，性少数群体运动在校园里也十分活跃，这在以前是无法想象的。温特研究所在牛津市、三角洲地区、尼肖巴县以及其他地方做着上帝的工作。

"我想我们都感到很挫败。"柯蒂斯叹了一口气，"部分原因是特朗普，还有州长和立法机构，以及密西西比州的民众情绪。这里的情况没有好转，但密西西比大学里的情况正在变好。"

我问他，如果他是自己深爱的密西西比州的州长，他会怎么做。这个念头并不疯狂，毕竟他曾经是州长的女婿。他立刻给出了答案：他会致力于提高各个层次的教育水平。他说，现任政府的做法正好相反，他们正竭尽全力破坏这一切。他认为，主张以特许学校取代公立教育的运动是右翼组织的阴谋，而且非常有效。

我遇到的每一个密西西比人（不论是黑人还是白人，不论是进步还是保守）都迟早会提到教育问题。从大多数方面来看，密西西比州的教育水平都是全国最低的。詹姆斯·梅雷迪思说，教育一直是他生命中最重要的课题。他在自己的自传末尾"向美国发起了一个挑战"："我向每一位美国公民发起挑战，希望他们现在就承诺会帮助他们的社区公立学校里的孩子，特别是那些贫困学生。"然后，他还提出了一系列切实可行的建议。他认为，每个人（无论这个人是否有孩子）都与公共教育质量息息相关。

我一直强烈认同让·埃默里提出的那条备受争议的启蒙运动的核心真理：知识通向认同，认同通向道德。埃默里的这一信念来之不易。在奥斯威辛集中营里待了两年之后，这位奥地利哲学家写下了我读过的关于大屠杀的最尖锐的描述，他还有很多令人毛骨悚然的描写。埃默里分析了奥斯威辛集中营对人们的思想造成了什么影响，其中似乎谴责了理性。然而他余生都在用笔写下20世纪对启蒙运动的最强力的辩护，他认为启蒙运动是对抗法西斯主义的核心——非理性主义——的唯一力量。他甚至认为，要想完成人类真正的任务——赋予无意义的事物以意义，唯一的希望就在于"启蒙运动的仁慈乐观主义及其自由、理性、正义和真理的永恒价值"。[13]

在今天，坚持这一信念并不容易。这是一个与虚假意识展开斗争的问题，意识形态和广告正是利用虚假意识，通过宣传和分散注意力来蒙蔽人们的眼睛，使人们对真正的人类利益视而不见的。很多时候，那些写宣传文案并为其买单的人自己也相信了这套说辞。"如果人们想要的只是面包和马戏，那把这些给他们又有什么错？"提出这种说法的人，通常连自己的目标也仅限于法式糕点和剧院包厢的座位。我们不能说他们是在骗人；电视和广播中充斥着令人麻木的娱乐节目而不是充满挑战性的文化，这与他们自己的生活方式并不相悖。每个人的品味可能并不一样，但能够麻木人们思想的有优雅的方法，也有庸俗的方法。为什么那些拥有生产资料的人不能把同样的麻木兜售给其他人呢？

不过，这些都是反对启蒙运动的复杂方法，在密西西比，反对启蒙运动的是一股强大而直接的力量。直到我和查尔斯·塔克在杰克逊共进晚餐时，我才意识到，那些认为受过教育的非裔美国人是一种威胁的人仍抱有这种信念。当时，一位白人女服务员走到了我们桌前；她和查尔斯已经认识很多年了。"看到那边那桌了吗？"女服务员做了个手势，稍稍压低了声音，"其中一个人刚刚说，'如果我们让他们接受教育，他们就会意识到我们把他们压榨得有多惨'，然后其他人都笑了。"我很震惊，居然有人在餐厅这种公共场合如此口无遮拦——也许同样令人震惊的是，他们竟然连自己都承认了这一点。但当时的密西西比州是一个公开抵制启蒙运动的地方，出现这种情况也不足为奇。怪不得，这地方从未让我失望。

在牛津，还有一个幽灵在城市的各个角落和人们的谈话中游荡，他甚至还没去世。人们在谈论密西西比大学时，总是绕不开詹姆斯·梅雷迪思。我之前知道他住在杰克逊，想过要去拜访他，但我认识的人都不愿意帮我牵线。他们都见过他，但都说不上跟他很熟，所以不好开这个口。他不怎么来牛津。他很讨厌那座雕像，而且他很不好说话。这些都是别人告诉我的。当时离我返回柏林只剩不到一周的时间，我便放弃了采访他的希望。

于是，我去了孟菲斯南部的赫南多，拜访当地一家报纸的编辑罗伯特·李·朗（Robert Lee Long）。我在牛津的一次市民大会上见过他，当时他热情洋溢地介绍了自己的计划：把现在的密西西比州州旗换成1817年设计的早期样式①。他说那一版州旗上有一朵木兰花，这也蕴含着信仰，但"如果新州旗没什么历史底蕴，密西西比的这些好孩子就永远不可能放弃他们的星杠旗（Stars and Bars）"。"他们反对所谓的政治正确。"我很好奇，一名土生土长的密西西比第七代白人怎么会支持这样的项目？于是我造访了《德索托时报》（DeSoto Times）的办公室，当时他们的周报即将付梓。

罗伯特以南方人特有的那种热情好客向我道歉，因为他只能留给我一个小时的时间，不然他的员工就会开始抱怨。他很高兴能谈谈自己的事业，他认为这是移除邦联标志的唯一现实途径。"罗伯特·E. 李（Robert E. Lee）自己也说过，'把旗子卷起来，伙计们，把它拿下来'。"罗伯特·李·朗是罗伯特·E. 李家族的远亲，但他的关系网中不止这一个南方名门。他说，他不是"一定要"以南军总司令的名字起名的。他的亲戚既有家具木工，也有棉花中间商。他的曾曾祖父是"K连的迪克西男孩"（Dixie Boys of Company K）成员，曾在卢考特山战役中被俘，后被送到了伊利诺伊州罗克艾兰的战俘营。"他在那里待了一年多，出来时的体重只有约45千克。如果不是在孟菲斯有一位开明的祖母，我完全有可能心怀怨恨和愤怒长大。"

罗伯特的祖母名为露西·威尔克森（Lucy Wilkerson），她靠

---

① 2020年11月，密西西比州州议会已经通过决议，废除印有邦联徽章的旧州旗，决定批准使用印有一朵木兰花的新州旗。2021年1月11日，州长泰特·里夫斯（Tate Reeves）签署法令，正式确认了新州旗的地位。

着家里卖棉花的钱上了大学，然后开始周游世界。"没有什么比走出家门看看其他文化里的人如何生活更能真正改变你的世界观了。"罗伯特说。"她和科雷塔·斯科特·金（Coretta Scott King）一起旅行。她的丈夫是一名真正的卫理公会牧师，所以她相信人性。"罗伯特的父亲则是一名非常传统的南方人。罗伯特说自己是在混乱的家族政治环境中成长为一名记者的——其实，他的全家人都是在这种环境中长大的。他想做些调查，想发掘真相。

他的新闻记者生涯从高中时就开始了，当时校报派他去采访詹姆斯·梅雷迪思和前州长罗斯·巴尼特，以纪念"梅雷迪思危机"20周年。校长提醒他，州长身体虚弱，和他交流要小心谨慎。然而，这名17岁的年轻人在对这位老人说了几句奉承话之后，就开始问一些尖锐的问题：在过去的20年里，他有没有改变自己的看法？"他有点耳背，但当他的秘书凑到他耳边说'他在问关于詹姆斯·梅雷迪思的事'时，这位老人就像被雷霆击中了一样。那件事是他的遗产。他的下巴不停颤抖着，全身的细胞似乎都激动了起来，颈部的赘肉也微微晃动着。他说：'年轻人，我的观点一点也没变，你可以把这些写进你的报纸。'"几个小时后，这位前州长便心脏病发作了，但罗伯特没有承担任何责任。"他当年面对的记者可比高中生难对付多了。我只是问了一个必须要问的问题，因为在20世纪80年代初，人们仍然以崇敬的眼光看待他。"

朗还想继续谈论巴尼特，但我打断了他："詹姆斯·梅雷迪思在采访中说了些什么？"

事实证明，罗伯特·李·朗和梅雷迪思的关系远远超出了那次高中采访。就在前一年，他还和梅雷迪思一起乘坐火车环游全国，在西部的 5 所大学里发表了反对种族主义的演讲。朗很担心该怎么保护这个生命曾多次遭到威胁的人，但当时的梅雷迪思很坦然 —— 即使在面对一个想要威胁他生命的人时。"这也许是因为他自己是个保守派，具体原因我也不知道。他是个无拘无束的人，不执着于任何特定的路线。"

我不可置信地轻轻摇了摇头。4 天后我就要离开这个国家了，在此期间我已经安排了好几次会面。我回到狭小的新闻编辑室坐了下来，听眼前这位"开明的密西西比人的典范"谈话。朗认为，要想改变密西西比，不能仅仅依靠民权工作者的鲜血和痛苦，密西西比自己也必须做出改变。"不管你相不相信，但正是尼克松所谓的'沉默的大多数'做了深刻的自我反省，他们还说：'你知道吗？种族主义是错的。**我**一直都错了。我必须做出改变。'说出这些话的就是像我爸爸那样的人。"

他又回到了之前的话题。"你问我是否相信集体愧疚感。是的，我有点相信。"对于一个口齿伶俐的人来说，这真是一种有趣的说话方式。"因为，如果你在密西西比背负着奴隶制的原罪，你就必须赎罪。我是那种会在周五下午喝威士忌的罪人，但我在主日学校（Sunday school）讲课。"朗相信，只要赎罪方式是正确的，密西西比就能大放异彩。秉持着我所期待的那种可爱的地方爱国主义精神，他开始对他的家乡唱情歌。"别人一直告诉我们，'**你是密西西比人，你将一事无成**'，然而我们在艺术、音乐和文学等领域都有杰出的成就。我很高兴我们这儿出了蕾昂泰茵·普莱斯（Leontyne Price）、摩根·弗里曼，还有"猫王"埃尔维斯·普雷斯利（Elvis Presley）。我还记得我看到过尤多拉·韦尔蒂女士（Miz Eudora Welty）在她的橱窗里创作。我希望我们州是最棒的。我们相互交谈，对彼此讲述这些故事；我们享受我们的精神力量，享受美妙的福音音乐（gospel music），不论是不是基督徒。我渴望有这么一天，我们能像林肯所说的那样，真正拥抱我们内心的善良天使。"

他认为，赎罪要从承认历史开始。"我有个13岁的孩子。我正尝试告知她历史的重要性。不是从教科书的角度，也不是为了获奖——只有这样，你才不会重蹈你的祖父或曾祖父的覆辙。只有这样，你才能对镜子里的自己说：'**我是个好人，我为我生活的世界做出了贡献。**'我对此充满热情，我女儿也厌倦了我天天这么说，但这是事实。"

作为一名新闻工作者，朗比大多数美国人更关注国际新闻。他在这次谈话的最后说，他希望欧洲在穆斯林移民问题上不要重蹈美国在有色人种问题上的覆辙。然后，他带着歉意站了起来，当时是一个星期五下午，报纸还在等着印刷。

"能否请你帮我个忙，"我说，趁着自己还没变得畏畏缩缩，我赶紧把话说了出来，"听说你和詹姆斯·梅雷迪思的关系很好。我到这儿之后就一直想见见他，你能帮我说几句好话吗？"

"我现在就给朱迪打电话。"朗回答道，"他的所有事都是由他妻子负责安排的。"

罗伯特拿起了电话，他的员工们则越来越焦急。朱迪·梅雷迪思没有接，所以他留了一条长语音信息，让她给一位来自柏林的女士打电话，这位女士正在写一部作品，讨论美国人可能从德国清算种族主义历史的工作中学到些什么。我从朗那儿离开的时候还不确定她会不会打给我，但我还是对他表示了深深的感谢，然后愉快地同意和他一起在报社门口拍一张自拍照。他指了指出城的公路，顺着他手指的方向，我能看到一块标志牌，那里正是梅雷迪斯曾经被枪击的地方。1966年，梅雷迪思宣布要进行一场"反恐惧游行"，计划从孟菲斯步行约322千米到杰克逊，他的目标是鼓励黑人投票。在投票权法案（Voting Rights Act）通过一年后，大多数黑人仍然不敢去登记投票。他们如果看到一名黑人独自穿过这个州，心中的恐惧肯定会略有消减。

在梅雷迪思前进了约26千米后，一名白人蹲在路边的灌木丛里向他开枪，用铅弹把他打得遍体鳞伤。媒体一开始报道了他的死讯，但一场紧急手术救了他的性命，尽管直到今天他的体内还残留着一些弹丸。马丁·路德·金飞奔到孟菲斯的医院，发誓要继续他的游行。许多民权领袖也加入了金的行列，游行队伍很快扩大到数千人。当他们到达州首府的时候，已经有6,000名新选民进行了登记。后来，记者们把这次反恐惧游行看作梅雷迪思对密西西比专制主义的第二次打击。这次游行和他在密西西比大学达成的种族融合一起，标志着南方各地种族隔离的终结。[14]

标志牌标明了此地是"密西西比自由之路"的一部分，我拍下了标志牌的照片，然后心情沉重地回到了车上。

第二天早上，朱迪·梅雷迪思打过来的一通电话将我心中的阴郁一扫而空。"您当然可以来看看。他整个下午都在家。您想今天过来吗？"

珍妮弗主动提出要开车送我去杰克逊，还坚持走高速公路。"这是你的荣幸。他是一个偶像，而你被邀请去他家。偶像，还记得吗?你得想想要问他些什么,因为我们只能在他家待一个小时,再久就失礼了。"她善意的提醒让我越来越紧张。两个小时后,在暴风雨中,我们来到了一栋朴素的住宅前,它朴素到令人不敢相信这就是我们要找的房子,我们甚至绕着街区又开了一圈,再次核对了住宅号。

屋内的墙上挂着一些非洲艺术品的复制品,大屏电视上正在播放福克斯新闻。詹姆斯·梅雷迪思穿着白色卡其裤和纽扣衬衫,头戴一顶写有"OLE MISS"的棒球帽,他的穿着使他看起来并不威严,反而更像一个老顽童。他的4个孙子孙女直挺挺地围坐在客厅角落的餐桌旁,年龄从10岁到16岁不等。他们每个人都站起来和我们握手,然后坐下,全程羞怯地低头看着地板。

"我告诉过你们,"梅雷迪思对他们说,"这位女士会告诉你们一些关于德国的事情,而我不会出声。"他说完转向我,"或许你可以给出一个总结,谈谈德国是如何处理你所说的问题的。"

我在美国南方各地遇到的非裔美国人都非常喜欢听我讲德国的转变,以至我几乎厌倦了谈论这些,但这回是詹姆斯·梅雷迪思的要求。我其实没准备好,但也不得不照办。我讲了战后的德国人是如何像美国南方人一样谈论"未竟事业"神话的:20年来,他们一直认为自己是战争的最大受害者,同时拒绝承认任何错误。我谈到了他们的孩子是如何在20世纪60年代发出呐喊的,孩子们质问他们为什么要尊重那些犯下了史上最严重罪行的人的权威。我讲了清算历史的过程是如何从民众中开始的,也提到了政府过了多长时间才采取行动。我还提到了纪念碑,以及点缀在人行道上的绊脚石……

"就像好莱坞的星光大道一样?"梅雷迪思问道。

"在某种意义上是一样的。但上面不只写有名字,还有出生日期和被遣送到集中营的日期。"

"就在人行道上?"

"是的,先生。这些绊脚石的设计理念是让人们记住他们的邻居经历了什么,并尽其所能来弥补。"

"那他们应该离开。"朱迪·梅雷迪思出人意料地出声说道。她是一位身形健美的大众传播学教授,曾经作为富布赖特委员会的成员去过柏林。"我曾经真的很喜欢德国的啤酒,但那是很久以前的事了。"

"50年来,他们一直在断断续续地做着这类研究。我一直在思考应该怎么向人们解释这个设计。虽然各个地方的情况不一样,但如果他们做到了,我们为什么不能在美国也做些类似的工作呢?"

"我来告诉你为什么。"詹姆斯·梅雷迪思说。"因为美国从来没有挨过打。另外,这两个国家的问题也不一样。美国是靠黑人建立起来的。他们说那个时候的棉花就像今天的石油?但其实棉花比石油还要厉害,它改变了全世界人民的穿衣方式。我不是想打击你,"他继续说道,"我是想鼓励你。我还是想读你的书,但你在写作方面可能会遇到一点问题。我向上帝保证过不会说谎,这些都是真心话。"

"我希望不会。"我只能说,"关于您推动密西西比大学的种族融合的故事,您已经讲过很多次,而且您现在也戴着密西西比大学的帽子。我想问问您对今天的密西西比大学有什么看法。"

"我上次去那里看到南方邦联士兵雕像的时候非常伤心,指示牌上本来写着我的名字。你知道他们有多厚颜无耻吗?他们涂掉了我的名字。'惊讶'远不能形容我的心情——我当时可以说是目瞪口呆。因为这件事,我永远不会原谅密西西比大学。"

从他的名字被涂的原因来看,他的这种愤怒非常奇怪。学生和教职工们抱怨说,这块指示牌的存在本身就是在为1962年之后发生的一切开脱。"在詹姆斯·梅雷迪思使我们的学校实现种族融合之后,我们的大学一直都在致力于提升其包容性"这一说法并不能公正地反映当时发生在牛津的种种事件的暴力和激烈程度,更不用说在之后的几年里,密西西比大学一直拖拖拉拉,不肯终结种族主义。梅雷迪思对自己的名字被抹去感到愤怒则更加令人奇怪,毕竟他之前经常呼吁应该摧毁那座被他称为"雕刻的形象"的雕像。

在他的自传中,他欣然承认自己有救世主情结和极大的自负。我本以为他会很高兴听我讲起几个月前我和"卓越人士"一起组织的詹姆斯·梅雷迪思之旅。

"你知道我最喜欢的部分是什么吗?"梅雷迪思说,"是他们的西装和领带。"

"因为你在所有照片里都穿着西装,打着领带。"我说。显然,"卓越人士"们希望让自己看起来像梅雷迪思,尽管他们的头发要长得多。

"我有个问题要问你,"他说,"他们知道詹姆斯·梅雷迪思有多坏吗?"

詹姆斯在13个兄弟姐妹中排行第7,他于1933年出生在密西西比州的科西阿斯科。在他的曾祖父和外曾祖父这二人中，有一位是白人。考虑到南方种植园里频发的强奸事件，这种情况并不少见。比起肤色，此人更不寻常的身份是"白人至上主义的创始人"。他撰写了臭名昭著的1890年密西西比州宪法（Mississippi Constitution of 1890），从各个方面废除了非裔美国人在重建过程中获得的公民身份；他还制订了臭名昭著的黑人法典，严格限制黑人的公民权。詹姆斯的曾祖父和外曾祖父中的另一人是乔克托部落的领袖。詹姆斯很崇拜父亲；他父亲有一座小型木材农场，"他是全县出了名的最勤劳、最可靠的人"。[15] 他是阿塔拉县第一位（也是多年来唯一一位）参加投票的黑人。"在我出生的3年前，父亲和他的邻居们一起从农商银行借了310美元，建造了一座只有一间教室的校舍。"詹姆斯告诉我们，"当时只有一位老师，但有八个年级。我从3岁开始在那所学校上学，6岁时就学完了那里教的所有东西。正因如此，我每到一个有机会的地方都能抓住机会。"在詹姆斯7岁的时候，父亲告诉他，他肩负着一项神圣的使命，那就是把白人精英和黑人精英团结起来，然后拯救世界。[16]

詹姆斯·梅雷迪思和父亲一样，会毫不犹豫地把枪口对准闯入家中的警察，他从不相信非暴力。高中毕业后，他加入了美国空军，在国内外共服役了9年。他到现在仍然认为自己是一名军人；作为一名士兵，他的目标是"保卫我的祖国和它的原则不受任何敌人的侵犯，我认为白人至上主义是美国面临的最强大的敌人之一"。[17] 他认为，问题不在于公民权，而在于美国公民身份。梅雷迪思坚持拿军事来做比较。他在1962年的目标不是让密西西比大学实现种族融合（他认为这个目标是次要的，而且是畏首畏尾的），而是"用美国的军事机器那令人敬畏的物理力量，从物理和心理两个层面粉碎密西西比州乃至全美国的白人至上体制"。[18]联邦政府下达了命令，要求密西西比大学授予他学位，在长达两年的时间里，密西西比州一直在抗拒这一指令。也正是在这两年里，梅雷迪思在杰克逊州立大学（一所历史悠久的黑人大学）获得了足够的学分并顺利毕业。他的目标不是教育；相反，他想要"用木棍刺穿野兽的心脏"。[19]他反对马丁·路德·金博士的非暴力思想，认为只有联邦政府使用压倒性的武力才能战胜白人至上主义。梅雷迪思不愿看见尸横遍野的悲惨景象，他认为更好的办法是让雪花般的诉讼案件淹没法院，从而促使美国军队执行联邦法院的命令。[20]

这正是1962年秋天发生在牛津的事，虽然肯尼迪兄弟在其中拖了后腿。大家都说，司法部长罗伯特·肯尼迪（Robert Kennedy）是真心致力于民权运动的人，但他和哥哥约翰·F. 肯尼迪（John F. Kennedy）都担心在下次选举中失去南方的支持。（正如林登·约翰逊后来预测的那样，联邦政府对民权运动的支持确实导致南方的大多数民主党人转而投向了共和党的怀抱。）肯尼迪家族与密西西比州时任州长巴尼特进行了近两年的协商，试图找到一个既能让他们执行联邦法律又能让州长保全面子的解决方案。不过事实证明，这次协商没有结果，肯尼迪总统也正面临着国际上的压力。伴随着民权运动的还有警犬、消防水枪、殴打和爆炸事件，这些内容登上了全球新闻头条，而苏联自然不会放过这些。"这些针对非裔美国人的暴力事件难道不正能说明美国关于自由和正义的宣言只不过是炒作吗？"这个合情合理的问题让肯尼迪政府头疼不已。最后，联邦政府派出了联邦军队来镇压牛津的武装暴乱。当第一批军队被证明不足以制止暴乱的时候，轰鸣的飞机和吉普车又送来了数以千计的士兵。随后的战斗导致了2人死亡，超过300名军人和平民受伤，300人被捕，以及数以百计的枪支被联邦政府大规模收缴。

梅雷迪思的军事比喻听起来很奇怪，除非你知道这场"战斗"根本就不是比喻。在密西西比大学的校园里，无论他走到哪里，都有三辆满载士兵的吉普车保护着他。但他在乡下的家却被铅弹打成了碎片，他妹妹也险些被击中。但他坚持说自己从来没有害怕过。

"我的生命中没有意外，"他告诉我们，"一切都是按计划进行的。当你向上帝保证了不会再撒谎，这是很难做到的。说任何话之前都要三思。"

"确实。"我一边说，一边等着他思考。

"在我人生中的大部分时间里，别人在跟我说起密西西比大学的时候，都会说'谢谢你这么勇敢'。我从来都不想勇敢；我希望别人觉得我聪明。现在看来我不得不告诉你们了。你们见过我走进校园时的样子吗？"

"我被那些照片震撼到了，我还看过一些新闻短片。"

"我为此练习了10年，那并不是偶然。我读过西方的所有伟大著作，在一本书中，一位历史学家写到了某位教皇最后一次征服罗马的故事。起初教皇还是军事指挥官，这位历史学家描述了教皇的样子：他的军队驻扎在郊区，他一个人从郊外一路走来，想要吓唬所有反对他的人。其他人都在想，这家伙一定是疯了，任何人都可以杀了他。"

梅雷迪思停顿了一下,他对自己的影响力很有信心:"在校园里的每一天,我的目标都是让自己看起来像那个教皇。"

要想知道这场战斗有多激烈,你只需要读一读巴尼特州长为了给他对联邦法律的蔑视提供辩护而发表的演讲:"历史上从来没有白人在社会融合中幸存下来的案例。但我们绝不会走上种族灭绝这条路。"[21] 种族灭绝?根据巴尼特等人的观点,这是一条下坡路。**如果允许学校里的种族融合,孩子们就会互相成为朋友。如果让他们成为朋友,他们就会开始约会。然后,在你甚至还没意识到的时候,整个南方就会遍布混血婴儿。**尽管他也清楚,数百万肤色较浅的非裔美国人正是允许白人强奸黑人奴隶(以及后来的仆人)的制度性产物,但持上述观点的人并不会因为这一事实而感到困扰。白人所恐惧的正是上述事实的镜像,即"黑人男性会强奸白人女性"的设想,这种设想常常成为他们谋杀黑人的借口。我无法判定这种设想是不是他们自身行为的投射。白人是不是因为知道自己的祖先为了一己私欲将黑人女性占为己有而感到了愧疚,并进而加剧了对黑人男性也会这么做的恐惧?

我慢慢开始相信白人对巴拉克·奥巴马的深仇大恨在一定程度上与此有关。否则,这种仇恨是无法理解的。我在南方遇到的白人没有一个会说他对奥巴马的厌恶是出于种族歧视。"我不认同他的自由主义政策。"他们会这么说。但意见分歧并不等于仇恨。越来越多的批评者认为,种族主义是2016年大选结果的决定性因素。"种族主义"这个词虽然简单,但仍需要解读。杰姬·马丁告诉我,憎恨奥巴马的白人们害怕遭到黑人的报复,但这似乎并不足以解释他们为什么如此愤怒。事实上，奥巴马家族在白宫的行为驳斥了种族主义的所有陈词滥调，他们的存在削弱了白人至上主义的一切借口。"黑人比白人蠢？比白人懒？比白人更不诚实？更不友善？"他们还能说什么呢？对于那些既没有奥巴马的智慧也没有奥巴马的品格的人来说，奥巴马的卓越成就是他们眼中的一根刺。不过，还有一根不那么显眼的刺肯定也刺痛了南方白人选民，不管他们自己是否曾经注意到。巴拉克·奥巴马不仅仅是第一位成为美国总统的黑人，他还是种族主义噩梦的产物：一名来自肯尼亚的黑人，娶了一名来自堪萨斯州的白人女子，然后生下了他。一些令人感到不可思议的言论一定与此有关，比如现在网上仍然可以看到的"第44任总统是反基督者"的说法。这位总统曾自称"杂种狗"（mutt），而罗斯·巴尼特应该会称他为白人种族灭绝的第一步。

"您是怎么看待奥巴马总统的影响力的？"我问道。

"他显然是最聪明的总统。"梅雷迪思说，"他在去哈佛之前先去了哥伦比亚大学。"梅雷迪思为自己在哥伦比亚大学法学院取得的学位而感到骄傲，更早些时候，他还坚持认为哥伦比亚大学比哈佛和耶鲁更好。"毫无疑问，奥巴马是世界上发生在黑人身上的事情中最重要的一件事。"

梅雷迪思的孙子孙女们瘫坐在座位上。一个男孩正在翻阅一本地图集；在其他地方无处不在的会让人分心的电子设备在梅雷迪思的家中似乎是被禁止的，只有一个例外，即正在播放的福克斯新闻。"他说他必须听福克斯新闻的所有内容。"朱迪一边说，一边微微翻了翻白眼，"他看电视的时候我会离开客厅去用电脑。"

我不确定这是不是梅雷迪思选择福克斯新闻的唯一原因。众所周知，他喜欢炫耀自己的期望。他的政治观念很保守：上帝、家庭和良好的教育是他的世界观的三大支柱。不过，他的追求并未止步于此：他曾在三K党领袖决定放弃种族主义意识形态时，与戴维·杜克①短暂交好。梅雷迪思现在承认杜克已经回归种族主义，但他并没有为曾经支持杜克而道歉。他也没有为曾在大保守派参议员杰西·赫尔姆斯（Jesse Helms）手下工作而道歉。当1988年梅雷迪思写信给议员们，希望能在国会山找份工作时，赫尔姆斯这位前种族隔离主义者是唯一一位给他回复的议员。梅雷迪思是真的想了解敌人，还是认同福克斯播报新闻的方式？我们很难分辨他什么时候是在开玩笑，什么时候是在放烟幕弹，什么时候是正儿八经。正如罗伯特·李·朗所说，梅雷迪思拥有自由的灵魂。他自己非常清楚，很多人都说他疯了。

门铃响了，一个送外卖的男孩提着两块大比萨走了进来，孩子们顿时眼前一亮。珍妮弗和我觉得是时候该起身告辞了。

"感谢您花时间招待我们。"我想起了珍妮弗的提醒，于是开口说道，"我们不想再继续占用……"

"你们这些访客总这么客气，才真的让我很伤脑筋，"詹姆斯·梅雷迪思说，"你们觉得我现在像是要赶你们走吗？"

"这是尊重的问题，先生。"珍妮弗说，"我不想等到被赶走。"

"和我们一起吃点东西吧。"朱迪·梅雷迪思说。

我们别无选择，只好自己动手，吃掉了盒子里最小的一块比

---

① 戴维·杜克（David Duke）：白人至上主义者，反犹阴谋论者，三K党的第5任"大巫师"（Grand Wizard，即最高领导人）。

萨，然后又待了三个小时。

"我知道你们夫妻俩现在都在关注教育。"我说。

"孩子，去车里把座椅上的棕色文件夹拿来。"梅雷迪思对他的孙子小詹姆斯说。

"外面还在下大雨吗？"我问道，"我不想让这个小伙子冒雨出去。"

"爷爷已经开了口。"小詹姆斯说。很明显，他爷爷对一切都有最终决定权。

小詹姆斯回来了，他已经浑身湿透，手里拿着一个棕色文件夹。梅雷迪思打开文件夹，递给我一篇论文。"这是我写过的最重要的作品。"他说。那篇文章专门讨论了教育的重要性。

"能遇到一个做出了巨大贡献，还能在83岁时说最重要的事是他在上个月写的东西的人，真是令人感动。"说这话的同时，我觉得应该把出门时随手带的礼物拿出来了。"如果不失礼的话，我想回赠您一份礼物。这不是我写得最好的书，您不用看，但也许您的儿女或孙子孙女……"

"里面有英文呀，"梅雷迪思一边说，一边翻着书，"我为什么不看呢？"

"他什么都看。"朱迪说。

"我只是觉得您有很多东西要读。"

"我以前上法学院的时候参加过一个速读课程。如果我读这本书花的时间超过了一天，孩子，那就证明这本书很有意思。"

朱迪·梅雷迪思说她很高兴我能研究南方人的经历。"老实说，我的想法和其他人一样。我之前做梦也没想到我会来这里，更别说搬来这里，或嫁给一个密西西比人了。全世界都觉得这里糟透了，但我觉得密西西比很好。这里的人非常友善。"

"是的。"我再次表示认同。

"我是在20世纪五六十年代长大的，"她接着说，"当时有很多游行，马丁·路德·金、梅加·埃弗斯和詹姆斯也在频繁活动，这些活动都集中在南方腹地。而在芝加哥，在我长大的地方，几乎什么都没有。"

"马丁·路德·金博士不是说过吗，他从未见过哪里像芝加哥那样有如此多的仇恨。"

"我好像也在哪里读到过这句话。这就是住在这里比住在北方更好的原因，直到今天，情况依然如此。芝加哥从来没有清净过。"

"三K党的领导人就来自密歇根。"珍妮弗说道。

朱迪·梅雷迪思在杰克逊州立大学教书，她说那里的大多数黑人并不在乎雕像之类的东西。

"我知道有些学生非常在乎。"我回答。

"那是在密西西比大学。"她说。

"听起来你好像并不明白密西西比大学是什么情况。"詹姆斯·梅雷迪思说。

"这就是我来这儿的原因，先生。"

"你以为我们想唤醒密西西比大学的所有人吗？你在开玩笑吧。"

"但你还戴着密西西比大学的帽子。"

"你不明白，我也不会告诉你。"他笑着说。

"他们送了他几顶帽子？"珍妮弗问朱迪。

"噢，你知道吗？我们每次去那里，他们都会送他帽子。"

"我攒了一箱又一箱。"梅雷迪思说。

"他第一次戴上印有雷布上校肖像的帽子时，他们就不再使用那个标志了。"约翰尼·雷布，一名普通的南方邦联步兵，仍然站在校园的入口处。但令许多校友义愤填膺的是，指挥官雷布上校的形象曾是该校的象征，如今却已不再被用作吉祥物。如今，你去学校买一顶纪念帽、一个纪念杯或一个纪念手提袋，上面除了印着"Ole Miss"，已经不会有什么更具煽动性的东西了。"唐·科尔带我们参观了一下，然后问我：'朱迪，怎么才能让他把头上的帽子摘下来？'我说：'那你就给他再买一顶，就能把他头上那顶换下来了。'然后他就照做了。"

"这也不是我戴它的原因。"詹姆斯说，"我不会告诉你的。"

"我们不能鼓励你吗？"珍妮弗问，"你说过你不会撒谎的。"

他又拿起一块比萨，顿了顿，又吃了起来。"你看过硫黄岛的那张照片吗？就是美军士兵在岛上的那张。"

"当然。"我说。

"他们升起了美国国旗。但其实只要他们愿意，他们可以升起任何东西。"

"是的。"

"我俘获了雷布上校。"

"当然了，梅雷迪思先生。"

"我给世人留下的印象只是一个想接受教育的好人。他们向校长施压，于是校长把我叫去了他的办公室。他想让我发表一份声明,说我只是想接受教育。我说:'校长,你一定是疯了。如果我这么大费周章只是为了获得受教育的机会,我肯定是个傻子。我在进大学之前就已经受过教育了。'"

"您俘获了上校。"我说。

"没错,你可以说'俘获'。但我说的是'征服'。"他说的不是,我有录音可以证明,不过这没关系。

"您征服了上校。"

"所以这顶王冠属于我。"

"我要把这些写进我的书里,先生。"

5
未竟事业

最迟到唐纳德·J. 特朗普当选的时候，世人已经非常清楚南方到底还有多少邦联的幽灵阴魂不散。负责记录仇恨犯罪的南方贫困法律中心曾经发布报告称，在大选结束后的仅十天内，仇恨犯罪率就出现了大幅上升。"我认为毫无疑问，特朗普就是祸根。"南方贫困法律中心的情报项目负责人海蒂·贝里奇（Heidi Beirich）说。自从一个黑人家庭入主白宫以来，美国国内的愤怒情绪就开始不断高涨，随着特朗普的当选，美国人突然发现这种情绪可以自由表达了。密西西比州的一座教堂被烧毁；宾夕法尼亚州的一面墙上被人喷上了纳粹标志；从佛罗里达州到科罗拉多州，到处都有人挑衅性地升起邦联旗。了解南方的人对此一点都不会感到惊讶，因为这些幽灵一直都存在。一些德国人会把印有纳粹万字符的瓷器小心包好，存放在家里的阁楼上，但美国南方的许多家庭会骄傲地展示他们的邦联纪念品，商家们也依靠卖这些纪念品赚了不少钱。

美国人不会遮遮掩掩地宣示对"未竟事业"的忠诚，他们会公之于众。以亚特兰大为例，在内战结束后不久，亚特兰大就立刻骄傲地宣称自己是新南方的首都。如今，这座城市拥有200万非裔美国人、一系列黑人市长以及蓬勃发展的嘻哈音乐产业。除了必经的马丁·路德·金大道，亚特兰大的街道还致敬了那些不那么著名的民权领袖：拉尔夫·阿伯内西（Ralph Abernathy）、霍齐亚·威廉斯（Hosea Williams）、唐纳德·李·霍洛韦尔（Donald Lee Hollowell）。亚特兰大城外约25.7千米处就是石山（Stone Mountain），它是世界上最大的整块花岗岩。它的海拔高度为514米，令四周的松树和山茱萸自惭形秽，让周围的人们不得不仰望感叹，感慨自己不过是沧海一粟。它旁边还有一个公园，公园里有一艘蒸汽船、一个宠物动物园，还有一个乏味的仿造西部村庄，石山是佐治亚州的最佳旅游胜地。

我们无法考证每年来到这里的400万游客当中有多少人是为了山上的浅浮雕而来的——这是一项难以完全忽视的工程壮举。不过，我们也能在那里欣赏公园里的其他景点，比如环绕石山的小火车，火车在行进途中还会遭到打扮成印第安人的工作人员的袭击。我记得自己在七八岁时坐过这种小火车，当时我还会和其他孩子一起大喊大叫。雕刻在岩石上的南方邦联将军们神情稳重、身姿挺拔，他们其实只占据了花岗岩的一小部分。我当时觉得，还是坐小火车更有趣。

我在周六偶尔会去石山游玩。我父母从未提及这座可称得上是南方邦联的荣誉的纪念碑。最早在1915年，人们就开始筹建这座雕像，当时正值"未竟事业"历史修正主义的鼎盛时期，那时候的历史修正主义将美国内战重新定义为了一场"为南方的自由而战的高尚斗争",将重建时期定义为了一群无知的前奴隶和北方雇佣兵为了败坏南方的名誉(尤其是南方白人妇女的名誉)而做出的暴力行径。你如果能忍受这些说辞,就去看看伍德罗·威尔逊(Woodrow Wilson)总统当年在白宫放映的《一个国家的诞生》(Birth of a Nation)吧。作为一部有着里程碑意义的电影,《一个国家的诞生》在当时一下子成了有史以来票房最高的电影,直到20多年后《乱世佳人》(Gone with the Wind)的问世。在这两部电影之间的那段时间里,"未竟事业"的神话传遍了整个美国。从技术和意识形态层面来看,《一个国家的诞生》都要比玛格丽特·米切尔(Margaret Mitchell)的那部经典作品更为粗糙,但它传达的信息更为清晰。正如这部默片的字幕所说的那样:"曾是敌人的南北双方再次联合起来,捍卫雅利安人与生俱来的权利。"即使你不是雅利安人,你也会在短时间内被这部集音乐、暴徒暴力和情节剧于一体的电影所打动,在骑士们为死去的少女复仇的瞬间感到一丝快慰——就像你在小时候看着骑兵从当时还没有被称作美洲原住民的人手中营救白人定居者一样。这就是电影的力量,即使你知道,"黑人强奸白人"不仅是为私刑而捏造的借口,还常常是一种被用来掩盖性暴力真相而编造的幻想——无数被奴役的妇女被白人主人强奸并常常怀孕才是事实。对伍德罗·威尔逊来说,这并不是一个清晰的事实,他写道:"白人纯粹是被自我保护的本能唤醒的……直到最后出现了伟大的三K党和一个名副其实的南方帝国来保护南方。"威尔逊让《一个国家的诞生》成了第一部在白宫放映的电影,这也许并不令人意外。上面这段话被用作电影中的一段字幕,它就出自威尔逊自己写的《美国人民的历史》(History of the American People)。

南方邦联的女儿联盟(United Daughters of the Confederacy)最初计划将整座石山都打造成纪念碑,将成千上万的邦联士兵环绕山坡行进的场景雕刻出来,以记录"未竟事业"的全貌。在1915年的佐治亚州,没有任何人反对这个设想。在这一年的某个深夜,三K党在山顶上举行了仪式,庆祝犹太裔亚特兰大人利奥·弗兰克(Leo Frank)被私刑处死以及三K党的复兴。这个国家的其他人也不反对建造这座所谓的和解纪念碑。[1](如果你觉得用"和解"一词来形容一座胜利主义雕像很奇怪的话,那么你一定忘了,黑人和白人之间的和解并不在议程之内。他们通过赋予战败者以价值,实现了敌对两军的白人之间的和解,但在此过程中,战争的起因并没有被考虑在内。)他们原本想打造一座能够媲美狮身人面像的石山雕塑,但由于内部分歧和资金问题,最初的雕塑家被解雇了。后来,这位雕塑家在拉什莫尔山(Mount Rushmore)继续从事他的宏伟事业。在之后的几十年里,再也没有人碰过石山雕塑,上面只有罗伯特·李的头部和他的马。

到了20世纪60年代,人们重启了这项工程,他们决定缩小纪念碑的规模,去掉军队,只雕刻三位将军。让我们扪心自问,为什么有人愿意在项目中断近40年后筹集大量资金,聘请工人站在岌岌可危的壁架之上,雕刻那些早已逝去的将军们的形象?在布朗诉托皮卡教育局案的判决结果宣布种族隔离为非法之后不久,就有人开始重启石山浅浮雕项目。当民权运动取得进一步的胜利时,他们已经筹到了足够的资金和人力,去完成这座巨大的"去你的新秩序"（fuck-you to the new order）建筑。石山雕塑只是南方大部分地区如雨后春笋般冒出的此类建筑中规模最大的一个，它有着足够的象征意义，以至马丁·路德·金在他的演讲《我有一个梦想》中都提到了它——金在演讲中表达了这样一种希望："自由之声将从加利福尼亚曲线优美的海岸，一直响到佐治亚的石山。"民权活动人士提议在山顶放置一口大钟，用马丁·路德·金洪亮的话语盖过石雕将军们传达的信息，还有一些人呼吁干脆炸掉整个该死的雕像。不过到目前为止，他们还没有说服其他公民，仍然有一些人将这座山用作三K党的集会阵地。

浅浮雕是绕不开的，但我们可以忽略这座纪念碑最糟糕的部分。每次经过石山纪念花园去往火车站，我妈妈一定会催促我们赶快走过去，所以我在成年后只要一看到它就会变得不安。公园内的花岗岩长椅上刻有罗伯特·爱德华·李、托马斯·杰斐逊和米歇尔·德·蒙田（Michel de Montaigne）献给牺牲者和勇者的名言，其中尤其引人注目的是美国开国元勋帕特里克·亨利（Patrick Henry）的名言，每个美国小学生都知道他的"不自由，毋宁死"。纪念花园里则雕刻着亨利的另一句名言："生命如此可贵，和平如此甜蜜，难道竟值得以镣铐和奴役为代价？全能的上帝啊，请禁止这样做吧！"南方邦联的后代们难道没有注意到其中的认知失调吗？

不止纪念花园的建造者们在颠倒黑白。一位南方历史学家写道："白人青年发现，他们的（黑人）同伴的双脚摆脱了鞋子的束缚，精神摆脱了学校的束缚，让白人青年们感到羡慕。"[2]有的人甚至认为，照顾奴隶对奴隶主来说是一种负担，"那些黑人是自由

人，奴隶主才是奴隶"。³

从花园到花岗岩有11条小路，代表着南方邦联的11个州，它们就像一颗冉冉升起的新星的11道光芒，指向雕像的底座。每条小路的尽头都有一块牌子，上面写着每个州加入邦联的理由和对邦联的贡献。亚拉巴马州将战争归咎于约翰·布朗，"他在1859年对哈珀斯费里的袭击激起了全州的愤怒"⁴。描述亚拉巴马州的损失和苦难的文字旁还配上了布朗凶神恶煞的画像。密西西比州那块牌子上不是恐吓性的图像，而是州代表大会的图像，在那次大会上，有75%的代表投票赞成立即单方面脱离联邦，因为"密西西比州人民认为，共和党在1860年选举中的胜利是对他们的权利和财产的威胁"。⁵这块牌子略去了《密西西比脱离联邦宣言》（"Mississippi Declaration of Secession"），该宣言阐明了对权利和财产的诉求的实际含义：

> 我们的立场与奴隶制——世界上最庞大的物质利益——完全一致。奴隶制的劳动力提供的产品构成了迄今为止的地球贸易中最大和最重要的部分。这些产品是热带气候地区所特有的；此外，根据自然法则，只有黑人才能忍受热带阳光的暴晒。这些产品已经成为全世界的必需品，打击奴隶制就是在打击商业和文明。⁶

密西西比州的那块牌子和其他州的一样，完全没有提到黑人被奴役的历史，而是重点讲述了白人的苦难。

如果想让"未竟事业"这一叙述看起来对智商有着更高的要

求，你可以称之为"邓宁学派"（Dunning School）史观。"南北战争与奴隶制无关"和"重建是一场灾难"之类的观念就是由吉姆·克劳法恐怖统治时期的哥伦比亚大学历史系教授 W. A. 邓宁和他的学生们在学术界散播开来的。你可以将邓宁与恩斯特·诺尔特相提并论，后者在德国发起了一场"历史学家之争"，并主张纳粹的所有卑鄙伎俩都是从布尔什维克那里学到的，布尔什维克才是战争真正的发动者。如果德国有一座纪念碑上写着诺尔特对战争起因的解释，人们只会嗤之以鼻。然而在美国，邓宁学派的观点却完完整整地刻在了石头上。

此外，有些路标可能需要别人的帮助才能解读。很多证据藏在风景中：（南方）每座城镇的中心都有一个宽阔的广场，每座法院前都矗立着约翰尼·雷布的雕像，这些雕像就好像在站岗放哨，守卫着英勇抵抗北方暴政的传统。一根根庄严的柱子装饰着法院的门廊，看起来高贵典雅，直到你意识到这些建筑中蕴含着何种意识形态。希腊复兴运动（Greek Revival movement）不仅仅是对西方民主诞生地的一曲颂歌，它还宣扬了南方在南北战争之前提出的一个重要主张：伟大的文明建立在奴隶制的基础之上。（事实上，希腊奴隶的生活条件要比美国奴隶的好得多，但从未有人提及这一点。）让南方人引以为豪的是，在南北战争之前到美国旅游过的欧洲人普遍认为南方比粗犷的北方更文明。[7]

你可以在密西西比州的纳奇兹找到这种文明的影子，在棉花仍是全球经济核心商品的时代，纳奇兹是美国的财富中心。1841年，纳奇兹是美国最富有的城镇，它坐落在一片陡峭的高地上，俯瞰密西西比河。因此，在邻近的维克斯堡的大部分地区毁于联邦军的轰炸时，纳奇兹得以逃过一劫。虽然它的占地面积仅有几平方英里，但这里的豪宅比南方其他任何地区的都要多，尽管这个小镇如今看起来单调乏味，近乎消亡，镇中心的街区有几栋砖木结构的房子，开着几家古董店和一家冷冷清清的餐馆。除了每年的春季朝圣活动展示出来的那种生活，纳奇兹真正的生活都在郊区和商场里。

见过朝圣活动的人都不会跟风重弹"美国人不关心历史"之类的老调。朝圣活动的重头戏是"纳奇兹历史舞台表演"，热情的当地人唱歌跳舞，时不时还会讲几个故事，整场表演都在讲述小镇的历史。我住的旅馆的工作人员说她的四个孩子都参加了表演，她还让我特别留意她的儿子。"他的老师夸他跳舞跳得非常好，如果在南北战争之前，他肯定会成为镇上的焦点人物。可是有哪个16岁的孩子想听'你要是生在200年前肯定会很酷'这种话？"

我坐在礼堂里，无法辨认哪个是她的儿子，但我对1932年的表演场景感到好奇，当时纳奇兹花园俱乐部刚刚开始组织此类盛会，而我如今看到的显然是经过了现代化改编的版本。所有白人妇女和女孩都穿着有裙撑的裙子，戴着蝴蝶结，围着五朔节花柱跳舞，士兵们身着灰色制服，挽着心爱的女子，随着《迪克西》的旋律翩翩起舞。但这场盛会确实承认了奴隶制的存在——尽管它也指出，那些北方佬也是奴隶贩子。演出的一个场景描绘了南方邦联总统杰弗逊·戴维斯和当地一位美人的婚礼，婚礼在一栋房子里举行——如今，那栋房子已经成为一家昂贵的提供早餐的旅馆，它还利用这桩婚礼大力宣传自己。不过，紧随其后的是一段小短剧，它激烈批评了奴隶结婚的困难，甚至承认了奴隶被允许结婚后经常发生的事情:一名即将被卖掉、被迫与孩子分离的黑人妇女唱起了哀伤的《转变将至》("A Change Is Gonna Come")。其他黑人妇女在自我介绍时说,她们"为20年来参与了梅尔罗斯种植园的建设而感到自豪,当入侵者想要趁主人不在家时抢走他们的精美家具,是我们保护了这座种植园"。忠心耿耿的奴隶为了避免庄园遭到联邦军士兵的劫掠而把家里的银器藏起来的故事是常见的吉姆·克劳式叙事,尽管这种事情毫无疑问的确偶尔会发生。另一个问题是,纳奇兹部落(纳奇兹小镇正是以这个部落的名字命名的)是否会在被美国历史教科书称为"两种文化的碰撞"的那一幕表演中认出自己呢?整场表演在高潮中迎来了结尾:曾为奴隶的联邦军士兵们拆掉了那个将他们卖掉、使他们从此远离家人的市场,尽管下令的是一名白人联邦军官。衣衫褴褛的跛脚叛军和穿制服的高个子联邦军士兵握了握手。主持人指挥观众们起立,与演员们一起高唱《星光灿烂的旗帜》。

尼尔·麦格雷戈曾说过:"英国人用他们的历史来安慰自己。"那些创造了"未竟事业"的南方人也是这么做的。正如邦联将军博勒加德(Beauregard)在1875年所写的,"我在1861年开第一枪和在1865年开最后一枪时都坚信,我们坚持的事业是正义和神圣的,我至今仍对此深信不疑"。他还期待"在积极参与创造历史之后,我们能看到历史得到正确的记录"。[8]

关于这段历史的记录将南北战争之前的南方描绘成了一个氛围温馨、生活节奏缓慢的地方,种植园主漂亮的女儿们在月光下、在木兰花前跳舞,更小的孩子们睡在摇篮里,温和而忠诚的奴隶们则端着冰茶,轻轻摇晃着摇篮,哼唱着轻柔的灵歌。当这个世外桃源受到卑鄙野蛮的北方佬的威胁时,那些穿长裙的女孩的父亲和兄弟们便拿起武器来保卫它,就像他们的祖先在一百年前宣布殖民地从英国统治者手中独立出来时所做的那样。然而,这个故事遗漏了许多细节,其中之一是,奴隶主很少真正加入邦联军队参加战斗。富裕的种植园主(拥有超过20名奴隶的种植园主)可以免服兵役,以防止后方那些"温和而忠诚"的奴隶们发动起义。尽管《密西西比脱离联邦宣言》说得非常清楚,但"未竟事业"的叙事坚持认为,南方发动这场战争要捍卫的不是奴隶制,而是各州的州权——这个抽象的短语粉饰了南方各州认为自己有权奴役他人的事实。"未竟事业"的说法还在继续:几百万南方邦联士兵的英勇战斗无法与北方人的人数和工业相匹敌,因此他们的"事业"最终还是"未竟"。北方人通过强制重建使这次失败变得更令人痛苦。正如南方的一位编年史家所说,"他们遭受了近代以来最大的羞辱:他们的奴隶爬到了他们头上"。[9]

我们不难理解为何这个故事对一位战败的邦联将军有着如此巨大的吸引力,或许对他的儿女来说也是一样。更令人费解的是,这个故事是怎样慢慢地、在朦胧中俘获北方人的心的。也许是因为他们厌倦了战争,渴望和解,也许是因为他们更热衷于推动改变美国经济的工业化事业。最终,北方人把制造神话的工作让给了南方。反正也没有多少北方人是真正充满热情的废奴主义者。"此前发生的一切都是悲剧,每个人都很勇敢"的说法为1877年的和解铺平了道路。当时,一场有争议的总统大选以一项承诺——撤出驻扎在南方的联邦军队(他们的任务是保护刚获得自由的非裔美国人的权利）——而告终。这一事件实际上标志着重建时期的结束，也意味着那些决心行使《解放黑人奴隶宣言》和3项宪法修正案赋予的权利的黑人开始受到公开打击。不过，正如"**我们都是悲惨的受害者**"这样迷惑人心的咒语使北方白人更容易妥协，这种观点一经确立，其本身立刻就会得到进一步强化。《一个国家的诞生》和《乱世佳人》只是那些吸引了全国关注的大片中最著名的两部。好莱坞制作了数百部电影来暗示南北战争是一场悲剧性的误会，其中就包括由秀兰·邓波儿（Shirley Temple）主演的两部，这两部电影让"未竟事业"看起来不仅既高尚又勇敢，而且无疑十分可爱。

1864年，谢尔曼将军率军摧毁了亚特兰大和萨凡纳之间的大片地区，歌曲《进军佐治亚》将这场灾难描述为"为自由和她的战车披荆斩棘"。在战后的几十年里，这首歌一直大受欢迎，以至谢尔曼在1890年发誓，除非"美国所有的乐队都签署协议，表示永远**不在他面前演奏《进军佐治亚》，否则他绝不参加任何游行**"[10]。不过，英勇的联邦传奇叙事也会随着战争记忆的消退而褪色。今天，一位移民要想成为美国公民，就必须先通过一项考试，其中包括一百道关于美国历史和传统的选择题。只有一道题有不止一个正确答案：说出一个导致内战的原因。奴隶制？经济原因？州权？随便选哪个，移民局都会判你回答正确。

非裔美国人则继续坚持认为南北战争是一场解放战争。早在1870年，弗雷德里克·道格拉斯就抱怨美国人"缺乏政治记忆"。[11]"南方确实遭受了苦难，"他说，"但她的苦难是她自己造成的。"[12]道格拉斯说，这场战争不是一场地域冲突，而是"一场思想之战、原则之战……一场旧与新、奴役与自由、野蛮与文明之战"。这不仅仅是"贪婪的鸟类和凶猛的野兽之间的一场展示蛮力和忍耐力的搏斗，而是一场有思想、有行动的人之间的战争，而且他们是为了战场之外的某样东西在战斗"。[13] 在1871年的阵亡将士纪念日，道格拉斯在新落成的阿灵顿公墓的阵亡北方士兵集体墓穴前发表讲话："要是……我忘记了……那场血腥战争的双方之间的区别，就让我的舌头粘在我上颚上……我想说的是，如果连这场战争都被遗忘，那么我以一切神圣事物的名义发问，人们应该记住什么？"[14]

黑人并不是唯一需要铭记的人，废奴主义者和哲学家也坚持说出了他们那个时代的道德和政治斗争的真相。美国人现在为之争论不休的纪念碑是内战后他们为了战胜真理而合力修建的。奇怪的是，在20世纪70年代，"未竟事业"的说法在部分历史学家的著作中再度兴起，他们主张南北战争是一场经济冲突。当时，"南北战争是为了思想和原则而战"的观点对弗雷德里克·道格拉斯和威廉·詹姆斯来说再清楚不过，但对那些不愿被称为"无知者"的人来说，这种观点已经完全过时了。

纳奇兹通过将"未竟事业"的叙事进行现代化处理，将其保留了下来。虽然我从未听到有人用"邪恶"这个词形容奴隶制，但现代的南方人普遍认为奴隶制是错误的。1932年版的场景不太可能重现，已经成为联邦士兵的黑人摧毁奴隶市场的那些著名场景更不可能被歌颂，但即使是现代版本的"纳奇兹历史舞台表演"，也凸显了白人记忆的鸿沟有多么宽阔。黑奴被解放后的一切都是一片空白，就好像不同种族之间什么都没有发生过。现在战争结束了，我们可以像一个大家庭一样团结在一起，合唱国歌，然后继续各走各的路，直到明年的朝圣来临。

和南方其他城镇一样，纳奇兹一年一度的庆祝自家历史的活动是以宗教为框架的，这一点很重要。朝圣活动是一次神圣的远征，是通往圣地的旅程。为了在苦难中寻找意义，宣扬未竟事业的神学家们将南方视作19世纪的耶稣，无辜却殉难，但注定要复活。对过去的朝圣是一种安慰和祈祷：如果我们在完全清白无辜的情况下表现出些许悔恨，我们的罪孽就会得到救赎。这种朝圣仪式结合了非基督徒的祖先崇拜和基督教对苦难的神圣化，甚至还有一丝神义论的味道。纳奇兹朝圣活动的宣传册上写着这样一条广告语："弗罗格莫尔有棉花可摘……**三角洲音乐和孕育它的棉花田。**"它邀请游客们渡河前往路易斯安那州，参观一座古老的种植园。游客们可以游览正在劳作的棉花种植园，"了解纳奇兹地区的财富是如何创造出来的，并深入体验奴隶文化"，然后去游览三角洲音乐博物馆，"聆听和了解与文化交织在一起的音乐"。17世纪的德国哲学家莱布尼茨说过：一切都是最好的安排。"如果那些棉花田孕育了如此丰富的艺术形式，以至如今的密西西比能够标榜自己是美国音乐的发源地，这难道不是因祸得福吗？"

不论历史有多扭曲，南方至少将它呈现了出来。这就足以成为我去那里的理由，尽管马丁·路德·金曾说过，他在芝加哥郊外的抗议者脸上看到的仇恨比他在种族隔离的南方看到的都要深重。他去南方是为了关注那里的人们为住房一体化而做的斗争。

在住房问题上，人们常说："在南方，白人不在乎黑人离他们有多近，只要黑人群体的规模不太大就行；在北方，白人不在乎黑人群体的规模有多大，只要黑人不离他们太近就行。"[15]论种族隔离的程度，北方的社区和学校仍然远甚于南方。在北方，白人和黑人的距离很少会近到能让黑人受到"未竟事业"意识形态灌输的地步。

在南方，每当黑人和白人在人行道上相遇，不管两人是否遵守街头礼仪，这种场景都会让人联想到历史。当一名黑人侧身让我先通过时，我会退缩闪躲吗？毕竟在早些时候，黑人做出这个动作通常是由于恐惧：当碰到白人妇女走在人行道上时，黑人男子如果没有低头垂眼并后退到马路上，就可能被处以私刑。还是说，这种姿势只是南方人的一种本能反应，就像白人男性和黑人男性都会自然地快步上前为女性开门，或为女性捡起掉落在地上的钢笔一样？这种街头困境是如此令人紧张，以至人们甚至可以花上几个小时来分析当时的具体情况。在南方，你途经的每个地方都会让你不由得想起种族历史，即便那里并没有纪念某个战场遗址的路标；成千上万个这样的战场遗址指示牌分布在南方各处。南方邦联的军队从未越过葛底斯堡，那是北方唯一一个专门用来纪念南北战争历史的地方。

南方的庄园里到处都是漂亮的大房子，有些依然保存完好，还附有建造这些房子时的种植园。它们通常会被改造成含早餐的宾馆，里面的服务员都穿着战前的服饰，这种宾馆作为举办婚礼的地点备受青睐。惠特尼种植园位于新奥尔良以北，开车过去需一个小时，它与上述种植园完全不同。《史密森尼》（*Smithsonian*）杂志称之为美国的奥斯威辛。惠特尼种植园有一点确实借鉴了美国犹太人大屠杀纪念馆。在参观开始时，游客会领到一个标签，上面写有一个前奴隶的名字，还画有虚构的肖像。标签的背面引用了联邦公共事业振兴署（WPA）公共工程项目中的数千名受访者的话。如同罗斯福新政中的大多数计划一样，这项计划的目的也是在大萧条时期为人们创造就业机会——这里指的是为作家创造机会。与其他计划不同的是，这项计划创造了长期的价值，让我们得以一直听到那些被奴役者最后的声音。我拿到的标签上的人物是玛丽·安·约翰（Mary Ann John），她接受采访时已经85岁了。标签上引述了她的话：

> 宣布战争结束的时候我才10岁……我知道的都是与生俱来的，因为我这辈子从没上过学，目不识丁。我有个妹妹就是在田间地头出生的。他们挖了两个洞……我妈妈钻进洞里生下了宝宝，宝宝就滚进了洞里。然后老板找人把孩子抱回了家，让我妈妈起来继续锄地。我永远不会忘记这些。

种植园参观之旅还会将你的身份从奴隶主变为奴隶。大多数参观之旅的重点都是大宅（Big House），身处其中，你很容易把自己想象成斯嘉丽·奥哈拉（Scarlett O'Hara）。但在惠特尼种植园，大宅是压轴的景点，参观者们由后门进入，这是以前的家庭奴隶们走的通道。整个旅行的重点是被奴役者的生活：他们居住的简陋木屋，他们用来煮沸和搅拌蔗糖的巨大铜锅——当时的人们沿着河流将这些蔗糖运到新奥尔良，再销往世界各地。经常有很多奴隶在把滚烫的糖浆从一口锅里倒进另一口锅里的时候因三度烧伤而变成残疾人。在被拍卖前，奴隶们会被关在金属牢房里，奴隶主为了更大的利益，往往会把他们关上好几个月；黑人的价格总会在作物收获季节前上涨。虽然铁锈色的牢房阴森可怖，但这种做法往往有一个好处：为了上市时能卖个好价钱，奴隶们的伙食在上市前比被卖掉后要好得多；为了使奴隶们看起来健康有光泽，奴隶主还常常会给他们的身体涂上黄油。

有一些艺术品是为了纪念在种植园里死去的孩子而建造的。此外，还有一排排被砍下的头颅雕像，那是1811年发生在附近的一场起义的领导者们的头颅。那次起义是美国规模最大的一次奴隶起义。一块牌子上写着起义被镇压时法庭的判决：

> 本法庭决定对叛乱者判处死刑，在不施加酷刑的情况下将被处决者的头颅砍下，插在长矛的末端。每个罪犯都将因其罪行而受到应有的惩罚，以震慑将来所有可能企图破坏公共和平的罪犯。

最引人注目的纪念碑上刻着奴隶们自己的话，它们全部来自联邦公共事业振兴署收集的证词，刻在花岗岩石碑上，一字排开。对挨饿儿童的经历的描述更是让人不忍卒读，让我潸然落泪。我瞥了一眼旅行团的其他成员，我们一行总共大约有20个人，有白人、黑人、亚裔美国人，还有一对荷兰夫妇，其中有几个家庭。导游是一位知识渊博、年轻漂亮、穿着跑鞋的黑人女性，她在距离这个景点几英里的地方长大。我们都没有透露太多关于自己的信息。

惠特尼种植园的主人约翰·卡明斯（John Cummings）却不得不多谈谈自己的情况。他是新奥尔良的一位退休律师，也是一位房地产投资商，他花了16年的时间，耗资800万美元建造了这座博物馆。在此之前他就有自由主义倾向，因为他成功地处理了几起民权案件，但当他怀着投资的想法买下这块地产时，他意识到自己根本不知道奴隶制是什么。"这不是黑人的历史，这是我们的历史，是我的历史。"[16]他聘请了塞内加尔历史学家易卜拉希马·塞克（Ibrahima Seck）博士担任研究主任，同时花费数年时间参加周边社区的婚礼和葬礼，向人们解释他的愿景，直到人们接受为止。"正是我这样的人发起了奴隶贸易，制造了混乱。如果出现了一个白人小孩试图做一些事情来纠正自己祖先的所作所为，这有什么好惊讶的呢？"正如卡明斯在2014年博物馆开放时指出的，美国的犹太人大屠杀纪念馆比以色列、德国和波兰的加起来还要多，但美国没有一座纪念馆是专门针对奴隶制的。"我们忽视了奴隶制，所以未能承认我们的集体历史上最重要的事件。"[17]他的使命是"让我能找到的所有人了解奴隶制的事实"。"这样一来，每个人都会明白非裔美国人的处境有多么艰难。很多人都在问：'为什么他们就不能忘了这件事呢？'黑人解放已经有150年了。然而，除非你知道'这件事'是什么，否则你是无法忘记它的。我们如今所做的正是试图定义'这件事'。"[18]

如今，约翰·卡明斯大部分时候都待在种植园。年近八旬的他经常开着高尔夫球车穿过种植园。随着对曾经在这座种植园和路易斯安那州其他种植园里被奴役的男女的生活的研究不断深入，他的博物馆自然而然地获得了全国性的赞誉，但在了解背景知识之后再读这些证词，它们就会比你能读到的任何关于这座博物馆的文字都更有力量。

还有一些更小的项目同样值得关注。1934年，霍利斯普林斯花园俱乐部（Holly Springs Garden Club）的5位女士在参观了纳奇兹春季朝圣活动后，决定开始举办她们自己的朝圣活动。霍利斯普林斯是一座位于密西西比北部山区的小镇，虽然没有纳奇兹那么宏伟，但它也有大量完好无损的老宅。联邦军队在战争的头几年就占领了这座小镇，所以它没有被破坏。一年一度的霍利斯普林斯朝圣活动通过讲座、旧日音乐以及城镇老宅之旅，推动了旅游业的发展，在镇上的一些房子里，演员们扮成全副武装的邦联士兵，重现内战的场景。

站在本次旅程最大的房子前，我看到了五六个邦联士兵打扮的人，他们穿着不同连队的服装，正在草坪上扎营。一名30多岁、圆脸、胡子刮得干干净净的男人坐在一匹马上，他告诉我他代表的是密西西比第一骑兵队。"想想那些从南密西西比骑着马远道而来的家伙们是怎么投入战斗的吧。当时一路都下着冻雨。他们没有补给车，所有补给都是他们自己随身带过来的。"他拍了拍马鞍的前方，"我只是觉得能扮演他们是一种荣幸。如果我们忘却了这段历史，历史就会卷土重来"。

我本可以真诚地点头表示同意，但还是忍不住开口问他这话是什么意思。

"我担心你们在新闻中看到的那些事，抹去这些祖先的存在，拆掉新奥尔良的雕像,还说要拆掉位于孟菲斯的内森·贝德福德·福雷斯特①雕像……"

"我们去过福雷斯特诞辰纪念馆。"他的同伴插话道。这位同伴是个长相英俊的留着灰白胡子的人,站在草坪上。"我们骑着马转了转,朝空中开了一枪。那个公园面积不大,无事可做。真正让我感兴趣的是,福雷斯特家族把那块地捐给了孟菲斯市政府。他和他的妻子都葬在那里。他们应该让那块地空着的。"

1904 年,福雷斯特夫妇的遗骨被从原来的墓地里挖出,安葬在了孟菲斯市中心附近一座精心设计的纪念碑兼墓园里,当时,南方人正全心全意纪念他们的"未竟事业"。然而,在 2015 年查尔斯顿大屠杀事件发生后,孟菲斯市议会投票决定将夫妇俩的遗骨再次挖出来,送回原来的墓地,因为福雷斯特并不是普通的邦联将军。最初,他因下令屠杀在田纳西州枕头堡战役中投降的黑人联邦士兵而闻名。尽管历史学家们对于他是否犯有战争罪仍未达成一致,但他的三 K 党创始成员身份是毋庸置疑的。不过,不管是否出自真心,他在去世前不久否认了自己的三 K 党成员身份。他的葬礼是孟菲斯历史上最隆重的葬礼。

"他们赢了。"一名 50 多岁、面无表情的骑兵补充道。

"谁赢了?"我问。

"所有那些大学都在推行共产主义和社会主义,还有始于 20 世纪 60 年代的意识形态灌输。他们赢了。"

---

① 内森·贝德福德·福雷斯特(Nathan Bedford Forrest):种植园主、商人、房产经纪人,在美国内战时期加入南方邦联军队,后升任将军,在战后加入三 K 党,据说还曾被选为三 K 党的首任"大巫师"。

"他们还没有赢下白宫。"我反驳道。那是在2017年4月。

"这一点我不确定。"他回答说。

他们很渴望回忆那些虚假的战斗。"两周前我们重演了夏洛战役,总共有170支部队参战。"

"谁扮演北方士兵?"

"我们。但遇到像夏洛战役这样的大战时,俄亥俄州和密歇根州的人手也会赶来。但我们也能这么做,"那位面无表情的骑兵说,"我不介意穿上蓝色军服①。我不是很愿意,但如果需要,我还是会穿的。"

"蓝色的穿着比灰色的还痒。"他的同伴说。大家都笑了。

"有趣的是,几年前我们在葛底斯堡的150周年纪念活动上看到的叛军旗帜和宾夕法尼亚州车牌的保险杠贴纸比这里的还要多。每个人都想扮演南方邦联军。我猜他们喜欢垂死的志业。"

那名骑马的年轻人在密西西比一座小镇的高中教历史,他问我是什么吸引我来霍利斯普林斯参加朝圣活动的。当听说我是密西西比大学的访问学者时,他们变得警惕起来,因为他们认为那里是社会主义意识形态的温床。

"你是教师?"面无表情的男人问我。

我回答说,我一直在教书,但目前的主要工作是写一本书。

"是关于什么的?"

我延续了以往碰到这种想让对方继续谈论我所讨厌的观点的情况时的做法:"我在写密西西比人铭记历史的不同方式,包括各

---

① 在美国南北战争中,北军制服为蓝色,南军制服为灰色。

个方面的历史。"

"但你是站在我们这边的,对吧?"他看起来更面无表情了。

我只犹豫了片刻,但感觉过去了很久,然后放慢呼吸说道:"可能不是。"

"那是什么意思?"他坐在马上往下看,那双冰冷的蓝眼睛紧紧盯着我的眼睛。

"我们的子弹上膛了吗?"有人叫了一声,引来一阵大笑。他们有六个人,其中两人骑着马,所有人都全副武装。草坪后面的大宅里,花园俱乐部的女士们正在为舞会做着准备;天色已经变暗,其他游客都已经走了。

"听着,"我最后说道,"我不站在三K党一边。"

"我们也不。这不是三K党的制服。"

"我们才不会披着那些愚蠢的床单。"

"我知道,"我回答道,"但你们正在讨论纪念内森·贝德福德·福雷斯特的事。"

"嗯,但他不是三K党,"那位年长的士兵说,"有人请他做'大巫师',但他拒绝了。"

后来我查了资料,发现福雷斯特和"大巫师"的关系仍存在历史争议,但他在创立三K党的过程中起到的作用是无可置疑的。

这位年轻的历史老师看起来比刚刚更认真了。"我一直认为历史就是历史,"他告诉我,"但在查尔斯顿枪击案之后,他们开始攻击一切与邦联有关的东西,这让我来了兴趣,想要了解更多。"

"我也是。"我回答道,没有加以解释。

"印第安纳州的三K党成员比密西西比州的还要多,"这位历史老师补充道,"当然,钱是靠着奴隶的劳动赚来的,但南北战争的起因是税收和联邦的暴政。"作为一名历史老师,他向学生们展示了历史的方方面面,并以此为荣。他给他们看了一部20世纪20年代的关于三K党的电影,当时三K党正处于鼎盛时期。"而且他们高举的不是叛军的旗帜,而是美国国旗。所以我的学生们问我:'为什么没人呼吁换掉美国国旗?'"

"事实就是这样,"那个面无表情的人说,"他们赢了。地下气象员组织(Weather Underground)的哪个成员是奥巴马的朋友来着?比尔·艾尔斯①?他们在20世纪60年代开始挑起那些烂事,他们都赢了。他们恨美国。他们憎恨我们所代表的一切。"

当地也有一些声音试图对抗这种观点,但花园俱乐部的女士们对此并不怎么乐意。我顺着路标一路找到图书馆,那里会售卖朝圣活动的门票,迎接我的是南方人热情的微笑、闪亮的大白牙,还有一张地图,上面注明了哪些宅邸会在周末开放。当女主人将最大的几栋指给我看时,她那白皙的脸僵住了。我告诉了她这次访问的主要目的:名为"大宅背后"(Behind the Big House)的项目。这是一个致力于按照修复大宅的规格来修复奴隶住所的项目。"我们不熟悉那些地方,"她放慢语速,拖长元音,恰到好

---

① 比尔·艾尔斯(Bill Ayers):退休教授、前激进组织者,于1969年参与创立极左激进组织"地下气象员",旨在推翻他们所谓的美帝国主义。该组织后来策划了爆炸公共建筑的运动,被联邦调查局认定为国内恐怖组织,艾尔斯潜逃,后来由于联邦特工在调查追捕他的过程中有一些非法行为,对他的指控被撤销。2008年美国大选期间,艾尔斯接触了当时还是总统候选人的奥巴马,这一行为引发了争议。

处地强调了"那些地方",只表示不认同,但没有到蔑视的程度。"这样不好,亲爱的。为什么要挖那些陈芝麻烂谷子的事呢?"

"您能告诉我这些地点在哪儿吗?"地图上没有标出来。

"我不太确定。"

镇子这么小,她肯定知道。在房间的另一边,花园俱乐部的另一位女士正在售卖节日午宴的门票。她用正派的本地人看迷失的外地人那样同情的目光看着我。"沿着这条街走两个街区,到街角那栋房子,里面的人会告诉你的。"

街角的房子里没人愿意谈论他们和花园俱乐部的分歧,在朝圣活动开展的第一年,他们曾和花园俱乐部有过合作。在惠特尼种植园完成修复的几年前,"大宅背后"项目就开始了。只有少数市民为这个朝圣项目进行了游说;朝圣活动讲述了完整的故事,包括奴隶和奴隶主的住所。"我们共事了一年,但她们不想引发争议;她们宁愿谈论家具。"推动该项目的一名负责人说。他对邻居的批评点到为止。在美国南方的小镇上,人们依然希望在不直接指出问题所在的情况下就让它消失。无论如何,只要在人行道上碰见你的对手,你还是得和他们点头、微笑、聊天。即使是那些愿意敞开心扉和你讨论的人,也不愿意向陌生人透露自己社区的秘密。

不过,他们还是告诉了我很多东西。戴维·珀森(David Person)的祖母和蒙特罗斯(Montrose)的主人是亲戚,蒙特罗斯就是我见到邦联士兵扮演者的那栋大宅。那是朝圣之旅中最宏伟的一幢房子。"阿尔弗雷德·布鲁克斯(Alfred Brooks)建造了那幢房子,将其当作结婚礼物送给了女儿,然后在纽约举办了婚礼派对。那么问题来了,谁为这一切买单?"戴维说话的声音轻柔缓慢,但并未掩饰他的愤怒:"这一切都建立在奴隶制的基础之上。"

戴维是一名已退休的律师,出生在圣安东尼奥——"我母亲在那里嫁给了一个来自得克萨斯州的人"。在那里,他学会了如何在西班牙裔占多数的社区中作为少数族裔轻松自在地生活。"你最好能明白自己的位置,然后在自己的位置上发光发热。我和有色人种相处起来很自在。"但他的大家族"自从在19世纪30年代以低廉的价格买下了奇克索人的所有土地后",就一直住在霍利斯普林斯。所以,尽管当地人和他政见不同,但他们还是接纳了他。在伦敦政治经济学院学习了6年后,他离开了伦敦,在霍利斯普林斯买了一栋老房子,并着手清理上一任房主养在房子里的13条猎狗留下的痕迹。他觉得自己有义务仔仔细细地修复这栋房子,但他不知道修复工作会把他引向何方。启动这个项目的是戴维的邻居切利乌斯·卡特(Chelius Carter)。

切利乌斯在田纳西州的农村长大,他从未质疑种族隔离制度。"太阳从东方升起,从西方落下,规律就是这样。"他告诉我,尽管他的祖先不是大地主,而是"自耕农"。"但如果他们拥有奴隶,他们可能会和奴隶一起工作。"他是一名修复建筑师,专门研究南北战争之前的房屋,他在很小的时候就决定要住在这样的房子里。在他买下霍利斯普林斯的房子时,人们已经不记得镇上曾有奴隶居住区的事实了。在检查新房子后面的储藏室时,他惊讶地发现了一个楼梯间。他在成为建筑师之前是一名电话安装员,所以习惯于在人们的阁楼上到处摸索。隔热层下面是地板，他突然意识到这里以前就是奴隶们睡觉的地方。他还进一步意识到，从文化意义上来说，这幢房子比这个地区的大宅更重要，毕竟奴隶住宅已经所剩无几了。他和妻子珍妮弗·埃格尔斯顿（Jennifer Eggleston）——他称她为项目背后的智慧和美丽——开始构想一种方法，讲述建造大宅的奴隶群体的故事。2012年，在整个美国都没有其他人做出过类似的努力。

来自南卡罗来纳州的约瑟夫·麦吉尔（Joseph McGill）的祖先曾当过奴隶。2010年，他启动了"奴隶住处计划"（Slave Dwelling Project），目标是在这个国家现存的每个奴隶住处都睡一晚。当我在2017年见到他时，他已经睡过94个地方，并在他的博客上记录了每个住处的历史。麦吉尔50多岁，身材矮小，皮肤黝黑，他一直对历史充满热情，但在查尔斯顿国家历史保护信托机构（National Trust for Historic Preservation in Charleston）的工作并不是促使他开展"奴隶住处计划"的原因。麦吉尔曾在多个周末参加重现内战的表演，扮演马萨诸塞州第54团的成员；这支军队是第一支在联邦军中服役的非裔美国军队。麦吉尔厌倦了仅仅重现战争场面的做法，而是决定更进一步。美国的奴隶住所很少用到坚固的建筑材料，那些仍然屹立不倒的奴隶住所也因为被忽视而逐渐腐烂。麦吉尔希望唤起人们对被遗忘的空间的关注，也希望人们能注意到在这些空间里生活和死去的人们。

麦吉尔认识切利乌斯夫妇，当时他们正试图寻求其他房主的帮助，以展示南方历史的黑暗面。霍利斯普林斯只有两位房主加入了该项目，他们与麦吉尔以及他的朋友、密西西比大学人类学和考古学系的非裔美国教授约迪·斯基珀（Jodi Skipper）一起，开始修复这些曾经温暖过住在里面的人的住宅。切利乌斯的目标是创造对话。"这两个种族在教堂、公司和学校里都形同陌路。我们认为，我们可以通过这段可怕且有裂缝和矛盾的共同历史来开启一场有意义的对话。如果我和我妻子之间出了什么问题，我们把它放进壁橱里的盒子里，那么问题就不会消失。它就在壁橱里等着呢。这种对话早在几代人以前就应该开始了。如果不去谈论那些对南方文化做出过如此巨大的贡献的人，那基本上可以算文化上的种族灭绝了。"

如同霍利斯普林斯朝圣之旅的房主们一样，"大宅背后"项目的3位房主也会敞开家门迎接游客，尽管他们并没有穿朝圣之旅的房主必须穿的那种有裙撑的裙子。切利乌斯创办了一个介绍霍利斯普林斯的棉花产业的历史展览，并耐心地向每一位游客展示棉花是如何成为全球货币的。在厨房里，来自新奥尔良的犹太裔美国烹饪历史学家迈克尔·特威蒂（Michael Twitty）端上了多汁的炖菜；他拒绝透露食谱。在大宅后面，约迪·斯基珀和她的研究生们（那天他们因为大雨而被迫中止挖掘工作）欢迎我进入奴隶的住所。她对每一处特征的描述都和我在参观大宅时听导游介绍的完全吻合：这些餐具不是原来的奴隶们用的，而是后来的房主收集的；天花板上的钩子上挂着炊具；露天厨房是用来给所有人做饭的，包括奴隶和奴隶主。孩子们睡在楼上，要么在简陋的床上，要么在地板上。所有修复工作都在进行。小屋粗糙的木板墙边倚着一把干草叉和一些石膏板碎片。在一张泛黄的照片中有一对戴着圆帽子、穿着长外套的曾是奴隶的夫妇，他们是在1924年来到这里的。大多数游客都是白人，也有人因为误以为这栋房子也是朝圣之旅的一部分才走了进来。但非裔美国游客的数量一直在增加，现在很多学校每年也会带学生来参观这个项目，人数达到了数百。

回到大宅后，我问切利乌斯是什么影响了他。是不是有一本书或一次谈话使他摆脱了年轻时那种温和的种族主义？"不，"他说，"是成长。"在我的再次追问下，他承认马克·吐温（Mark Twain）的一句名言对他意义重大，虽然他记不得原话了：与其他国家和其他文化的接触对偏见来说是致命的。[①]他生长在"你能想象到的原教旨主义氛围最浓厚的那种家庭（从字面意思来理解）"，但在20多岁的时候，他作为一名考古学家在约旦北部的沙漠中勘察过一段时间。与其他宗教的接触给了他一种在南方从未有过的视角。"我开始发现，我们的目的地都是相同的。也许只是搭的公交不同。"现在，他教育他的孩子"要好奇，要质疑权威，要改变你的世界"。

在下一站，约瑟夫·麦吉尔站在奴隶住所里，讲述着这栋房子的历史。他很欣赏原房主伯顿夫人的作风，她在离婚后继承了财产并使其有所增加。"她很有企业家精神。根据1850年的人口普查，她拥有8名奴隶；到1860年，她拥有了80名奴隶。她是个了不起的女人。"

"她是种棉花致富的？"我皱了皱眉，"我们都知道棉花是怎么种出来的。"

"确实是**这样**，"他笑着说，"但我们还是得承认，她是个了

---

① 这里提到的马克·吐温的原话为："旅行对偏见、顽固和狭隘的思想是致命的。"（Travel is fatal to prejudice, bigotry, and narrow-mindedness.）

不起的女性。此外，当时也有黑人奴隶主。虽然这并不意味着奴隶制是对的，但这就是当时的商业模式。"

麦吉尔会询问每位参观者来自哪里。一位来自密西西比州奥利夫布兰奇的白人妇女小心翼翼地问他有没有感觉他睡觉的小屋里有人。

"如果你在找人，你可能就会感觉到有人。但我不找人，因为就算可以与祖先交流，我也不希望是以这样的方式。他们之前过着人类不该过的生活，我不需要他们来告诉我这一点。我会非常生气的。要是这样想，我就没法和房子的主人们交谈，毕竟我还得请求他们让我在这里睡觉呢。"

大多数房主都很欢迎他，还经常会邀请他共进晚餐，询问他的旅行情况。不知是出于愧疚还是出于某种更模糊的情绪，他们有时会在他来访之前将房子修葺一番。麦吉尔乐于见到对奴隶住处的保护。最近有一些白人想要加入他的行列。"为什么不呢？我想。每个人都应该对这些有所了解。"现在和他一起睡在奴隶住所的人当中，黑人和白人差不多各占一半。

回到大宅后，戴维·珀森自豪地指了指放在三角钢琴上的相框。相框里的是珀森的曾曾祖父的照片，他曾在19世纪40年代担任参议员，后来成了法官。他其实反对南方脱离联邦，"但他还是选择了随大流"。他和儿子们参加了一场他眼里的错误战争，但后来他公开反对密西西比在战后推出的黑人法典——美国宪法第14修正案刚刚赋予了非裔美国人以公民权，但黑人法典剥夺了这些权利。"他去世的时候有些精神失常，"珀森指着青铜色相框里的一张神色悲伤的照片说，"邻居们看到他在街上喃喃自语：'一切都完了。一切都完了。'"

珀森为自己家没有蓄奴而松了一口气，但被他买下并居住的这栋大宅曾经的主人伯顿家就是另一回事了。"这栋房子是用种棉花挣的钱盖的。"即使在南北战争期间，马尔维娜·伯顿（Malvina Burton）也只损失了两茬庄稼：一次是因为联邦士兵把城镇广场上属于她的那些庄稼全烧了，另一次是因为他们没收了她设法运到孟菲斯的棉花，他们希望将棉花运到下游的新奥尔良。"但这是她仅有的两次失败。她还是赚了一大笔钱。战后，许多奴隶留下来当了佃农——奴隶的第二种形式。"珀森将其归咎于英国。虽然英国为废除了自己领土上的奴隶制而自豪，但它80%的棉花都来自美国南方。"80%？他们本可以立即废掉南方的棉花种植业，"他说，"但他们犹豫不决，最后选择了妥协。因为他们不想让法国和比利时占领市场。"

在翻修伯顿家的房子时，珀森还雇用了一位壁画家在客厅的墙壁上绘制霍利斯普林斯的历史，当有人来访时，他会耐心地向访客讲解这幅画。霍利斯普林斯是马歇尔县的县治，1850年，马歇尔县是密西西比州最大的棉花生产地，也是被奴役人口最多的地方。因此，霍利斯普林斯是孕育墙上所绘的南方历史的沃土。"角落里这个人从卡罗来纳带来了棉花籽。""这是被解放的奴隶们在建房子。""最后还有奇克索人，你脚下的这片土地曾经都是他们的。"珀森热衷于讲述美洲原住民种族灭绝的故事，就像他热衷于讲奴隶制的故事一样。"这是德莉拉·洛夫（Delilah Love）。"他指着画中一个身着绿色长裙、垂头丧气的女人说道；她试图追上前面的两名小男孩，头上戴着的羽毛随着动作而耷拉下来，而那两个小男孩正朝着一辆篷车走去。"她在和孩子们告别。他们必须离开。"4,500名美洲原住民被联邦军队押送着离开了密西西比州的这片地区，联邦军队接到命令，必须射杀一切偏离预定路线的人。历史没有记载德莉拉之后有没有再见过她的孩子。

珀森正在和县政府合作，希望能够在从奇克索人那里偷来的土地上建立一座奇克索公园。这座公园将被专门用来纪念奇克索人的历史和文化，他们的一些后代仍然生活在该地区。珀森希望能够按照他为伯顿庄园的白人和黑人后裔组织团聚活动的方式给奇克索人的后代组织团聚活动。人口调查员没有记录黑人的名字，他只关心黑人的数量。伯顿庄园的一名黑人后裔在查阅了墓地和教堂的记录以及家庭用大型圣经之后才确认大部分亲戚的存在。如今，珀森每年都会举办一次百人规模的聚会。"白人后裔之前没有准备好，前几次都没来，但去年他们来的时候感到非常震惊。我们现在无话不谈。"

"比如负罪感？羞耻感？"我问。

"不包括这些，"珀森说，"我们只谈论奴隶制的真相，以及如何利用真相来治愈创伤。"对于那些致力于种族和解的南方人来说，到底需要多少羞耻感才能谈论真相仍是个悬而未决的问题。

珀森和当地拉斯特学院的非裔美国教授阿莉莎·麦克莱奥德（Alisea McCleod）共同创建了一个名为"桌旁风采"（Gracing the Table）的论坛，为黑人和白人公民提供机会，让他们尽情讨论我们经常回避的那些种族主义历史话题。该论坛源于人们在参观"大宅背后"项目时的自发讨论，并逐渐壮大，之后他们还组织了一些关于社区调解的会议、电影欣赏会和培训课程。"人们从大宅里走出来的时候,心里想着那张漂亮的桌子,并回忆起自己的祖母也有一张这么漂亮的桌子。当人们走出这里时,"他指了指奴隶的住所,"各种情感都会流露出来。有些人非常难受,我们不得不摆上椅子让他们坐下来休息。"珀森确信,未经审视的奴隶制历史对白人和黑人社群都造成了无法估量的伤害。"我们的人民会对密西西比州的现状感到震惊。它几乎是一个失败的州。"

我问他,是什么让他形成了如此进步的政治观。有很多人和事影响了他:他的父亲是一名同情圣安东尼奥地区黑人群体的县法官;他的一位表姊妹嫁给了霍利斯普林斯的"一个该死的普救派牧师";20世纪60年代初,他在得克萨斯大学奥斯汀分校学习政府学,在那些年里,他曾为废除电影院里的种族隔离而奔走;他还曾在伦敦待过一段时间,从外部视角审视自己的祖国。我一直想知道是什么影响了这些人,让他们坚持正义,但我直到最后可能都找不到答案。有些人睁开了眼睛,看到了证据,就决定要用生命去说服别人也这么做。

"这就像推动一块巨大的石头,"珀森说,"你可以一点一点地把它敲成小碎块。这需要时间和耐心,有时还需要幽默感。这就是我尽力在做的——在石头上敲敲打打。"

黛安娜·麦克沃特是一位真正的南方美人:她在波士顿和纽约生活了40年,但她那慢条斯理的语调从未改变;在我的印象里,她从来不曾表现出任何不亲切、不热情、不体贴。然而,当她不久前回到家乡伯明翰,在名媛社交舞会上向一位老朋友的母亲问好时，对方却回应道："今晚在这栋房子里，大约有10个人想杀了你。"毫无疑问，对方的语调和她的一样轻柔。人们想杀她的冲动源于黛安娜所著的城市民权斗争史著作《带我回家》（Carry Me Home）一书对伯明翰传统社会的揭露。她担心自己的父亲可能与炸毁教堂、谋杀4名非裔美国女孩的案件有关，这本书的灵感正源于此。因此，她的作品是你能在本土找到的"清算历史"的典范。在19年的研究中，她发现了这座城市的父亲们与三K党勾结在一起的诸多事实。"对于黑人来说，我的书让他们确信：实际情况并不像他们想象的那么糟糕，而是更糟糕。"她说。

当我唱着哀伤的民权歌曲《伯明翰的星期天》（"Birmingham Sunday"）时，黛安娜正在为毕业舞会或社交舞会做准备——这些是真正的南方女孩会做的事。她说自己并不存在顿悟，但她也从来没有在回忆自己的童年时说，**这是错的**。她确实记得自己在看到电影《杀死一只知更鸟》（To Kill a Mockingbird）中的汤姆·罗宾逊（Tom Robinson）被枪杀的时候哭了，然后开始担心父亲要是看到她为一个黑人掉眼泪会不会训斥她。当时她才10岁。"一个人到了那个年龄段就会开始违背自己的良心，去接受一些不仅明显错误而且明显违背宗教信仰的东西，而这些宗教信仰正是他们生活的重心。"就像贝蒂娜·施汤内特、扬·菲利普·雷姆茨马、戴维·珀森一样，黛安娜也无法解释自己的良知为什么会抵制那些意图篡改它的外在力量。进入韦尔斯利学院后，她开始了解种族隔离的罪恶，在那里她第一次在社交场合遇到非裔美国人。"在亚拉巴马州的伯明翰，每个人都必须'各就各位'，一个漂亮的白人女孩根本不可能有跨种族的社交活动。转变是一瞬间的。"这个转变过程的顶峰是她在柏林度过的那个学期,当时她正在研读一本关于希特勒手下的顶级火箭科学家沃纳·冯·布劳恩(Wernher von Braun)的书;这位科学家后来在亚拉巴马州的亨茨维尔为美国航空航天局(NASA)建造了"土星5号"(Saturn V)运载火箭。她开始透过纳粹德国的镜头来检视她的家乡。"我突然意识到,实行种族隔离的南方是一个极权社会。人们生活的方方面面都以种族这一件事为中心。它决定了你的情感和社交生活,你在哪里出生,在哪里接受教育,它由一个警察国家(police state)强制执行。"在这个州,杀害政治对手是可以被接受的,布尔·康纳(Bull Connor)也可以策划暗杀民权领袖弗雷德·沙特尔斯沃思(Fred Shuttlesworth)的行动——幸运的是他没有成功。"也许这次行动算不上另一个版本的长刀之夜(1934年由希特勒策划的屠杀纳粹党内反对派的行动),但这个州仍然是罪恶的。"

对黑人来说,种族隔离是通过恐怖手段强制实施的。对白人来说,还有一些更微妙却不那么容易理解的东西在起作用:羞耻感。伯明翰最有钱的黑人和美国钢铁公司伯明翰分公司的总裁在纽约会共进午餐,但在伯明翰从来不会。"比起黑人,白人更害怕被排斥。这是一件非常幼稚的事情:孩子们在学校里不愿意被人看到自己对胖女孩友好,也是出于同样的心理。"如今,那些亚拉巴马人想告诉别人,自己在私底下其实一直是反种族隔离主义者,就像整整一代德国人声称他们在第三帝国时期一直处于"内部流放"状态一样。"每次我发表演讲,听众们总有一股按捺不住的冲动,想告诉我他们是如何努力为了自己的仆人而小规模地破坏奴隶制的。我当然不是在批评这一点，这些冲动总比没有冲动要好，但如果每个人都能把这种冲动落到实处，种族隔离早就结束了。"

黛安娜并没有贬低在邪恶体制下保持正直的难度。"南方发生的并不是字面意义上的种族灭绝，而是社会政治和经济意义上的种族灭绝，此事非常显著。"南方白人每次从白人专用饮水机里取水喝时都会面临道德困境，尽管很少有人会选择直面困境。北方人可以一辈子都不考虑种族歧视问题，但对南方人来说，种族主义就在他们的日常生活中。孩子们不明白，但他们注意到了饮水机、女仆的浴室和女仆的杯子。

"那么，那些反对种族隔离的成年白人从黑人专用饮水机里取水喝是不是在表达抗议呢？"我问。一名来自亚拉巴马州的女子告诉我，她总想喝黑人专用饮水机里的水，因为她小时候总是幻想那里面的水是彩虹色的①，而不是像自己喝的那样清澈无色。

"事实上，"黛安娜说，"黑人的饮用水通常不是冰水。你只能接到温水。"

在南方那样的炎炎夏日也是如此。

她坚持认为，如果真的要清算种族主义的罪行，时间起点应该是种族隔离结束的那一刻，而不是奴隶制结束的那一刻。因为在1964年之前，也就是种族隔离在法律意义上真正结束之前，奴隶制一直在不断重新形成，不断更新。她认为这样的清算工作需要花上一代人的时间。"我们这一代人是在否认中长大的，因为我

---

① 有色人种专用饮水机的英文名称为"colored fountain"，但这名女子将其理解成了"有颜色的饮水机"。

们的父母否认了历史。我们与六八运动那一代的德国人不同，种族隔离结束时，我们几乎都还没有觉醒。"她父母那一代的很多人还在否认历史。人们是如此希望自己是无辜的，以至在2001年伯明翰爆炸案的审判中，三K党的每一位证人都在宣誓时说，自己对黑人从来没有偏见。最后，教堂炸弹袭击案被告的律师气急败坏地说：如果有人告诉马丁·路德·金，说我的当事人是伯明翰唯一的种族主义者，那他的工作应该会轻松很多。"但他们相信吗？"黛安娜问道。"我不知道。人是会变的吗？"

他们改变了表达方式。"在乡村俱乐部，人们对'黑人'的委婉说法是'民主党人'。"她告诉我。比如，"有很多民主党人住在我们酒店"。从统计学上来说，这种委婉的说法其实是准确的。我浏览了2016年总统大选后的彩色编码美国地图，只看到了一大片既不是海岸也不是城市的蓝色地带。密西西比河三角洲地区80%的人口是非裔美国人，他们把密西西比州的这个部分染成了民主党的颜色。然而剩下的部分呢？除了少数城市，这里和南方的大多数城市一样：正如林登·约翰逊预言的那样，自从1964年民权法案失去南方的民心之后，这里就已经变成了共和党的天下，无论候选人是谁。

今天的南方人并不愿意承认，他们是因为反对民权法案才投入共和党的怀抱的。"我父亲，一个彻头彻尾的种族主义者，坚持说他从来没有歧视过黑人。他只是反对共产主义和联邦政府。这完全是将重建时期残留的意识形态嫁接到冷战上了。"南方白人喜欢发自肺腑地夸大自己的苦难："'为什么那些全国性的媒体总要找我们的茬？'"黛安娜说，"有句话有点道理：北方可没有机会像南方那样变坏。"

她认为德国和美国南方的关键区别在于，德国输掉了二战，这是一个无可争辩的事实。毫无疑问，由于这场失败，德国人无法将一战的失败刻意编造成"未竟事业"。这也许要归功于盟军的长期占领，但更有可能是因为在二战后出生的那一代德国人接受了国际共识，即德国在二战中的行为是不可原谅的。或者说，德国最多仅仅是可能被原谅。

"南方是否输掉了战争，这一点至今尚不明确，"黛安娜说，"毕竟，现在是南方的力量在推动国家的走向。特朗普的当选就说明了这一点。把特朗普送上总统之位的和支持乔治·华莱士（George Wallace）的是同一批人。"

我在20世纪60年代的美国南方长大，不可避免地听到过"南方将再次崛起！"的声音，但我从来没有把这句口号和宗教信仰联系起来，直到我读了查尔斯·里根·威尔逊（Charles Reagan Wilson）的《血的洗礼：未竟事业的宗教》（*Baptized in Blood: The Religion of the Lost Cause*）。威尔逊认为，南方邦联的失败向人们提出了这样一个神学问题：如果上帝站在南方人那边，那他们怎么可能输掉这场战争？威尔逊的答案是，南方用一种文化身份认同取代了一个已死的政治实体，而这种文化身份认同的核心是福音新教（evangelical Protestantism）。南方是无辜的受害者，被更强大的政治和经济力量钉在了十字架上。"你得记住，南北战争对南方白人来说完全是一场灾难，"我和威尔逊在他最喜欢的牛津酒吧里喝波本威士忌时，他告诉我，"美国南方在南北战争中的死亡率与欧洲在第一次世界大战中的死亡率相当。"要想从灾难中恢复过来，还有比与那些在很久以前被折磨至死但注定将获得新生的无辜者产生共鸣更好的方法吗？

从威尔逊出版的第一本书到由他编辑的《南方文化新百科全书》(New Encyclopedia of Southern Culture)，他的作品使他成了研究"未竟事业"神话的权威中的权威。他之所以开始从事这方面的研究，是因为他想弄明白这样一个问题：为什么一个民族可以在拥有如此虔诚的信仰的同时又有着如此深厚的种族主义？他那孩子般的笑容和棒球帽让人很难相信他是一位最近才从密西西比大学南方文化研究中心退休的主任。威尔逊知道，南方如此积极地强调历史（南方的指示牌、庆典和纪念碑比这个国家其他任何地方的都要明显）是刻意编造神话的直接结果。他毕竟是一位兴趣广泛的历史学家。"让人感到惊奇的是，威廉·福克纳和马迪·沃特斯（Muddy Waters）在同一时期的住所仅相距113千米。"他并不反对南方关注自身的历史，只希望关注的范围能够扩大一些。被传统叙事遗忘的不仅有黑人的历史，还有19世纪90年代的平民主义运动；这场运动试图在贫穷的白人和黑人农民之间找到一个共同目标——反对种植园主。由于右翼暴力和经济压力，再加上大量选票被盗，本来被认为会获胜的平民主义者输掉了选举。此后，种族主义政客继续支持种族隔离，他们认为白人之所以优越，是因为他们曾与贵族打过内战。"这就是为什么90%的纪念碑都是1890年以后修的。"

我一直在阅读那些支持"未竟事业"的旧书，努力试着理解任何一个但凡有半颗良心或半点头脑的人为何会替它辩护。我理解人们对更纯粹、更温和的时代的怀念，我也理解人们对崇尚速度和效用的文化的抗拒，以及对荣誉等传统南方价值观的推崇。但我不明白，折磨、强奸和谋杀那些皮肤比他们黑的人为什么会让他们感到自豪。更深入的阅读还是没能帮我理解他们是如何处理这个矛盾的，但我在阅读的过程中发现了一些有趣的事实。我问威尔逊对弗兰克·劳伦斯·奥斯利（Frank Lawrence Owsley）的观点有何看法。

"啊，奥斯利。"他沮丧地笑了笑。奥斯利在当时是一个臭名昭著的学者。

奥斯利在他所著的那本关于农业地区传统的小册子《我会坚持我的立场》(*I'll Take My Stand*)中描述了宗教原教旨主义在南方的兴起，以回应废奴主义者提出的"奴隶制是一种罪恶"的主张。废奴主义者提出了他们的理性论证："想想先知们对正义的大声疾呼，想想耶稣关于爱与仁慈的教导。看看圣经里上帝创世的神话吧：如果我们都是亚当和夏娃的后裔，这不正好说明我们都是心灵相通的兄弟姐妹吗？"然而，废奴主义者无法否认的一点是，圣经中有奴隶，而这正是奴隶主们关注的焦点。"如果圣经时代就存在奴隶制，那我们的时代为什么不能有呢？"

"这就是南方的宗教原教旨主义者坚持按照字面意思解读圣经的原因吗？"

威尔逊停顿了一下。"作为一名历史学家，我很难证明这一点。但直觉告诉我，情况应该就是如此。我认为南方白人十分倾向于按照字面意思理解圣经和宪法，因为他们一直在寻找能够支持自己的种族观点的文本解读方法。对等级制度世界观的支持超越了种族界限，在这种世界观里，奴隶、小孩、妇女都有自己的位置；一个典型的星期天早晨应该从一段圣经经文开始，牧师会通过这段经文，为他想说的任何话找到正当性。"

然而，他认为密西西比州的进步是无可否认的，从他于1981年离开得克萨斯州来到密西西比州的时候起就是这样。黑人文化被视为密西西比的财富（并被大力推广）；杰克逊有一个由非裔美国人组成的繁荣的中产阶级商业社区，这里最近还选出了一位和非洲反殖民斗争英雄同名的市长。密西西比大学的特伦特·洛特领导力研究所（Trent Lott Leadership Institute）用这位坚定的种族隔离主义者兼前参议员的资金来资助种族和解项目，将来自密西西比、南非和北爱尔兰的学生聚集在了一起，威尔逊十分乐见此事背后的讽刺意味。至于密西西比州立法机关里的黑人党团，威尔逊说，"事情很少按照他们的意愿进行，但他们的声音能够被倾听"。黑人党团会重点关注社会项目，比如那些农业县的教育项目——正是这些项目改变了党团成员们所在的社区。"将南方人描绘成种族主义者和反动分子是很容易的，但这样一来当地所有努力推动社会进步的人就会被忽略。努力是一步步的，但对人们的生活很重要。"

威尔逊告诉我，自从19世纪30年代威廉·劳埃德·加里森（William Lloyd Garrison）开始出版废奴主义刊物《解放者》(*The Liberator*)以来，南方就一直感到四面楚歌。"南方白人变得充满戒心，自那时候起就一直处于防御状态。他们认为自己在国内的文化中从未得到为自己申辩的机会，也从未得到认真对待。"

"他们在政治上**主导**了国内的文化。"我反驳道。这不仅仅是宗教和宪法层面的原创主义的问题。我在密西西比从来没见过没有枪的人，不管是多么进步的人。事实上，进步人士尤其会小心翼翼地在车子驾驶座置物箱里也放一把枪。他们知道对方有多少武器。埋藏在内心深处的对重建时期的记忆激发了他们对小政府的坚持和对联邦权威的抵制。

"南方共和党人最让我生气和受不了的一点是，"威尔逊说，"他们一边抱怨联邦政府，一边又拿走了比其他任何地区都多的联邦税款。"

"你觉得这是因为他们对重建时期的厌恶吗？"

"重建时期确实影响深远。"威尔逊告诉我。詹姆斯·伊斯特兰（James Eastland）和斯特罗姆·瑟蒙德（Strom Thurmond）等种族主义者在20世纪五六十年代一直在提重建时期，但今天的共和党人完全不提。威尔逊喝完了那杯波本威士忌，又停顿了一下，继续说道："作为学者，我很难谈论这些，但它就像一段消失的记忆，对我来说几乎是潜意识。这很难证明，但我认为它仍然存在。"

"我对神经科学的说法持谨慎态度，"我告诉他，"但现在有很多关于代际创伤的新证据。（证据表明）创伤确实是会遗传的。"

"重建时期确实曾是他们的创伤。"

"我们能否说，对重建时期的无意识记忆是美国政治中最糟糕的力量之一——它甚至导致了人们对奥巴马医改的抵制？"历史学家通常对推测持谨慎态度，但哲学家不必如此。

"他们对联邦政府的敌意当然源于这种力量，这是他们的原罪。"威尔逊总结道。

"你感到报纸会自己爆炸，闪电会燃烧，每个人都会死去。"

鲍勃·迪伦在纽约公共图书馆的档案馆里阅读内战时期刊物的微缩胶片副本时写道,"痛苦永无止境,惩罚永不止息……在那里,美国被钉上十字架,死去,然后复活……这个可怕的事实将是我笔下所有内容的模板。"[19]

"内战永远不会停歇,"黛安娜·麦克沃特说,"这就是这个国家运作的基础。"

就连那些自视开明的城镇也会让你大吃一惊。要想了解牛津市是如何保护其邦联历史的,市中心附近的拉马尔大宅(Lamar House)是一个好去处。那是一座漂亮的白色隔板房屋,是按照端庄的希腊复兴风格修建的,其建造者是卢修斯·昆塔斯·辛辛那特斯·拉马尔(Lucius Quintus Cincinnatus Lamar)。今天,人们将它改造成了一座博物馆,以纪念这位19世纪密西西比州最重要的政治家。拉马尔是一名国会议员,代表密西西比州发声,但在1860年12月,他辞去了这一职务,然后参与起草了《密西西比分离联邦条令》("Mississippi Ordinance of Secession")。与他处在同一时代的人们认为他是一位杰出的作家和演说家,而拉马尔对这个为捍卫奴隶制而成立的州的支持并不限于言辞。他担任过邦联军的中校,还曾作为特使,被杰斐逊·戴维斯派往英国、法国和俄国。他那长须飘飘、目光炯炯、与真人大小相同的青铜雕像就矗立在房子前,不远处是一片紫藤花丛。

当拉马尔全心全意为之奋斗的事业眼看着注定要失败,他把目光投向了和解,这也是他在今天仍受人尊敬的原因。在联邦政府赦免他对邦联事业的效忠后,他继续在国会参议院和最高法院任职。1874年,他在重返国会后不久请求为查尔斯·萨姆纳（Charles Sumner）致悼词,并获得了许可,不少议员同僚都因为他的悼词而感动落泪。参议员萨姆纳来自马萨诸塞州,是一位激进的废奴主义者,由于强烈反对奴隶制,他在国会里差点被一位来自南卡罗来纳州的参议员打死。拉马尔在悼词的最后呼吁:"我的同胞们!我们如果相互了解,就会彼此相爱!"因此,拉马尔在约翰·F. 肯尼迪的《当仁不让》（Profiles in Courage）中占据了整整一章的篇幅。拉马尔大宅也特地将肯尼迪的这本书放在了一间宽敞的房间的正中央,放在聚光灯下,以示纪念。

肯尼迪为什么选择纪念拉马尔?这位总统写道,在美国历史上,很少有演讲能像拉马尔致萨姆纳的悼词一样产生立竿见影的效果。"这是南北战争以来,从南方传来的最重要、最充满希望的话语。"不过,拉马尔的演讲并不是在为南方邦联的事业**致歉**（mea culpa）。他在呼吁各方忘记纷争的同时,巧妙地表明了其实各方都有错。更糟糕的是,他很狡猾地在公开赞扬查尔斯·萨姆纳的同时,重提了南方邦联支持奴隶制的所有论点。拉马尔说,萨姆纳生来就"出自本能地热爱自由",而限制任何人的自由是"任何逻辑都无法证明的错误行为……"。"无论他的肤色有多深,无论他有多么无知……这些都不重要……奴隶是否满足于自己的命运并不重要。也许,奴隶制带给他的可能比他本来的状况更令人向往;也许,奴隶制给了他肉体上的舒适和精神与道德上的提升,以及他自己的种族在其他任何情况下都无法拥有的宗教文化。但这些都不重要。"拉马尔的演讲不断重复着那些精心安排的支持奴隶制的论点,同时又在表面上称赞了那些坚定反对奴隶制的人。不需要过多揣摩，你就会从拉马尔的悼词中得出这样的印象：萨姆纳是一个正派的、有原则的、固执的傻瓜。当国会议员们欢呼和落泪时，查尔斯·萨姆纳应该正在九泉之下怒火中烧。

肯尼迪并没有引用拉马尔的演讲中拐弯抹角地为奴隶制辩护的句子，而是摘抄了一些更友好的、带有和解意味的话语。不过，拉马尔呼吁和解有他明确的目的，他的真正目的是结束重建时期，让联邦军队从南方撤出。正如他在演讲结束后写给妻子的信中所说的："我在一生中从来没有像这次演讲这样，为了南方人民的利益而发声。我想抓住这个机会，趁着全世界都集中注意力听我说话，代表我的人民向北方发表演说。我大获成功了。"

研究过重建时期的人都不会怀疑其中有着对权力的滥用和腐败，但他们也不会怀疑，联邦军队是挡在刚刚被解放的非裔美国人和三K党之间的唯一屏障。后一个事实被"未竟事业"版本的历史掩盖了，而这版历史显然影响了肯尼迪的观点。在《当仁不让》写拉马尔的那一章中，肯尼迪将重建时期描述成了"南方永远不会忘记的黑人噩梦"，并声称激进的共和党人是"国会里的暴民统治，想让南方……屈服在它脚下"[20]。不过，肯尼迪是政治家而非历史学家，"未竟事业"的神话也并不仅仅在南方流传。在其他地方，这一神话并不像在密西西比那样常常被鲜花装饰，被众人簇拥，而是悄悄潜入了日常对话——就像拉马尔在他为南方邦联最讨厌的敌人所写的悼词中悄悄嵌入了为邦联辩护的内容。

拉马尔大宅以一种典型的牛津式手法回避了历史：它承认了拉马尔是臭名昭著的《密西西比分离联邦条令》的作者；该条令直接将南方邦联与奴隶制联系在了一起，并未通过诉诸含糊不清的州权来掩饰战争的起因。拉马尔大宅宣称自己致力于呈现一位奴隶主政治家的转变，并强调了拉马尔为萨姆纳所写的著名悼词——正如肯尼迪的书和有关拉马尔的大部分资料一样。不过，博物馆里没有任何东西指出了拉马尔所谓的呼吁和解的话语中实际上暗藏着为奴隶制辩护的内容，这绝不是偶然。拉马尔寻求的和解是通过模糊南北战争的起因，让南方白人与北方白人达成和解，与种族主义毫无干系。博物馆并没有对这篇著名演讲的实际内容进行反思或批判性分析，人们在参观完之后仍然没法学到任何面对历史的方式，只表示"过去的就让它过去吧"（let bygones be bygones）。这是一种文雅的拒绝正视历史的态度。我猜城里根本没有三K党或它更受尊敬的表亲——白人公民委员会（White Citizens' Council）——的成员。市民们只是希望自己的过去不被审视，希望将其掩藏在忍冬花丛中，然后接着享用他们的波本酒。这种回应确保了没有人会去反思过去的历史如何悄悄渗入了今日。

近40年来，密西西比的活动家们一直要求在州首府杰克逊建立一座博物馆，讲述当地的民权运动的故事。这座博物馆（Mississippi Civil Rights Museum）终于在2017年12月开放，刚好赶上密西西比州成立200周年庆典。博物馆的建设得到了州政府提供的9,000万美元资助，但背后有其代价：州长菲尔·布赖恩特（Phil Bryant）和州议会坚持要求在民权博物馆旁边建立一座专门展示该州全部历史的博物馆。因为布赖恩特是"南方邦联历史月"的发起人，所以人们对这座历史博物馆的期待值很低：它肯定会美化密西西比白人，讲他们喜欢讲的关于有教养的男人们和高雅的女人们的故事，讲这里比北方任何地方都要文明和友善的文化。想到这些，密西西比人在满怀期待中叹了口气，但他们别无选择，只能接受密西西比历史博物馆（Museum of Mississippi History）作为民权博物馆的代价，同时热切期待着后者的开放。

密西西比民权博物馆的出现确实是一场胜利。它讲述了密西西比州每个社群的运动，展品极具创造性和挑战性，是当代的博物馆设计所能提供的最佳范例。那里的时间过得飞快，人们很容易沉浸在英雄们为了正义而冒着生命危险，有时甚至不惜献出生命的故事中。梅加·埃弗斯、詹姆斯·梅雷迪思、范妮·卢·哈默（Fannie Lou Hamer）、鲍勃·摩西、詹姆斯·钱尼、安德鲁·古德曼、迈克尔·施韦尔纳以及其他许多在历史书中不那么响亮的名字也得到了公平的对待。除了大量采访和影片之外，那里的文物展品也令人毛骨悚然：烧焦的十字架、重建的监狱牢房、被炸毁的教堂的玻璃碎片、杀死梅加·埃弗斯的步枪。离开博物馆的时候，我感到一阵轻松和振奋。我虽然在之前就知道其中的很多故事，却也不由得被博物馆所崇尚的勇气和智慧所鼓舞。

然而，对于任何参观过孟菲斯国家民权博物馆（National Civil Rights Museum）或亚特兰大民权和人权中心（Center for Civil and Human Rights）的人来说，密西西比民权博物馆并不能带来多少惊喜。它并不比前两者更好或更差，这三座博物馆都很重要。真正令人惊讶的其实是密西西比历史博物馆。与许多人预料的不同，整座博物馆并未粉饰历史，而是围绕着"一个密西西比,多个故事"的标题展开的。走进博物馆,首先映入眼帘的是一个专门介绍乔克托人和奇克索人的展厅,几乎巨细无遗地列出了那些迫使他们放弃家园的法条。博物馆负责人蕾切尔·迈尔斯(Rachel Myers)决心从美洲原住民、奴隶、妇女以及其他常常被忽视的人群的视角来展示密西西比州。"只有这样,我们才能公正地呈现密西西比的丰富多元。"她天真地笑道。你可以比较一下有钱的种植园主、自耕农和被奴役者的住所,所有这些房子都经过了精心重建。当然,这里还展示了南方邦联军使用过的旗帜和重建时期非裔美国铁匠使用的工具,介绍了佃农制度的罪恶之处,还展示了三K党的一些言论,作为他们的确凿罪证。最后一个展厅专门介绍了从1946年到现在的历史,以学生非暴力协调委员会的标志开始,该标志是白人和黑人握手的图案。"你是怎么绕开审查的?"我问这位年轻的负责人。她笑着说监管不是很严。政客们有太多事要做,无暇审查他们要求建造的这座博物馆。结果,整座博物馆诚实地描绘了一个非常复杂的地方,这个地方确实能够正视它的历史——至少在博物馆里是这样。

特朗普的到来破坏了这座博物馆盛大的开幕式:杰克逊市市长乔克韦·安塔尔·卢蒙巴(Chokwe Antar Lumumba)和众议员约翰·刘易斯(John Lewis)等黑人活动家纷纷拒绝出席。不过,特朗普到场之后很快就离开了,他的出现丝毫不能掩盖迈利·埃弗斯-威廉斯(Myrlie Evers-Williams)的光芒;迈利·埃弗斯-威廉斯是被谋杀的民权英雄梅加·埃弗斯的遗孀,她在开幕式上发表了演讲。这位活动家已经84岁了,她的力量和美貌就算放在只有她一半年纪的女性身上也是令人敬畏的。

"今天，我站在这里对你们说，我相信我出生的这个州，"埃弗斯-威廉斯说，"我从未想过自己会说出这种话。"[21]她曾经对这两座博物馆的概念持怀疑态度。她继续说，她担心密西西比会回到"隔离，而且可能平等"的旧观念。93岁的前州长温特虚弱地站在讲台上，说服她这两个概念可能都是必要的。"参观完这座讲述我的故乡的历史的博物馆后，我哭了，"埃弗斯-威廉斯说，"我感受到了击打。我感受到了子弹。我感受到了眼泪。我感受到了哭声。但我也感受到了那些人心中的希望。"她总结道，这两座博物馆并不是彼此孤立的。"这两座建筑共享同一个心脏，同样的节拍。我希望世界各地的人们都能来这里研究人性，来看看我们是如何取得进步的。"如果这都不能算启蒙的声音，那就没什么能算了。埃弗斯-威廉斯的声音越来越激昂，每句话都让人入神。"看看博物馆里的这些珍宝吧。穿过大厅，把手指伸进弹孔里，听听民权运动的福音和哭声，看看他们的泪水。我们要引领整个美国前进，因为我们所面临的挑战几乎和梅加·埃弗斯在世时的一样多。这是我的州！这是我的国家！我拒绝把它交给任何挑战它的人。"埃弗斯-威廉斯的话里暗指的那个人已经登上了空军一号（Air Force One），但我怀疑即使他在场，她也会毫不犹豫地当着他的面把这句话说出来。"昂首挺胸，"她总结道，"登上山巅，去告诉人们，密西西比有两座博物馆，因为爱、希望和正义而联系在了一起。如果密西西比能够做到这一步，那么其他州应该也能做到。"

作为对梅加·埃弗斯谋杀案的回应，就连约翰·F. 肯尼迪也改变了之前称赞拉马尔时的观点。

"我慢慢开始相信,撒迪厄斯·史蒂文斯(Thaddeus Stevens)是对的。人们一直告诉我,他是个带有恶意偏见的人。但当我看到(针对梅加·埃弗斯的谋杀案)这种事的时候,我开始怀疑,除了这种观点之外,我们还能怎样看待(南方邦联)?"[22]

6
埃米特·蒂尔的面容

面容总是最重要的。他的母亲玛米·蒂尔-莫布利（Mamie Till-Mobley）坚持不让别人为他修饰遗容，让他的棺材敞开着，于是每个人都记住了那张脸。经过数个小时的酷刑折磨，那个孩子的面容可怖至极，在这里我就不描述了。如果真的想看，你可以上网去搜索；如果已经看过，那你肯定不想再看第二次了。蒂尔-莫布利在民权活动还没那么兴盛的时候就已经是一位强硬的民权活动人士，她坚持在儿子的葬礼上展示他的面容，并希望这张脸能够引起人们的愤怒。有了愤怒，改变就有可能发生。当时的她还无法想象，这张照片会成为点燃民权运动的火花。有一定年纪的非裔美国人一定还记得自己第一次看到这张照片时的情景。

如何才能体面地展示他的面容呢？埃米特·蒂尔解说中心（Emmett Till Interpretive Center）选择不使用那张照片；解说中心位于密西西比州萨姆纳镇法院的对面，就是在这座法院里，杀害埃米特的凶手被完全由白人组成的陪审团宣告无罪。解说中心临街的博物馆也根本没有展示那张照片。相反，他们选择了一张可能是你见过的最可爱的10岁男孩穿着工装裤咧嘴笑的照片。"我们想提醒人们，他们杀害的是一个**孩子**。"解说中心的负责人帕特里克·威姆斯（Patrick Weems）说。沿着这条路往前走27千米就是埃米特·蒂尔历史无畏中心（Emmett Till Historic Intrepid Center，简称ETHIC）。该中心的所有者和经营者是约翰·托马斯（John Thomas），他是小镇格伦多拉的镇长，蒂尔的尸体可能就是在格伦多拉被人发现的。约翰·托马斯（塔拉哈奇县的人都叫他约翰尼·B.）却采取了相反的做法：他的无畏中心里陈列着一具棺材和一尊与蒂尔的尸体大小相等的蜡像，还有布赖恩特杂货店的复制品；埃米特·蒂尔就是在去那家杂货店买糖果的时候招来了杀身之祸。我们不得不注视这张脸，然后又移开目光。

许多不熟悉民权运动历史的人在2017年的纽约惠特尼双年展上才第一次见到埃米特·蒂尔的脸。事业有成的白人艺术家达娜·舒茨（Dana Schutz）展出了一幅名为《开棺》（Open Casket）的画作。这幅画体现了一种模糊的表现主义风格，因为蒂尔的脸本就是一片模糊。居住在柏林的非裔英国艺术家汉娜·布莱克（Hannah Black）在脸书上发表了一篇传遍整个艺术界的帖文。她认为这幅画应该被销毁，因为这又是白人企图利用黑人的痛苦来赚钱的行为。另一些人则更进一步，不仅要求销毁这幅画，还要求销毁这位艺术家。虽然后来并没有发生这样的事，但在展出过程中有一位身强力壮的年轻黑人艺术家帕克·布赖特（Parker Bright）站在画前阻止人们观看。有人称**这一做法**是行为艺术。"他们对那张脸做了什么？"有人问。这场讨论引发了一场关于文化挪用的辩论，至今仍未得到解决。

"在美国南方,特别是在南方腹地,礼仪比真相更重要。"弗兰克·米切纳(Frank Mitchener)说。我们坐在他那间位于萨姆纳的阳光明媚的办公室里,俯瞰着泥泞的长沼。米切纳在一生的大部分时间里都在种棉花。"现在已经没多少人有个参加过内战的祖父了。"他一边说着,一边向我展示了一张照片。照片中的士兵身穿制服,手拿雪茄,身姿笔挺。"我祖父是负责扛旗的。"同样令米切纳感到自豪的是,他是参加过蒂尔谋杀案审判的那些人当中仅剩的几个还活着的人之一。"那次审判是民权运动的催化剂。"他是全美棉花协会的主席,在这些地方很有权势。正因如此,他能够筹集资金翻修法院大楼,并将其作为埃米特·蒂尔解说中心的基地,米切纳还在解说中心担任联合主席。"关于埃米特·蒂尔谋杀案的审判最好的一点,"他告诉我,"就在于它发生在60年前。"

你可能会认为,在60年后的今天,数千页的学术论文、联邦调查局的调查结果乃至关于埃米特·蒂尔之死的所有信息都会公之于众,凶手也会受到审判。但在今天的密西西比三角洲地区,仍有许多问题悬而未决,人们仍然为此争吵不休。

可以确定的信息如下。

埃米特·蒂尔是一位充满活力的14岁男孩,他在这个世界上的短暂时光过得并不顺利。在他能够辨认自己的父亲之前,他父母就离婚了。他出生时就伴有非常严重的并发症,医生甚至担心他以后也许永远都不能走路了。在克服这个障碍之后,他又患上了小儿麻痹症,小儿麻痹症发作又导致他出现了轻微的语言障碍。不过,他的母亲严厉而慈爱,全心全意把他带大。他还有一位祖母,当母亲为了生计出去工作时,就由祖母来照顾他。全家人住在芝加哥郊外,他们在大迁徙^①时和一大批非裔美国人一起,离开了充满暴力和压迫的南方,前往北方城市,希望能够在那里找到体面的工作,抚养孩子,昂首挺胸地活着。

埃米特很早就养成了强烈的责任感,他会做饭、做家务,从而减轻母亲的负担。他同时还是一个热爱棒球,能够逗周围的人开怀大笑的男孩。除了母亲和祖母,他还有一个庞大的家族,有些亲戚会从密西西比过来探望他,有些也在北方永久定居了。亲戚们互相之间总是很热情。所以当他的舅公莫斯·赖特(Mose Wright)邀请他和他的堂兄惠勒一起去南方度假时,埃米特非常心动。惠勒·帕克是他的偶像,他们俩总是形影不离。[1]在密西西比,他们可以干农活、钓鱼,那里还有很大的室外活动空间。不过,那里还有别的东西吸引着他,正如他母亲后来写的那样:

> 埃米特在到达密西西比的时候,肯定感受到了一些似曾相识的东西。他不是用眼睛发现的,而是在他的灵魂深处感受到的。密西西比一直是他生活的一部分……哪怕在阿戈,在芝加哥,密西西比仍然是我们拼命想要逃离的地方。为什么我儿子那么想回去?他内心深处渴望的是什么?就好像他在刚出生时就注定要回到祖先的土地上,在这个时候,以这种方式,为了一个他不可能提前知道的目的。[2]

他妈妈说不行。绝对不行。他祖母的态度也是一样的。她们

---

① 大迁徙(Great Migration):1910—1970年,约600万非裔美国人从南方各州的乡村地区迁徙至美国东北部、中西部和西部地区的大规模人口迁徙活动。大迁徙是美国历史上最大规模的人口流动之一。

开始祈祷。埃米特又是争辩,又是恳求。他的舅公莫斯·赖特是一位受人尊敬的神父,也是一座小种植园的佃农,他向她们做出了保证。"应该是出于好奇,"他的母亲继续说道,"不然没法解释一个14岁男孩为什么要离开家,离开那个熟悉的世界,离开宠爱他的母亲和祖母;对那个男孩来说,密西西比代表着自由。"[3] 最后她答应了。这是她们做过的最糟糕的决定。

她们不是没有让他做好准备。"不要和白人说话,除非他们先对你说话。如果他们真的和你说话了,你要说'是的,女士'或'不是的,先生'。如果在人行道上碰到白人女性朝你走过来,你就必须走下人行道。别看她的眼睛。"

"我告诉他,'如果有必要低声下气,那你就一定要低声下气。如果有必要下跪,那你就下跪'。"

"这一切对他来说似乎太不可思议了。'哦,妈妈,'他说,'不会那么糟糕的。'"

"'实际情况只会更糟。'我说。"[4]

她将自己的经验教训告诉了儿子。埃米特成长的伊利诺伊州是一个相对安全的地方,所以她此前从来没有和他谈过种族问题。他从小就非常自信且自豪。为了这次旅行,他必须将这辈子学到的一切抛诸脑后。但是,"你应该怎样给一个只懂得爱的男孩上一堂关于仇恨的速成课呢?"[5]

确实做不到。但在假期的第一周,埃米特过得很愉快。不帮忙采棉花的时候,他在白天会和表兄弟们一起去钓鱼或在塔拉哈奇河里游泳,躲避水里的毒蛇,晚上会围在收音机旁收听《独行侠》(*The Lone Ranger*)。对于来自城里的男孩们来说,密西西比河三角洲就是一个田园诗般的地方。那里的大片田野是那样开阔。惠勒·帕克为自己一天能摘45千克棉花而自豪，但摘棉花对埃米特来说太难了，也太热了，即使他戴着帽子。"密西西比就是我的家，"半个世纪后，惠勒·帕克说，"这地方没什么不好。这片土地也没什么问题。就是有些人不怎么样。"

我为他的轻描淡写感到震惊。因为当那几个人在凌晨两点闯进莫斯·赖特的家，寻找从芝加哥来的孩子们时，帕克就在现场。他们是J. W. 米拉姆（J. W. Milam）和罗伊·布赖恩特（Roy Bryant），是一对同母异父的兄弟。布赖恩特是布赖恩特杂货店和肉类市场的老板，那是密西西比州小小的莫尼镇上唯一一家店铺。当莫斯神父在教堂的时候，男孩们开车到几英里外的镇上买零食。当时罗伊·布赖恩特正从新奥尔良运虾过来，他年轻的妻子卡洛琳·布赖恩特（Carolyn Bryant）看着店，埃米特走进去买了两分钱的泡泡糖。

埃米特拿着泡泡糖离开了商店。他吹了声口哨。是带有挑逗意味的口哨吗？还是他妈妈教他的在口吃的时候吹的口哨？没人知道。事实证明，一声口哨，不论什么样的口哨，在当时当地就足以成为处死一个人的理由。在一片漆黑的家中，莫斯神父恳求道，如果埃米特做错了什么，他会处理的。如果真有那么过分，他甚至可以用鞭子抽他。莫斯的妻子莉兹（Lizzy）想拿钱给这些入侵者，只求他们放过埃米特。但来者带着武器，毫无惧意。他们把埃米特带到了卡车后面，那里至少还有一个人在等着。米拉姆警告莫斯神父，如果他出面指认他们，他们就会杀了他。

曾经看到接下来发生的事的那些人如今全都已经不在人世，

所以没人知道真相。我们只知道20岁的鲍勃·迪伦写下了非常委婉的歌词："他们对他用了酷刑，做了一些令人无法说出口的恶毒之事。"[6]

埃米特·蒂尔被扔进河里的时候可能已经死了，但他们为了保险起见，在他的脖子上又绑了一块重达34千克的轧棉机风扇。不过他们没能让他的脚也沉下去，所以几天后一名渔夫发现了他的尸体。莫斯被叫去指认尸体，但尸体已经损毁严重，他只能通过埃米特手指上的戒指来辨认，那枚戒指是这个孩子素未谋面的父亲的东西。为了销毁证据，以防给县里带来麻烦，塔拉哈奇县警长克拉伦斯·斯特赖德（Clarence Strider）命令莫斯·赖特立即埋葬尸体。几位勇敢的密西西比人阻止了这一做法，并把尸体送还给了他母亲。他们乘坐的还是两周前她送他登上的那列火车"新奥尔良城"号（City of New Orleans）。

她写道，她不得不去辨认的那张脸比世人在三天后看到的还要糟糕得多，虽然她要求葬礼承办人不要修饰儿子的遗容。她知道自己本可以详述这件事，但只凭她的描述，"人们仍然无法了解全部事实"。"他们无法想象发生了什么，除非看到事情的结果。他们必须看到我所看到的。整个国家都必须见证。"[7]她是对的，整个国家都受到了极大的冲击。成千上万人排队瞻仰了陈列在芝加哥教堂里的埃米特的尸体，还有数百万人看到了那张照片。闻者伤心，见者落泪。

此事成了一桩全国性的甚至世界性的新闻。出生于密西西比的威廉·福克纳从罗马写信过来："如果我们美国人的文化已经令人绝望到了必须杀害孩子的地步，那么不论出于什么原因，也不论是因为何种肤色，我们都不配活下去，也许也不会活下去。"这一次，密西西比受到的压力迫使它必须采取行动，所以布赖恩特和米拉姆被关进了三角洲的一座监狱。他们承认绑架了埃米特，但他们还声称早就放了他。在密西西比州的记忆里，这是第一次有白人男性因为杀害黑人男孩而受审，为了这场审判，州政府开始了一场缓慢的行动。斯特赖德警长说尸体在水里泡太久了，无法确认身份。他说，无论如何，有证据表明是全美有色人种协进会策划了这起犯罪。陪审团也是经过精心挑选的，以确保凶手有机会被无罪释放。

他们确实被无罪释放了。1955年9月，经过5天的审判，虽然有勇敢的非裔美国人冒着生命危险站出来指证白人，且证据确凿，但陪审团仍然用了1小时零7分钟宣布谋杀者无罪。玛米·蒂尔-莫布利特地从芝加哥赶到密西西比，反驳"在水里发现的尸体不是她儿子"的说法。她和T. R. M. 霍华德（T. R. M. Howard）同行，后者是一位富有的黑人医生和活动家，为她提供了保镖。在一个后来甚至被改编成了剧本的戏剧性时刻，莫斯·赖特成了密西西比第一个公开指控并指认凶手的黑人。"就是他。"莫斯说，他确实看到了那个绑架了他侄外孙的人。在《芝加哥卫报》（*Chicago Defender*）拍摄的照片里，一位神情坚定的白发农夫伸出手指向了被告。这张照片也传遍了所有媒体。梅加·埃弗斯和鲁比·赫尔利（Ruby Hurley）等日后的民权英雄与坐在旁听席上的黑人记者一起活动，他们和玛米·蒂尔-莫布利一起坐在了被隔离的座位上。和密西西比的其他地方一样，萨姆纳的法院也实行种族隔离。他们的努力都不足以改变判决结果，但在数百名记者参加审判的情况下，全世界都知道了这个故事。此前一直生活在三角洲的莫斯·赖特没有等很久。他任由地里的棉花自生自灭，卖掉了农场里的动物，在霍华德医生和梅加·埃弗斯的帮助下去了芝加哥。他的性命在密西西比已经一文不值了。

在美国，一个人不能因为同一项罪行而被审判两次。米拉姆和布赖恩特深知这一点，所以他们很高兴地接受了《看客》杂志支付的4,000美元，说出了他们的故事。在当时的密西西比，那是很大一笔钱。审判结束4个月后，他们承认了大多数人都清楚的事实：他们杀害了埃米特·蒂尔。他们说本来不想做得那么过分的，"但那个男孩毫不畏惧。我们还有什么办法能让**那些人**认清自己的位置呢？"[8]

这些事实已经多次得到证明。出生在1970年以前的大多数美国人都知道这些。玛米·蒂尔-莫布利余生都在谈论这件事，她一直在煽动火花，直到民权运动真正燃烧起来。罗莎·帕克斯（Rosa Parks）说，正是因为想到了埃米特·蒂尔，她在蒙哥马利的公交车上才拒绝离开座位①。埃米特·蒂尔几乎家喻户晓，除非你住在密西西比河三角洲，那里很久都没人愿意谈论这件事了。

"在家里也不谈吗？"我问三角洲地区的几位黑人，"比如祖父母会不会把这件事讲给孙子孙女，以此作为警告？"

---

① 1955年12月1日，非裔女裁缝罗莎·帕克斯登上了亚拉巴马州蒙哥马利市的一辆公交车。当公交车驶过几站后，司机命令罗莎·帕克斯将她的座位让给白人乘客。罗莎·帕克斯认为她和白人应该得到同等的待遇，因而拒绝让座。随后，帕克斯被警察逮捕。罗莎·帕克斯的行为引发了蒙哥马利公车抵制运动以及一系列民权运动事件，后来美国国会称她为"现代民权运动之母"。

大多数人都给出了否定的答案。在埃米特·蒂尔解说中心工作的本杰明·索尔兹伯里（Benjamin Salisbury）说，他的一些老师提过，尤其是在黑人历史月。"不过他们当中没有任何一个人说：'你要是不小心点，就会像埃米特·蒂尔一样。'我认为，谈论这件事的那些人是想让我们明白，历史（也就是书本中的内容）之所以存在，是因为它首先发生在书本之外。"不过本杰明是在21世纪上的学，他的母亲是一位社区工作者。来自谋杀案发生地的许多其他年轻的非裔美国人第一次了解这件事，是在温特研究所为全州高中生举办的夏季研讨会上。为了不给他们造成精神创伤，研究所设计项目的时候非常小心。

三角洲地区的白人也生活在沉默中。莫蒂·克莱（Maudie Clay）就住在法院对面的河口旁边，她直到12岁才第一次听说埃米特。即便在当时，她的老师对这个故事的看法也还是有点奇怪。"老师解释说，当时有一群外来的煽动者来到萨姆纳。当时她在西塔拉哈奇高中读书，他们不能下车，不能去杂货店喝可乐，因为他们的父母说，镇上到处都是外来的煽动者。其实那些人都是来参加审判的记者。"

这种沉默和二战后最初几十年里德国人的那种沉默没什么两样。在德国人和犹太人家庭中，任何与二战有关的东西都是禁止谈论的。双方都无法忍受谈论二战，一方害怕面对自己的罪恶感，另一方则不想陷入痛苦和愤怒。

如果感兴趣，你还可以找到很多资料。上述事实几十年来已被反复验证。帕特里克·威姆斯告诉我的则是学者们仍在反复争论的问题。1985年，帕特里克·威姆斯出生在杰克逊郊外，他以一名右翼共和党人的身份开始了他的政治生涯。卡特里娜飓风之后，他的政治观点开始发生改变。在密西西比大学学习期间，他遭遇了一场良心危机。他曾在温特研究所实习，后来在萨姆纳做志愿者，现在担任位于萨姆纳的埃米特·蒂尔解说中心的负责人。在领我参观了格伦多拉那座靠着微薄的资金建成的纪念公园后，他又带我去了河上那座红色的生锈的桥，蒂尔的尸体就是在桥下发现的。这是官方的说法。

"这个说法的问题在于，这里其实不是一条河，而是一处长沼（bayou）。这里的水流非常缓慢，不足以把尸体从勒弗洛尔县冲过来，而谋杀的地点就在勒弗洛尔县。另外，这里的水也太浅了。"我们眺望着名字冷酷的"黑长沼"，这里长满了柏树。虽然我第一次看到它们的时候，它们是光秃秃的、阴森森的，但我喜欢它们笔直地站在水中的样子。整个县到处都有这种树，每次见到它们，我都会哼唱那首古老的民权歌曲《我们绝不动摇》("We Shall Not Be Moved")。

"看看这些树干上的痕迹，"我指着树说，"水位曾经比现在还要高几英尺，水面也更宽，陆地上的树木都有水淹的痕迹。"

我们爬下去的时候地面还没有完全干涸，于是我们只好在杂乱的荆棘中艰难前行。泥浆开始渗进我的靴子，我转过身，看到帕特里克还在观察那些树。"你说得对，"他说，"那时的水位应该很高。"当时我不知道他为什么这么兴奋。这一点在当时意义重大，因为管辖权问题很重要。如果尸体是在勒弗洛尔县被发现的，审判就应该在那里进行，这样一来，凶手也许就会被定罪。有人说斯特赖德警长是故意把尸体带到塔拉哈奇县的，因为在这里很容易找到一群满心敌意的贫穷白人组成陪审团。

考虑到两个县的距离只有几英里，我无法理解为什么这些未解决的问题如此重要。对世界上其他地方的人来说，埃米特·蒂尔是在密西西比河三角洲被谋杀的，就像在他之前的许多非裔美国人一样。我想知道的是现在的情况：蒂尔谋杀案发生在三角洲意味着什么？它是怎么被记住的？又是怎么被压制的？当地人，无论黑人还是白人，对现在一些人为了纪念它而做出的努力有什么看法？

然而，最为恰当的还是福克纳的说法：在三角洲地区，过去甚至从未过去。帕特里克正在设计一条可以让人们了解不同版本的历史的旅游线路。在那里，所有人都还活着。

《地球的最南端》（*The Most Southern Place on Earth*）是一本关于三角洲的书。也有人说，"三角洲之于密西西比，正如密西西比之于美国其他地方"。这是一个充满神话和贫穷的地方，而且可能从过去到现在一直如此。即使你听过关于三角洲的每一首歌和每一个故事，它还是会让你发自内心地感到震撼。但有些人无法忍受这里。"我不想参加贫穷地区的长途旅行。"当我带着儿子沿着61号公路来到新奥尔良时，他说。"这对你来说没什么，"他补充道，"毕竟你在这里工作。"有些人就是没法适应。当我们在克拉克斯代尔的自动点唱机酒吧狂欢节（Juke Joint[①] Festival）上排

[①] juke joint，非裔美国人的白话术语，指一种备有自动点唱机的小酒吧（或小餐馆、小舞厅），由美国东南部的非裔美国人经营，客人们可以在里面听音乐、喝酒、跳舞、赌博。由于吉姆·克劳法的规定，大多数白人活动场所禁止黑人进入，而种植园里的非裔工人和佃农在辛苦工作之后又需要一个放松和社交的地方，因此自动点唱机酒吧应运而生。

队时，一位来自格林伍德的白人女性告诉我：

> 三角洲就是有一种魔力、一种氛围。看着三角洲的日落，有些人会说"这里什么都没有"，而你会说，"不，这里什么都有，你只要敞开心扉去看就能看到"。当那些色彩划过天空，你就能感觉到。当头发发疯般竖起来时，你能感受到空气中的潮湿。除非你是在这里出生长大的，否则你没法解释这一切。

我告诉她我感受到了，虽然我并不在这里出生长大。我甚至明白为什么很多黑人也有这种感觉。摩根·弗里曼就在这里出生长大，现在他的大部分闲暇时间都在克拉克斯代尔度过。他在这儿有一栋房子、一家餐馆，还有一个蓝调俱乐部。他经常匿名赞助当地的一些组织，包括私立幼儿园和纪念埃米特·蒂尔的标志牌。他曾经为一所豪华高中的舞会买单，条件是学生们要同意举办克拉克斯代尔历史上第一场种族融合的舞会。但即使是像惠勒·帕克这样没有名望和财富保护的三角洲黑人，也把这里当成了自己的家园。

这里是个残酷的家园，也许从过去到现在一直都是。当佐治亚州和亚拉巴马州那些无地可耕的白人在19世纪来到密西比河三角洲定居的时候，这里还是一望无际的荒野。黑豹、熊和短吻鳄比人还多。他们在耕种之前必须先清除这片土地上数以百万计的树木；这里肥沃的黑色土壤被视为世界上最好的土壤，可能仅次于尼罗河三角洲地区的土壤。麻烦在于，土地的富饶所在也正是其威胁所在。密西西比河经常洪水泛滥，它会定期将伊利诺伊州新鲜肥沃的表层土壤一路冲向下游，冲走庄稼和生物。就算没有洪水，这里的天气也非常极端。由于地势平坦，人们可以看到从很远处袭来的龙卷风和闪电，但它们移动的速度非常快。三角洲的夏天也酷热难耐，蚊子又大又凶猛。虽然现在这里已经没有熊和黑豹了，但人们还是得小心毒蜘蛛和蛇。

这片土地很残酷，殖民者的残酷程度则更甚。这片广阔的平原一直笼罩在暴力的阴影之下。白人定居点随着黑人奴隶制的发展而不断扩张，美洲原住民们逐渐被赶出了自己的土地。1830年，安德鲁·杰克逊（Andrew Jackson）签署了印第安人迁移法（Indian Removal Act），驱逐了三角洲地区的大部分乔克托人和奇克索人，他们只好踏上向西迁徙的"血泪之路"（Trails of Tears）。他们赖以生存的土地是如此肥沃，以至于整整40年来，三角洲一直是美国国内创造财富最多的地方。白人种植园主用黑色的土地和黑色的劳动力种植庄稼，使庄稼开花结果，使自己过上奢侈的生活。他们会举办为期一周的家庭聚会和舞会；他们会打猎，喝很多威士忌；他们住在配有希腊式门廊和大理石浴室的豪宅中。用双手创造财富的那些人则都是穷光蛋。当时，棉花是美国最有价值的出口商品，成千上万的奴隶（以及后来的佃农，佃农的生活条件比奴隶稍好一点）为了生产这些"白金"而辛苦劳作。采摘棉花很辛苦，每个尝试过的人都这么说，而且棉花必须在夏末采摘，那时烈日当空，阳光毒辣，田间没有任何可以乘凉的地方。为了维持这种残酷的收获节奏，奴隶们受尽了折磨。[9]

如今，在整个三角洲地区，你仍然可以看到棉花田，还有大豆、苜蓿和水稻。不过，随着农业机械化程度的加深，大多数田间劳动者都变得多余起来。如今，在他们的孙辈中，那些幸运的可以在大监狱中当守卫，不幸的往往只能坐在荒凉的门廊上，静待命运的改变。他们的房子大都已经破败不堪。

为了摆脱贫困，密西西比州正在通过努力推销该地的亮点来推动旅游业。你可以沿着密西西比州蓝调之路（Blues Trail），从孟菲斯一路来到亚祖城。这条路上竖立着各种金属指示牌，标注了约翰·李·胡克（John Lee Hooker）的出生地，或罗伯特·约翰逊（Robert Johnson）将自己的灵魂卖给魔鬼的十字路口。你还可以看到查利·巴顿（Charlie Patton）的坟墓和B. B. 金（B. B. King）的出生地。克拉克斯代尔的自动点唱机酒吧小教堂也有一块指示牌，上面写着：

上帝一定也热爱蓝调，
否则不会把这该死的生活搞得这么艰难。

那里有好几座摇摇欲坠的蓝调博物馆供人参观，还有一些一年一度的音乐节。"棚屋旅馆"（Shack Up Inn）翻修了佃农的小木屋，你可以花上95美元在两个破旧的房间里住上一晚。"我们这儿不是丽思卡尔顿酒店。"它的网站上如是说。

政府推广的第二条旅游路线是自由之路（Freedom Trail），它有时也被称为民权之路。这条路是密西西比州在2011年规划设立的，"既是旅游胜地，也有教育意义"。[10] 当然，规划这条路的人当中有一些真的很钦佩那些冒着生命危险为该州伸张正义的英雄。这条小路上的标志牌标注了范妮·卢·哈默的坟墓、阿姆齐·穆尔（Amzie Moore）和梅加·埃弗斯的故居、詹姆斯·梅雷迪思在公路上被枪击的地方、马丁·路德·金举行集会的公园，以及许多纪念埃米特·蒂尔的地方。这些标志牌让人肃然起敬，但赞助者也考虑到了收益问题。密西西比州是美国最贫穷的州，长320千米、宽137千米的三角洲地区又是密西西比州最贫穷的地区。这里的工作机会很少。蓝调之路和民权之路在某几个地点互相交会，让人感觉既尴尬又怪异，它们显然是在贩卖痛苦，但同时它们也是农村黑人社群的主要收入来源。在三角洲吃一顿饭或者买一箱汽油，你就能帮助一些家庭勉强糊口。年轻人或许觉得这是个很容易解决的道德困境。但我不这么认为。

密西西比州的萨姆纳镇就是个很好的例子。这里大约只有400居民，火车轨道将整个镇子一分为二，也分隔了白人社区和黑人社区。和在三角洲的许多地方一样，货运火车经过这里时仍会发出寂寞的汽笛声。如同南方的许多地方一样，镇中心是一个带有法院的广场，一尊约翰尼·雷布雕像守卫着此地。广场周围有一排店铺，约一半是空的。后面曾经有酒馆，如今却只剩遗迹。这里没有杂货店。虽然土地肥沃，但三角洲地区仍被视为美食荒漠，因为这里种植的都是经济作物。你可以走上3千米去韦布的一元店里买一些垃圾食品，或者骑行30千米去克拉克斯代尔买一些更好的垃圾食品。像三角洲的许多地方一样，这座小镇曾经濒临死亡，直到它决定承认埃米特·蒂尔并开始对他负责。

这里距离风雅而富裕的牛津市只有110千米，但两地完全是两个不同的世界。这样的距离刚好适合一日游，但在前往萨姆纳一日游之后，我发现自己还想要更多。萨姆纳附近没有酒店，但帕特里克给我找了个比酒店更好的住处。他的岳父母，莫蒂·克莱和兰登·克莱（Langdon Clay），在长沼边有一栋漂亮的维多利亚式建筑，里面有一些稀奇古怪的雕像和带有讽刺意味的标志牌，上面写着"地狱很可怕"（Hell Hurts）。他们还有个表兄弟在广场上有一栋房子。那栋房子偶尔会被用作艺术画廊，二楼有一间小公寓。当我去莫蒂和兰登家拿钥匙时，兰登已经做好了一顿丰盛的晚餐。莫蒂和兰登都是国际知名的摄影师，他们告诉我，他们夫妇俩是塔拉哈奇县仅有的民主党人。

莫蒂是纯正的本地人，虽然她和本地其他居民很不一样。她在纽约待了10年，在那里遇到并嫁给了兰登。她是第五代密西西比人，就出生在她现在住的房子里。她母亲也是在那里出生的。她的祖父在附近的森弗劳尔县拥有一座40平方千米的棉花种植园，以前全家都会去那里避暑。那是"美好的田园童年"。"我们什么活都没干过。哥哥和我有一次想去摘棉花，我想我们应该只坚持了几个小时。"她悲伤地说："在这里，生而为有钱的白人就等于中了彩票，但直到后来我才知道自己有多幸运。"

书籍和《纽约客》杂志陪伴着她长大，即使对于萨姆纳的富裕家庭来说，这两样东西也是罕见的。莫蒂一直想离开萨姆纳，但有了孩子后，她又回到了这个熟悉的小镇抚养他们。"他们可以在长大后再离开。我也说不清楚，但我只知道我和这座小镇还有三角洲有很深的联系。我在这里有真正的任务。我在其他地方拍过一些照片,但这里才是我想呈现的地方。我要记录下这里的情况。"她那本令人印象深刻的关于三角洲形象的书是献给埃米特·蒂尔的。她出生于1953年,蒂尔案审判时她还太小,对此什么也不记得,但她读了大部分关于审判的书。比如有一次她就读到,《纽约时报》的一位记者"被一个乡下人拦住问道:'你们为什么对埃米特·蒂尔这么感兴趣?塔拉哈奇河里死过几百个黑鬼。'"。

当然,这就是埃米特·蒂尔很重要的原因。这就是"黑人的命也是命"运动的游行者们所要表明的。他们高唱着:

迈克尔·布朗(Michael Brown),埃米特·蒂尔,
你们还要杀掉多少黑人男孩?

回到萨姆纳的时候,莫蒂认为,"年轻而疯狂的自己"可以改变这里的人们。"我以为人们可以听取理性的声音,明白外面的世界很广阔,明白这种狭隘的想法是错误的。但事实证明,我并没有多少盟友。"她的家族在萨姆纳根基深厚,所以当地人认为她和兰登只是"装装样子的自由主义艺术家"(token liberal artists),尽管邻居们从来没有和她深入交谈过。她确实看到了一些进步。"在我小时候,黑人在人行道上遇见白人就必须退到大街上,并脱帽致意,而我当时甚至没觉得这有什么不对。"她这辈子经历过的最大的转变是非裔美国人获得了投票权;尽管她也指出,无数人为此付出了努力,一些人甚至付出了生命的代价。有时她也

会参与地方政治，甚至竞选市议员。不过她大多数时候都在忙于拍摄深刻有力、震撼人心的照片，并期待能够借演出的机会前往欧洲。

"那里的毛巾够吗？"当我起身准备前往他们借给我的公寓时，莫蒂问道。"一定要把毛巾抖一抖。"她继续说道。隐士蜘蛛咬一口释放的毒液可以杀死一个老人或婴儿。"它们已经在这栋房子里住了100年了，所以我们试着和它们和平共处。"

我没有发现蜘蛛。这间公寓的天花板通风良好，砖墙裸露在外，每个想在纽约格林威治村寻找落脚之处的人应该都会喜欢这里。最让我心潮澎湃的是，我可以从这里俯瞰广场边的法院；尽管人们斥巨资翻修了法院，但那里的钟还是不准。这里的一切都进展缓慢，所以时钟不准也没什么大不了的。当萨姆纳的烧烤店在晚上九点关门后，广场上就空无一人，只有我的车孤零零地停在那里。街灯洒下一点点光亮，路上静悄悄的，夜色中偶尔传来一两声犬吠，除此以外再没有任何声音。

埃米特·蒂尔解说中心成立的契机是一封道歉书。塔拉哈奇县议会的第一位非裔议长杰尔姆·利特尔（Jerome Little）认为，萨姆纳镇应该为针对蒂尔的谋杀和那次审判向蒂尔家族道歉。杰尔姆·利特尔在弗兰克·米切纳的种植园里长大，仅凭一人之力，他本来无法撼动镇上最有权势的人。但他认识温特研究所的负责人苏珊·格利森，因为后者在密西西比州费拉德尔菲亚的工作曾推动了社区工作的开展，并将谋杀古德曼、钱尼和施韦尔纳的凶手送上了法庭。苏珊向州长温特寻求建议，温特鼓励她去联系贝蒂·皮尔逊（Betty Pearson）；贝蒂·皮尔逊是萨姆纳镇上的一位性格刚烈、无所畏惧的种植园主，因目睹了蒂尔谋杀案的审判而变得激进。杰尔姆·利特尔和贝蒂成了委员会的联合主席，该委员会最终撰写了那封道歉书，并于2007年在法院门前的台阶上宣读。贝蒂退休后搬去了加利福尼亚和孩子们一起住，米切纳接替了她的位置。

苏珊和她的搭档查尔斯·塔克与我共进晚餐时，我问塔克，苏珊为萨姆纳做过什么贡献；我知道她太谦虚了，不会亲自告诉我。

"她移走了塔拉哈奇县最大的一块巨石。"

"巨石？"

"弗兰克·米切纳。"查尔斯说。

"苏珊是一位和平使者。"弗兰克·米切纳后来告诉我。

多年来，非裔美国人社区中的一些人一直在努力推动设立纪念碑，但由于没有白人的支持，一切都是徒劳。他们早期的会议充满了分歧，围绕着"道歉"（apology）这个词，他们可以争吵不休。米切纳当时拒绝使用"道歉"一词。他与谋杀案无关，而且反对审判的结果，那么他为什么要为此道歉呢？他更愿意使用"遗憾"（regret）这个词。最后折中的办法是，他们在道歉书的标题中使用"道歉"，但在文中仍然使用"遗憾"。米切纳认为，这个过程之所以能够获得成功，是因为他们采用了贵格会的协商管理模式。"虽然花的时间长了点，但这个模式还是有效的。"然而，委员会不仅要求道歉，还要求翻修法院大楼，这遭到了社区里许多人的反对。

"该死的，你们到底为什么要翻修那座法院？你们为什么要提醒人们1955年发生的事？我们都想忘记那件事。"米切纳模仿社区居民的口吻说道。

米切纳是在学会了协商谈判之后才变成一块巨石的。当时这座小镇正在消亡。法院提供了一些就业机会，但它们的意义主要在于其象征性。在密西西比州，每座城镇都必须有法院；法院也是萨姆纳的中心。如果没有能够正常运转的法院，这座小镇很可能真的已经消失了。

"米切纳热爱他的社区，"帕特里克说，"利特尔说他是西塔拉哈奇的教父，甚至是整个塔拉哈奇县的教父。人们都说，如果米切纳认为应该这么做，那他应该有很充分的理由，我们就应该听从他的想法。"

"我是想要拯救法院的诸多白人中的一员。"米切纳说。即使这意味着要揭开旧日的伤疤。他将自己的童年描述成一首田园诗：他在镇上长大，可以步行上学，中午可以步行回家吃饭，课间休息时可以踢足球，在乡间可以骑马。正如密西西比的大多数白人一样，他一上来就告诉我北方人也是种族主义者。"我们南方人在20世纪60年代之前一直因为实行种族隔离而受到批评。但是，当时的普林斯顿大学也是实行种族隔离的。"他收到了普林斯顿大学的录取通知书，但父亲不允许他去梅森-迪克森线[①]以北的地

[①] 梅森-迪克森线（Mason-Dixon Line）：美国宾夕法尼亚州、马里兰州、特拉华州和西弗吉尼亚州之间的分界线的一部分，由查尔斯·梅森（Charles Mason）和耶利米·迪克森（Jeremiah Dixon）在1763—1767年共同勘测确定，作为解决马里兰州、宾夕法尼亚州和特拉华州边界争端的一部分。沿着宾夕法尼亚州南部边界的梅森-迪克森线的最大的部分后来被非正式地视为南部蓄奴州和北部自由州之间的边界，而在今天，人们更强调梅森-迪克森线的象征意义，将其视为美国东北部和南部在文化、政治和社会意义上的分界线。

方。"美国军队内部直到1949年还在实行种族隔离。"米切纳告诉我。总的来说,三角洲地区是个国际化的地方。"那时我们这里有三四个犹太家庭,有开杂货店的意大利人,还有黎巴嫩人——但我们称他们为叙利亚人。那时的克利夫兰有三种学校体系:华人学校、白人学校和黑人学校。"

除了在军中服役的那段日子,米切纳其他时候都是在三角洲度过的。从他眺望泥泞长沼的举动,你就可以看出他对这个地方的热爱;河水就在他的办公室不远处缓缓流动。"你听说过'专项拨款'(earmark)这个词吗?这个词现在很脏,但之前我们的钱就是从这里来的。"米切纳要求参议员萨德·科克伦(Thad Cochran)——"一个像我这样温和的共和党人"——拨出85万美元翻修法院。翻修工程花了几年时间,不过翻修后的法院确实为小镇的复兴做出了贡献。现在,镇中心的广场上有一家不错的餐厅,还有一家全新的美容院,都是由黑人所有并经营的小本生意。大多数人都说,现在种族之间的关系好多了。如今这里的旅游业有了一些起色,甚至还有固定班次的公共汽车带着游客前来参观法院。帕特里克或解说中心的某位志愿者会在导览开始时宣读那封道歉书。

道歉书:展现给埃米特·蒂尔家人的决心

我们塔拉哈奇县的公民相信,种族和解从说出真相开始。我们呼吁密西西比州每个县的所有公民都开始诚实调查我们的历史。这虽然很痛苦,但对于促进和解并确保人人享有正义是很有必要的。我们认识到,我们的城镇可能存在着分裂和暴力,因此我们承诺,黑人和白人将携手共进,弥合历史的创伤，确保所有公民都享有平等的正义。

52年前，1955年8月28日的深夜，14岁的埃米特·蒂尔在密西西比州莫尼镇附近他舅公的家中被至少两名男子绑架，其中一人来自密西西比州勒弗洛尔县，另一人来自密西西比州塔拉哈奇县。蒂尔是一名来自芝加哥的黑人少年，来密西西比探亲，却遭到了绑架和谋杀，尸体被扔进了塔拉哈奇河。他被指控在莫尼镇向一名白人妇女吹口哨，几天后，他伤痕累累的尸体在密西西比州的塔拉哈奇县被发现。

大陪审团会议在密西西比州萨姆纳镇召开，罗伊·布赖恩特和J. W. 米拉姆被指控犯有谋杀罪，之后这两个人接受了审判。经过一个多小时的商议，一个完全由白人男性成员组成的陪审团宣判他们无罪。在被判无罪的4个月后，这两个人亲口承认犯下了谋杀罪。

在审判开始之前，蒂尔的母亲曾根据所谓的"林德伯格法案"（Lindbergh Law）向联邦官员寻求帮助，但没有得到回应——该法案规定，绑架是一项联邦罪。直到2002年12月，在密西西比地方检察官乔伊斯·奇利斯（Joyce Chiles）和埃米特·蒂尔正义运动（Emmett Till Justice Campaign）的支持下，蒂尔的母亲再次提出请求，新的调查才开始进行。

我们塔拉哈奇县的公民们意识到，埃米特·蒂尔的案子是一次可怕的司法不公。我们坦诚且深感遗憾地表示，我们未能有效地追求正义。我们想对埃米特·蒂尔的家人说，对于我们的社区对你们所爱的人所做的一切，我们深感惋惜（sorry）。

> 我们塔拉哈奇县的公民们承认，这起罪行的性质是如此可怕。它的余波一直困扰着我们的社区。我们需要了解，到底是什么样的系统导致了这一事件和其他类似事件的发生，从而确保它永远不再发生。现在，只要我们共同努力，我们就有能力兑现人人享有自由和正义的承诺。[11]

这对萨姆纳来说意义重大，而且来之不易。但是，就像里夏德·冯·魏茨泽克在德国的演讲一样，这封道歉书仅仅陈述了一些对世界上其他地方的人来说显而易见的想法。

这座充当临时博物馆的法院讲述了蒂尔和蒂尔案审判的故事，但解说中心的主要焦点是当下，它想引导游客们在参观之前先展开讨论。如同温特研究所的项目一样，讨论一开始，参与者们便被要求回忆自己第一次注意到种族问题时的场景。"实际上，洛克菲勒都来参加过讨论，"帕特里克告诉我，"戴维·洛克菲勒（David Rockefeller）讲述了他在哈佛读书时因为黑人室友而开始意识到种族界限的故事。然后，比尔·福斯特（Bill Foster），一位佃农的儿子，讲述了他的故事。看到人们把自己的故事融入蒂尔的故事和这个国家的故事，我真的很高兴。"

我并不是说这座小镇自从承认了历史就繁荣起来了，但它至少不再行将灭亡了。米切纳和参议员科克伦的关系为它提供了一线生机。我不愿把米切纳参与此事的动机仅仅归因于实用主义。出于正义感，他还参加了全美有色人种协进会1959年的会议。"我只是觉得我必须这么做。他们得不到多少白人的支持，他们需要我的支持。"当时，塔拉哈奇县99%的白人都反对任何形式的种族融合。在克拉克斯代尔举行的全美有色人种协进会会议上，在场的三名白人仅凭自己的力量并不能改变什么，迫使事情起变化的是联邦政府的干预。然而，少数几位密西西比白人（贝蒂·皮尔逊首当其冲）的支持仍然很重要。

不过，米切纳对自己家族历史的忠诚冲淡了他的正义感。他的祖母是南方邦联的女儿联盟的成员，正是在她的运作下，约翰尼·雷布的雕像出现在了法院门前，雕像的基座上还写着"我们的英雄们"的字样。他不希望这尊雕像被拆掉，但在另一边的标志牌被竖立起来的过程中，他发挥了关键作用。这块牌子上写着：

埃米特·蒂尔谋杀案的审判

> 1955年8月，来自芝加哥的14岁黑人青年埃米特·蒂尔的尸体在塔拉哈奇河中被发现。针对此案的审判在这座法院中进行。经过为期5天的审判，9月23日，一个完全由白人组成的陪审团宣告两名白人男子罗伊·布赖恩特和J. W. 米拉姆无罪。后来两人都在接受杂志采访时承认自己谋杀了蒂尔。蒂尔谋杀案，加上对这两个人的审判和无罪释放，引起了国际社会的关注，点燃了密西西比和全国的民权运动。

标志牌上的木兰花州徽表明，这块牌子是密西西比州政府的财产。我不知道委员会召开了多少次会议才在这份陈述的措辞上达成一致，但我知道其中的每个词都经过了反复斟酌。今天，如果你想看看密西西比州的象征，最好的选择就是这座法院的正前方。在法院门口，美国国旗飘扬在密西西比州州旗的上方，州旗的左上角还有一面邦联旗。法院大门两侧各有一座纪念碑，一座是为了纪念出身塔拉哈奇县、在邦联军中效力的"不灭亡灵"，另一座则是为了纪念埃米特·蒂尔。在目前的关于邦联纪念碑的讨论中，南方的许多人都认为它应该被保留下来，并以民权英雄或种族恐怖主义受害者的纪念碑作为补充。然而在萨姆纳，如同在其他地方一样，南方邦联的纪念碑凌驾于一切之上。

这块标志牌是用很厚的金属做的。这样的紫色标志牌遍布全县，标注了蒂尔的故事的各个发生地——食品杂货店、殡仪馆、轧棉机，以及（可能是）他的尸体被发现的地方。不过这些标志牌并不很坚固，它们早就遭到了破坏。"利特尔说，当你摊上小布什这么个国家领导人，就会出现这种情况。"帕特里克告诉我，"当高层有人提供掩护，地方上就出现这种情况。"有一块标志牌被敲下来了。有一块被抹上了"KKK"的字样。还有一块被子弹击中了，然后被换掉，再被击中，再换掉，重复了整整7次。帕特里克把它放在了父母的车库里，好几年后才重新装了一块新的。然而仅仅5周后，也就是2018年7月，4颗子弹再次穿透了它。这块标志牌被竖立在小镇外的一条碎石路的大概3.2千米处。这并非偶然。

在塔拉哈奇县，并不是每个白人都会像弗兰克·米切纳一样，在正义和忠诚之间左右为难。当被迫在两者之间做出选择时，大多数人都倾向于选择忠诚，即使这意味着暴力。不过也有人转变了想法。当厚重的金属标志牌第一次出现在法院前面时，有个白人被激怒了。他冲进法院，冲着在那里工作的黑人女性玛丽大喊大叫。玛丽报了警，警察来了但没有帮忙。然后，她打电话给埃米特·蒂尔纪念委员会（Emmett Till Memorial Commission）的一名白人董事会成员，于是那位委员来到了法院，和那个叫博比的人谈话。

"怎么了？"她问道。

"为什么我们还要提埃米特·蒂尔的事？"他一直在说，她只是听着；等他吼完了，她只问了一个问题。

"博比，你儿子多大了？"

"马上就14岁了。"

"博比，我们不想强迫任何人做任何事，但我们认为这个故事很重要，必须讲，这样类似的事情就不会再发生了。"

博比回家后认真想了想。第二天他去了那位委员的家里。她很紧张，直到他开口说："我妻子是个裁缝。我们认为道歉书揭幕那天应该有一场像样的揭幕仪式。我觉得她可以做一些东西，这样标志牌上就有一块合适的布了。"

他妻子后来确实做了一块合适的布。

不过，并不是每次转变都发生得这么快，而且我们也很难知道博比的转变到底有多深刻。然而，这只是个开始，正是这类事件让帕特里克的心中生出了希望。他把解说中心看作一个"孕育新故事"的地方，他不想纠缠于蒂尔的谋杀案，而是想"利用这个空间，反思这个社群走向种族和解的进程，并将矛头指向游客，问他们：'你有在为种族和解而努力吗？'"。他说，这将是把这一旅程从黑暗之旅变为和解之旅的关键。"这可能超出了一座小本经营的博物馆所能涉及的范畴，但我不在乎。"帕特里克希望能得到一笔拨款，从而着手规划一条"埃米特·蒂尔之路"，翻修所有地点,并开发一款能够提出和解释关于这个故事的问题的应用程序。最好偶尔还能举办艺术展览、诗歌朗诵、戏剧表演和电影放映活动。

这座博物馆每周都有两个晚上对宝宝大学(Baby University)开放;梅·露丝·沃森(Mae Ruth Watson)在宝宝大学工作,负责训练启蒙教师(Head Start teacher),讲授她所谓的积极育儿法。她所有的学生都是十八九岁或二十出头的非裔美国人,大部分都很胖;而在三角洲地区,你几乎不可能吃到健康食品。她教她们用纪律代替体罚,用互动代替电视。每堂课上她们都会得到一箱免费的帮宝适纸尿裤和一箱健康的鸡肉沙拉和水果。梅·露丝低下头,做了个简短的祷告,然后打开了她的塑料餐盒。她告诉我:"你得和我们一起享用主的食物。"因为我一直犹豫不决,不想从这个资金紧张的机构拿走任何东西。"每个人都够吃。"她向我保证。

梅·露丝严厉批评了三角洲地区的教育问题。她告诉我,第一次走进那里的社区大学时,她连一句完整的话都不会说。她一直努力工作,直到自己能够训练出优秀的启蒙教师,使这个项目变成了全州最好的项目之一。现在,她优雅而有威信,身材苗条,一头银发一丝不乱。

我在和本杰明·索尔兹伯里谈话的时候想到了梅·露丝对三角洲地区的学校系统的看法。本杰明是唯一一个在两座埃米特·蒂尔博物馆都工作过的人,他的工作包括带人参观、处理一些文书工作以及其他杂活。1985年,本杰明出生在离萨姆纳约1.6千米的地方。从西塔拉哈奇高中毕业后,他去了三角洲的一所社区大学。"我主修音乐。我觉得自己在其他方面没有任何特长。"他曾经在小学教音乐,但"做得很糟糕",于是他认为自己不适合教书。我能理解这一点。本杰明是个热情友好的黑人青年,但缺乏自信。他不善言辞,但这并不是因为他的词汇量不够;他不太相信自己有大声说话的权利。在我们谈论国家政治的时候,他显然对我的说话方式感到很惊讶。他似乎认同我所说的关于奥巴马和特朗普的一切,只是从来没有听过有人说得这么坚决。从一开始上学的时候,老师就一定说过,你的声音很重要。

本杰明的母亲独自将他抚养大,她在一个非政府组织中做社区发展工作。"简单来说,她的工作就是努力帮助别人。她总是这样……我甚至不能说她'腾出时间做这件事',因为她一直都在做这件事。"因此,本杰明想回馈社区也就不足为奇了。"塔拉哈奇县是我的家,不论它是好是坏,也不论我认为它是好是坏。"他在找到另一份有偿工作之前曾自愿为埃米特·蒂尔纪念委员会工作了一段时间,因为他相信,了解这个故事能够帮到社区。"因为我们要活在每个当下,所以我们要尽力确保,如果开始了新的一天,就得让它好好结束。不过,我们与那些引导我们走进这一天的东西联系在一起。"

本杰明坚持说,讲述埃米特·蒂尔的故事并不是为了吓唬年轻黑人,也不是为了让他们顺从。"不过,你只要在这里长大,就会有人教导你如何放低姿态,从而尽量避免被盯上或被指控。我家里的长辈就教导过我们要做什么,以避免某些事的发生。"

"那你该做什么,又该避免什么呢?"我对细节很感兴趣,但一名生长在三角洲地区、一辈子都被教导要注意自己言行的年轻黑人男子又怎么能和一名陌生的、只在这里待了很短一段时间的白人女子轻松自在地谈话呢?

"我母亲跟我说的是:你的行为举止要像上帝的孩子一样。你要像一个了解上帝的人那样行事,这种智慧能帮助你避免一些事情的发生。有时候坏事无论如何都会发生,但这些事和那些会给自己带来不必要的关注的事情是有区别的。"换句话说,不要引人注目。说话不要太大声或太用力。澳大利亚人称之为高大罂粟花综合征(tall poppy syndrome),但在三角洲地区,会被砍头的不只是罂粟花。

我问本杰明,如果钱不成问题,他想通过埃米特·蒂尔解说中心做些什么。假设有一大笔资金,解说中心会如何利用它来帮助社区?他的回答很直接:为社区的青少年提供奖学金,这样他们就可以一步步实现独立了。"对黑人来说,能够上个大学就是实现梦想了。"如今的大学教育成本高昂,对他们来说,在本地上一所社区大学都已经变得遥不可及。三角洲地区有几个人能负担得起毕业时的债务呢?他还想给社区的人们配备一个计算机中心。虽然平板电脑越来越便宜,但大多数人都接触不到互联网。我住的公寓就在萨姆纳镇中心的广场旁边,那里的网络太差了,我只能用解说中心的无线网络。

"与大众的认知相反,"本杰明继续说道,"这个社区的大多数人并没有忽视学习能力的重要性。有些事情——我不想说阻碍,但有些事情的确阻挡了他们了解外部世界的脚步,使他们难以接触这片小天地之外的陌生世界。"

只需要那么一点点东西，大学奖学金和宽带网络，他们就能创造一个社区，让里面的人觉得自己必须知道世界上都发生了什么，从而与邻居交流。

本杰明决定暂时留在密西西比。"我知道，我们都有能力做坏事，也有能力做好事。我自己、我的家人和我的朋友们心中都抱有做好事的希望。我猜这就是我喜欢这个地方的原因。密西西比之所以特别，是因为它准确反映了我们国家的状况，这一点令人惊讶。这有好处也有坏处。"

比尔·福斯特（Bill Foster）总是为自己出生在密西西比而感到羞愧。在他6岁时，他们全家搬到了伊利诺伊州，他为此而感激自己的家人。他仍然记得他的老师，也很感激在那里受到的教育。我马上就注意到了不同：和还在努力寻找自己的声音的本杰明不同，比尔所受的教育让他相信自己有权大胆而清晰地对天底下的一切事物发表看法。他小时候会嘲笑密西西比人。他对表兄弟杰尔姆·利特尔竟然想留在萨姆纳感到十分惊讶。"他很喜欢这里，之前还一直养动物。他很喜欢跑出去拍拍家里养的猪。"比尔一家每年夏天都会从芝加哥回到密西西比探亲，直到1955年。他还记得当时的规矩。"如果看见白人朝你走过来，你就得低下头，走到一边去。在任何时候都绝对不能和白人女性有任何接触。那是真正的禁忌。"埃米特·蒂尔被杀后，他们就再也不能来三角洲度假了。

和杰尔姆一样，比尔也在背后推动了埃米特·蒂尔解说中心的成立和运行——直到他于2013年去世。比尔也出生在弗兰克·米切纳的种植园,他的父亲在那里以摘棉花为生。他们搬到北方后,父亲找到了一份挖坟墓的工作。比尔自己则成了铁路建筑工人,顶着芝加哥的寒风铺设铁轨。后来他加入了空军,他称之为他的时来运转:如果加入了陆军,他就会被派到越南;相反,加入空军使他得以见识世界,他在德国待了5年,在韩国又待了1年。

比起北方的冬天,比尔更喜欢南方的夏天。退休后第一次回萨姆纳时,他也不知道自己为什么要回到这里。如果说有哪个地方能给他家的感觉,那就是芝加哥了。不过,他有时候还是很喜欢小小的萨姆纳和友好的邻居们。比如有一次他去药店开了些药,之后再碰到店主时,店主说自己还欠他一些药,上一次数错了。

比尔·福斯特最开始与解说中心接触是因为表兄弟杰尔姆,但他开始做志愿者是因为帕特里克·威姆斯。起初,比尔认为杰尔姆的想法完全错了,他们不应该唤起那段痛苦的记忆。已经过去的就让它过去吧。然后他读了那封道歉书。"我开始明白他们想在这里干什么了。大部分是为了法院,这不是因为法院里的人有多好。南方人更关心那些纪念碑。我以前从没想过要把自己的名字留在什么东西上。"

如今,他成了那里的导览人员。他认为无论翻修法院背后有多少复杂的动机,人们都应该了解这段历史。但令他很失望的是,对这段历史最感兴趣的往往是外来的游客;而当地人,无论老少,都不怎么关心。他承认,还是有一些人关心历史的,但他们似乎跟帕特里克更聊得来。

比尔·福斯特还记得自己第一次见到埃米特·蒂尔的照片时的场景。他当时11岁,和表兄弟们站在一起,他无法描述他们脸上的表情。"我当时在想:他们为什么要这样展示埃米特的尸体?那是一个非常震撼人心的时刻。"他曾在很长一段时间内认为杀人犯们都是怪物。"他们心中的仇恨有那么深吗?"现在,他觉得他们"也只是普通人,这就是人类会干出来的事"。他在芝加哥的帮派斗争中见过人们是如何"变成禽兽"的。"他们其实并不比我认识的人坏多少。"

后来我问帕特里克,他是怎么赢得社区的信任的。

"慢慢来。"他说。

无论是白人还是黑人,县里的每个人都会热情地跟他打招呼,哪怕只是从车窗里向他挥挥手。帕特里克待人尊重有礼,而且记得所有人的名字。他还加入了志愿消防队。多年来,他一直无偿为这个中心做贡献。这些给这里的黑人社区留下了深刻印象,此前他们还对这个来自杰克逊的白人男孩心存猜疑。他知道关于埃米特·蒂尔的一切,也认识蒂尔家仍旧在世的成员。他还是苏珊·格利森的学生,这重身份当然也有裨益——苏珊在黑人社区很受尊敬。他追求了莫蒂和兰登的女儿安娜·布思(Anna Booth),并和她在萨姆纳的教堂举行了婚礼,但这并没有影响人们对他的看法。

我们很容易理解帕特里克为什么觉得自己和岳父母关系融洽。他父母"非常支持"他在蒂尔解说中心的工作;他们给那里捐过款,但从来没有进去参观过,也没有真正理解这个中心。他的祖父经营过一座加油站——"社会地位仅仅比布赖恩特一家高一点点"。这就意味着他们一家的地位不够高,没有受邀加入白人公民委员会,也没有加入三K党。他母亲说自己此前对密西比州和亚拉巴马州的种族主义恐怖事件一无所知:她只加入过姐妹会,但不知道世界上其他地方发生了什么,甚至不知道家门口发生了什么。"我妈禁止我爸当着我们的面说出那个以N开头的词①,但他时不时会说漏嘴。"有些记忆是鲜活而痛苦的。帕特里克曾经跟家人和朋友们一样是坚定的共和党人,只看福克斯新闻,而且痴迷于比尔·奥赖利(Bill O'Reilly)。他从2006年开始在温特研究所实习,那时他仍是个共和党人。"我们以前并不认为民权和人权是政治问题,觉得'后种族主义'(post-racial)的世界就是这样。之前他们在边缘问题上立场模糊,但我们只需做最后的努力就能实现种族融合。然后,我们终于可以让黑人加入共和党了。"苏珊·格利森和温特研究所让他大开眼界,牛津市的一位黑人牧师也让他大长见识;那位牧师听了他的故事以后送了几本书给他,有关于德斯蒙德·图图(Desmond Tutu)的,还有关于卢云(Henri Nouwen)的。

"他说了一些'受上帝宠爱的孩子'之类的话,而且是发自内心的。以前我不知道我也可以是受上帝宠爱的孩子,这样的自称意味着我拥有了自我价值感,而且可以把这种价值感传递给他人。"

当我们的车沿着双车道公路行驶的时候,帕特里克问我有没有闻到什么气味。"我们这一片都被洒了农药。人们都称其为三角洲污垢。"他指着一架低空飞过豆田的黄色小飞机说,"你现在闻到的是毒药的味道。"气味很臭。我们把车窗关得更紧了。在三

---

① the N-word,一般用来委婉地替代带有种族歧视意味的"黑鬼"("nigger")。

角洲地区，除了贫困和营养不良导致的许多健康问题，癌症发病率也很高。这是在大片的条状田地里喷洒农药的后果之一。

帕特里克的手机响了，芝加哥的一家媒体正在做一项关于埃米特·蒂尔的纪念报道。"驱使我的不是愧疚感，"他告诉记者，"而是一种责任感。"他挂断电话时，我告诉他这是战后德国人最好的口号：拒绝集体愧疚，承担集体责任。

斯特赖德警长（对蒂尔案的审判负有最大责任的人）的孙女也在尽全力帮助这个中心。帕特里克对她的帮助表示感激，这也促使他开始思考愧疚和责任之间的区别。他说，责任更有力量，因为"愧疚是不可持续的，是不成体系的，起不到什么作用"。另一方面，责任是一种可以长期驱使你的东西。"我可能不会一直待在埃米特·蒂尔中心。我可能不得不去找一份薪酬更高的工作。但我真正的工作，我的激情所在，永远是这样的工作。"

我不确定他在愧疚和责任之间做出的区分是否有用。愧疚确实会扭曲一个人，让人堕落。如果是那样，事情就会变得更糟，悔恨会变成怨恨。当你认为灵魂是你最重要的东西时，你会一心寻求救赎，而不顾及其他人的灵魂。犹太人的"赎罪日"传统就值得一提。在赎罪日那天，人们会宣读一份清单（上面会列出他们共同犯下的罪行），并祈求上帝的原谅。"**我们有罪。我们撒了谎。**"不过，在这样祷告之前，人们还必须先去找自己在过去一年里伤害过的人，对他们做出弥补。否则上帝是不会听取他们的祷告的。

我怀疑愧疚和责任并不能完全分开。是什么让一个来自杰克逊的年轻白人觉得自己对三角洲的这座小镇负有责任呢？部分原因可能是，他的家庭成员虽然从来都不是凶残的种族主义者，但曾经是略带愤怒的种族主义者，也是使杀害埃米特的凶手被无罪释放的帮凶中的一员。

在遇到塔拉哈奇县最早的黑人活动家之一约翰尼·B.（Johnny B.）之前，我就已经听说过他的很多事情，但其中从来没有重复的。"（他是）最早站出来为民众的权利抗争的那些伙计中的一个。"一个狗娘养的？一个奸诈之徒？一个种族主义者？唐纳德·特朗普的黑人版本？一个重罪犯？他为什么被判6个月的监禁？对于最后这个问题，我问了许多人，但没有听到任何重复的答案。监禁期间，他仍旧担任格伦多拉的镇长，通过电话办公。挪用了专门拨给格伦多拉的联邦基金？非法生产或销售威士忌？不管是出于什么原因，他丢掉了埃米特·蒂尔纪念委员会财务主管的职务。一旦赞助者浏览了委员会的官网，发现一个因为乱花钱而被定罪的人在这个委员会担任财务主管，委员会筹集资金的事就想都不用想了。他们允许约翰尼·B.留在董事会，但他仍然因为由公共委员会运营的埃米特·蒂尔解说中心比他的私人博物馆得到了更多资金而感到愤怒；他的私人博物馆就是埃米特·蒂尔历史无畏中心。

关于约翰尼·B.，有一件事是没有争议的：他父亲是埃米特·蒂尔谋杀案的帮凶。他父亲为J. W. 米拉姆工作，米拉姆让他做什么，他就做什么。躲在卡车后面控制住那个孩子？开车？烧了那男孩的鞋？把那辆最有可能被拿来运输尸体的卡车上的血迹冲进车厢的缝隙？如今还活着的人没有谁知道他做过什么。但可以肯定的是，斯特赖德警长绑架了约翰尼·B.的父亲亨利·李·洛金斯（Henry Lee Loggins）和另一名曾去过现场的黑人。斯特赖德给他们安上了假名字，在整个审判过程中一直把他们关在查尔斯顿的监狱里，这样他们就不会被传唤为证人了。于是我想到，约翰尼·B.其实很像纳粹集中营里的犯人头目（kapo，被党卫队挑选出来监督集中营里的其他囚犯的囚犯）的孩子。这些犯人头目有两个选择，要么助纣为虐，要么受人虐待，很少有人会选择后者。尽管如此，约翰尼·B.还是很难不为父亲的罪过而感到愧疚，即使和斯特赖德警长的孙女感到的那种愧疚并不相同。帕特里克告诉我，他比他的大多数同事更同情约翰尼·B.，"即使他做了一些，嗯，一言难尽的事情。不同的人有不同的看法"。

我和约翰尼·B.在由他创办的位于格伦多拉的埃米特·蒂尔历史无畏中心的办公室里见了面，他对我起了疑心，尽管我并未遵从当地的习惯称他为约翰尼·B.，而是一直小心翼翼地称呼他托马斯镇长。他想知道我都和谁谈过。我向他描述了我正在写的书，于是他想了解更多关于德国的事，就像密西西比的其他人一样。"他们真的在谈论这些吗？承认、道歉、忏悔和重新开始？"

他是第一个在我请求录下谈话时表示拒绝的受访者。"录下来是要做什么？"

"我记性很差。"这倒是真的。"如果不录下来，你跟我说的内容我连一半都记不住。"

约翰尼·B.使出了拖延战术。他告诉我，他也正在写一本关于蒂尔谋杀案的书，书中将重点讲述他父亲告诉他的故事，这些事都是其他人没有听过的。亨利·李·洛金斯是埃米特·蒂尔遭到折磨和虐杀时唯一的目击者,所以约翰尼·B.认为他的书会引起轰动。他已经写了好几年了。

"你的书会对我的书有什么影响吗?"

我向他保证我不是来偷他的故事的。我不会问他父亲告诉他的秘密。也许我的书还能让人们对他的书更感兴趣。"我只会用一章来讲述人们是如何纪念埃米特·蒂尔的。这样人们就会好奇,就会想知道完整的故事是怎样的。"

他的这座博物馆的门厅兼办公室有一堵暗褐色的墙,墙上的一座老钟在嘀嗒作响。约翰尼·B.又犹豫了一会儿。

"好吧,录音吧。"他说。

他开始抱怨位于萨姆纳的埃米特·蒂尔解说中心。因为跟它相比,位于格伦多拉的埃米特·蒂尔历史无畏中心"才是全国第一家全面描述了这个14岁孩子的遭遇的机构"。"那是在2005年,比他们在萨姆纳成立解说中心还要早两年。现在我们已经彻底被抛在后头了。我们投入了40万美元,却几乎仅仅能维持这里的照明,这就是塔拉哈奇县这个自由之地的运作方式。这个县是1833年成立的,作为自它成立以来第一个当选地方官员的非裔美国人,我从1975年以来就一直在努力纠正这个错误。"

他还因为在和弗兰克·米切纳的争辩中落败而生气,后者拒绝为10年前的谋杀和审判道歉。"我们要求他们道歉,却只收到'遗憾'。'我们对发生的一切感到遗憾。'"他轻蔑地重复道,"已经太迟了。"

他继续说道:"他们没有像我们这里这样展示孩子的尸体。我认为要展示就应该全面,就像蒂尔夫人说的那样。萨姆纳的解说中心既没有放棺材,也没有陈列尸体,而我认为这两样最为关键。"

我问他,如果有更多资金,他会做什么。这是个纯粹靠想象的问题,所以他给出的第一个回答很含糊也是可以理解的。他想让社区参与到自己的历史中去;他们没有给予历史以足够的关心。他支持特许学校教育,希望县里可以再拨一栋建筑用作教学楼。这样就会产生新的工作岗位,如果人们还关心社区的历史。"我们应该有自己的纪录片。还要做成DVD。记录下我们的恐怖之旅或格伦多拉徒步之旅,里面要包括和埃米特·蒂尔谋杀案有关的所有地点。"

我遵守了承诺,没有问他父亲的事,但他还是想谈谈他的父亲。"那些参与了这一令人发指的行为的非裔美国人现在被称为共犯。但他们曾经直接受到 J. W. 米拉姆的胁迫,米拉姆以前就住在那里。"约翰尼·B.指着那堵墙说道。墙后面是一大片空地。

"听起来他不像是你能拒绝的那种人。"

"确实不是。走过这栋房子,那里曾经有个火车经过的路口。某天,有一列火车开过来,J. W. 米拉姆告诉他的一个伙伴:'我不喜欢这辆卡车,你开着它去撞那列火车。'这个伙伴就照做了。情况就是这样。这就是米拉姆在这里的势力。"

格伦多拉穷得吓人。这里的200多名居民都是非裔美国人。看着面前的几栋破房子和铁轨旁边那一排摇摇欲坠的商店,我很难称之为小镇。只有一家店是开着的,主要卖钓具、薯条、奇迹面包和啤酒。除此之外就只有埃米特·蒂尔历史无畏中心了,这座博物馆设在了一座旧谷仓里,外面放着生锈的马车轮和轧棉机风扇,杂草从破碎的砖路上长出来。帕特里克曾经带我来这里看过河边的遗址。我们在这个县的其他地方碰到的人都会向他友好地挥手。但在格伦多拉,我们碰到了一名年轻的黑人男子,眼中充满了绝望和愤怒,他还摇下车窗朝帕特里克吐口水。小镇破败至此,没人能够责怪他。

我问约翰尼·B.,他父亲的事对他的生活有什么影响。他没有直接回答,只说他注定要走到今天这一步。"米拉姆曾经说过,他只要还活着,就不会让一个黑鬼来管理这座小镇。那时我才一岁八个月零二十八天,所以他阻止不了我。"

约翰尼·B.的父亲告诉他,米拉姆是个好人,至少在谋杀案发生前,他在社区里一直很受尊敬。难道是善良的标准太低了,所以他们没有注意到?詹姆斯·鲍德温在他根据埃米特·蒂尔谋杀案改编的剧本《查理先生的蓝调》(*Blues for Mister Charlie*)的前言中写道,他担心自己永远无法描绘凶手真正的样子:

> 显然,在现实生活中,这样的人会让我感到困惑和恐惧。至少在我的部分意识里,我恨他们,想要杀了他们。然而,在我的另一部分意识里,我知道没有谁会觉得自己是恶棍……但如果所有人都是兄弟,而且我相信我们是兄弟,那么我们就有责任去理解这个可怜的人;尽管我们可能无法指望解放他,但我们可以为了解放他的孩子而努力。因为,正是我们——美国人民——创造了他。[12]

由于担心家人会受到袭击,约翰尼·B.的父亲在案发后躲了起来。至于可能的袭击者到底是害怕他说出一些对自己不利的话的白人，还是无法将愤怒发泄在真正的罪犯身上的黑人，约翰尼·B.缄口不言。六七年来，他的母亲独自抚养了8个孩子。他是家里唯一一个不会摘棉花的人。

"不会摘还是不愿摘？"

"不会摘。哥哥能在三点前摘90千克棉花回家，而我在外面一整天也只能摘10来千克。50年后，一位作家送了我一本关于私刑的书，我在那本书里读到了我妈妈曾跟我说过的事：如果他们生病了，米拉姆就会进屋打他们，强迫他们下地干活。这些事情发生的时候我肯定在场，所以我摘不了棉花。就是不会摘。"

约翰尼·B.说，埃米特·蒂尔被杀后，他的父亲就变了。在他看来，"他是随着埃米特·蒂尔被杀而去世的"。"他不得不这么做，他和另一名当时在场的非裔美国人都不得不如此。我无法想象在发生这样的事情之后，他们还怎么安然无恙地活下去。"

他不想再谈论他父亲了。为了转移话题，我指了指挂在墙上的2009年奥巴马总统就职典礼的邀请函，并说我很嫉妒。当时，我和另外两百多万名群众一起，顶着寒风，挤在国家广场观看了典礼。约翰尼·B.认为，奥巴马为非裔美国人做的事还不够。他承认，如果不是奥巴马医改，自己可能早就长眠于地下了，但对这位前总统他也没什么好话要说。"我唯一一次接近他是在他的第一次就职典礼上，那还是因为我儿子被两度派驻伊拉克服役后自杀，我才会收到阵亡英雄纪念舞会的邀请函。"

他的儿子是应征入伍的，在军中服役了17年，最后几年做的是军医。不知道从什么时候起，他患上了创伤后应激障碍

（PTSD）。"我儿媳发现了这个情况，劝他去接受治疗，但他知道，如果接受了治疗，他就不可能再升职，不会有进一步的发展了。"

我沉默了很久，简陋的大铁皮谷仓里没有可以向外看的窗户。但我们很快就继续谈话了。我问他：你认为埃米特·蒂尔的故事对今天的我们有什么帮助？

"我认为，一个人如果不记得过去，就不知道自己要前往何方，就会一直在同样的事情上摔跟头。所以，我们应该把埃米特·蒂尔事件当作治愈过程的起点。我认为这个案子总有一天会传遍全世界。我在这里见过前来参观的俄罗斯人和乌克兰人。全世界的人都会知道的。"

我仍在试着理解，这个故事如何能够治愈伤口，或者说能够治愈谁的伤口。埃米特·蒂尔的样子难道不会带来痛苦吗？既让人愤怒，又使人羞愧？萨姆纳的道歉书里第一句话就是"种族和解从说出真相开始"。这是个不错的开始。然后呢？

约翰尼·B.认为，白人社区必须站出来，才能让治愈生效。非裔美国人一直都太被动了。"我可以为我父亲的行为道歉，我也确实这么做了。当时，我们把埃米特的家人都请来了——在格伦多拉，我们和埃米特的家人一起庆祝了埃米特的70岁生日。因为我想代表我父亲以及这个社区向他们道歉。从预谋犯罪到谋杀现场的清理，一切都发生在这个社区。"

他以拥有这片土地为荣。这片土地原来的主人曾经和他说："约翰尼·B.，你早就应该在镇子后面的河里漂着了。""就像他们对埃米特所做的那样。我看着他说：'那你应该在我前面。'"约翰尼·B.告诉我，这就是他如此努力买下这个地方的原因。我理解他想要洗刷耻辱。我也理解格伦多拉马路上的那些年轻人为什么会向载有白人的车吐口水。

在我们谈话后不到6周，一场大风暴袭击了三角洲，一棵树倒向了约翰尼·B.的房子。屋顶塌了，他和妻子当时正在卧室里睡觉。这就是三角洲的天气。这就是三角洲的房子。他的妻子丧生了，他幸存了下来。

在2017年的春天，我不是唯一一个在三角洲四处打听埃米特·蒂尔的故事的人。早在达娜·舒茨的那幅画之前，"黑人的命也是命"运动就已经把这件案子推到了风口浪尖。北卡罗来纳州的历史学家蒂莫西·泰森（Timothy Tyson）就此案写了一本书，受到了三角洲地区人们的批评和其他地方人的大力赞扬，这本书的独特之处在于提到了卡洛琳·布赖恩特的自白：她承认埃米特·蒂尔从没想过碰她，这与她在审判中所说的相反。当年大多数人本就认为她撒了谎，那么她后来的忏悔又有什么用呢？至少有三部关于这件案子的电影正在制作，其中有一部由杰斯（Jay-Z）和威尔·史密斯（Will Smith）担任制片人，还有一部由乌比·戈德堡（Whoopi Goldberg）担任制片人。还有达里尔（Darryl）和布兰登（Brandon），他们是纪录片导演，拍摄过一部关于佛罗里达州的种族恐怖行为的电影。他们和我一样，更关心的不是审判本身，而是审判对当地社区的影响。我们一起在萨姆纳的烤肉店里吃着一流的汉堡和薯条时，达里尔告诉我他正在为《纽约时报》做有关青少年正义和不公的报道，这时他发现烤肉店的另一边坐着他的猎物。

"吧台边的是约翰·惠滕（John Whitten）。他爸爸是——"

"我知道约翰·惠滕是谁。"他父亲是米拉姆和布赖恩特的辩护律师之一。我甚至在开车路过他家时瞥见过他家后院的军火库，但我从没近距离看过他本人。他看起来就像漫画里的那种老好人：大肚子，小眼睛，短短的白胡子，头戴一顶狩猎帽。那是我第一次在三角洲感到一阵不寒而栗。

达里尔非常想要采访他，晚餐的大部分时间里，他都在考虑是否应该走过去做个自我介绍。应该走到吧台前请他喝杯啤酒吗？在他的妻子和朋友面前打断他会不会不太礼貌？也许不会，但他的朋友背对着他，是在表示对他的不尊重吗？盯了一晚上之后，达里尔还是决定不去搭话，他有惠滕的电话号码，而且他还要回到萨姆纳。就在此时，约翰·惠滕径直走向了我们，脚步稍稍有些摇晃。"这桌的客人们多迷人啊！你们应该再待一会儿。"

达里尔说，南方的男性一直被教导要对女性有礼貌。这是一种说法。与此同时，达里尔以一个优秀演员的自我修养开始演戏："哇！你是约翰·惠滕？久仰大名！"惠滕一直盯着我，问我们在这里干什么。在这个只有400人的小镇上，每个陌生人都很显眼。我说我在写一本关于密西西比州如何看待自身历史的书。

"这里的人看待历史的方式就是在那里大小便。"惠滕朝着离店门只有几步远的法院大楼做了个手势。"关于埃米特·蒂尔那件事，我也看到了，而且我对此心知肚明。"

我们问他看到了什么，他说蒂尔案审判时他才7岁，所以是在电视上看的。"在法庭上你必须放慢语速说话，不然他们会把你补牙的填充物都打出来。"然而，当人们在多年后重启调查时，已经成年的惠滕曾与斯特赖德警长以及联邦调查局的探员交谈过。"塔拉哈奇县和这件事没有任何关系,只不过警长把县界搞错了,偏离了大约46米,这起案子才会由我们的法院系统审理。"他承诺,如果我们第二天下午去他家,他就会告诉我们更多信息。

萨姆纳会给人一种很安全的感觉,让人很难想象这里曾经有过罪案——除了那个著名的案件,但那是很久以前的事了。但惠滕认为,这里到处都是罪犯。虽然他已经不打猎了,但他仍在练习射击。鹿肉太难处理了,而且他觉得不吃的东西就不应该射杀。"不过,如果你保护不了自己和家人,你就不应该来这里,他们会杀了你。"他没说"他们"是谁,但那是他在第二天向我们展示他的大型军火库的借口。他的院子非常大,但大部分坦克都停在车库里。

"那些不是坦克,"他告诉我,"而是装甲运兵车。"

"他给你看了他的军火库?"后来弗兰克·米切纳在得知此事后惊呼道,"哦,上帝啊。"

他骄傲地展示了那些武器以及他的库房,库房的墙壁上贴着"男性专属"(MAN CAVE)和"危险"(DANGEROUS)的字样。库房里的大部分海报都是啤酒广告,但有一张很引人注目,上面是四个盛装打扮的美洲原住民,每个人手里都拿着一把步枪。上方的标题是"交出你的武器!"(TURN IN YOUR WEAPONS!),下方则用小字写着"政府会保护你们"(THE GOVERNMENT WILL PROTECT YOU)。它贴在一张桌子后面,桌上放着我见过的最大的电动火车组模型。

"在很多地方,内战是非常抽象的。"他告诉我,"但在这里,它就在我们家附近。"惠滕的曾祖父是邦联军的一名中尉。当初他的高祖父在亚特兰大郊外有一座农场,谢尔曼的部队经过那里的时候要放火烧他的房子,他和士兵们发生了争执,然后被士兵枪杀了。他的遗孀把所有值钱的东西都打包了。他们有24个奴隶,其中22个和他们一起坐着摇摇晃晃的大篷车去了密西西比。他们都成了自由民,都是自愿跟着来的。反正惠滕是这么说的。

按照他的说法,在他上大学的时候,一个黑人找上门来,希望见见他的祖父。"'我认识你吗?'我爷爷问。'不,萨克斯顿博士,您不认识我。我是某某医生。但您肯定认识我母亲某某。'我爷爷说:'上帝啊,你怎么不早说?'然后拥抱了他。爷爷叫我去买点可乐和饼干,然后他们开始坐在门廊的吊椅上聊天。"那个人的母亲是他祖父以前的玩伴。"她是一个前奴隶的女儿,两家人的关系直到20世纪60年代仍然很好。你可能听说过奴隶被主人虐待之类的无聊的话。好吧,有些奴隶确实遭到了虐待,但我认识的人当中没有。"惠滕又开了一瓶啤酒。"我们为什么要虐待我们的奴隶呢?一个奴隶要一两千美元,虽然比现在的拖拉机便宜,但你不会虐待你的拖拉机吧。你会吗?"

天空慢慢变得灰暗,太阳已经下山了,我开始发抖。即使在三角洲这样的地方,2月也可能很冷。

"我们这里又湿又冷。"惠滕说。

我不知道自己继续强忍着听他说话是为了得到情报还是因为懦弱。他知道我不是站在他那边的。我说我在密西西比大学工作,他回答道:"如果那里着火了,我是不会朝着它撒尿的。"鉴于我对密西西比大学的了解,要是有人说它是自由主义的温床,我会觉得非常滑稽，但密西西比的大部分人就是这么认为的。我想，这就是有教养的白人公民委员会和残暴的三K党之间的区别吧。有人说三K党从未在三角洲地区站稳脚跟，因为种植园主完全依赖黑人劳工。在陌生的土地上寻找真相就是这么困难。我虽然觉得这个人不会伤害我，但也不认为自己可以改变他的观点。我决定闭嘴，听他一个人说。直到今天，我都不知道当时是不是应该早点离开。

他描述的那个版本的内战我听说过，但之前从来没人说得如此直接。"南方根本没有人做奴隶生意。他们只是买下了东北部的商船卖给他们的东西。内战与奴隶制无关，只和税收有关。当时南方背负着重担，北方却在发财。"

"内战爆发时，南方人已经开始实施一项计划，试着教育奴隶，并将那些希望回到非洲的奴隶送回去——"

"我记得，在大多数地方，教奴隶读书是违法的。"我打断了他，"还是说我记错了？"

"我不知道。"惠滕说。

"密西西比是什么情况？"

"我不知道。"他重复道。

"你是说这里的人都会让奴隶受教育？"

"据我所知，他们是这么做的。我当时又不在。"

兜了一大圈，我终于跟他聊到了让我感兴趣的话题：蒂尔案的审判。他父亲跟他说了什么？

"如果有以下几种情况，我们就很难对谋杀这样的重案定罪：一、案件并不发生在你所在的县；二、相关人员不是本县的人；

三、死者不是本县的人。虽然埃米特·蒂尔在这里有亲戚。这里的人和这件事没有关系,也许谋杀案根本就没有发生。"

"你认为可能并没有发生过谋杀?"

"嗯,他们自己也不知道。那时候没有DNA检测技术。那个家伙在河里漂了好几个星期,人们把他捞上来的时候,他整个人都变形了。谁知道呢?作为一名前检察官,我告诉你,要说服人们给两名受人尊敬的退役军人定罪是很难的。从诺曼底登陆到二战结束,他们一直在军中服役。那12位陪审团成员不可能把为国奋战的人想得太坏。"

除非他们是黑人。也有许多黑人在海外为国奋战,但他们在回到南方的家乡后却被私刑处死。但我是不会和他这么说的。我只是指出了大家都知道的事:米拉姆和布赖恩特承认了谋杀,就在他们犯罪的几个月后。

"没错,"惠滕说,"但法庭上的标准做法不是这样的。他们一旦被认定为无罪,就永远无罪了。"

"我想知道你父亲对此怎么看。"

"这个案件让他很困扰。"

"凶手确实承认了。"

"这个案子困扰了他一辈子。"

"他跟你说过这件事吗?"

"不是很多。"

如果我们的谈话到此为止,我在离开时可能还会心怀怜悯。不是很强烈,但会有一点。很少有人拥有足够的勇气和远见去反对自己所在的时代的传统,即使那些传统已经腐烂。在密西西比三角洲是如此。在广阔的普鲁士平原上也是如此。只有英雄才能做到这一点,而我们大多数人宁愿成为受害者。

但谈话并未就此打住。"整个埃米特·蒂尔事件在这里都与仇恨无关,"惠滕继续说道,"就像特朗普说的,那些纽约人跑到这里,写下所有充满偏见的观点。反正你们想要的就是找个人说出你们想听的,然后把它当作真相传到网上。"

我想,如果有人挑战我们生活的框架,其他人就会指责他撒谎,至少在一段时间内是这样。当领导者要求你怀疑真理本身的可能性时就更是如此了。"我只是在试着理解你,因为米拉姆和布赖恩特都承认了。很明显,他们杀了那个孩子。你不这么认为吗?"

"我可以把我所知道的告诉你。我知道他们从《看客》杂志那里得到了一大笔钱。他们也肯定说了一些《看客》想听的话,不然《看客》不会付钱给他们。我们看到的是两个只想通过乡村小店维持生计的家伙。这就是他们一开始不见踪影的原因。他们当时在去海边进海鲜的路上。"

没人质疑这一点。

"我只知道我当时不在现场,我不认识他们两个。另外,这件事发生在别的地方,而不是这里。唯一一件发生在我们这里的事是街上出现了一些粗大的电缆线,还有一辆拖车,记者们蜂拥而至的时候,那辆车一直在街上开来开去。"

苍白的日光渐渐黯淡下来。惠滕说是时候出去喂他的浣熊(coon)了。

"你的什么?"我听错了吗?

"我的浣熊（raccoon）。我喜欢浣熊，家里养了1只。我养了很多宠物。我的森林里还有9只。我每个月去一次查尔斯顿，给他们带一吨狗粮回来。"

"coon"这个词是种族歧视用语。我后来查找它的起源时才发现这里面存在争议。有人说它是"barracoon"的缩写，这个词是葡萄牙语单词，指一种关押奴隶或囚犯的营房，奴隶贩子们通常会将黑奴先放在这种营房里关上几个月，再运到美国贩卖。不管起源是什么，现在"coon"这个词的冒犯意味仅次于以N开头的那个词。在这种情况下，惠滕对浣熊的痴迷可以说很不一般了。我不是精神分析学家，但我相信无意识行为，即使那些做出无意识行为的人自己都不相信。

"你们想出来看看吗？"

要不是达里尔和布兰登也在，我是不会上他的车的，但他俩已经准备动身了，而且我对浣熊也很好奇。我们开车穿过三角洲，满眼尽是铅灰色和棕色。最后，车子停在了一栋破旧肮脏的小屋前。一面小小的美国国旗充当了一扇窗户的窗帘，另一扇窗户的窗帘是一面邦联旗。不远处是一辆生锈的房车，还有一辆军用车。

"那是自动喂狗器。"惠滕指着五个看起来像垃圾桶的容器说，"你把食物放在里面，那些浣熊就会用鼻子把它们拱开。"

我不想忘记这片荒芜之地，于是拍照记录了下来，然后借口太冷了，回到了车上。惠滕说浣熊在天黑以后才会出来，而且他本来也没指望让一个女人来拖那些袋装狗粮。

几个小时后，我们回到萨姆纳吃晚饭。我又在烤肉店的吧台边看见了惠滕和他的妻子。

"我每晚都来这里。"他高兴地说,"这些座位我租下了。上面有我的名字,所以别人都不会坐这里。"

我想知道萨姆纳烤肉店的老板、非裔美国厨师瓦妮莎是怎么忍受这一切的。她看起来坚韧、有耐心,也有些疲惫。镇上的人都知道惠滕是谁,她自然也知道。远离了达里尔和布兰登以及他们的摄影机,惠滕说起话来更无所顾忌了。

"卡洛琳·布赖恩特老得像一头老山羊。"惠滕说,"她脑袋里的松鼠比大多数人的阁楼里的还要多。"他坚持认为她的供词毫无价值。"如果埃米特真的什么都没做,那些事为什么会发生在他身上?"

他说,与其谈论埃米特·蒂尔,人们更应该谈论最近发生在附近的一起黑人谋杀白人的案件。其中一名罪犯被判了死刑,但还没有执行。"他们应该把他拖出来,烧死他。或者至少应该枪毙他。本州的行刑官是我的朋友。他是个好人。我想他会主动这么做的。总得有人站出来保护这个社区。"

我吃完金枪鱼沙拉,回到公寓,锁上了门,试图想明白像惠滕这样的人是怎么思考的,或是怎么不思考的。

埃米特·蒂尔肯定做了什么,才会惹来这样的结果。

也许那根本不是埃米特·蒂尔。那具尸体在水里泡了很长时间。

米拉姆和布赖恩特是为国家服务的好人。

我根本不认识他们。

他们收了一大笔钱,然后坦白了,所以谁知道他们的坦白是不是真的呢？

卡洛琳·布赖恩特老糊涂了，她的坦白不能算数。

这些说法完全相互矛盾，不可能全是真的。然而它们似乎全都装在惠滕的脑子里。在庭审时，这样的辩护方式肯定起到了效果。而在这里，这些说法可以帮助惠滕，使他不必面对真相。

那天早些时候，我问惠滕，为什么他认为外面的人害怕密西西比。他的回答很能说明问题。"他们认为密西西比是个巨大的、黑暗的沼泽。我们觉得这样挺好的，这里的人已经够多了。我们不需要更多人了。"

谢天谢地，第二天是周日，威利·威廉斯（Willie Williams）的教会邀请我过去。说实话，我第一次见到威利·威廉斯时就希望他能邀请我了；约翰尼·B.去职后，威利·威廉斯一直是埃米特·蒂尔纪念委员会的财务主管。

"我总说他是个传教士，所以不会偷东西，而他总是觉得很好笑。"米切纳说。

威廉斯是距离萨姆纳只有几英里远的小镇塔特怀勒一个小教会的牧师，但他在这条路边还有一家汽车修理厂，他就靠这个养家糊口。"我喜欢摆弄汽车，所以上了职业学校，学习汽车维修。"他在密西西比州那座臭名昭著的州立监狱——帕尔希曼农场（Parchman Farm）做了10年狱警，之后才终于开了一家自己的店。帕尔希曼农场里的暴力事件乃至谋杀深深地影响了他。他回到了米尔萨普斯的学校，那是杰克逊的一所改革派卫理公会大学。之后,他在1998年被任命为牧师。他的汽车修理厂规模很小,他一边做传教士,一边经营修理厂。

威利·威廉斯的答录电话机会接听顾客和教区居民的电话,结束语是"祝你有受祝福的一天,同时请不要忘记是谁祝福你的"。我费了一番周折,终于联系到了他本人。威利很亲切友好,长相高贵而英俊,他的非洲式短发和胡须都有些泛灰。我们都是在埃米特·蒂尔被杀那年出生的。

作为塔特怀勒的一名牧师,他觉得"能住在这里就已经蒙福了"。他致力于建设社区,希望帮助人们"找到自己的热爱"。"不管是给孩子做课外辅导,还是努力改善他人的生活。""上帝为什么赐予你创造力?你可以挥霍自己的人生,也可以投资自己的人生。你只需做出选择。"

他的选择之一就是加入埃米特·蒂尔纪念委员会。他说,当贝蒂·皮尔逊邀请他加入委员会,并让他称呼她贝蒂时,他感到很荣幸。"这其实很难,不是因为她是白人,而是因为她几乎与我母亲同岁。"我不太相信。帕特里克告诉我,董事会的另一位黑人成员受邀去弗兰克·米切纳家参加派对时想从后门进去。那是2015年。但他是在弗兰克的种植园里长大的,而且……威利不想谈论愤怒,也许他确实感觉不到愤怒。不过在约翰·F. 肯尼迪遇刺的时候,他确实提到了恐惧。"黑人们都说我们要被送回非洲了。他们说这位总统是为黑人服务的,所以才遭到刺杀。"

"我可以想象,如果我在这里长大,听到这些故事肯定非常生气。"我说。

威利引用了马丁·路德·金的话:如果你憎恨,你就会让你憎恨的人变得非常强大。仇恨不是可持续的，只会伤害到你自己。他认为埃米特·蒂尔纪念委员会能够从灰烬中治愈人们。

他的信仰支撑着他，但他反过来也让他的信仰变得鲜活有力。威利身上就散发着信仰的力量。我非常清楚马克思的观点"宗教是人民的鸦片"。我也知道，人们曾多次利用基督教来转移非裔美国人的注意力，让他们不再注意到自己生活在地狱。不过，在和威利·威廉斯谈话的时候，我能感觉到信仰可以是一个浮标，而不是一只锚。我还是不明白，他之前为什么和我说我必须见一见约翰·惠滕。

"我对他有点了解，"威利说，"我跟他聊过。"

"你是怎么跟那样的人和平相处的？"

他慢慢说："嗯，问题是，每个人都是不同的。约翰结婚了，有两个儿子。他是个律师，他父亲曾是蒂尔谋杀案辩护律师团的一员——"

"我知道。"

"但作为一个有信仰的人，我会为人们祈祷。我相信上帝可以干涉人们的生活。"

我会为约翰·惠滕祈祷吗？在那一刻，我很庆幸自己不是基督徒。但不管是不是基督徒，我都支持启蒙运动。那不就意味着我相信每一个灵魂都能够以某种方式得到救赎吗？

在那个星期天早上，我高高兴兴地走进了威利的砖造小教堂。我进去的时候，一半的女性过来拥抱了我；我离开的时候，所有女性都拥抱了我。在这两个时刻之间，威利做了一场有力而缓慢的讲道。名字是"圣经对种族歧视的回答"。

"我真的很想对罪恶的种族主义给我们国家带来的痛苦和伤害保持敏感,但上帝是一位治疗师。今天早上,让我们来看看《使徒行传》第17章。我想问问你们,上帝是种族主义者吗?不是。种族歧视是一种对抗上帝的罪行。世上只有一个种族,那就是人类。世上有不同的部落、民族和语言,但圣经里从来没有提到'种族'这个词,里面提到的一直是民族、部落和语言。"

"阿门。"会众说道。

"请看《使徒行传》第17章第26节:'他从一本造出万族的人。'主啊,请帮助我们。即使你了解我们的一切,你却还是说,'来吧,让我来和你讲道理'。"

"嗯嗯。"会众说。

"我想告诉你们的是,不要让痛苦奴役你们。我们不是唯一有此遭遇的民族——犹太人也经历过这些。我昨晚看了些有关犹太人大屠杀、焚尸炉之类的内容。什么样的人会对另一些人做出这种事?但这样的事情确实发生了。我们都愧对上帝的荣耀。祈求上帝赐予你们勇气,让你们能以上帝的眼光看待他人,阿门!"

"阿门。"他们重复道。

"当别人说我们在种族主义的问题上没有取得任何进展的时候,我会感到很困扰。我们已经有进步了!曾经有一段时间,像苏珊这样的人甚至不能出现在我们的教会。"

我脸红了。

"我不是说她会受到我们的威胁,而是她自己的族人会说:'你在那里和那些黑人在一起干什么?'上帝不像人类。上帝说,无论是谁,只要他愿意,就让他来。我想对我们的教众疾呼——

我们爱人类。这里有来自全国各地的人。我不会刻意将种族歧视的痛苦一笔带过。但在民权运动中,双方都有人被杀。在密西西比的民权运动中,有一名黑人和两名白人丧生……"

"赞美上帝!我们都是以令人敬畏和惊奇的方式被造出来的。我们当中有人高,有人矮,有人发质很好,有人头发很卷。有些发质好的人想要一头卷发,有些卷发的人想要好的发质。上帝喜欢多样化,我们每个人都有些拿得出手的东西。上帝说,到我这里来,我会使你们得安息。现在低头祈祷吧。主啊,我为不同种族之间的关系祈祷,希望你在此事上治愈我们。"

会众祈祷。

他还说了很多,会众还传递了奉献盘。威利想筹集足够的钱,带当地的青少年去洛林汽车旅馆和位于孟菲斯的民权博物馆看看。

"我想介绍一下我们的客人,苏珊·奈曼博士。她从德国柏林远道而来,那个地方怎么样?她一直在和埃米特·蒂尔纪念委员会合作。我很感激你能来,这对我来说意义重大。"

我只能尽量不结巴地说,我对他们的热烈欢迎表示很感激。"上帝祝福你。"男男女女们一边说着,一边走上前来和我握手或拥抱。我忍不住想起了迪伦·鲁夫,因为我确信那个周三的晚上他在查尔斯顿受到的也是这样的待遇。无论这样的事如何在美国各地屡见不鲜,但杀害9个陌生人已经够骇人听闻的了,何况是杀了9个真诚欢迎你的陌生人。以怨报德的能力让人们放弃了理智,至少在一段时间内是这样的。我无法理解这桩惨案,就像我同样无法理解,在已经知道这件事的情况下,美国各地的黑人们如何能够一次又一次地向陌生白人敞开他们的教堂大门和他们的心扉。这是多大的爱与勇气。多大的勇气与爱。

第二天早上，我在萨姆纳醒来，看到一位五十多岁的白人男子把一袋米放在我的车子引擎盖上。"你是外地人。"他说。在萨姆纳，来自杰克逊的人就算是外地人了。"吃点米饭吧。"

我很感动，因为这就是我听说过的三角洲式的热情好客。不过我有些怀疑，如果我的皮肤是另一种颜色，他还会不会这么热情？我顿了一会才回答。"谢谢，"我说，"但请把它交给那些更需要它的人吧。我不怎么吃米饭。"

几天后，我觉得自己当时的拒绝很无礼。迈克·瓦格纳（Mike Wagner）是埃米特·蒂尔纪念委员会的成员。他是真的关心种族歧视和贫穷问题，每年都会送出成吨的大米。碰巧的是，他家的大米很好吃，连我这种对米饭不感兴趣的人都这么认为。

迈克的家族已有十代人务农了，他们种水稻、棉花和大豆。他的祖父会邀请非裔工人同桌吃饭，所以被视为进步派。"他们如果有本事和我一起工作，那也就能和我一起吃饭。"迈克·瓦格纳得到了一份工作，在皮尔逊家族手底下做事，后者是县里最自由、最活跃的家族。"我认为这份工作的一部分就是做他们的儿子。贝蒂比这里的任何人都要左。"贝蒂·皮尔逊对他的影响很深，于是他开始购入属于自己的土地；在经济不景气的时候，这些土地实际上相当于是白送的。"在满足农场的需求方面，我的土地可能是附近最像种植园的了。我们吃的粮食都是自己种的。"但他也擅长种水稻，数千英亩的水稻。一天下午，他带我去看他建的碾米厂，那里有各种颜色的米。他希望儿子能接手这些生意。

迈克对他所谓的可持续有机耕作法非常自豪。他会使用一些化学物质，但不是飘散在三角洲的空气中的那种毒药。他喜欢在晚上没有风的时候喷洒，这样就不会伤害到邻居了。"他走在时代的前沿。"弗兰克·米切纳说。迈克相信，三角洲总有一天会成为"一个非常好的地方"。"我们拥有世界上最好的土地，我们有非常聪明的人。现在，如果我们能让这里该死的教育系统走上正轨，我们的生活就能走上正轨了。"

他说，过去30年来，这里有了很大的进步。刚从密苏里州来到三角洲时，他认为解决三角洲地区的种族和贫困问题还需要三代人的努力。"在我看来，我们已经付出了一代半的努力了。除了肤色，我们这颗星球上的问题还有很多很多。"他有些激动地说，"我们有水资源问题，还有其他资源的问题。我扯远了。"

贝蒂退休后，人们邀请迈克加入埃米特·蒂尔纪念委员会。他试图拒绝，但据他所说，已经没有别人了。我想他的意思是，除了他，没有别的反对种族主义的白人了；委员会努力让黑人成员和白人成员的人数保持相等。他很高兴他们翻修了法院大楼。"它是南方最好的罗马式建筑之一，就在这条漂亮的长沼边。"如果人们连法院大楼都谴责，这座小镇就毁了。现在，这里开始有了一些民权运动观光团，还有那家本来属于迈克、现在已经由瓦妮莎接手的小餐馆。他参与进来是因为他的"私心"："因为我想让我的孩子生活在全美最好的社区里。要想得到最好的东西，不一定要住在市里。"他说的"最好的东西"也包括纪念埃米特·蒂尔。"正是那起案件点燃了民权运动。那是一件大事。"

在向我展示了碾米机的工作原理后,迈克带我走了很长一段路回到了镇上,途中经过了布赖恩特的杂货店——蒂尔谋杀案开始的地方。那家店早就废弃了,一侧的墙上爬满了葛藤,看起来快要塌了。埃米特·蒂尔纪念委员会想买下它并进行修葺,但房主宁愿让它废弃着。店前有一块标志牌,注明这家已经关闭的商店是密西西比自由之路的一部分,但牌子已经被严重刮花了。没人知道是谁弄坏了它,也没人知道是谁把另一块稍薄一点的标志牌打得满是弹孔。迈克是个温和的人,他不愿相信是他的邻居干的。"也许只是一些猎人不小心弄的。"他无奈地说。

"7次都是不小心?"

他无言以对。

我离开了我在萨姆纳暂住的公寓,但后来经常从牛津驱车约110千米回到那里。我计划再去一次,旁观一下在那里举行的还原蒂尔案审判的活动。这个活动是西弗吉尼亚州的一名高中老师发起的,他想带他的学生们去萨姆纳,在法院里朗读整场审判的记录。这是个好主意吗?惠勒·帕克倒是支持,他从不拒绝关于蒂尔家族的任何东西。朗读审判记录花了三个晚上,第一晚,珍妮弗·斯托尔曼和我去旁听了。

整场活动让人很痛苦。倒不是因为孩子们唤起了痛苦,而是因为他们做不到。他们大多是白人,在法庭各处就座——这边是证人席,那边是陪审团坐的地方。但他们的朗读完全无法打动人心。他们偶尔会给人一种根本读不下去的感觉。这是第一次排练吗?答案是否定的。但在几乎空荡荡的法庭里,他们的朗读非常乏味。他们读到对蒂尔伤痕累累的尸体的描述时,就像在聊如何盖房子或如何煎鸡蛋。珍妮弗和我不愉快地对视了一眼。

"如果你因为研究的需要而打算留下来,我可以陪你。"她低声说。

"我们走吧,"我回答,"我受不了了。"

为了见到埃米特·蒂尔最亲近的表哥惠勒·帕克,我本想耐着性子听完,但朗读过程让我很不舒服,我感觉再也待不下去了。反正我有帕克的电话。当我联系上他的时候,他说他第二天就要去芝加哥了,但如果我能提前一点去他在格林伍德落脚的酒店,他愿意和我谈谈。于是,我在酒店大堂向他介绍了我的书。惠勒·帕克对此很感兴趣;他在20世纪60年代曾被派驻德国。

"我注意到,"他说,"希特勒和特朗普有很多相似之处。我不是说特朗普和希特勒一样坏,但是——特朗普都说了些什么?一个人撒的谎越大,人们就越相信他。人们都希望别人喜欢自己,于是大多数人都开始撒谎。必须有人怀着一腔热血挺身而出,带着爱(而不是恨)说出真相。德国那些没有挺身而出的人在真相水落石出时一定感到很羞愧。"

"而且他们的孩子通常也会讨厌他们。"

"他们会谈这些吗?"

"一直在谈。"

"他们知道自己哪里做错了吗?"

"是的,先生。他们知道。"

惠勒·帕克为人和善,他说的话越多,言语中就越透露出和善。他的妻子后来也走了过来。她觉得那场朗读活动"棒极了"。

"我第一次听的时候,是和我丈夫一起哭着离开法庭的。我们仿佛身临其境。"

"你们以前听这些孩子朗读过吗?"我疑惑地问。

"是的,在西弗吉尼亚州听过。事实上,让他们来这里朗读是我们的主意。有些学生特别优秀。"

我有什么资格批评这场让帕克牧师和夫人双双落泪的朗读活动呢?没人比惠勒·帕克更了解这个故事了。他和埃米特一起计划了这次旅行,一起坐火车,一起在"新奥尔良城"号列车到达种族隔离的南方时换乘汽车。在那个炎热的8月晚上,他跪在地上,祈求米拉姆和布赖恩特不要把他也带走。我小心地调整措辞,然后说道:"我和朋友觉得那些孩子的朗读对历史不够尊重。当他们朗读具体的细节时——"

"嗯,这些不就是你想要的吗,"帕克牧师说,"这些就是未经修饰的原始信息。他们朗读的时候,你脑子里就会形成清晰的画面,使你仿佛置身那条河边。我当时很受触动。"

他将他们为这场活动做准备的过程告诉了我。学生们需要一些道具,尤其是轧棉机风扇。他们没办法从西弗吉尼亚带一台过来,但他们觉得,既然来到了棉花之乡,这东西应该很容易租到。他们打电话给一家出售农业设备的商店。没错,那里有轧棉机风扇。"等一下,"电话那头的白人男子说,"你们想在萨姆纳做这件事?那你们还是给我滚蛋吧。"第二通电话更糟糕。"之前我们这里是有轧棉机风扇,但我们把它勒在一个黑鬼的脖子上了。"电话那头的男人边说边笑,就像上一通电话里的人一样。

我震惊得几乎说不出话来。

"我不觉得惊讶。"帕克牧师说。他的脸上混杂着悲伤和了然。"有些地方是隐蔽的,有些是公开的。在这里,他们会直言自己的想法。"

如果这就是浅浅地埋藏在表面之下的情绪,那么学生们的做法就是正确的,甚至是正义的。我想,只有唯美主义者才会抱怨他们的表现。

"我们知道那些人对黑人男孩的态度,"帕克牧师继续说道,"现在的情况有点像民权运动时期,当时他们还把这些搬上了电视。然后其他所有人都知道了。这就是我们一直在经历的事。"

不过,他也觉得自己在密西西比度过的时光非常宝贵。在他成长的过程中,大家互相认识,会互相分享。每年他家宰杀家禽家畜的时候,家里的大人总会提醒他送一块肉到琼斯夫人那里。如果有人遇到了麻烦,大家都会齐心协力帮忙。他们不需要多富足的生活,只要能糊口就行。

现在,奴隶制结束了,他认为我们反倒成了金钱的奴隶。他去德国服役的时候,看到那里的人们会花时间在树林里散步,他对此印象深刻,于是发誓回到美国后也一定要保持这种生活节奏。他说,要慢慢享受生活。"我坚持不了三个星期,就会回到争分夺秒的生活节奏。"

帕克牧师认为,美国的核心问题是贪婪。"在美国,如果你有钱,大家就会尊敬你。不管你是怎么得到那些钱的,不管你是黑帮分子还是毒贩。看看特朗普吧。"他叹了口气:"我告诉人们去读圣经。圣经里的富人都是可怜之人。读读那些故事吧。"

相比之下,他认为奥巴马简直是上帝的恩赐,他不能容忍美国的年轻人说奥巴马没有作为。"他们不知道我们为了能拥有一位非裔美国总统付出了怎样的代价。我从来没想过在有生之年还能看到这一幕。"当然，仅靠一个人并不能改变一切；我们之前一直希望他能施行奇迹，就像寄希望于医生能施行奇迹一样。我们认为医生能治愈一切疾病。但奥巴马还是做了贡献的。"我喜欢他的精神。有句话是怎么说的来着？'当别人低劣攻击，我们要高尚回应。'①"

事实上，这是唯一的正义之路。但说起来容易，做起来难。在那个恐怖的夜晚，以及之后的所有夜晚，一定是这样的想法支撑着惠勒·帕克。

"如你所见，我是混血儿。"他说。他和大多数非裔美国人一样，有黑人血统，但不是纯种的黑人。"所以是谁强奸了谁？从哪位总统在位时开始的？"

"杰斐逊。"

虽然帕克认为非裔美国人的大迁徙主要是由经济因素驱动的，但他岳父离开南方还有另一个原因。"在南方，你无法保护自己的妻女不受白人男性的伤害。"白人想拥有黑人女性，但又害怕黑人男性。他认为，那是因为黑人一旦自由了，就能升到高层。白人最害怕的就是黑人男性抢走白人女性。"有人会因为一个无所顾忌的眼神而被杀。看看埃米特·蒂尔吧。"他听起来很疲惫了，他已不再年轻。"我试图通过哲学来理解这一切，"他继续说，"但努力了很久还是放弃了。这根本说不通。"

---

① 这句话的原文是"When they go low, we go high"，出自美国前第一夫人米歇尔·奥巴马（Michelle Obama）在2016年民主党全国代表大会上的演讲。

我问帕克对达娜·舒茨的画作有什么看法，当时那幅画还在离格林伍德很远的惠特尼双年展上展出，还激起了大规模抗议。

"我听说过一些，"他说，"但这些还不足以让我发表评论。"

"你是说纽约的那幅画？"帕克太太问道，她似乎对此很反感，"她把埃米特画得像动物。像一头大象。"

我倒不反感，只是觉得这幅画太有装饰性了。你很难说画布上画的是什么，但如果没看标题，你很可能把它挂在你家的墙上。永远没有人能够想象把这幅画想要表达的那张照片挂在墙上会是怎样的情形。那张照片太可怕了，令人无法久视。

"我们的律师和纽约那群人谈过这件事。"帕克太太说。"打电话给克里斯吧，"她对丈夫说道，"请他下来一下。"

克里斯托弗·本森（Christopher Benson）确实是一名律师，但他不只是律师。他还是个作家，以及新闻学和非裔美国人研究学的教授。在此情况下，最重要的是，他还与玛米·蒂尔–莫布利合著了《无罪之死》（*Death of Innocence*）；这本书讲述了埃米特·蒂尔的生活和死亡。他还写了一部名为《遗产》（*Inheritance*）的剧本，讲述了因电影《辛德勒的名单》（*Schindler's List*）而声名狼藉的纳粹集中营指挥官阿蒙·格特（Amon Goeth）的女儿和一名曾被格特当作私人奴隶的犹太女性之间的故事。本森认为，她们和埃米特·蒂尔属于同一个故事，而这个故事仍然在不断重演。"我试图将注意力集中在那些更有意义的私密故事上。此前，人们更关注幸存者的创伤记忆，但现在出现了一些有趣的事，行凶者的孩子也经历了创伤。"

在玛米·蒂尔–莫布利生命的最后6个月，本森帮助她写下了这个故事。作为一个非常了解这个故事的人，他受《纽约时报》的邀请写了一篇文章，讨论了这场搅动艺术界的争议。玛米是怎么想的呢？本森写道，对她来说，儿子的遭遇不仅仅是一个非裔美国人的故事。那也是一个关于"实现自由、公正和人人平等的承诺"的美国故事。"她希望，不论哪个种族的人都能讲述这个故事，让它传播开来，让更多人知道。蒂尔-莫布利夫人打开了棺材的盖板，迫使我们将目光投向共同的国家责任。"本森相信，达娜·舒茨创作这幅画的初衷是好的。"她是在与蒂尔-莫布利夫人对话，想探讨亲情、痛失爱子以及寻求正义之旅等共同的主题。只不过舒茨女士在无意中让我们想起，通过意象表达某个主题是专属于白人的传统方式。蒂尔-莫布利夫人将黑人死亡的剧本翻转了过来……正因如此，蒂尔尸体的模样才会在黑人的集体意识中占据如此特殊的位置。"本森总结道，蒂尔-莫布利夫人本来支持更积极的活动方式，她甚至希望由惠特尼美国艺术博物馆来策划这些活动。"作为一名公立学校教师和活动家，她应该看到了这个教育机会。我们也应当如此。"[13]

惠特尼美国艺术博物馆听到了本森关于展开对话的呼吁，于是邀请他和其他人共同组织了一次公开活动。我后来看了这场活动的视频，对所有演讲都很失望，除了本森的。许多人的演讲毫不连贯，充满了教条，脱离了这个故事所发生的真实世界。以前我觉得这幅画不怎么样，但我的看法与"任何白人艺术家试图描绘黑人的痛苦都是在利用这种痛苦并将其商品化"的观点相去甚远。如果白人有责任审视白人种族歧视，那么重现这种种族歧视所唤醒的暴力不正是对话的开始吗？一位演讲者说，把这个问题称为"美国的问题"是对美国人的侮辱。在我看来这种说法完全是颠覆了基本概念。民权运动英雄们的艰难抗争,不正是为了让美国人明白,种族歧视不是"黑鬼的问题",而是我们所有人的问题吗?难道我们不应该让美国人明白,白人必须将"黑人被白人谋杀和侮辱"的问题当作自己的问题来面对吗?

蓝调音乐是经过人们的抗争才得以在主流电台播放的,刚开始它被称为"种族音乐"。后来,电视和广播里全是蓝调音乐、福音音乐、节奏蓝调(R&B)、灵魂音乐和嘻哈音乐,这些音乐背后的许多创作者都被挖掘了出来。但第一步难道不是承认所有这些音乐都是**美国**的财富,然后感谢那些毫不吝啬地分享这些音乐的非裔美国人吗?有人说:"这样做不公平。这些音乐是在黑人的痛苦和挣扎中诞生的,应该留在黑人手里。"然而,我听过的最感人的歌曲是保罗·罗伯逊版本的意第绪语歌曲《游击队之歌》("Partisaner Lid"),这首歌是为了响应1943年的华沙犹太人起义而创作的。1949年,当斯大林的反犹主义开始席卷苏联时,罗伯逊在莫斯科演唱了这首歌,这说明他很清楚应该如何运用它。我不认为换成别的犹太人就能比他做得更好。罗伯逊用意第绪语和俄语演唱这首歌,传达出了寻求正义的普世抗争,才让这首歌显得如此酸楚动人。

有一种观点认为,只有非裔美国人才能理解埃米特·蒂尔的照片带来的痛苦。这种看法的意义和"只有犹太人才能理解大屠杀"是否相同?在这一点上,我倾向于认同让·埃默里的观点,即"只有大屠杀幸存者才能理解大屠杀的痛苦";我不认为自己能感同身受。[14]不论是站在达豪集中营白骨般的石头上时,还是站在布痕瓦尔德集中营的寒雾中时，不论是阅读人们的回忆录（即使是埃默里和露特·克卢格写的那种笔法极为高明的回忆录）时，还是去参观大屠杀纪念馆，拿到一张写有一个名字的便笺纸，被要求认同某个人经历过的真实故事时，我都无法真正感同身受。世界各地的犹太人都是在大屠杀的阴影下长大的，但很多事情都充满了神话色彩，至少对我来说十分遥远。即便我努力去寻找真相，这段神话仍旧长期掩藏在阴影之中。即使我身在柏林，情况也是一样。

如果埃默里是对的，只有大屠杀幸存者才能理解大屠杀，那么我虽然与他生在同一种族，却也永远无法理解他写的东西。我充其量只能在大屠杀发生后与那些像我一样试图把大屠杀的历史变成活生生的、共识一样的东西的人分享对"在大屠杀之后长大意味着什么"的理解。能够真正理解大屠杀的不是我们，而是那些幸存者，不论他们是犹太人、罗姆人，还是共产党人、同性恋。理解不是与生俱来的，不是流淌在血管里的东西。它需要人们互相分享经验，或付出艰苦努力。可即便如此，这份理解的中心地带仍有一个黑洞，超出了人们的理解范围。

一名白人女性能理解埃米特·蒂尔的母亲或埃里克·加纳（Eric Garner）、特雷沃恩·马丁、塔米尔·赖斯的母亲的痛苦吗？如果不能完全理解，我们难道没有义务去尝试吗？"所有人都是奴隶，直到他们的兄弟获得自由。"这是现在已经被人遗忘的《梅加·埃弗斯摇篮曲》（"Medgar Evers Lullaby"）中的一句歌词。非裔美国人的历史以及其中的一切痛苦与荣耀都是美国的历史，除非所有美国人都这么认为，否则我们就无法进步。这不就是玛米·蒂尔-莫布利让儿子的棺材敞开着的原因吗？

你无法指望自己能了解另一种文化，除非你试图进入该文化中的某个部分，深入了解一段时间。你知道，你永远不可能像生于其中的人那样了解它。你在小时候听的歌很重要。父母交换一个眼神，可能是喜悦，也可能是恐惧。小孩子怎么知道？但它们带来的影响就像夜晚的哭声一样，唤起了几代人的噩梦：小孩子所无法理解的那些凝视和蔑视，其他小孩所不需要听的那些警告，甚至责打。有多少黑人父母会狠狠地抽打孩子，从而避免他们遭受来自白人的更狠的毒打？

那些东西是你以后再也学不到的。然而事实上，如果你允许一件艺术品触碰你的心灵，你就可以学到很多。一开始，艺术品是由文化圈内部的人们为彼此创作的，但也有从谨慎的局外人的视角出发创作的。内部和外部视角都很重要。我们并非孤独地生活在世间。艺术是唯一能够撼动人心的东西。如果连艺术都无法撼动你，那么世间万事对你来说其实也就都不重要了。总的来说，艺术在这方面可以做得比其他任何东西都更好。

安塞尔姆·基弗（Anselm Kiefer）是战后德国最伟大的画家，他那些带有破坏性的巨幅画作揭露了德国人的罪行——以及他们给犹太人和德国人造成的悲剧。海因里希·伯尔和君特·格拉斯也因为同类型的创作而获得过诺贝尔奖。他们提供的角度与犹太艺术家的大相径庭，但同样是我们需要的角度。他们三个人都比达娜·舒茨更优秀。玛米·蒂尔-莫布利打开了棺材，让世人看到了具体的东西，而舒茨的抽象画可以说反而掩盖了它们。

因此，我并不是在为达娜·舒茨的画作辩护，而是在为"文化挪用"（cultural appropriation）辩护——这是我们开始理解彼此的世界的唯一途径。正如奎迈·安东尼·阿皮亚（Kwame Anthony Appiah）在他充满力量的著作《束缚我们的谎言》（*The Lies that Bind*）中指出的，文化挪用的做法由来已久，以至于我们去谈论纯粹的文化产品毫无意义：

> 所有文化习惯和文化产物都是流动的，它们喜欢传播，而且几乎所有的文化习惯和文化产物本身都是混合的成果。阿桑特人（Asante）的肯特布最早是用从东方进口的染色丝线制作的。我们把别人的东西拿过来，将其变成自己的。或者更确切地说，肯特布是邦威村（Bonwire）的人制作的。那么，库马西（Kumasi）的阿桑特人是否挪用了原产于邦威村的文化财产呢？我们以为的物主以前可能也是挪用者。[15]

阿皮亚还列举了很多例子，导致我们根本无法分清基本的文化身份。他还提出了一个更具颠覆性的论点：问题不在于我们很难决定谁是某种文化物件的主人，而在于"所有权"这个概念根本就不能强加在文化上。他写道：

> 很不幸，那些巨型企业的大力游说已经使"知识产权"的概念变得极为专横……接受"文化挪用"的概念就是接受他们所支持的制度，也就是说这些企业实体作为文化的守护者"拥有"某个知识产权，当他们允许其他人使用它们时，就会收取一定的费用。[16]

这并不是要否认文化生产者经常受到剥削，得到的报酬常常过低的事实，也不是要否认一些对出生于其中的人而言具有价值（有时是神圣的价值）的文化传统受到了轻视，不被尊重的事实。不过，阿皮亚总结道：

> 那些从所有权的角度来分析这些越界行为的人，已经接受了一个与他们保护的传统格格不入的商业体系。他们允许用一种现代财产制度来挪用**这些传统**。[17]

格林伍德的酒店大厅里一直在播放穆扎克背景音乐，所以本森来了之后，我们换了个地方谈话。"去木兰厅吧，"他咧嘴笑着说，"那里很有密西西比的感觉。"他曾与达娜·舒茨有过深谈，所以他认为她完全有权利说明她和埃米特·蒂尔的故事的关系。他发现她的本意是好的，但她很天真，无法理解那张照片会给"那些不愿看见白人将蒂尔的形象描绘得如此负面并将其据为己有的人们"带来怎样的痛苦。他认为，引发人们的讨论至关重要，否则我们就无法进步。但他自己有过相关的经历，所以知道解释的工作有多么困难。"每当你想解释某个已经存在的东西，不管是文字还是图像，你都必须问自己'我能给这个故事补充点什么'。白人的视角肯定能补充一些东西。"不过，他并不认为舒茨的那幅画是成功的作品，也许是因为她错误地对照片做了柔化处理。"我想知道白人对这个故事的看法，"他说，"这对一个白人母亲有什么影响，对一个普通白人又有什么影响？你能做些什么来帮助我更好地了解你？这样更有意义。"

我是犹太人，所以本森称我为特别的白人。"犹太人的经历、受压迫的历史与非裔美国人的经历有共通之处。"我从小就相信这一点，但现在反而不确定了。太多犹太人忘了这一点，太多非裔美国人否认这一点，他们仅仅把犹太人看作白人，而且是白人剥削者。南方人还有些模糊的记忆。不只古德曼和施韦尔纳，支持民权运动的北方人中有三分之一都是犹太人，不论他们是否信教。《先知书》和古老的福音歌曲里都写了，但有谁记得呢？

"今天早上帕克牧师和我一起吃早饭的时候谈到了这件事，"本森继续说道，"这种共通之处是根深蒂固的。"

对他来说，此事毫无疑问是根深蒂固的，所以他正在写一篇关于犹太人大屠杀的文章。他与一些大屠杀幸存者和犹太知识分子交谈过，对于让一个非裔美国人来讲述他们的故事，他们都不反对。"不过，他们希望我讲述正确的故事。所以整个过程非常棒，他们拥抱了我，把那些故事讲给我听了。这就好像在说，'我们不断向你提供这些信息，以确保你能理解我们'。"

谁有权讲述埃米特·蒂尔的故事？谁对它负有责任？人们以白人女性的名义在整个南方犯下了可怕的罪行。作为白人女性中的一员，我当然有责任记下这种暴力，并在行事时谨记它的教训。不过，难道说如果我对一个故事负有责任，我就没有权利去了解这个故事了吗？

我们需要的不只是黑人和白人的视角。我从多个角度讲述了这个故事：从对蒂尔很有感情、当时身在现场的亲人的角度，从一个被迫参与谋杀的人的儿子的角度，从一个以最恶毒的方式为杀人凶手作无罪辩护的人的儿子的角度。要想理解整个故事，我们就要结合每个人的角度。我们需要知道，什么能引起共鸣，那些不知道这个故事的人受到了什么影响，以及这个故事对住在三角洲附近地区的人有什么影响。只有从多个角度观察同一个事件，我们才能接近真相。作为一名犹太人，我想知道 W. E. B. 杜波依斯访问华沙犹太人区废墟时的更多细节、保罗·罗伯逊对苏联日益增长的反犹主义的看法，以及克里斯托弗·本森对纳粹集中营指挥官的女儿和犹太奴隶之间的故事的解释。别人的反馈能让我更加充实。有时候，站在远处才能看得最清楚。

我在三角洲地区的经历给了我一个教训：人们的动机通常是复杂的；另外，到头来重要的不是动机，而是行动，正如阿伦特在《艾希曼在耶路撒冷》中所说的。打动你的东西并不重要；你做了什么、留下了什么才是重要的。

萨姆纳的后代通过向历史致意来拯救他们的法院，但那不仅仅是致意，他们的目标也并不容易实现。埃米特·蒂尔纪念委员会需要付出非常艰辛的努力。当然，镇长希望这座小镇能有更多资金和旅游业，这里实在太贫穷了，与这里相比，连全球南方（global South）许多贫民区的境况都显得没那么糟糕了。约翰尼·B.为一个被遗忘的地方带来了一丝光亮，并取得了一些成果。相比之下，如果某个德国学者正在找工作，或德国的某个机构希望展示良好的形象，我们不是更应该整理出一份可靠的记录，忠实反映德国大多数机构与纳粹纠缠不清的历史吗？

可以肯定的是，这些事情被标记和保存下来是件好事。想象一下，要是连关于有史以来最严重的罪行的记录都化为乌有了，这个世界会是什么样子？在那样一个世界，没有证据能证明任何形式的种族主义恐怖行为的存在——犹太人大屠杀、种族灭绝、私刑处死都被遗忘得一干二净。只要是能让我们免于遗忘的东西，我们都应该热烈欢迎。

"如果不了解埃米特·蒂尔的故事，你就不可能理解美国的民权运动，"克里斯托弗·本森总结道，"这是美国的故事，但这个故事对非裔美国人的影响更深。说说你的故事，以及你和我们的故事有什么联系。说说你是怎么受我们的故事启发，从而想要加入民权运动的。说说你将如何前进，尽你的力量打破这个系统。我们还能看到这个系统的残余。和解的时刻尚未到来。"这就是我正尝试做的。但我不知道自己能否成功。

第三部分

拨乱反正

7
纪念性建筑

曾几何时,美国的哲学家们尚能唤起人们对当时的重大社会和政治事件的激情,也能让这些事件呈现得更为清晰。如果没有梭罗和爱默生的发声,伟大的废奴主义者约翰·布朗在史书中的形象可能就是一个疯狂的恐怖分子。[1]他们不仅发表了演说,为布朗的英勇和事业辩护,还不惜违反法律,积极帮助布朗的同伴逃往加拿大。(爱默生负责出借他的马,梭罗负责驾车。)78岁的约翰·杜威(John Dewey)亲自前往墨西哥主持了特别法庭,宣布列昂·托洛茨基(Leon Trotsky)无罪,斯大林对他的指控无效。杜威因此收到了死亡威胁。1897年,威廉·詹姆斯(William James)在奥古斯都·圣高登斯(Augustus Saint-Gaudens)为罗伯特·肖上校(Colonel Robert Shaw)和马萨诸塞州第54团打造的纪念碑的落成典礼上发表了演说。第54团是第一支参加内战的黑人团,他们的故事被拍成了电影《光荣战役》(*Glory*)。这个团的一半成员在瓦格纳堡战役中丧生了,威廉·詹姆斯最小的弟弟威尔基(Wilkie)也在战斗中受了重伤。

詹姆斯的演讲词值得一读，因为它阐明了当代那些关于历史纪念碑的辩论中，什么才是最重要的。有些人坚持认为，这些辩论的主题是"遗产，而不是仇恨"。但事实上，这两者都不是重点。主张保留邦联纪念碑的人当中很少有极端仇视黑人的。还有一部分是因为，并非每种情感都在意识之中，我们无须学习弗洛伊德的学说也能知道这一点。更重要的是，这些辩论其实根本就不是关于情感的，尽管辩论者总是充满激情。它们与我们自己选择的价值观有关——虽然情感不可避免地会附加在这些价值观上，因为情感总是如此。詹姆斯充满激情的演讲揭示了建造纪念碑的原因：

> 从历史的角度来看，为我们的联邦而战的意义……只有一个。没有什么比第一个黑人团的建立更能象征和体现这种意义了。
>
> 看看这座纪念碑，读读这个故事吧……那些被排斥的黑人徒步前进……一个又一个州的法律否定了他们作为人的身份……那些铜像将他们的记忆铸成了永恒，揭示了那些可怕岁月的灵魂和秘密。
>
> 自19世纪30年代以来，奴隶制问题一直是主要的问题；到了19世纪50年代末，我们这个国家已经病入膏肓，摇摇欲坠，就像一个旅行者在黑夜里跳进了瘟疫肆虐的沼泽，到了第二天早上，疫病已经深入他的骨髓。[2]

詹姆斯继续表达着早该有人说出的想法：

我们这个伟大的西方共和国从一开始就有一个不正常的现象。这个自由国度（反正人们是这么吹嘘的）的核心却是奴隶制……除了谎言和可怕的自相矛盾，它还有什么呢？……但是，这个共和国最终被一分为二，在飘扬的旗帜下，真相终于成为可能。真相，感谢上帝，是真相！尽管就目前而言，这些真相仍然必须用地狱之火写出来。[3]

就在詹姆斯写下这篇演讲稿时，大批历史学家和通俗小说已经开始掩盖这一真相。这些谎言被创造出来，就是为了破坏重建时期留存下来的成果。当局拆除位于夏洛茨维尔的罗伯特·李雕像的计划引发了暴力抗议，历史学家们便开始在报纸上撰文披露我们大多数人永远无法知道的信息。纪念南方邦联的雕像大多都是战后约50年建造的，当时南方邦联的后代（尤其是女儿们）正致力于打造"未竟事业"的神话。第二波建造纪念碑的浪潮出现在20世纪60年代早期，是对废除种族隔离运动的首次成功的回应。这些纪念碑并不是无害的历史圣地，它们是白人至上主义的捍卫者们在感觉受到了威胁时发出的带有挑衅意味的宣言。只有知道了它们的建造时间，我们才能了解建造它们的部分原因。

詹姆斯强调，他之所以赞扬这座纪念碑，不仅因为罗伯特·肖上校和手下的士兵在卡罗来纳海滩上的浴血奋战展露出了一种军人精神，还因为肖上校拥有一种公民之勇气——詹姆斯如是写道。[4]这位白人军官的生活过得很不错，他在之前的部队里也很快乐，但他还是冒险接下了领导第一个黑人团的任务。"在指挥黑人士兵这一全新的冒险中，孤独是难免的，嘲笑是必然的，失败也是可能的。"然而,"肖意识到了这个至关重要的机会,他看到了让有色人种成为整个国家的英雄和恩人的时机"。因为"我们的国家就建立在被我们称为'美国'的宗教的基础之上"。"我们相信,一个人不需要主人,自己就可以安排自己的生活;只要任其自由尝试,平凡的人们可以一起完成自己的救赎。我们就是在这样的信念的洗礼下成长起来的。"[5]

詹姆斯继续说道,正是公民的勇气让肖放弃了之前那种轻松的工作,接受了一项在他看来体现了美国的理想的任务,这是一种孤独的勇气。

> 各国都应该建造纪念碑来纪念这种勇气……一个国家最致命的敌人并不是来自外部的敌人,而通常是那些生活在内部的敌人。我们总是需要把文明从这些内部敌人手中拯救出来。最幸福的国家是这样的国家:人民依靠自己身上那种公民的才智,通过不带诗情画意的行动,通过合理地发言、写作、投票,通过迅速打击腐败,通过和气对待不同阵营的人们,日复一日地拯救文明。[6]

詹姆斯的演讲清楚地表明:纪念碑无关历史,它们是具象化了的价值观。这就是我们建造纪念碑来纪念某几段特定的历史而忽略其他历史的原因。它们体现了我们推崇的那些理想,我们希望通过它们来提醒自己和我们的孩子,曾经有一些怀抱勇气的男男女女体现了这些理想。成败的关键不在过去,而在于现在和未来。我们选择纪念某个历史时刻,就是选择了我们想要捍卫和传承的价值观。

2017年发生在弗吉尼亚州夏洛茨维尔的反对拆除罗伯特·李纪念碑的示威活动确立了一个毋庸置疑的事实：纳粹不仅是德国的问题。你可能更倾向于称那些示威者为白人至上主义者，但他们与纳粹其实并无分别。示威者们故意使用了纳粹标志，包括纳粹万字符、火把以及"血与土！犹太人不会取代我们！"（Blood and Soil! Jews will not replace us!）的口号，让这一点变得无可辩驳。并非每个想保留这些标志的人都是纳粹分子。但美国的纳粹分子对邦联事业的拥戴表明，任何为这些标志而战的人，都是在为纳粹和各种种族主义者所共享的那些价值观而战。

主张移除邦联雕像的一个理由是，它们伤害了一些必须经过展示这些雕像的公共空间的人。当曾经的奴隶的后代在一座铜像前走过，而这座铜像纪念的人曾努力用锁链锁住他们的祖先，他们必定会感到受伤。我想，我能理解这种感受。德国没有纳粹雕像，但我试着想象，如果德国有纳粹雕像，而且就竖立在我常去的街道两旁，我会是什么感觉。我会不会认为，这座雕像所纪念的人一旦有机会就会杀了我？我会不会习惯于这座雕像的存在，但每次从旁边走过时心中都压抑着恐惧和怨恨？如果这个地方的每座城镇都为邦联军士兵（或德国国防军士兵）竖立纪念碑，以纪念那些为纳粹政权而死的人，那么我自己肯定不会留在那里，我也不会在那里抚养孩子。但为什么呢？

我觉得此事更关乎理性而非情感。假设德国仍在赞颂那些为杀人事业服务的士兵们，那它肯定也不会拒绝这项事业本身。尽管许多战死的国防军士兵都不是真正的纳粹信徒，他们只是相信自己在履行保卫祖国的责任；有些士兵甚至连这一点都不相信，他们只是一群被征召入伍的可怜人。一座肃穆而英勇的青铜或石头雕像体现了对这项事业本身的尊重。如果把它放在公共空间，在最好的情况下，它反映的是对这些士兵们为之牺牲的价值观的矛盾心理，不管是否真的有士兵认同这些价值观。如果雕像上的人物是绝对忠于这项事业的将军，那就更不用说了！

德国没有国防军士兵的雕像，当然也没有埃尔温·隆美尔（Erwin Rommel）的雕像——他通常被认为是希特勒手下的将领中最不讨人厌的一位。我和我的大多数德国朋友都以为德国根本没有军人纪念碑，直到一位研究德国历史记忆的专家提醒我有个例外。1966年，阿登纳在哥廷根附近的小镇弗里德兰为一座纪念碑奠定了基石，这里曾是德国难民和士兵的中转营。这座纪念碑完全是抽象的，只有其规模散发着英雄气概。它没有歌颂从苏联战俘营回来的那些国防军士兵，但它确实强调了这些士兵经受的苦难，并将他们与那些因为盟军的轰炸而家园尽毁的德国人以及因为波兰占领东普鲁士而背井离乡的德国人相提并论。设计这座纪念碑的委员会拒绝提及集中营里的幸存者。关于德国人造成的灾难，纪念碑只提到了"有5,000万人在这场战争中丧生"这一事实，但并没有说明人们是如何丧生或为何丧生的。[7]阿莱达·阿斯曼写道，这座纪念碑在1967年完工时就已经显得过时了，在今天的德国更是鲜为人知。曾经的战俘的孩子们在建造纪念碑的过程中起到了重要作用，他们学到了另一套价值观：他们不愿向那些为了拥有消灭他人的权力而战的人致敬。从价值观的角度来说，如果一座纪念碑纪念的是那些为了拥有奴役他人的权力而战的人，那么我们也应该表示厌恶和反对。关于罗伯特·E. 李将军的神话应该到此为止了。

这是个原则问题，无关个人的痛苦或对部族的忠诚。在《艾希曼在耶路撒冷》中，阿伦特认为，法庭应该以反人类罪（而不是像起诉书上写的那样，以反犹太民族罪）审判艾希曼。在人们还没有竞相比较谁遭受的苦难更深的年代，她可能并没有意识到自己做出了一个多么重要的区分。但她还是很有先见之明的，这项区分如今已经变得一天比一天重要。杀害数百万犹太人不仅是针对某个族群的罪行，更是针对全人类的罪行；我们应该铭记，受害者是人类，而不是犹太人。这场被我们称为犹太人大屠杀（仅仅因为人类中的一部分属于某个特定的族群就要消灭他们）的罪行显然是对人类这个概念本身的攻击，这也是许多人（不管是不是犹太人）都将其视为邪恶的标准的部分原因。

运囚车、毒气室和火化室的画面烙进了我们的集体记忆，但我们不需要这些画面也能指出大屠杀是一起反人类罪。我支持"黑人的命也是命"运动，并非出于对族群的忠诚或对族群的罪恶感，而是因为杀害手无寸铁的平民永远都是对全人类的犯罪。这是一个普遍主义的立场。同时，我反对"所有生命都很重要"（All Lives Matter）的口号，那是一种空洞且带有误导性的普遍主义。所有的生命当然都很重要，但这样一种表达是用一个无关紧要且没有价值的真理代替了一个重要的、基于经验的真理，转移了人们对如下事实的注意力：根据最保守的估计，非裔美国人死于警察暴力的可能性是美国其他族群的7倍。[8]当然，要理解这一点，我们还必须理解普遍真理和特殊真理之间的区别。在当今的

时代，坚持真理之理想也许就足够了。⁹

我们并没有准确的数据能说明暴力事件与宣扬种族主义价值观的纪念碑之间有什么联系。这两者是截然不同的，一个国家即使明令禁止种族主义并建立纪念碑以示警告，也可能发生种族主义暴力事件。德国在2000年就通过了法律，否定了德国公民身份和德国血统之间的必要联系。这个国家到处都是由联邦政府出资建造的种族主义受害者纪念碑，然而有一些已经遭到破坏，右翼种族主义情绪近来也有所增长。不过，当一个国家支持那些为维护种族主义而战斗和牺牲的人，并以此暗示自己支持种族主义时，暴力事件就更有可能发生。自从脱欧公投以来，英国的仇恨犯罪事件的数量便开始以一种史无前例的速度增长；自从特朗普上台以来，美国的情况也是如此。¹⁰

当你身处一座陌生的城市，你更有可能注意到城里的纪念碑。来到敖德萨，你可能会摸摸普希金雕像的鼻子祈求好运；来到塞多纳，你可能会去阿尔伯特·爱因斯坦的雕像旁边坐一坐——这是两个典型的非战争英雄铜像的案例。你可能会绞尽脑汁地回忆霍拉肖·纳尔逊（Horatio Nelson）到底立下了怎样的功勋，才让人们将他的雕像放在高高的纪念柱上，受到众多鸽子的簇拥。也许你会奇怪，西方人是从什么时候开始喜欢上收集方尖碑的——美国人认为那些阳具般的神秘的埃及事物适合用来纪念美国第一位总统。在大多数情况下，你可能只是在去往办公室或超市的路上匆匆走过这些纪念碑，希望自己能完成今天的议程上的所有任务，同时分心写着一封棘手的电子邮件并提醒自己买一块早餐面包。我在波士顿郊外生活了8年，却从未见过威廉·詹姆斯描述的那座壮观的纪念碑。

如果纪念碑是一种具象化的价值观,那么你就很可能忽略了自己周围的价值观。只有当受到威胁时,这些价值观才会变得尤为明显;不然,你就会把它们当作理所当然的东西,就像纪念碑本身一样。这就是你在成长的过程中会对周围的事物产生依恋的原因。你记住的不是纪念碑本身,而是你生命中在纪念碑周围度过的那些时光:你逃学躲在纪念碑后或在它的阴影下接吻的时光。这座几乎不曾被你注意到的纪念碑成了一个实体标志,提醒着你哪里是家。当它消失的时候,你会感到有些无家可归。[11] 为了方便讨论,让我们假设这样一种情况:当新奥尔良的居民们怀念起如今已经消失的邦联雕像时,他们怀念的不是邦联意识形态的象征,而是熟悉又自在的家的感觉。那是他们一辈子走路或开车经过的地方。不过,他们怀念的东西也是一种拒绝让另一群人产生这种感觉的意识形态象征物——他们的社会实际上并不需要这群人以奴仆之外的姿态活着;只要这种雕像还竖立在那里,这群人就永远不可能有家的感觉。

当我在美国南方围绕邦联纪念碑的话题与人辩论时,我一遍又一遍地想象,一个遍地都是国防军士兵纪念碑的德国将是什么样子的。但我想象不出来。对于任何一个在当代德国生活过的人来说,国防军士兵的雕像都是难以想象的。即使有些人会在私下悼念他们在前线战死的亲人,即使国防军中只有一小部分人是纳粹党员,他们仍然知道,如果公开缅怀他们所爱的人,他们就是在向这些人为之牺牲的事业致敬。

在德语中，人们偶尔会用单词"Monument"（纪念碑，重音在最后一个音节）来表示英语单词"monument"（也是纪念碑，重音在第一个音节），但"Monument"没有对应的单词"Denkmal"（纪念碑）那么常见。"Denkmal"纪念的是那些值得深思的东西。如果某个事件特别骇人，人们可能会用"Mahnmal"（提醒标志）以示警告。对于那些规模庞大的恐怖事件的纪念建筑，比如一座经过修复的集中营，人们可能会冠以"Gedenkstätte"（反思之地）之名。这个词的词根是"denken"（思考），它表示人们曾苦苦思索这个问题：我们是在通过这些实体纪念什么，以及用怎样的方式来纪念？

在威廉·詹姆斯写作的那个年代，纪念碑只为英雄而建，这一点似乎是理所当然的。历史是由历史上的胜利者书写的，失败者不值得人们永远关注。正是出于对永恒的渴望，我们才想要通过大理石和青铜塑造记忆。它们也许不会永远存在，但会比我们自身的存在更为长久。近年来，德国为二战中真正的英雄（那些冒着生命危险抵抗纳粹甚至为此献出生命的人）以及战争的受害者建造了一些纪念碑。还有一些纪念碑将焦点放在了加害者和他们的受害者身上，比如由集中营改造而成的纪念馆、召开万湖会议的那栋别墅，以及柏林的盖世太保讯室。它们通过展示纳粹对受害者所做的事来纪念受害者。总而言之，自1945年以来，德国已经投入了超过10亿美元来建造用于纪念大屠杀的纪念碑，每年还花费了数百万美元维护这些纪念碑。不过，没有任何一座纪念碑是为那些发起和参加战争的人建造的。

考虑到纳粹运用死刑的方式，如今的德国人认为死刑在道德上是不可接受的。"之所以有这种意识,是因为他们认识到了大屠杀是可耻的,"布莱恩·史蒂文森说,"如果德国在全国各地竖立数百尊希特勒雕像,我们是不会尊重德国或与它合作的。如果他们把纳粹主义浪漫化,编造一种二战叙事,说二战与犹太人无关,与征服世界无关,与雅利安人霸权无关,而是扯一些不相干的东西(这就是美国一直在做的),那我肯定不会去德国。"

史蒂文森是一位非裔美国律师,由他发起的平等司法倡议组织(Equal Justice Initiative,缩写为EJI)已经拯救了数百名死刑犯。他还是位于亚拉巴马州蒙哥马利市的国家和平与正义纪念馆(National Memorial for Peace and Justice,也就是人们通常所说的私刑遇难者纪念馆)的创始人。读了他那本令人惊叹的《正义的慈悲:美国司法中的苦难与救赎》(*Just Mercy*)之后,我开始为是否应该向他发出采访邀约而犹豫:与其被我占用时间,他拿这些时间去拯救别人的生命难道不是更好吗?当我为打断他的工作而向他道歉时,他亲切地回答道:"谢谢你花时间来看我们。"史蒂文森是目前已知的唯一一个将德国清算自身的血腥历史的经验当作美国清算历史的模板的知名人物,我想知道他是怎么得出这个结论的。史蒂文森的行程非常忙碌,但当我走进他在蒙哥马利的办公室时,他却表现得非常和蔼平静。

"我们所在的这栋建筑就位于曾经的奴隶仓库的遗址之上,"史蒂文森告诉我,"一百米外就是一条河,铁路和船只曾将成千上万的奴隶运到这里。奴隶拍卖场就在距此约一百米的街上。你要是在3年前来这里,就能发现这里的公共景观中有59个纪念邦联的标志牌和纪念碑,却对奴隶只字未提。"史蒂文森说,美国和德国的区别在于领导阶层。"在德国,有人说:'我们可以选择成为过去的德国,也可以选择成为面向未来的德国。然而,我们不能将纳粹时代融入我们想要走向的时代却不引起任何冲突。我们要么拒绝它,然后提出更好的主张,要么就得在余生中背负谴责。'然而在美国,从来没有人说过这种话。"

除了领导阶层的问题,史蒂文森认为美国还缺少羞耻感(shame)。尽管最近出现了一些反对的声音,但美国人还是一致认为奴隶制是错误的。不过,即使那些奴隶主的后代身上也很少有羞耻感。他们的确可能感到后悔(regret),甚至悔恨(remorse)。美国的一些州曾将奴隶主的后代和奴隶的后代召集到一起参加聚会,一些奴隶主的后代还会为祖先压迫他人的行为感到震惊。不过,他们没有那种国家羞耻感,许多德国人正是出于这种羞耻感才会自称丹麦人或荷兰人。美国人的行事方式却不是这样。美国人普遍倾向于相信"美国例外论"(American exceptionalism),尽管那些坚称美国是世界上最伟大的国家的人通常从未走出国门。他们认为,这个国家在过去可能犯了一些错误,但这些错误并没有严重到能够损害民族自豪感的程度。史蒂文森认为,仅仅承认奴隶制是错误的还不够。"如果没有羞耻感,人们就不会真正改正错误,他们的行事方式就不会改变,他们就不会承认某些事情。"有人觉得罪恶感(guilt)是内在的,你不用告诉别人自己是否有罪恶感。羞耻(shame)则是你透过别人的眼睛看自己的时候感受到的,它会使你无法忍受这种形象的存在。为了克服羞耻感,你必须做点什么,让别人知道你的形象并不只有你或你的祖先在最糟糕的时候展现出来的那一面。

史蒂文森说:"让我感兴趣的是,查尔斯顿枪击案使那件在过去半个世纪都没能实现的事成真了:它让很多白人真真切切地感到了羞耻。因为有人打着邦联的旗号进入教堂,屠杀了9名正在祈祷的黑人。如果他只是走进一个贫民社区杀掉了9个人,人们应该不会想要移除邦联旗。"不过,史蒂文森对这种程度的羞耻感不抱任何幻想:"那种情绪转瞬即逝。"他怀疑尼基·黑利(Nikki Haley)如果先移除邦联旗再参选,肯定就不能连任南卡罗来纳州州长。他还认为亚拉巴马州州长如果没有跟在黑利后面移除邦联标志,也许就不会因为性丑闻而丢掉州长一职了。

一开始,确保德国不出现希特勒雕像的并不是德国的领导阶层或民众的羞耻感。在这一点上,我们要感谢盟军,也要感谢第三帝国的短命。1945年,盟军发布了一项指令,禁止"规划、设计、建造、安装、张贴或以其他方式展示任何倾向于维护或宣传德国军事传统、恢复军国主义、纪念纳粹党以及在某种程度上美化战争的纪念碑、纪念馆、海报、雕像、大厦、街道或公路名称、标示牌、徽章、碑文以及符号"。[12]不过,除了街道的名称和镶嵌在一些建筑上的铁质纳粹万字符,盟军几乎没什么可更改或移除的。德国没有希特勒雕像。希特勒更喜欢用自己的名字为街道和广场命名,这些地方在战后都立即改名了。纳粹规划的大型建筑大部分都没有完成,这个立志矗立千年的帝国仅仅存续了12年就被消灭了。不过,在战后的几十年里,德国本来可能出现一股反动浪潮,就如同导致邦联雕像在美国南方遍地开花的那股浪潮一样。盟军在德国驻守了近半个世纪,而阻止南方人美化邦联的联邦军队在10年后就撤退了。然而,对被盟军占领的恐惧并不是阻止德国人在战后纪念纳粹的唯一原因。羞耻感也扮演了很重要的角色，这种情绪不仅将纳粹纪念碑扼杀在了萌芽之前，还驱使他们为纳粹受害者建造了数以千计的纪念碑。

随着德国选择党的崛起，羞耻感近来已成为德国人讨论的主题之一。2017年，德国选择党中较为激进的成员比约恩·赫克（Björn Höcke）批评欧洲被害犹太人纪念碑占据了勃兰登堡门附近的一大块黄金地段，此言一出震惊了整个德国。赫克与新纳粹出版物长期保持着联系，他说："全世界只有德国人在首都的心脏地带建造了一座让国人感到耻辱的纪念碑。"他接着说道，从1945年开始的再教育剥夺了德国人的身份认同。他还称魏茨泽克在1985年发表的著名演讲是一场"反对自己的人民的演讲"。

人们很快就对赫克的演讲做出了激烈的回应，甚至德国选择党也考虑过要把他开除出党，但在一番讨论后他们还是放弃了。赫克打破了德国的一项禁忌，这项禁忌正是重新统一的德意志的基础。1984年，赫尔穆特·科尔（Helmut Kohl）总理与罗纳德·里根（Ronald Reagan）总统一同参观了埋葬纳粹党卫队成员的集体墓地——比特堡公墓（Bitburg cemetery），此举引发了很大的争议；当时科尔声称，他"出生得晚是一种幸运"，这句话暗示了自己和纳粹上台前后出生的人一样与纳粹没什么关系，对纳粹的罪行也没有责任。即使在20世纪80年代，这句话也受到了严厉的批评，"晚出生的幸运"还成了一种黑色幽默的比喻用语。没有人会认为像科尔这样的人（纳粹上台时科尔才3岁）应该为纳粹的罪行负责，但整个德意志民族都认识到了，他们有一种集体责任，应该铭记这些罪行，并竭尽所能进行弥补。

如果就像魏茨泽克在演讲中所说的，这种观点在20世纪80年代的自由主义圈子里已经十分普遍，那么到了90年代，它已经成了全国的共识。这就是人们建造规模宏大的欧洲被害犹太人纪念碑的原因。虽然我和许多批评家一样并不欣赏该纪念碑的形式，但我欣赏它背后的推动力。在自己的国土上最显眼的地方为自己的历史罪行建造耻辱纪念碑的国家是敢于面对自己的失败的国家。

赫克说对了一件事：世界上从来没有其他国家这样做过。英国在议会大厦前放置甘地雕像的举动可以被视为一个开始，因为它表明了甘地是正确的。但英国并没有为殖民时期的饥荒和大屠杀受害者建造纪念碑，虽然在2015年出现了一座受害者纪念碑——肯尼亚人则称之为英雄纪念碑。当时，肯尼亚人起诉了英国政府，要求它对血腥镇压茅茅运动（Mau Mau rebellion）的行为做出赔偿，这座纪念碑就是庭外和解的一部分。但这座纪念碑位于内罗毕，一个很难被英国小学生看到的地方。不过即便如此，英国还是走在了法国前面，法国至今都没有建造任何关于阿尔及利亚战争的公开纪念物。美国的华盛顿广场上虽然有一座非裔美国人博物馆和一座印第安人博物馆，却没有为奴隶制的受害者和种族灭绝受害者建造纪念性建筑。（"非裔美国人博物馆很棒，"史蒂文森说，"但大多数参观者会选择直接去看迈克尔·杰克逊的手套。"）从来不曾有人在林璎（Maya Lin）设计的用于纪念在越战中阵亡的美国军人的纪念碑旁边再建造一座纪念碑来注明在这场战争（越南人称其为"美国战争"）中被杀害的越南人的人数，更遑论列出这些人的名字了。林璎决定不去颂扬那些在越战中阵亡的美国军人，而只是简单地列出了他们的名字，此举在当时引发了相当大的政治争议,以至从来没有人想过要在这座纪念碑的基础上再做点什么。毕竟从传统上来说,纪念碑不是用来纪念失败的。

德国人仅仅纪念自己的失败是不够的。跨越整个20世纪90年代的柏林重建活动是一个令人心烦意乱且杂乱无章的过程,历史学家、政治家和公民们花了10年时间讨论各种问题。有些决定(比如新政府大楼里那么多的透明落地窗)可能看起来相当多余。不过,即使厌倦了这片玻璃海洋,你也会钦佩其背后的志向:民主应该是完全透明的。没有人(尤其是德国人)会说这些重建和重新命名活动已经根除了种族主义和军国主义。旧恨消失得很慢,但终会完全消失,除非有煽动家故意重新点燃它们。重建柏林不是为了反映它是怎样的,而是为了表明它应该怎样。柏林的公共空间反映了一个有意识的决定,那就是这个重新统一的共和国应该坚持怎样的价值观。只有先承认这些价值观在那个时代遭到了藐视,我们才能真正接受这些价值观,也就是说,真正的骄傲必然意味着勇敢面对羞耻。

正是这种理解使人们对赫克的演讲愤怒不已,这种愤怒不仅包括口头批评,还包括实际行动。政治之美中心(The Center for Political Beauty)是一个支持难民的活动家团体,他们的早期活动获得了全国性的政治关注。他们在图林根的一个村庄租下了一处地产,正对着赫克的房子。他们还在暗地里打造了24座仿欧洲被害犹太人纪念碑的石碑,将它们竖立在赫克家的房子旁边,赫克从他家房子的正面窗户就可以看到。他们提出,如果赫克愿意效仿维利·勃兰特,在世人面前为德国的罪行下跪道歉,他们就把这些石碑移走。一些评论家表示此举"粗俗",赫克则称之为恐怖主义;石碑所在的场地在这些艺术家们收到死亡威胁后不再对公众开放。然而到我撰写这本书时,此举仍是对抗右翼势力崛起的一个富有创造性的案例。我不指望他们能改变赫克。政治之美中心无意改变任何人,他们只是认为赫克这样的蓄意挑衅行为应该得到同样的回应。

比起欧洲被害犹太人纪念碑,我更喜欢柏林的另外几座纪念碑。除了特雷普托苏维埃战争纪念碑,罗森大街(Rosenstrasse)上还有一座纪念馆,它虽然就位于繁忙的亚历山大广场旁边,却经常无人问津。纪念馆包括一座小公园,里面有三座红色砂岩雕像,由在东德长大的犹太艺术家英格博格·洪青格尔(Ingeborg Hunzinger)创作。公园旁边有一根高大的圆柱,上面的文字讲述了发生在纳粹德国时期的规模最大的一次也是唯一一次获得成功的非暴力抗议活动。

那是在1943年2月,二战最黑暗的时刻之一。自从1936年通过的纽伦堡法案禁止犹太人和非犹太人通婚以来,为了迫使那些在此之前就结了婚的异族夫妇离婚,纳粹用尽了各种手段:阻断他们的晋升之路,剥夺他们的工作,削减他们的口粮。尽管如此,仍有一些夫妇对彼此忠贞不渝,纳粹当局也不知道要如何处理他们。在这场获胜的希望看起来愈发渺茫的战争中,当局是否应该冒着引发动乱的风险,驱逐那些仍然不愿与雅利安配偶离婚的犹太人?纳粹决定试一次。他们在那些人的工作场所围捕了数百名犹太男性,将其关押在罗森大街上曾被用作犹太人社区办公室的房子里。此前已有成千上万的犹太人默默地被驱逐出境。

然而这次不一样。这些失踪男性的妻子们在发现关押地点后，自发来到罗森大街，坚持要求释放她们的丈夫。因为站在自己的犹太丈夫一边，她们此前就已经承受了相当大的压力和蔑视，但在面对盖世太保的枪时，她们就像面对街上的寒风一样毫不畏惧。她们在那里坚守了一个多星期。终于，纳粹当局让步了，释放了这些犹太人。除了雕像上简简单单的黏土人物，再也没有什么能够证明这里曾发生一场让人胆战心惊但好在最终赢得了胜利的鲜为人知的抗议。雕像上的铭文是这么写的：

> 公民抗命的力量和爱的力量
>
> 战胜了独裁的暴力
>
> 女人们站在这里
>
> 不畏死亡
>
> 让男人们被释放
>
> 犹太男人获得了自由

我曾多次前往这座纪念馆，也带很多客人一起去过，有时也会眼含热泪。人们常说，甘地和马丁·路德·金的策略之所以能够成功，是因为他们的对手是文明人。英国人和美国人会被对手的道德勇气打动，极权政府则只会直接杀了他们。罗森大街上的女人们讲述了另一个故事：即使在第三帝国最黑暗的时刻，正义也可以战胜邪恶，甚至不用武器。这是个令人悲伤的故事，并不是因为它不为人知，也不是因为那些妇女的名字不为人知，而是因为没有人以她们为榜样。

阻止其他人这样做的原因不仅有对纳粹恐怖统治的恐惧,还有另一些东西:人们认为英雄的行为是徒劳的,还通常会以死亡告终。这是德国人为他们最著名的抵抗英雄朔尔兄妹建造的那些纪念碑传达的不算隐晦的信息。汉斯·朔尔(Hans Scholl)和索菲·朔尔(Sophie Scholl)是慕尼黑大学的学生,因为印刷反纳粹传单而被捕,并被送上了断头台。他们的勇气是没有争议的,但他们的行动的唯一成果就是安慰了后代德国人:不是**每个人**都会向纳粹的恐怖统治屈服。他们的故事就像西德的另一些反抗英雄(施陶芬贝格上校以及他在1944年的同谋者)的故事一样,提供了另一个更黑暗的自我安慰的说法:反抗纳粹只会让你丧命。对于数百万向纳粹屈服的德国人来说,这样的想法只会加深"屈服是唯一的理性选择"的印象——除非你刚好喜欢殉道。

以朔尔兄妹的名字命名的街道和学校在德国随处可见,就像美国南方的大多数城镇都有一条以马丁·路德·金的名字命名的街道一样。相比之下,罗森大街上的妇女纪念碑在引起羞耻感的同时,也激发了灵感。也许正是因为她们的故事可以羞辱数百万没有效仿她们的德国人,一些历史学家最近试图解构这个故事,并认为让丈夫们得以获释的不是妻子们的抗议,而是纳粹政府内部的政治考量。这个故事确实还没有得到充分研究,但基本事实毋庸置疑:女人们敢于抗议,她们的丈夫重获了自由,所有人都活了下来,还把这个故事传了下来。

绿树成荫的格吕内瓦尔德(Grünewald)火车站里也有一个纪念装置,5万名柏林犹太人就是在那里登上了死亡列车。一条铁轨被改造成了纪念装置，永远不再让火车通行，以此表明德国铁路也参与了谋杀。它的入口处有一堵巨大的混凝土墙，上面布满了人体形状的孔洞，象征着被驱逐的犹太人留下的空缺。"空缺"也是以色列艺术家米查·乌尔曼（Micha Ullmann）创作的纪念碑想要传达的主题，他的这座"空图书馆"（The Empty Library）是对1933年戈培尔发动的焚书运动的回应。乌尔曼的纪念碑位于开阔的倍倍尔广场下方，你要走到那块覆盖着它的玻璃旁边才能看见它。玻璃下方是一排排白色的空书架，玻璃的旁边有两块牌子，其中一块上面刻着19世纪的诗人海因里希·海涅的话："这只是一个前奏。焚书者终将焚人。"另一块牌子上则写明了这里是纳粹学生焚书的地点。不过这样的说法太过简单，无法向成千上万的游客传达他们需要知道的信息：焚书者不是一群未受过教育、大字不识的底层暴徒，而是好几百个生活优渥、受过良好教育的学生和教授，他们兴高采烈地执行了纳粹的第一道命令。有照片显示，他们在洪堡大学门前把书扔进火里时，脸上堆满了笑容。我们愿意相信，不识字的底层大众是导致右翼民族主义的罪魁祸首，但统计数字让我们得出了不一样的结论。

大多数柏林市民仍然坚持要求德国直面自己的耻辱，甚至不惜牺牲其他公共利益。2001年，柏林市政府宣布将在乌尔曼的纪念碑旁边建一座地下停车场。柏林有着良好的公共交通，但市中心缺少停车位。市政府表示这座停车场将有458个车位，将能够满足真正的需求。地下停车场不会影响这个纪念装置，只会占用它周围的空间，所以我也能接受。这种做法也正好打消了我对将每一个纪念恐怖统治的场所都变成圣地的担忧。但成千上万的柏林市民不同意，他们发起了一场反对停车场的运动，认为这会亵渎纪念碑。他们的抗议最终没能阻止修建停车场的计划，但工程被迫推迟了好几年。这件事反映了德国公民们在保护这些纪念装置方面的热心程度，这在其他地方是很难想象的。

德国政府的政治教育机构在2000年完成了一份详细的报告，记录了这个国家所有关于纳粹罪行的纪念碑。仅柏林就有423座这样的纪念碑，但有人认为应该设立更多。值得一提的是，有些人认为纳粹策划和实施犯罪的地方也应该被保留下来，从而让人们铭记。这样的地方在柏林有两处。一处是举行万湖会议的场所——市郊的一幢别墅，关于犹太人问题的"最终解决方案"就是在那里通过的。你可以去那里乘坐艾希曼用过的电梯，参观纳粹头子吃完午饭后喝白兰地的房间。别墅的入口处矗立着一对表情温顺、略微发灰的天使雕像。另一处是盖世太保的刑讯室，位于市中心，目前已经发掘出了一部分。这两个遗址都设置了博物馆和教育中心。2017年的"水晶之夜"纪念日那天，我在赫赫有名的"恐怖地带"（Topography of Terror）刑讯室遗址演讲厅里听了一场关于东西德纪念碑差异的讨论。历史学家们说，东西两边都对犯罪现场兴趣不大。西德为什么拆除了阿道夫·艾希曼的办公室给新建筑腾地方？他们难道不应该至少挂块牌子说明这里是遗址吗？东德为什么完全没有标记负责驱逐犹太人的纳粹官僚曾经居住的房子？这不正说明东西两边都不愿意面对纳粹的罪行吗？

我认为开放两处遗址（一处是豪华别墅，另一处是被人挖开、令人厌恶的废弃地下室）供人参观就够了。这类地方催生了一股暗黑旅游的风潮和一种令人毛骨悚然的病态好奇心，让人们想去探究人性中最肮脏恶毒的一面。人们寻找发生恐怖罪行的场景有很多原因，它们并不都是病态的，但我认为此事不应泛滥。我们确实需要提醒自己，人们有多么容易屈从于邪恶，但不必过分强调这一点。纪念受害者和纪念杀人者有细微的差别——即使只是过多关注凶手，也可能混淆二者间的界限。意第绪语中有一句蕴含着智慧的古老诅咒，呼吁上帝将最糟糕的命运施加在被诅咒的人身上："愿他的名字和关于他的所有记忆都被遗忘。"这是一个令人不快的悖论：每当你想起一名大屠杀受害者，你就会想起一名纳粹党卫队军官。正如大多数悖论一样，这个问题也不能用武力解决。我们既不能因为担心关于加害者的记忆而忘记那些受害者，也不能因为担心忘记罪行是怎么发生的而纪念每一桩罪行发生的地点。正如大多数重要的问题一样，这个问题只能通过将每一个特定因素都纳入考量来解决。

1966年，时任柏林市长拒绝了人们首次提出的将万湖别墅改造成一座纪念博物馆的建议，因为他担心它可能成为"一个可怕的邪教崇拜对象"。他想把它拆了。然而即使在那时，也已经有成千上万的市民坚持要保留着它。他们争论说，如果要摧毁所有记录着黑暗历史的建筑，那半个柏林都要被毁掉。两德统一后不久，万湖会议纪念馆暨博物馆便开放了。现在，它为成千上万的德国团体和无数海外游客提供服务，前者可以从这里学到自己所在行业的纳粹历史，后者可以从这里学习如何面对自己国家的历史罪行。2016年，来自伊拉克、智利和刚果的代表团参观了这幢别墅并会见了主管。这里和"恐怖地带"都提供了很重要的服务，但如果我们在每一栋为纳粹服务过的建筑上都挂一块标志牌，就相当于每天都在提醒人们去关注人性中最恶劣的一面。更好的做法是去记住历史中的那些积极人物，比如罗森大街上的女人们。

布莱恩·史蒂文森建议以白人废奴主义者和反对私刑的活动家的名字为南方的建筑重新命名。他告诉评论家们："你们应该为密西西比、路易斯安那和亚拉巴马的一些白人感到骄傲，他们在19世纪50年代就认为奴隶制是错误的。你们应该知道他们的名字。在20世纪20年代，也有许多南方白人试图阻止私刑，但你们不知道他们的名字。你们不知道他们的名字，这一事实便说明了一切。"如果人们纪念这些名字，这个国家就会走出耻辱，变得骄傲。"其实，我们可以主张一种根植于勇气的传统，宁愿不做容易的事，而是做正确的事。我们可以把他们的行动当作准则，找出我们想要纪念的南方历史、传统和文化。"

有这种勇气的南方白人并不多，这样的柏林人也不多。有些人会说，推崇这些人物会给人一种错误的印象。比如，东德在纪念它的反法西斯英雄时似乎也在暗示，它的大多数公民都是反法西斯战士。我在此重申，只有正确的判断才能划清其中的界限。正如史蒂文森所说的，纪念英雄与其说是一个历史问题，不如说是一个道德问题：我们选择推崇哪些英雄，就等于我们选择了拥抱他们的生活准则。英雄的存在填补了应该做的事和实际发生的事之间的裂痕。因为他们的存在，我们知道了，我们不仅有可能运用自己的自由反抗不公不义，而且真的有人做到过。

除了其他纪念碑，柏林还有几乎无处不在的"绊脚石"——一块块镶嵌在街道上的黄铜片记录了曾经住在旁边的房子里的犹太人、同性恋者、辛提人和罗姆人的名字、出生日期和被驱逐的日期。艺术家甘特·德姆尼希在1995年发起了这个项目，当时有相当多的人表示反对，其中不只有雅利安人。德国犹太人中央委员会主席夏洛特·克诺布劳赫（Charlotte Knoblauch）抱怨道，这些微型纪念装置只是重提了受害者在二战中遭受的羞辱，当时她因为躲了起来才逃过一劫。"犹太人大屠杀受害者们值得更好的东西，而不是一块块蒙上了尘土和污物的牌子。"在她发表这项声明之后，慕尼黑市政府拒绝批准绊脚石项目。直到今天，仍有人在抗议这项禁令。是的，没错，你可以踩在这些黄铜片上，它们正如同它们所纪念的人，无论是生是死，都被人踩在脚底。但更常见的情况是，行人会绕开它们，其中许多人还会停下来，屏住呼吸阅读上面的文字。

这些"绊脚石"记录了更大的纪念碑所无法传达的信息：恐怖活动并非始于遥远的波兰，而是始于这个随处可见俱乐部和咖啡馆的市中心，一个你可以买到彩票或去看牙医的地方。每块约10厘米见方的黄铜片都会让人想起一个普通人，他在人生过半的时候被驱逐出境，被谋杀，没有任何预告，他身边的其他普通人也没有任何抗议。恐怖就发生在这里。这就是低调、富裕而自信的慕尼黑不想在日常生活中面对的吗？它是不是在以克诺布劳赫这位犹太人的看法为借口，将自己不受干扰的愿望合理化呢？

不管慕尼黑的市民们是怎么想的，绊脚石项目还是引起了轰动。它现在是世界上最大的去中心化纪念装置。截至2018年，欧洲已经铺设了近7万块绊脚石，从波兰到西班牙，每天都有越来越多的申请如雪花般飘来。甘特获得了许多奖项，包括德国的最高荣誉——联邦十字勋章（Bundesverdienstkreuz）。他已经70岁了，但仍然亲自铺设几乎每块绊脚石。他戴着标志性的宽边帽，长长的灰发飘散开来。他的基金会负责处理申请和后勤事宜。大多数申请来自德国的不同城镇。申请者通常是加害者的子女和孙辈，而不是受害者的亲属，但受害者的亲属经常会来旁观甘特铺设绊脚石的过程。申请人必须先得到当地市长或镇长的许可，才能在公共场所铺设绊脚石。德国的很多人行道都是用鹅卵石铺成的，所以物质上没有很大影响。甘特通常会从人行道上先取出一块鹅卵石，然后把一块绊脚石放进去封好。但这个项目在政治和精神上的影响可能是重大的，正如慕尼黑的争议所表明的。当然，这正是该项目的重点：这些绊脚石就是用来影响你，绊倒你的头脑和心灵的。除了必须获得市政府的许可，申请人还要深入了解被纪念的人。这座将要铺设绊脚石的房子是被驱逐者选择自由生活的最后一个地方，还是他们被迫住进去的犹太人营房？你能确定驱逐的确切原因和日期吗？甘特从未使用"自杀"这个词，他坚持使用"以死逃避迫害"这个短语。他也不接受纪念集体大屠杀受害者的绊脚石的申请：他认为每一位受害者都应该被单独铭记，每一块石头上都只应该有一个人的名字。铺一块绊脚石的费用是120欧元，大多数人都能负担得起。

布莱恩·史蒂文森深受绊脚石的影响。"它们让我想到了南方邦联的那些标志。美国南方的所有地方都有一些标志、街道或某个名字，旨在提醒人们，要怀着自豪的心情怀念那个曾经的南方邦联。"绊脚石的作用也一样，只不过是以相反的方式；它们唤起的不是骄傲，而是羞耻。"让我觉得有趣的是，这些绊脚石有一种美和节制，所以一点也不空洞。它们的存在就是为了扰乱你的步行体验的。对我来说，这是非常、非常有力量的。"这种力量还出现在了史蒂文森的私刑遇难者纪念馆里。这座纪念馆位于蒙哥马利市的地势最高处，由800多块金属板组成，每块金属板代表一个县，平等司法倡议组织认定这些县里曾发生私刑事件。如果知道受害者的名字，他们就会把名字刻在相应的金属板上。纪念馆外是一排一模一样的金属板，只不过是临时存放在那里的：平等司法倡议组织已经邀请每个曾发生私刑处决事件的县派一名代表来带一块回去。如果私刑的符号能够像邦联的符号一样成为南方风景的一部分，那么这对于人们了解这个国家的历史真相（以及在了解真相之后达成和解）会有所帮助。

　　美国的奴隶制并没有在1865年结束。正如史蒂文森所说的，宪法第13修正案终结了奴隶制，但奴隶制仍在不断演化。"我们拥有辉煌的民权运动，但我们并没有赢得话语权。"直到20世纪60年代，以私刑著称的种族恐怖主义仍是白人至上主义最有力的工具。詹姆斯·梅雷迪思发起了反恐惧游行，以对抗笼罩在黑人（尤其是南方黑人）日常生活中的私刑阴影。梅雷迪思写道，虽然他写了两本自传，但他无法用言语来描述每个美国黑人走在路上时都会有的那种紧张沉重的心情。他说，所有这些都是黑人心中沉重而多余的石头，无论是在纽约的斯卡斯代尔，还是在密西西比的费城。[13]平等司法倡议组织记录了发生在816个县的4,000多起私刑事件。埃米特·蒂尔谋杀案因为蒂尔母亲的坚韧和勇气才被人铭记，但大多数谋杀案从未被人公开纪念。然而，对私刑的记忆至今仍让许多非裔美国人感到恐惧。[电影《逃出绝命镇》

（*Get Out*）就以科幻的笔触对这一事实做了精彩的探讨。]即便被害者的名字已经被遗忘，发生谋杀事件的地点却仍活在当地人的群体记忆中。密西西比的年轻白人在第一次带大学女友回家时可能会指向一棵树对她说："他们就是在那棵树上把人吊死的。"甚至在这座规模更大的纪念馆完工之前，平等司法倡议组织的工作人员就已经开始在整个南方标记这些地点了。有时他们会放置一些记录被害者的故事的标识牌，希望以此来对抗高速公路上不断出现的那些记录南方邦联历史上的每一次小规模战斗的标志。更引人注目的是，他们还收集泥土。在志愿者的帮助下，他们把数百个私刑发生地的泥土铲到了玻璃罐里，并在罐子上标出私刑的日期和地点——可能的话，上面还会标出受害者的名字。然后，他们将这些罐子放在平等司法倡议组织的办公室里展出。姓名栏标着"佚名"的罐子是如此之多，令人痛心。

"对我来说，"史蒂文森说，"土壤很重要，因为我认为土壤里储藏着所有的苦难。我们希望能与这份遗产建立一种实实在在的关系。在我们的叙述中，被奴役者的汗水、被私刑处死者的鲜血和被种族隔离政策羞辱的人们的泪水，都蕴藏在土壤里。"

对于这些展品，我唯一的问题是，它们太漂亮了。一个玻璃罐搭配一个姓名、一个地点以及一个日期：里面的土壤可能混杂着稻草或碎石块，但它本身提醒了人们，有一桩罪行并未得到清算，有一起死亡只能以沉默和恐惧来哀悼。把它们放在一起，你就能看到彩虹——一道道褐色的彩虹。红褐色、绿褐色、近乎黑色的褐色、焦糖色、肉桂色和灰褐色、巧克力色和铜色、红木色和栗色的泥土都在这些罐子里。我出生在佐治亚州的红色山丘，却从不知道南方的泥土有这么多色彩。成百上千的罐子一直堆到天花板，构成了一幅惊人的静物画，美得让人心烦意乱。

站在平等司法倡议组织的办公室里，我想起了阿多诺的那句话：奥斯威辛之后，写诗是野蛮的。我不认同阿多诺的看法，但有一点十分清楚：如果要纪念大规模犯罪，你应该非常非常小心，不要美化它们。我向史蒂文森提到了我的担心："我们讨论过对暴力的盲目迷恋。如果我们担心这一点，那么这些罐子不是更能唤起恐惧吗？"他回答说，土地容纳了鲜血、汗水和泪水，"但仍然拥有孕育生命的可能性"。

虽然"太棒了"（"awesome"）这个词已经被滥用，但史蒂文森的纪念馆仍然配得上这个形容词。极具现代感的金属板会让人联想到欧洲被害犹太人纪念碑，纪念馆的构造又会让游客在走下来看到这些倒悬的金属板时联想到绞刑。它们由生锈的金属制成，下雨时会流下红色的铁锈水，让人联想到鲜血。但它们并未刻意强调这一隐喻。也许史蒂文森已经解决了阿多诺的问题。

扬·菲利普·雷姆茨马在一篇精彩而微妙的文章中问到了这些纪念碑的用途。[14]它们不能仅仅为了记忆而记忆，因为记忆和遗忘只是人类的活动而已，本身没有好坏之分。"过去的历史，"托多罗夫写道，"就像自然秩序一样，没有内在的意义，本身也没有任何价值观。"因此"永远不要忘记！"的禁令应该仔细剖析。雷姆茨马描述了传统的战争纪念碑的目的："让后人以轻松的心情投入战斗，正如我们纪念的那些牺牲的英雄所做的，或者至少保证他们也会被铭记。"[15]但这不可能是人们纪念集中营的目的。首先,由集中营改造而成的纪念设施是用来对抗那些试图否认历史的人的历史工具。人们把这些事件发生的地点保留下来,把事件本身记录下来,从而向任何试图否认大屠杀的人证明,这些罪行是不可否认的。在联邦德国成立的头几年,这一点尤为重要,当时的人们需要力排众议,克服巨大的阻力,才能将达豪集中营保存和记录下来;达豪集中营是联邦德国的第一个此类纪念馆。但雷姆茨马写道,我们已经不再需要证据了。到今天还不相信事实的人,是那些没有任何事实能够说服的人。

就算有了集中营遗址纪念馆,它们也不一定能改变人们的看法。鉴于右翼民族主义和穆斯林反犹主义的兴起,德国的一些政治家已经提议将参观集中营变成一项强制性任务——通常将其规划为高中课程的一部分。不过,参观集中营就一定能让他们顿悟吗?我们几乎没有理由认为这种情况会发生,相反,我们倒是有理由怀疑结果会事与愿违。"那些喜欢折磨别人的人会不会觉得这样的地方很有吸引力?"雷姆茨马问道。

没有什么集中营遗址之旅能确保你会与受害者而非加害者产生共情。这些空间总有一些抽象之处,但不管怎样,你事先就知道自己站在哪一边。欧洲被害犹太人纪念碑的设计师彼得·艾森曼曾谈到他对纪念碑的期望:"当一位对犹太人大屠杀一无所知的日本游客在50年后来到这里,他在走进这些纪念碑之间时就会有所感觉。也许他会知道进毒气室是什么感觉。"艾森曼的期望还是过于自负了。即使这位游客没有因为叫卖的小贩和其他自拍的游客而分心,艾森曼的纪念碑也无法在他心中唤起即将悲惨死亡的人心中的那种恐惧和绝望。由集中营改造而成的纪念馆也是如此。它们无法——也不打算——让我们对那些在集中营里被虐待致死的人感同身受。集中营最多只能留下阴影，并提醒我们，我们的生活和他们的完全不同。

雷姆茨马还写道，集中营是神圣的地方。部分原因在于它们也是墓地，而人类很早就学会了尊重死者。有些人在墓地里会戴上头巾，所有人都知道不能在墓地大声喧哗。这是一种崇敬感吗？还是迷信？雷姆茨马是一位坚定的无神论者，他认为神圣性是另一回事："一个神圣的空间不是我们的客体，相反，我们是它的客体。它不需要向我们证明它的存在，而我们必须在它面前证明我们的生活方式。"[16]我在其他地方也批评过这种把大屠杀变成神圣宗教的倾向，对于使用宗教语言来描述大屠杀遗址的做法，我也持保留意见。我认为，我们应该把尊敬留给善良和荣耀。所以，在2017年的一个寒冷的日子里，我在完全没有心理准备的情况下造访了达豪集中营（这是我于1982年首次来到德国35年来第一次访问达豪集中营）。

当初，我以一名获得政府奖学金的研究生的身份第一次来到德国，我做了大多数犹太人都会做的事：参观离自己最近的集中营。我记得我当时努力让自己感到震撼，或恐惧，或任何一种合时宜的情绪。但我失败了。后来，我对那些坚持将欧洲视为一个巨大的犹太人墓地的犹太游客感到恼火，他们尽职尽责地检查每个曾发生犹太人死亡事件的地点，却对其他事情一无所知。可尽管如此，不重新参观一下集中营就直接写这本书似乎很荒谬。

虽然我并不认为达豪集中营里有什么可学习的，但里面的一张地图确实教会了我一些重要的东西。我知道大多数大型集中营都有附属的集中营，以容纳数量越来越多的囚犯，但我不知道这样的附属集中营到底有多少，也不知道它们的分布范围到底有多大。大型集中营的名字自是不必多说，但有谁听说过格蒙德（Gmund）、乌廷（Utting）、加布林根（Gablingen）和绍尔高（Saulgau）？所有这些小城镇以及其他很多城镇都设有小型前哨营，政治犯、犹太人以及后来的苏联战俘都被关押在里面，他们通常会在里面被折磨致死。战后，德国人声称的"我们不知道当时纳粹以我们的名义在做什么"或许只有在波兰能勉强成立，但这些附属集中营就在你身边，就位于无忧无虑、尽是田园风光的巴伐利亚州。只有既聋又哑且盲的人才注意不到。

在我的计划中，达豪集中营参观之旅本来只是一次关乎自身的旅程。我从服务台的一名亲切的卷发青年那里租了一台语音导览机。在半小时的参观过程中，我试图记下一些笔记：什么样的人会来这里？他们是怎么来的？有一群表现十分乖巧的小学生；有一对土耳其中年夫妇，妻子戴着头巾，两人静静地牵着手；有一个拉丁美洲大家庭，他们无视了观众席前的提醒标语：本片不适合 12 岁以下儿童观看。电影是残酷的，就像这座大型博物馆里的其他部分一样。这里的每扇光线昏暗的门窗后面都曾关押过囚犯。这里还有由他们创作的令人难忘的艺术品，包括一幅夜间列队点名的水墨画和一幅执行绞刑的水彩画。更多的是充满细节的照片。有几面墙上的油漆涂层剥落了，党卫队曾在墙边剥夺了囚犯们最后的财产，让他们赤身裸体走向浴室。如果经受住了博物馆的考验，你还可以走过点名的地方，进入一座重建的兵营。你还可以走得更远一点，去看看焚尸炉。每年都有近 100 万游客来这里参观。

几分钟后,我把笔记本电脑放进背包,关掉了语音导览机。我想和自己的声音独处,或者干脆不出声。这个空间完全占据了我的脑海。这无关学习,更无关分析;在那几个小时里,我并不比别人更聪明。当夕阳开始西下,粉红色的天空似乎让灰色的鹅卵石、灰色的墙壁以及为纪念死者而立的钢铁纪念碑都自惭形秽。我满眼泪水。我站在某个装着不知名囚犯的骨灰的铁盒子前念诵了犹太祷文(kaddish)。我念了吗?它是自然而然地从我口中蹦出来的,就像当我站在犹太人纪念碑前时,犹太教的《施玛篇》(Shema)会脱口而出一样;除了刻在入口处的希伯来语单词"铭记"("YIZKOR")和穿过天花板上的洞泻下来的一缕阳光,纪念馆里光线昏暗。我以为我知道,而且知道很多。我写了一本关于现代思想中的恶的书,里面谈到了从里斯本到奥斯威辛等许多地方的事情。然而,有些东西是我一直都不知道的——不管是什么,它们让我在盯着那些照片的时候感到头晕恶心。

在那片广袤而空旷的空间里,那种无力感并没有持续多久。我走进书店之后,这种感觉慢慢开始消失,那位给我结账的头发花白的女售货员跟我谈起了一位我们都喜欢的作家。我对这种场景十分熟悉:谈论、衡量和赞美书籍。我们谈论的作家是在12岁时进入奥斯威辛的露特·克卢格(Ruth Kluger),但这一点并不重要。我又回到了我的正常世界,做着我熟悉的事。

然而,关于情感的记忆在情感本身消失后仍然存在。我明白雷姆茨马说的神圣之地的意思。我们是它的客体,而不是相反。这些让人记住恐怖事件的纪念碑绝对是必要的。一个人不用去参观很多这样的纪念碑,当然也不应该经常去,因为那样会削弱他的力量。但如果没有这些纪念碑,世界上所有的阅读和学习都会变得毫无生气且缺乏说服力。

雷姆茨马的文章承认,只有少数人会对这种纪念碑感兴趣,也只有少数人会努力争取建造这种纪念碑,并思考它们的意义和未来。"但就是这少数人确保了自己关心的事能够被推动。这才是关键。"他总结道:

> 这不是记忆的问题,而是我们对危险的意识的问题,因为我们知道"文明不会走回头路"是一种错误的观念。危险永远在我们身后步步紧逼。我会称之为羞耻。这是一种与罪恶感无关的羞耻,它俘获了所有甘心被俘获的人。将意识和羞耻唤醒并付诸实践——这就是建造这些纪念碑的目的。[17]

让我们暂停一下,看看差异在哪里。曾经,历史只是一种安慰或骄傲:"看看我们比野蛮时代进步了多少。"现在,历史却成了一种警告和羞辱。现代历史学科的发展已经逐渐取代了天意。自从语言诞生以来,人们已经将自己的一切历史(从歌曲到纳税记录)都记录了下来,但是对历史的系统研究却始于世俗化的过程。天意说的观点是,罪恶这个问题根本不是问题,因为一个看不见的、全知全能的上帝会转动命运之轮,让每一个错误最终都得到纠正,让每项正义之举都得到回报。这个说法在1755年里斯本大地震的时候饱受质疑,从此威信大减。[18]到了18世纪末,康德认识到这种正义的承诺不能由宗教信仰来维持,于是他将历史放在了其应有的重要位置上。他的批判哲学使我们相信,人类**可能**正在向一种更好的状态发展。如果不能相信这一点,我们就永远不能保持实现这一点所需要的坚忍刚毅的品质。这就是为什么康德称这种信仰为理性信仰(rational faith)。

因此,人们一直通过研究历史来寻找进步的迹象。历史学科于19世纪在普鲁士学院蓬勃发展;普鲁士学院坚持认为,历史是一门精确科学,因此它给历史学家们提供了大量资金,使他们当时的自然科学界同行都羡慕不已。[19]正如尼采后来总结的,"它把历史置于其他精神力量(比如艺术和宗教)之首:因为历史是'思想的自我实现''民族精神的辩证法'和'世界法庭'"。[20]这种想法肯定鼓励了那些勤奋的经验主义者:他们在档案馆里度过的所有时间不仅仅是为了寻找信息,更是为了证明我们生活在最好的世界。

从康德到黑格尔有一个明显的转变:黑格尔认为历史总是会向着正义和自由前进。[21]康德认为进步是"可能的",黑格尔和他的门徒马克思则认为进步是"必要的"。这种转变的结果之一就是,历史研究变成了记忆研究。记忆本身并无其他意义。那些坚持强调保存记忆的重要性的人往往是故意反救赎的:记忆研究通常是对不好的记忆的研究。他们认为,我们应该保存历史记忆,为的不是将其当作希望或安慰的来源,而是作为警告:"我们的文明就是这么脆弱。"

"你现在遇见的我是不再乐观的我。"福尔克哈德·克尼格(Volkhard Knigge)说;他是布痕瓦尔德集中营纪念馆的长期负责人。我写信表示想采访他，他则为我提供了一个更好的选项。"您愿意让我的助手带您参观集中营和我们的新展览，然后与我在魏玛共进晚餐吗？"魏玛以反差闻名。这里是德国启蒙运动的中心：歌德是这里的公职人员，席勒在这里建了一座剧院，后来这里还成了包豪斯建筑学派的发源地和德国第一个共和政体的诞生地。这座小镇修复得很漂亮。你可以走过鹅卵石铺就的街道，经过优雅华丽的房子，想想德国曾经最好的样子。如今已经成为一座国立博物馆的歌德故居向我们展示了这位伟人一生中令人惊讶的辛酸的一面。建于1691年的安娜·阿玛利亚公爵夫人图书馆（Anna Amalia Library）拥有令人惊叹的洛可可风格大厅和近百万册藏书，其中许多都是无价之宝。

沿着这条路走8千米就是德国最核心的集中营。当纳粹党卫队宣布计划在魏玛附近建造一座巨大的集中营时，魏玛的居民并没有表示反对；相反，他们为希特勒的频繁访问感到高兴并振臂欢呼。但他们确实反对将这座集中营命名为埃特斯堡（Ettersberg）集中营，因为众所周知，那片名为埃特斯堡的树林是歌德最喜欢的散步去处；毕竟魏玛就是靠这位德国最伟大的文学英雄成名的，这个名字对当地居民来说太难接受了。虽然其他所有集中营都以所在位置命名，但党卫队很快就为这座集中营起了另一个名字：布痕瓦尔德。现在，魏玛和布痕瓦尔德，德国历史上最好的东西和最坏的东西，永远联系在了一起。

如果说魏玛和布痕瓦尔德是德国传统的象征，那么大象酒店（Hotel Elephant）就是它的典范。大象酒店最初建于1696年，就坐落在魏玛的中央广场上，它几乎接待过德国文化界的所有杰出人物。歌德、席勒、维兰德和赫尔德都是这里的常客，李斯特和瓦格纳后来也住过这里，托马斯·曼以这家酒店为背景创作了一部小说。这座酒店还接待过列夫·托尔斯泰和帕蒂·史密斯（Patti Smith）等外国客人。

　　福尔克哈德·克尼格告诉我，很少有导游会告诉游客"这家酒店也是希特勒的最爱"。希特勒在那里住过35次，并于1937年下令将其彻底翻修。显然，希特勒之所以会下达这项建造全欧洲最现代化的酒店的命令，是因为他不得不走下楼去大厅上厕所感到恼火。翻修完成的时候，酒店大门上方的大象标志已经换成了一只普鲁士雄鹰，他们还建造了一个特殊的阳台，供元首向聚集在广场上的人群致意。"在20世纪90年代，顾客们经常要求入住希特勒套房。"克尼格告诉我，"新的管理层意识到了这个问题。所以在1997年，我们邀请乌多·林登贝格（Udo Lindenberg）在广场上组织了一场音乐会，并让他入住希特勒套房，然后把套房改名为乌多·林登贝格套房。"这位叛逆的摇滚明星肯定度过了一段驱鬼的美妙时光。在那之后不久就是布痕瓦尔德解放55周年纪念日。"我们邀请了这座集中营的所有幸存者。当时，酒店里人山人海，工作人员也非常尽心地为他们服务。许多幸存者非常贫穷，尤其是来自东欧的幸存者们。有些人甚至一无所有。所以在这座豪华酒店住一个星期是一次美妙的体验。70周年纪念日的时候我们又办了一次同样的活动。"

　　我们的服务员说："这是今晚第一道开胃小菜。这是芝麻酥配细香葱奶油和鳟鱼鱼子酱。勺子里是鲑鱼酱。玻璃杯里是土豆泡沫汤，上面覆盖着意大利干酪调味饭。"桌子旁边已经摆好了一瓶香槟。克尼格是这座米其林星级餐厅的常客。

我很高兴了解到布痕瓦尔德集中营的幸存者们能在整整一个星期里享受这样的待遇，可我却不知道该如何度过这个夜晚。克尼格的助手米夏埃尔·勒费尔森德（Michael Löffelsender）博士刚刚花了4个小时带我参观集中营。我从魏玛火车站坐公交车去布痕瓦尔德的时候，雾很浓，什么都看不清，和这个地方很配。新展览开放于2016年，与达豪的展览截然不同，这里几乎没有血腥的场景。我看到了幸存者和丧生者的照片，他们的故事经久不衰。聚光灯下引人注目的监狱制服、锡碗和勺子展品比挨饿囚犯的照片更能展现饥饿。有大量证据表明，囚犯们会通过音乐和艺术来维护自己仅剩的一点尊严。那里甚至还有个席勒家具展。随着盟军空袭的逼近，纳粹把这些家具从魏玛转移到了布痕瓦尔德集中营，让那里的囚犯们制作复制品，然后把复制品放进席勒博物馆，原件则安全地存放在集中营。纳粹知道盟军不会空袭集中营，所以他们可以确定德国高雅文化的遗产放在那里是安全的。

这个展览是布痕瓦尔德集中营博物馆当前比较关注的重点展览之一：它指出了纳粹诞生于德国的中心地带，而不是边缘地区。博物馆的入口处播放着一部老电影的片段：在离集中营不远的一所游乐园里，一群金发孩子在快乐玩耍。旁边是希特勒在大象酒店的阳台上向群众致意的照片，还有群众在魏玛中央广场上哭喊的照片。"尊敬的元首，请到阳台上来。尊敬的元首，您好，请到阳台上来，让我们看看您！"博物馆里还有一封魏玛政要于1945年写给美军司令部的信。

你们的新闻媒体暗指魏玛的居民明明了解布痕瓦尔德的残酷性却仍保持沉默,所以现在他们在道德上是共犯……魏玛市长和这封信的其他签署者呼吁世人保持正义,把这个不应有的污点从伟大而古老的文化之都魏玛身上清除掉。[22]

博物馆里的一切都是为了驳斥那封信而存在的。

"仅仅展示'痛苦就是痛苦'是不够的,"克尼格说,"除非你反问他们:你们是怎么证明这一点的?你们是怎么意识到这一点的?为什么反抗这么少?"克尼格说,这就是他怀疑德国人根本就无法彻底清算历史的原因之一。

"这是为您准备的几种自制面包。"服务员放下一个盘子,里面有8个小面包,她轻声打断了他,"蘸料有英国海盐、有机西西里橄榄油、番茄奶油配香蒜酱和法式黄油。"

克尼格说:"真正的问题不是'我在1942年、1943年或1944年会做什么'。我们的记忆因大屠杀而变得狭隘,使我们无法了解大屠杀的历史原因。真正的问题应该是'我在1932年或1933年会做什么'。这就是勇气的问题了,当时还不存在生死攸关的事情。对于这个问题,你没法回答说,我没有机会有效地进行反抗。"

当时有很多机会。然而布痕瓦尔德集中营展览表明,魏玛绝大多数生活舒适且有教养的公民并不想接受它们。他们非常乐于看到自己的郊区有一座最终关押了25万囚犯的集中营。当地的公司把囚犯当作奴工;希特勒青年团时不时会来参观。魏玛唯一的反对意见是,集中营的名字不应与它深爱的歌德联系在一起。

这种反对来得有些古怪。市民们在解释其原因的时候含蓄地承认了，集中营的存在会玷污歌德。原来他们的道德标准还是有一部分是正常的。难道他们对歌德（也就是德国古典文化）的热爱是如此强烈，导致他们宁愿玷污自己的名声也不愿玷污他的名声？魏玛市长在战后向美军司令部提出的请求也表明，他们从来没有想那么远，二战结束时他们只是否认了自己知道的事实。阿伦特认为，许多恶行完全是由于轻率。出于道德关怀，魏玛的公民们希望歌德的灵魂能够保持清白，这表明如果我们做出努力，大多数人都可以充分考虑自己的行为。

我同意克尼格的如下观点：对未来而言，最重要的是思考恶行的起因，而不是纠缠于其结果。"奥巴马打破了美国的一项禁忌，"我说，"因为在美国，'纳粹'一词就意味着'恶魔的化身'。"如果恶行真的是恶魔作祟，我们就没有必要考虑起因了。2017年12月，奥巴马在没有提及继任者名字的情况下说道：

> 我们必须照料这座民主的花园，否则它很快就会分崩离析。这就是20世纪30年代发生在德国的事。尽管魏玛共和国实行了民主制度，还继承了几个世纪的高水平文化成就和科学成就，但阿道夫·希特勒还是成了德国的统治者。6,000万人丧生了，所以你们必须谨慎。必须好好投票。[23]

我补充说："这就是为什么美国人需要承认历史。"

"我一直和来自专制社会的人保持着交流，"克尼格说，"包括来自南美、非洲和东欧的人。我明白他们为什么认为德国人清算历史的工作能给人以希望。奥巴马也很快理解了这一点。他在开罗演讲后不久来过布痕瓦尔德。那是一次国事访问,所有礼仪一项不落,但默克尔总理并不那么热情;她可能更希望他在德累斯顿待久一点。奥巴马和默克尔在德累斯顿共进了早餐,但在其他大部分时间里他们都待在这里。他违反了规定,在这里停留的时间比预期的长得多。有那么一会儿,我和奥巴马单独站在焚尸炉旁边,他看到了一张解放后拍摄的尸体照片,然后问我:'如果美国的奴隶制博物馆里也有一张这样的照片会怎么样?'"

"你是怎么回答他的?"我问。

"我跟他说,他的问题是正确的。"克尼格说,"他本来已经准备好了一篇演讲稿,但被他扔掉了,他准备临场发挥。他没说'明天我要回去为一座新的奴隶制博物馆奠基'之类的话。"

"就算他想,他也不能这么做。"

"他确实不能。他也没有说'我还要建一座博物馆来纪念印第安人大屠杀'。但他理解了德国以自我批判的眼光看待自身历史的种种努力的核心所在。过去的记忆模式要么是纪念自己国家的英雄,要么是哀悼自己国家的受害者。我们创造了另一种模式,当情况严重时,我们应该先了解加害者及其动机,以及他们周围的社会环境。这一切都源于这样一种意识:无论受害者还是英雄都绝不是凭空出现的。当然,人们有做出道德决定的自由。但我们必须了解他们做出决定时身处的框架。"

"我还是不明白你为什么不再乐观了。"

"因为这种自我批判的记忆模式正承受着来自多方的压力。"

克尼格协助创造了那个模式。他从未想过要成为布痕瓦尔德纪念馆的负责人。他成长于联邦德国的一个虔信派教徒家庭——"一个独裁主义新教教派,但有一定的激进主义韧性,能够对抗最恶劣的纳粹主义"。他父亲在1943年应征入伍。如果二战继续下去,他可能会成为纳粹的一名头目,但幸运的是,他驻扎在巴黎。"我的亲法情绪是一种本能反应。对我的父亲和祖父来说,法国人是永远的敌人。他们下流,对性过于狂热——"

"他们的敌人不是苏联人吗?"

"哦,苏联人也是敌人。但法国人也是。我父亲和他的部队在巴黎待了半年,直到那座城市迎来解放。他不介意开枪,但那不是在战争中,而是在巴黎。"对于像克尼格的父亲这样的人来说,后来发生的事才是灾难。阿登战役之后,德国军队不得不在德国国内当着同胞的面一路溃退。对他这一代人来说,这种耻辱是无法忍受的。但是克尼格的父亲很幸运,他在没有受伤的情况下进了美军的战俘营。不过心理创伤是毋庸置疑的。那一代人年纪太小,小到不必对纳粹的罪行负任何责任,但同时他们的年纪又太大,大到可以被纳粹完全控制。如果你在希特勒掌权时开始上学,那么你肯定无法抵抗纳粹对教育系统、青年团体和整个文化的渗透。当时,所有这些都是为培养狂热的纳粹军队而服务的。1945年德国被彻底击败的时候,你又能说什么呢?

第一拨在1945年后出生的教师打破了沉默。"突然间,空气都变得清新了。"克尼格说,"你可以呼吸了。我们发现了相关的电影、戏剧和书籍。我们找到了可以用来形容我们的经历的语言——而不是这种沉默。"他决定学习精神分析学,这让他进一步得到了启发。"我永远不会忘记我第一次看到那些资料时的情景。那时我才意识到：天哪！世界上竟有表达情感的词语。你可以表达自己内心的感受，让自己好受一点。"

不管德国的保守家庭在二战前有着怎样的表现，这些行为在1945年之后都无限复杂化了。克尼格是出于政治动机才选择了精神分析学的。"在这个国家，做一名医生就意味着必须学习历史。我想我当时有点兴奋，有点天真，这两者的结合带给了我很多东西。我的问题一直是：历史这门学科是如何发展的？巨大的、震撼世界的历史是如何影响细微的个人生活的？"他去巴黎学习了拉康的精神分析，但发现它"很可怕"。回到德国后，他参加了一场刚刚开始的斗争：识别并修复纳粹恐怖活动的遗址。

1990年，西德还只有寥寥几座纪念碑。纳粹恐怖活动的遗址隐藏在丛生的杂草中，很多变成了垃圾场。"我们这些寻找遗址的人被称为专门揭露自家丑事的不爱国的流氓。"克尼格说，"由国家赞助的纪念活动（我们奋斗的目标正是这些纪念活动）抹去了对我们的一切指责，但在当时，没有人对集中营感兴趣。它们是存在于社会中心的犯罪现场。"

"您需要酒水菜单吗，克尼格先生？或者由侍酒师为您挑选？他了解您的喜好。"

"我要菜单。您想喝红酒还是白酒？"

"红酒吧，既然天气如此。"魏玛的雾没有布痕瓦尔德的那么浓，但这里的夜晚仍然又冷又湿。

在回顾战后德国历史的里程碑事件时，克尼格从阿登纳的交易开始谈起：战争赔款不叫战争赔款，它们是让西方社会重新接纳德国的代价，而且相对便宜。"当时希腊也要求德国向它赔款，外交部对此则相当冷静。我们和希腊人有贸易往来：烟草、葡萄，等等。以色列则不同，它的象征意义更为重大。"赔款是为了换取世界的认可，换取世人对纳粹分子的数量和渗透在整个德国社会的纳粹思想保持沉默的机会。在基督教和左翼自由主义传统残余的影响下，一些人开始反思自身的罪行，但大多数人并没有。艺术家和知识分子们坚持要求直面国家的罪行。"历史学家肯定会说，正是这些事情使得对纳粹罪行的指控变得无可辩驳。魏茨泽克的演讲带来了解脱。突然间，我们不再仅仅是不爱国的流氓了，我们得到了政府的支持。"

但根据克尼格的说法，具有决定性影响的事件是两德统一。突然之间，联邦德国不得不对东德留下的大量纪念碑做点什么。"布痕瓦尔德、萨克森豪森、拉文斯布吕克。无论如何被政治利用，不管有着怎样的历史错误，它们的规模都太过巨大了。"1990年，达豪集中营纪念馆只有5名员工。而东德的布痕瓦尔德集中营纪念馆有100多名员工，设有档案馆、图书馆和完整的机构，而且与西德的机构不同，它们都是由国家资助的。联邦德国突然感到无能为力了。它知道自己必须对这些遗址做些什么，但它不知道该怎么做。"这就是我来这儿的原因。"克尼格说，"当时出现了真空状态和一场危机。西德在处理集中营纪念馆方面毫无经验，他们认为这些问题带有政治色彩，所以决定让学者来解决。稍微夸张一点地说，政客希望历史学家穿越雷区，用**他们**的血肉排除炸弹。等历史学家清除了地雷，政客就可以重新接手了。"

克尼格说话温和，意志坚定——最重要的是，他决意要找到真相。纪念犹太人大屠杀是公民社会一些运动的要求，他也是其中的一员。但将这一要求变成一项政治计划的是中间偏右的总理赫尔穆特·科尔。在此之前，基督教民主联盟认为要求纪念大屠杀的每一声呼吁都是来自左翼的政治威胁。但是，"如果没有科尔，就没有全国性的纪念馆"。"这就是残酷的事实，他的党派也因此开始攻击他。他对集中营遗址并不特别感兴趣，他关注的是柏林的欧洲被害犹太人纪念碑。但他做到了。他是个机会主义者，但不是愤世嫉俗者；他希望得到下一代人的支持。"在统一前的谈判中，科尔接受了东德的要求，承认布痕瓦尔德集中营是国家级别的重要纪念地。如果克尼格是对的，那么科尔在这件事中的角色和林登·约翰逊在美国民权运动中的角色就没什么不同。林登·约翰逊一开始可能只是个来自得州的种族主义者，他在1964年民主党全国代表大会上的行为破坏了民权工作者的艰苦努力。他坚持让密西西比州民主党的全白人代表团代替密西西比民主自由党参加投票（后者的成员参加投票需要冒着生命危险）对活动人士来说是个重大打击。但他们推着他走向了历史正确的一边，坚持制订民权法案，并最终打破了法律上的种族隔离。我们永远无法事先知道伟业将由谁完成。

克尼格是布痕瓦尔德4年来的第7位主管。在之前的几位主管中，有一位由东德任命的主管在被发现与东德政党领袖埃里希·昂纳克的妻子玛戈·昂纳克（Margot Honecker）过从甚密后主动辞职了。其他主管相继去职则是因为他们无法忍受这个项目的政治混乱：彻底改造博物馆，以保证其历史准确性、政治中立性，以及没有被东西德玷污。克尼格本人也遭到了各方的攻击。"共产主义媒体的头条是：'阿登纳的后辈们正在克尼格先生的领导下粉碎我们的反法西斯主义。'右翼媒体则写道:'西德的左翼知识分子正在保留东德的国家纪念碑,也在保留东德本身。'而我只能说:'不好意思,我真的不可能同时做这两件事。'"

克尼格注定要让东西两方都深感不满,因为他重建这座博物馆的目标之一就是解构两个强大的政治神话。东德把布痕瓦尔德当作共产主义抵抗运动的中心来纪念。布痕瓦尔德集中营里曾经有一个共产主义地下组织,但这个组织太小了,远不足以发动东德人想象的那种叛乱。"用一百支枪和一打手榴弹对抗一千名党卫队士兵?这无异于自杀。"到了1945年4月,党卫队陷入了大面积恐慌,因为他们知道美军正在逼近。他们接到了撤离甚至清理集中营的命令,但指挥官犹豫不决,他们杀掉了一部分囚犯,留下了其他。党卫队最后还是逃走了,集中营陷入了权力真空,营地的共产主义组织恰好填补了这个空缺。美军几乎是碰巧进去的。"遗憾的是,解放这些集中营从来都不是他们的战略或战术目标。换作其他军队碰巧来到附近也会这么做。这就是共产主义神话的由来。"东德描绘的一场英勇的、组织严密的叛乱其实是抵抗军在美军的帮助下接管了一个无人看守的营地。打破集中营自我解放的神话,是克尼格工作的一部分。

另一个神话来自右翼。它基于这样一个事实:布痕瓦尔德被纳粹遗弃后,被苏联人用作了战俘营。1945—1950年,约有2.8万名德国人被囚禁在那里,其中1/4死于饥饿和疾病。这一事件让许多人坚持认为这两个体系的本质是一样的。这些人遗漏了一件事:那些最初被囚禁在集中营里的战俘都是纳粹基层党员,而不是真正的大头目;真正的头目都躲了起来,或被囚禁在别处。

在苏联占领时期，布痕瓦尔德的战俘营里关押着那些维持纳粹机器运转的小角色：街区领袖（Blockwart）。街区领袖负责监视街区里所有邻居，看看谁没有在自家房子上悬挂纳粹旗帜，谁可能藏匿了犹太人；他们是纳粹的最底层，负责编辑文件，维持宣传机器的运转。克尼格说："他们在道德上都是很糟糕的，但他们没有杀人，所以从法律上来说，这是个问题。然后还有个运气问题：纳粹的某个街区领袖可能被关在布痕瓦尔德，而他的同伙却过着幸福的生活。意外事件起了很大作用，苏联对审查个人的罪行不感兴趣。"绝大多数战俘都曾与纳粹有所牵连，但并非每个人都是如此。

可尽管如此，至今仍有许多人坚持认为集中营和战俘营都是一样的，包括德国前总统约阿希姆·高克；高克的父亲早期是个坚定的纳粹分子，曾被苏联关押。克尼格告诉我，高克曾造访布痕瓦尔德，于是人们把那些老问题又讨论了一遍，因为高克想为那些被纳粹囚禁的人和被苏联囚禁的人举行同样的仪式。当时的布痕瓦尔德都快成为冷战意识形态复苏的中心了。"所以，我们需要一个没有共产主义者的集中营和一个没有纳粹的苏联战俘营，但我们拒绝装作这两者中的任何一个。"克尼格说，"西德的神话认为，所有被关押在苏联战俘营里的人都是反共分子。东德的神话则认为，这些人都是纳粹的主要战犯。最后人们发现，这两个说法都不对。"

"你认为'德国有两个独裁政权'的说法是在给纳粹开脱罪责吗？"

"对，这也是我对德国的记忆文化持怀疑态度的原因之一。

启蒙是一项艰巨的任务。"

让他心生怀疑的另一个原因是大多数学校在教授有关犹太人大屠杀的内容时采用的教学模式。"老师们要求学生想象自己是一名接到了射杀犹太人的命令的德军上尉，然后问：'**你会不会这么做**？'这是个荒谬的练习，因为学生只会给出被社会认可的答案。哪怕是新纳粹分子也知道该说什么。这很荒谬，因为它没有提及发展出纳粹思想的框架：打破社会构成，破坏个人权利，等等。你只能听到一些陈词滥调："哦，**那真是太可怕了**。"它在**当时**确实很可怕，但仅仅这么说并不会让年轻人开始思考。记忆是很空洞的。"

克尼格也会和青少年团体合作，让他们当侦探。"我不要求他们哭出来或者和受害者共情。我要求他们扮演侦探，查出事情的原因。我们有物品和证人，就像普通的犯罪一样。我让他们筛选物证，探究原因。那是他们第一次（在经历了'这种事再也不要发生了！噢，多么可怕啊！'这样的道德教化之后）开始认真思考。

这种教育并非对所有人都有效。在现在的大多数旅游指南中，布痕瓦尔德都是必去的景点。其中一些游客是克尼格所谓的"恐怖版迪士尼乐园的游客"。还有一些是忠诚的纳粹分子，他们来这儿参观是因为把这里当成了某种样板。他们是反犹主义者，但他们也知道这是不为社会所接受的，所以他们开始谈论穆斯林。他们想把穆斯林一网打尽，然后全部关进毒气室。

"我可以和否认大屠杀的人交谈，因为这是真相和谎言的问题。我可以带他们去档案馆，给他们看文件。但我几乎不可能和新纳粹分子交谈。他们通常对大屠杀了如指掌。但是为了挖掘罪恶或者非人类的东西，我们必须先做出道德假设，假设知识只会增强。你可以把知识和道德框架联系起来。但对于最顽固的新纳粹分子来说，我无法假设他们拥有道德。"

"那你会做什么？"

"报警。"

克尼格一直都在努力和那些顽固的新纳粹分子对话。当时的游客里有六七个年轻人，都是贫困的高中辍学生，已经接受了社工的照顾。克尼格和他们一起在布痕瓦尔德待了一天，他们都重复了纳粹的说法：**是的，那是战争，那些囚犯是敌人。当时场面弄得不太好看，但我们别无选择。**"有时候我很绝望，我觉得一定有办法让他们清醒过来。所以我会说：'我们看问题的角度不同，但我希望我能理解你。如果生活在你喜欢的社会，你能得到什么？'他们的回答令人震惊。他们不认为自己在那样的社会将变得有钱有势。他们知道自己仍将处于社会的底层。但他们说他们将更有尊严，而这仅仅是因为他们属于更高等的种族。"

长期项目或许能够带来突破，但他们想要改变的人通常不愿意来，克尼格也没有长期教育所需的资金。他有一家拥有70张床位和若干研讨室的青年旅馆，提供给那些尚在摇摆、尚未变成激进右翼分子的年轻人，但他很难找到这样的年轻人，从而让这些项目发挥作用。"就像运营任何一座博物馆一样，政客们关注的是量化的结果：今年有多少人进了博物馆？有时候我会听起来很功利，我会告诉他们，提高数字并不是难事。我们要做的就是在每周四晚上让焚尸炉工作一会儿。但总有人退缩。我现在反而担心有一天连退缩的人都没有了,然后某个人问:'为什么不呢?'他们经常问我为什么不用全息影像重建集中营。那是一个纯感情层面的、毫无厚度的历史纪念。它只会使大群年轻人离开。"

不过,我还是追问道:"你难道就没有觉得自己和其他人的工作已经取得了一些成就吗?"

"我们需要双重视角。每个民主国家都有权询问自己的成功之处。也就是说,我们明白了什么?我们解决了什么?但我们也需要问,哪些问题依然存在?世上还有多少种族主义组织?那是阿多诺提出的问题。他不是要我们记住过去;记忆本身与启蒙无关。他是要我们面对过去。这两者是不一样的。"

"在阿多诺的时代,德国社会仍然存在大量纳粹思想。"

"这些思想至今依然存在。我们还有很多事要做。"

"我从没见过一个认为自己已经完成使命的德国人。"

"不完全是。但年轻一代认为这项工作已经完成了。我遇到的很多人仍在寻求伪人类学的解释:**人是邪恶的,仅此而已**。"

"你是怎么回应他们的?"

"我向他们强调了弗洛伊德的观点。弗洛伊德说人类既不是善良的,也不是邪恶的。人性是可以塑造的。"

"他们怎么知道要放石头?"我问勒罗伊·克莱蒙斯(Leroy Clemons)。他心胸宽广、意志坚定,是密西西比州费城的市议员,也是尼肖巴县有色人种协进会的主席;臭名昭著的尼肖巴县一直都是该州最恶劣、种族主义最根深蒂固的地方之一。

基督徒会在纪念碑和墓地前献花。我去达豪的那天,那里的主纪念碑前放着三个新鲜盛放的巨大的玫瑰花圈。犹太人则喜欢放小石头，但我怀疑整个尼肖巴县一个犹太人都没有。我站在费城郊外的锡安山教堂前，一种强烈的共通感和失落感贯彻心扉。用大理石雕刻的纪念碑上写着如下文字："我们怀着虔诚和骄傲的心情，谨以此碑纪念詹姆斯·钱尼、安德鲁·古德曼和麦克·施韦尔纳，他们在为人类争取人权的过程中献出了自己的生命。"

勒罗伊回答说："我每年都要接待来自世界各地的很多团体，所以也碰到过很多犹太团体。他们成群结队地来，一进来就放石头。"

作为费城联盟（Philadelphia Coalition）的联合主席，他在2005年曾协助将埃德加·雷·基伦（Edgar Ray Killen）送上了审判席。基伦是三K党成员，他谋杀了那三名民权工作者，并在之后的41年里一直逍遥法外——因为他还是一名传教士，密西西比州没有一个陪审团会判一个信仰上帝的人有罪。钱尼、古德曼和施韦尔纳的纪念碑看起来就像一块墓碑，教堂另一边也有一座类似的纪念碑，但是下面没有尸体。他们的家属本来希望把他们葬在一起，但这种做法在1964年是非法的，因为钱尼是黑人，古德曼和施韦尔纳则是白人。在密西西比，甚至连墓地都实行种族隔离。

从布痕瓦尔德到尼肖巴县路途遥远，有些读者可能觉得两者并不能相提并论。曾有成千上万人在布痕瓦尔德丧生，尼肖巴县却只死了三个人。犹太传统把拯救生命比作拯救世界，而那三个人本可以过上精彩的生活。他们的死亡变成了一个象征，无论是好是坏。和其他的很多大规模谋杀一样，这些谋杀案都发生在三

K党分子、警察、治安官以及高速公路巡警常常同流合污的地方。我在泥土里踢来踢去，想找一块合适的石头放在那些石头旁边；我很高兴，因为我发现自己不是唯一一个一直都把钱尼、古德曼和施韦尔纳当作英雄的犹太人。

他们是在"自由之夏"期间被杀的，那时我还太小，没能参加这个活动。我唯一能做的就是钦佩一个来自芝加哥的远房表亲，他在前往"冰山的中央"（鲍勃·摩西对密西西比的称呼）的途中在我们位于亚特兰大的家中留宿了一晚上。"自由之夏"是摩西一手策划的。摩西相信，废除投票箱的种族隔离比废除午餐柜台的种族隔离更重要，于是他发起了一场鼓励密西西比黑人登记投票的运动。在重建时期以及后来的很长一段时间里，密西西比州有大量非裔美国人参与了投票，甚至担任各种公职。然而，世纪之交时通过并生效的吉姆·克劳法废除了南方大部分地区的黑人曾经获得的所有公民权利。[24]摩西和他在学生非暴力协调委员会的同事花了几年时间试图恢复这些权利，但收效甚微。那些入读学生非暴力协调委员会自由学校的黑人领到的第一项任务就是指导符合条件的公民通过严格的选民登记测试，却遭到了追捕和殴打，有几个人甚至被谋杀。"我以前不知道杀黑人是违法的。"一名来自尼肖巴县的年轻白人说，"我在当兵的时候才知道。他们告诉我的时候，我还以为他们是在开玩笑。"[25]那些被广泛报道的案件（比如埃米特·蒂尔谋杀案或梅加·埃弗斯谋杀案）的凶手甚至还受到了当地社区的欢迎；同样地，由于社区的操控，这些凶手都被陪审团宣布无罪。当时，学生非暴力协调委员会是否应该将这样一场运动继续下去？因为到那时为止，这类运动只会让黑人受到更多恐怖行为的折磨。

"自由之夏"是他们提出的解决方案。密西西比人可以杀死黑人而不受惩罚，也不会引起全国的注意，但如果是一大群北方白人来帮助黑人登记选民会怎么样呢？三K党可能会骚扰他们，但肯定不会毫不犹豫地杀了他们；他们的出现还会把全国的注意力吸引到通常被忽视的密西西比的民权斗争上。学生非暴力协调委员会的一些成员担心这项提议会导致原本由非裔美国人领导的斗争被白人接管，另一些人则担心这会让年轻白人陷入道德困境。但密西西比的情况正变得越来越危急，况且要找到1,000名愿意帮忙的心怀理想主义的学生也不是难事。[26]虽然他们受过非暴力倡议运动的训练，但大多数密西西比人还是把他们当成了一支入侵的军队，认为他们和一个世纪前突袭密西西比的联邦士兵并无两样。

来自纽约的20岁学生安德鲁·古德曼就是其中之一。迈克尔·施韦尔纳则是一位24岁的社会工作者，半年前和妻子丽塔一起从纽约来到密西西比，他们是该州第一批全职白人民权工作者。詹姆斯·钱尼是当地一位颇有才华的21岁活动家，他曾和施韦尔纳一起工作，用别人的说法就是"就像连体婴一样"。[27]钱尼和施韦尔纳曾多次造访锡安山教堂，希望说服黑人教会在尼肖巴县设立一所新的自由学校；尼肖巴县多年来都没有黑人登记投票。他们待在密西西比的半年时间里所做的大胆工作吸引了三K党的注意。干掉"山羊胡子"（密西西比人因为施韦尔纳留着不常见的胡子而称他"山羊胡子"）的计划从4月就开始酝酿了。6月中旬，三K党看到了行动机会。

他们注意到,锡安山教堂有一场可疑的聚会。当时年仅17岁的费城联盟成员吉米·朱厄尔·麦克唐纳(Jimmie Jewel McDonald)记得1964年6月16日的事是这样的:"那是个募捐会,大家要在教堂里待很久,你可能翻来覆去地数自己的几个钱,心却飘到了教堂外,想要找在树下等你的男朋友。"朱厄尔告诉我,要不是得照顾侄女,她就去参加那次聚会了。她的母亲和弟弟去了教堂,回来时被打得满身是血,另外两名信徒也是一样。"**那些白人在哪里?**"三K党成员一边用手枪打她弟弟,一边吼道。他们在找施韦尔纳。他们知道他去过教堂,但她弟弟不知道他们在说谁。

"我可以凭直觉告诉你,"勒罗伊说,"他们如果袭击了一名黑人女性的孩子,肯定也会袭击那名黑人女性。"

三K党很快就这么做了,他们打断了朱厄尔的妈妈的锁骨,然后命令他们俩回家。她拒绝找医生。"我不知道能去找谁。用枪打我的可能就是医生。"那天晚上,三K党把锡安山教堂夷为了平地。大火之后唯一幸存下来的是教堂的钟,它到现在仍然屹立在那里。这不是三K党第一次放火焚烧黑人教堂,那一年在密西西比,至少有13座黑人教堂被烧毁。[28]但这次他们焚烧这座教堂的目的很明确:他们知道施韦尔纳会来调查这起犯罪。果然,施韦尔纳从俄亥俄州的一个训练课程上赶回来,试图寻找线索和可用作法庭证据的书面陈述,他知道当地执法部门永远不会去找这些东西。詹姆斯·钱尼和安德鲁·古德曼与他同行。古德曼当时刚给父母写了张明信片说自己已经安全到达。

"他们是在他死后才收到那张明信片的。"朱厄尔说,"他在明信片中说起密西西比人有多好,他父母肯定伤心欲绝。"

在从教堂返回的路上,这群年轻人因为"超速"被捕,这是骚扰民权工作者和黑人的常见手段。但当意识到车上有"山羊胡子"后,治安官把他们关了很久,给他的三K党同伙留下了充足的时间来准备私刑派对。治安官将他们带到光线昏暗的双车道高速公路上释放,不久后,3名三K党成员的车辆逼停了这群民权工作者的旅行车。钱尼、古德曼和施韦尔纳三人被挟持到一条偏僻的路上,就在凶手的地盘旁边,然后被近距离射杀了。

"你知道他们为什么选择在这里杀人吗?"勒罗伊一边问,一边把杀人地点附近的树林指给我看,"埃德加·雷·基伦说他每天都会开车经过那里,他希望每次经过的时候都能开怀大笑。"

这起犯罪经过了周密计划,如果不是后来联邦调查局悬赏25,000美元寻找线人,藏在一座新建水坝里的尸体就永远不会被发现。"凶手把尸体埋得很深,你根本闻不到气味。"朱厄尔说,"虫子或者鸟类也不会发现。"在此后的几个月里,当地社区坚持认为,这三个人的失踪(甚至包括教堂被烧毁)都是民权运动工作者为了丑化密西西比而布置的骗局。与此同时,两名年轻白人的失踪也引发了学生非暴力协调委员会预料到的后果。国内和国际媒体纷纷涌入该县。丽塔·施韦尔纳没有被任何人吓倒,包括当地警方和林登·约翰逊总统等人,她要求联邦政府立即采取行动,找到她的丈夫,同时指出媒体对他的关注是不公平的。"如果钱尼先生,一个密西西比本地黑人,是独自失踪的,那么这个案子就会像之前的许多案子一样无人问津。"[29]

后来,尸体被发现的过程也只不过证实了大多数人的猜测:

这几个年轻人在失踪后不久就被杀害了。与此同时，他们的故事推动了1964年的民权法案以及第二年的投票权法案的通过。96%的密西西比选民反对这些法案。在尼肖巴县，白人关注这起谋杀案是因为他们担心当地的声誉会受到损害，这起案件使这个地方成了全国的焦点。尼肖巴县的人们谈起这个话题的时候也会关起门来。朱厄尔在谋杀案发生后不久就结了婚，然后去了北方，她说自己离开密西西比之后学到的比案发后待在密西西比的那几个月学到的还要多。锡安山社区很快重建了教堂。门口的牌子上写着：

> 上帝从一本造出万族的人
>
> 这块牌子是为了纪念
>
> 迈克尔·施韦尔纳
>
> 詹姆斯·钱尼
>
> 安德鲁·古德曼
>
> 他们对他人的关心
>
> 特别是对这个社区的关心
>
> 导致了他们的英年早逝
>
> 他们的死唤醒了人们的良知
>
> 使这片土地上的正义、自由和手足情谊更加牢固

这个社区还会在每年的父亲节（也就是谋杀案的周年纪念日）举行追悼会。当马丁·路德·金穿过一群暴民，在谋杀案两周年纪念日上发表演讲时，他把费城称为"一个可怕的城镇，是

我见过的最可怕的地方，恐怖活动主宰着这里的一切"。[30]

黑人社群记得这一切，白人社群却在努力遗忘此事。在北方，人们通过演讲、歌曲和文学向这三位英雄致敬，但就在尸体被发掘出来的几天后，尼肖巴县的白人们便开始全神贯注地准备他们一年一度的集会，那是全国最大的集会之一。尼肖巴县集市自称"密西西比州的大型家庭聚会"，《南方生活》（*Southern Living*）杂志称之为"南方所有神圣事物的集合"。[31]在1964年谋杀案发生之前，这就是尼肖巴县给外地人的唯一印象。那里的夏天不只有乐队、烧烤、赛马，还有密西西比的政客来拉选票，三K党也会来招募成员。1980年，罗纳德·里根作为第一位出现在尼肖巴县的国家级政治家登上了新闻头条。里根站在距离民权工作者被谋杀地点只有几英里之遥的地方宣称："我支持各州的权利。"任何一个对狗哨政治①有些许了解的人都会发现，里根那慈祥和蔼的面孔背后，隐藏着白人至上主义坚定支持者的身份，他在任期内的所作所为也证明了这一点。他反对民权立法，升级了尼克松发起的毒品战争，支持南非的种族隔离制度，所有这些在他造访尼肖巴县的时候就已经有了先兆。密西西比每个人都明白他的意思。

这起谋杀案由于之后发生的罪行而变得更加复杂了。虽然镇上的很多人（包括调查了好几个月的联邦调查局探员）都知道主

---

① 狗哨（"dog whistle"）：美国的一个政治概念，指的是一种"说者有意、听者也有心"的隐语。因为狗的听觉频率高于人类，所以有种特定的唤狗哨子发出的声音是只有狗能听见而人类听不见的。"狗哨"表面上是在讲着一些再普通不过的事情，但对于特定的目标群众来说，其所言之事则另有含义——政治家就常常运用这种方式，将具有争议的立场委婉地传达给自己的支持者。

要凶手的身份，但大家都知道当地的大陪审团不会以谋杀罪起诉他们。案发当晚，三K党头目山姆·鲍尔斯警告在场的人，谁要是说出去了就别想活命。甚至在40年后，当法院要求当地居民履行陪审团义务参加最终审判时，他们还是会说，他们如果作为陪审团成员认定主谋犯有谋杀罪，就将不得不离开自己的工作岗位、教堂，或者搬离这个县。[32]

联邦司法系统对谋杀案没有管辖权，但在1967年，它起诉了17名男子，罪名是密谋剥夺3名被害活动人士的公民权利。在尼肖巴县，正直的白人女性弗洛伦丝·马尔斯（Florence Mars）在出面作证后被迫从主日学校辞职，她的牧场也遭到了三K党的疯狂抵制，最后被迫关闭。[33]尽管主审法官称被害者是"一名黑人、一名犹太人和一名白人"，但在17名被告中还是有7人被判共谋罪，虽然这些人的刑期相对较短，但这件案子的审判至少比蒂尔谋杀案的审判有了一些进步。

到了1989年，密西西比又前进了一大步。在这起案件的25周年纪念活动上，州务卿迪克·莫尔珀斯（Dick Molpus）在尼肖巴县的锡安山教堂向死者家属公开道歉，那天刚好是父亲节。莫尔珀斯是尼肖巴县的一位富有的木材商人，还是当地第一位公开提及此案的白人。大多数密西西比人认为这一举动就是他在第二年输掉州长竞选的原因。

又过了15年，谋杀案的主要策划者埃德加·雷·基伦才受到审判。当时他已经80岁了。这次审判是费城联盟的目标之一；费城联盟是重建时期以来尼肖巴县第一个三种族社区组织，成员有黑人、白人和乔克托人，其中的乔克托人是1833年被迫离开这个县的一个大部落仅存的后裔。这个联盟近期的目标是为谋杀案40周年纪念活动做准备，预计届时会有数百人来到费城。"实际上我们只是试着组织一下，看看40周年需要什么。"朱厄尔解释说，"需要移动厕所吗？需要在教堂里安装电话线以供媒体联系吗？"

联盟成员还包括一些白人律师和医生，他们知道是谁策划了这些谋杀，认为是时候审判凶手了。这个组织每周都会聚一次——有时在市政厅，有时在当地教堂。在温特研究所的苏珊·格利森的帮助下，它的使命开始清晰起来。一些成员反对与设在密西西比大学的组织合作，毕竟密西西比大学以其种族主义历史而闻名。联盟外的一些人（比如詹姆斯·钱尼的弟弟本·钱尼）甚至指责联盟窝藏三K党成员。迈克尔·施韦尔纳的遗孀丽塔从一开始就不相信这个程序，她担心这只是一场作秀式审判、一个为了洗刷小镇的恶名而摆的花架子。朱厄尔告诉我："我记得她说，'这些人只是为了写书，我不会帮他们的'。"

我端起她桌上的水喝了一大口，感到了一丝丝尴尬。

但是温特研究所有一种天赋，它可以将不同人群以一种既诚实又不粗暴的方式聚集到一起。现已退休的迪克·莫尔珀斯曾说过："在正义得到伸张之前，我们至少在某种程度上算是这些谋杀案的同谋。"[34]联盟决定推动案件重审，这一举动成功地引起了坚定而进步的州检察长吉姆·胡德（Jim Hood）的兴趣。这个案子很棘手。关键证人都不在了，大部分证据都是旧的证词。很多人不愿意把一位80岁老人（这位老人还是个传教士）送进监狱。任何一个地方的陪审团都不喜欢由外人（包括杰克逊市的吉姆·胡德）来插手自己的事务。正如一位费城居民在审判基伦时所说的，

"就像南北战争结束后,北方人来到南方,告诉我们必须**如何如何**,但我们不想让别人来教我们做事"。[35]经过6天的审判,2005年6月21日,埃德加·雷·基伦在策划谋杀案41年后被判有罪。让联盟和受害者家属感到失望的是,他们千里迢迢来到法庭作证,已有的证据却只能证明他们犯了过失杀人罪。不过法官还是判了基伦三个连续的20年徒刑,每杀死一名年轻人判处20年。2018年1月,基伦死在了狱中。

历史学家查尔斯·里根·威尔逊说:"基伦的判决是真正的里程碑。美国有很多民权谋杀事件和案件,但这个案子尤其具有戏剧性,因为它关系北方人和南方人,关系犹太裔美国人和非裔美国人。毫无疑问,此次判决将对治愈过程有益。"[36]

会吗?还是说,它会让密西西比州沉浸在"让这个州蒙羞的恐怖行为都已经成为过去"的自我满足中?当然,治愈也发生在了个体之间。例如,朱厄尔还提到了联盟中的一名白人成员焦急地寻找她的事。"她抓住我的手说:'我得告诉你,是我前夫的家人打伤了你的母亲和弟弟。'我说,'我的天啊'。然后我的眼泪就流了下来。她抓住我的手,我抓住她的手,然后我们就在那里放声大哭。她说:'我真的很抱歉。'我想,上帝啊,这是第一个向我道歉的人。我们就是这样成为朋友的。我称她为我的灵魂姐妹,她也会回应我。"

我在温特研究所学到的是:种族和解从基层开始。来自不同种族的人之间的私人接触,以及代表受害者的人和代表加害者的人之间的接触,是尝试治疗国家创伤的基础。我在温特研究所也学到了,这样的接触只是基础。他们可以通过由此形成的信任,促进社区和解，共同努力对抗仍然存在的社会不公。一群群人，一个个社区，一个个州，一个个国家，这是个漫长而疲惫的过程，但是我们几乎别无他法。

审判结束后不久，丽塔·施韦尔纳给密西西比州州长黑利·巴伯（Haley Barbour）写了一封公开信：

> 我之所以写这封信，是因为您最近的和过去的行为阻碍了密西西比和我们国家的种族正义。最近，您在尼肖巴县埃德加·雷·基伦案的审理和宣判后表示，您认为这次审判结束了民权年代的罪行，我们现在都应该做个"了结"了……但是我们还有很多工作要做。作为密西西比州的州长，您拥有独一无二的可以承认历史的机会，您还可以帮助确保这个国家拥有有意义的未来。请不要浪费这一时刻，说一些"过去并不代表现在和未来"之类的话。[37]

费城联盟表示，这场审判只是"寻求真相、为所有人伸张正义、促进和解"的道路上的第一步。那三位勇敢的年轻人不是被猎枪杀死的，而是在整个州的共同努力下被谋杀的，"正派人在别人以自己的名义犯下罪行时保持沉默，密西西比人对这些行为的可耻之处所知甚少"。[38]联盟总结道，他们的工作才刚刚开始。

此后不久，在他们的推动下，州长巴伯签署了法案，为公立学校所有年级设立了公民权利课程。联盟还在费城创建了一所钱尼、古德曼和施韦尔纳自由学校，现在由勒罗伊·克莱蒙斯管理。他带我参观他的校舍时，我们谈到了恐惧。

"密西西比之外的人很害怕来到这里，但到了我们这一代，这种恐惧并没有传承下来。人们总是说，我们不了解历史，这真是一种遗憾，但我总是说，我对此感到很高兴。我担心如果把这些故事传下去，恐惧和仇恨也会传下去。"

他说，正因如此，他从小就不害怕白人，哪怕他们是三K党，哪怕三K党经常在周六晚上烧掉他家附近山上的十字架。

"你看到他们放火了吗？"

"是啊，但我们也不害怕。星期天晚上我们还是会上山去同一个地方打垒球。我还记得我们会捡一些烧焦的木头做垒位。"

勒罗伊是9个孩子中的老大，出生于1957年，他母亲是个单亲妈妈，还染上了酒瘾。她酗酒的时候，他就负责照顾弟弟妹妹，让他们忙碌起来，远离马路对面树林里出售的私酿烈酒。他就是这么解释他的使命感的，从那以后他就一直在照顾孩子。"费城联盟的目标从来不是给一个80岁的老人定罪。它只是想改变这座城市叙述自身历史的方式，帮助年轻人进步。"自由学校的每个孩子都知道钱尼、古德曼和施韦尔纳的故事，但勒罗伊努力想弄明白这些故事为什么会发生。"铃既然已经响了，你就不可能把它恢复到不响的状态，但你可以选择如何处理它的余声。我希望他们明白这些案件发生的环境条件，以及能做些什么来消除这些条件和障碍，这不仅是为了他们自己，也是为了下一代。"

勒罗伊身上散发着近乎无穷无尽的乐观情绪。我们很容易理解每学期前来参加他的课外活动的78名高中生是如何受到启发的。在这里除了能获得在公立学校很少能得到的启发，他们也很有纪律。大多数老师对黑人学生的期望最低，而且拒绝花精力帮助这些他们认为永远不会学习的孩子。因此，黑人孩子要么辍学，要么不学无术。勒罗伊对其他很多项目都持批评态度。"他们的理念是，我们不教孩子如何阅读，而是教他们热爱读书。但我认为，你要是不识字，又怎么会喜欢阅读呢？"有时他会把几乎不识字的青少年和年龄更小的孩子们放在一起，当前者认为自己在教小朋友的时候，他们自己的能力也会提高。"他们知道我不会和他们玩。我会让他们开心一下，会给他们吃的，但他们来这里的目的是学习。生活不会优待他们，我希望他们做好准备。"正因为他们的努力，费城的大学毕业生人数激增，青少年怀孕人数也下降了40%。那里的吸毒、酗酒和犯罪率都很低。勒罗伊说："这是批判性思维。我们从历史的角度教导他们如何处理当今的问题。"勒罗伊让读书看起来不仅很酷，而且很有传道授业的味道。"我告诉他们，我们在这个房间里所做的事不能只留在这个房间里。你得和没来这里的朋友分享。这个房间是你学习如何领导他人的地方，你不能让别人控制话语权。"

走进贴满了历届学生照片的房间，勒罗伊更激动了。有一块海报看板的标题是"成功是什么样子的"，上面贴着身穿毕业服的学生的照片。许多大学生一到夏天就会回到钱尼、古德曼和施韦尔纳自由学校教书。勒罗伊指着照片，脸上微微泛红："这位年轻的女士正在备考密西西比大学。那位年轻的女士在滑稽短剧里扮演罗莎·帕克斯，她是个很好的演员。"这所学校每年都会为"国家历史日比赛"准备一出短剧。他们有一年还在华盛顿特区的比赛中表演了密西西比纵火案——这是后人对这起发生在费城的谋杀案的叫法。"看到那位年轻的女士了吗？"勒罗伊指着一位女士的照片问我,"她是我碰到过的最大的挑战。"这位女士的母亲因为枪杀了有暴力倾向的男友而被判入狱8年,而她目睹了整个过程。"我花了好大的劲说服她加入了我们。她扮演了朱厄尔·麦克唐纳,而且做得很出色。她还上了《奥普拉脱口秀》(*The Oprah Winfrey Show*)。是我把她带上舞台的……"他停顿了一下,摇着头,"她也已经毕业了。"

勒罗伊·克莱蒙斯在密西西比的小镇上发光发热,他是我见过的最坚定的启蒙运动捍卫者。他认为种族仇恨源于无知,这种无知使人们任人操纵。比如埃德加·雷·基伦。"他说孩子们参加自由之夏是为了训练非裔美国男性出去强奸白人女性。"

"你觉得他自己相信这种话吗?"

"是的,因为我遇到过他这个年纪的人,他们仍然这样说话。这就是他们的作风。我不怪他们无知。我一直告诉孩子们——当你无知的时候,别人就可以说服你去做任何事情。"

我在成年后的大部分时间里都在为饱受诟病的启蒙运动辩护,但即使是我也无法像勒罗伊一样对启蒙运动抱有无限的信念。比如说,人们是不是因为无知才去摧毁用来教导历史的公共纪念碑的?我见过犹太游客怀着虔敬的心情在钱尼、古德曼和施韦尔纳纪念碑前放下石头,也看过纪念碑旁边被当地人用卡车撞倒的钢制标示牌。费城联盟曾经成功地将一条高速公路命名为钱尼、古德曼和施韦尔纳纪念高速公路,但那块标志牌不止一次被泼上了油漆。我参观了马丁·路德·金位于蒙哥马利的牧师住宅,领队是一位热情的南方女士。她说,如果有一天这里不需要志愿者了,她也会坚持在这里打扫厕所。我走出房子,看到地上有一个吃剩的香肠包装袋，是一个来自亚拉巴马州的男孩扔在门廊上的，我们之前从没见过他。他是因为无知才这么做的吗？2013年，首席大法官约翰·罗伯茨（John Roberts）决定废除投票权法案，显然哈佛大学的教育经历对他毫无作用。"既然投票权法案有效，那为什么要废除它呢？"勒罗伊问道。投票权法案于1965年通过，在它的授权下，联邦政府可以监督那些常常压制黑人公民投票权的州的选举法规。由于最高法院废除了这项立法，从亚利桑那州到弗吉尼亚州的共和党政府迅速采取行动，给那些贫穷的、大部分出身少数族裔的、最有可能投票支持民主党的公民增加了投票难度。

在最高法院做出这一裁决的一年后，即谋杀案发生的50年后，奥巴马总统将美国公民所能获得的最高荣誉——自由勋章——颁给了钱尼、古德曼和施韦尔纳。钱尼的女儿、古德曼的哥哥和施韦尔纳的遗孀来到白宫参加了追悼仪式。奥巴马的嘉奖词是这么说的："詹姆斯·厄尔·钱尼、安德鲁·古德曼和迈克尔·亨利·施韦尔纳仍在激励着我们。他们的理想已经写进了我们国家的道德结构。"《时代》杂志在报道这次典礼时说，对于今天的大多数人来说，他们的名字很陌生。

典礼结束后，丽塔·施韦尔纳说，国会表彰这些人的最好方式应该是恢复投票权法案并积极执行。

在美国，关于纪念性建筑的争论非常激烈。除了史蒂文森的私刑遇难者纪念馆，美国再也没有纪念种族恐怖主义受害者的大型纪念建筑了；它也没有教育公众，让人们了解是什么导致了这些罪行。一些小规模的地方性纪念装置和教育装置（比如那些有关埃米特·蒂尔或者钱尼、古德曼和施韦尔纳的纪念碑）得到的支持通常是不稳定的。除了资金严重不足，他们建造的零星的纪念碑还常常遭受暴力对待。

"有一个被亵渎了的标记总比没有任何可供亵渎的标记要健康得多，"当我提到埃米特·蒂尔的标志牌曾被多次枪击时，布莱恩·史蒂文森说，"它揭示了我们的面貌，还给密西西比州的一些人带来了一点改变。"

我想，同样的说法也适用于德国那些规模更大的纪念碑。在欧洲被害犹太人纪念碑的设计被批准之前，德国联邦政府已经批准了数百万马克的预算来清理可能会出现的涂鸦。同时，虽然有成千上万的德国人珍惜那些绊脚石并提供了资助，但也有很多人讨厌它们。在2017年的水晶之夜纪念日，有16块绊脚石被极右翼分子挖出并销毁。这件事影响很大，但马上就有数百名柏林人响应捐款，以替换被破坏的石头。

在确定纪念种族主义恐怖行为受害者的恰当方式之前，美国人必须先确定应该如何处理仍然存在的白人至上主义纪念碑。2015年的查尔斯顿大屠杀就是一个契机。新奥尔良市长米奇·兰德里欧（Mitch Landrieu）率先开始行动，他在案件发生一周后宣布，这座城市的邦联英雄纪念碑应该被移除。在为移除工作做准备的过程中，他发起了一系列持续一年多的社区对话，一年多来，新奥尔良的各界人士每个月都会聚一次。温特研究所也受邀到新奥尔良以推动讨论。苏珊·格利森说："如果这个过程是民主的、互相尊重的且公平的，那么结果也会一样。"其中有些讨论主要是在澄清一些有争议的问题："不，这些纪念碑不是二战后建立的，而是在那之后又经过了一两代人的时间才建立的，白人至上主义者试图通过美化和模糊邦联事业来改写历史。不，这些雕像不会被毁掉，而是会被放进合适的博物馆。"经过近两年的讨论、公开听证和司法审查，新奥尔良市议会以6∶1的投票结果宣布，4座最臭名昭著的纪念碑妨害了公众利益。市长兰德里欧发表了演讲，并因思路清晰和口才过人而受到广泛赞誉。虽然演讲稿全文都值得一读，但我在此只引用其中一部分：

> 新奥尔良确实是一座多民族的城市，是一座大熔炉、一座充满各种文化的大熔炉……但我们还必须面对关于我们这座城市的其他真相。新奥尔良曾经是美国最大的奴隶市场，在这个港口，成千上万人被买卖，沿着密西西比河被运往北方，此后，他们的生活中一直充斥着强迫劳动、痛苦、强奸和折磨……所以，当人们对我说这些纪念碑已经成为历史的时候，我想说我刚刚描述的也是真实的历史，这是令人痛心的事实……这些雕像……不仅仅是无辜地记录了一段美好的历史。这些纪念碑刻意颂扬了一个虚构的、被净化过的邦联，忽视了死亡，忽视了奴隶制以及它实际代表的恐怖主义……它们被人为地、有目的地竖立起来，向所有曾经生活在阴影中的人发出了一条强烈的信号，那就是谁才是这座城市的真正掌权者……重新安置这些邦联纪念碑并不是要从某些人那里夺走什么……而是……向整个世界展示，我们作为一个城市，作为一个民族，能够承认、理解、和解。最重要

的是，我们要为自己选择一个更好的未来，矫正曾经的不当，纠正过去的错误。[39]

可尽管如此，市政府还是选择了在夜间移走这些纪念碑，全程有警卫值守，以防止纪念碑支持者制造暴力事件。2017年5月，这些雕像从新奥尔良移走后不久，亚拉巴马州通过了一项法律，禁止"搬迁、移除、改建、更名或以其他干扰妨碍的行为扰乱位于公共场所的40年以上的纪念碑、纪念街道和纪念建筑"。密西西比州没有必要这样做，因为它的立法机构早在2004年就通过了一项类似的法案。在这两个州，邦联遗产日都是公休假日。

这样的立场遭到了抨击，因为在夏洛茨维尔的种族主义示威活动的推动下，媒体开始转而咨询大量历史学家，这些历史学家在很久以前就证明了未竟事业的传说是毫无根据的。内战不是为了州权，而是为了奴隶制，威廉·詹姆斯很清楚这一点。如果历史学家的共识继续深入人心，那么有关邦联纪念碑的冲突也就能够平息了。

布莱恩·史蒂文森并没有等到冲突结束才开始下一步的工作。他的目标不只是改变美国人的身份认同——他认为，德国人的身份认同已经因为他们直面了可怕的历史而发生了改变。"我们不会因为这段历史而变得消沉，也不会受这段历史的控制。但我们不能否认这段历史。"

8

权利和赔款

任何物质赔偿都无法弥补奴隶制造成的痛苦。任何一个详细了解过奥斯威辛集中营或亚拉巴马州的奴役的人都不可能忍受这种奴役——不论事后的补偿有多么丰厚。这也是让·埃默里拒绝申请赔偿的原因之一，虽然从贝尔根-贝尔森集中营里被解救出来后，他的经济状况并不稳定。埃默里从12岁开始就再也没有接受过任何正规教育了，他在比利时找到了一份自由记者的工作，从北约到玛丽莲·梦露，他什么都写。直到1966年，他的事业才有所突破，当时他将自己发表的一系列英文文章结集出版，并将其命名为《罪与罚的彼岸》(*Jenseits von Schuld und Sühne*)。他在书中回顾了自己作为奥斯威辛集中营的幸存者在二战后的20年间在欧洲生活的经历。

如何治愈这种创伤？为了回答这个问题，埃默里找回了"怨恨"(resentment)的概念。尼采将其斥为一种病态的、狭隘的、奴性的态度，并嘲笑那些心怀怨恨之人，说"他们的灵魂侧目而视"。他们无法摆脱过去的创伤，执着于那些既矛盾又不自然的愿望。荒谬的是，怨恨感要求扭转那些不可逆转的事件，要求撤销历史。埃默里将尼采的思想颠倒了过来，并自豪地宣称自己是被尼采蔑称为拥有奴隶道德的那类人中的一员，因为"所有真正的道德都是为失败者而生的道德"。[1]人们很可能自然而然地认为时间只会向前流动，但这种想法不仅是超道德的（extra-moral），而且是反道德的（anti-moral）。

> 人类有权宣称自己对任何自然事件的发生感到不满，包括时间带来的生理性疗愈……反抗的道德力量包含了对现实的反抗，而现实只有在符合道德的情况下才是理性的。符合道德的人要求取消时间——在当下这场讨论的特殊情况下，他们要求把罪犯钉在他的罪行上来取消时间。因此，通过这样的方式，辅以道德上的时间倒流，后者可以重新成为人类，与他的受害者成为同胞。[2]

唯一能真正弥补这些罪行造成的痛苦的办法就是让时光倒流，让罪行消失。埃默里知道这是不可能的，但他坚持要求我们认识到，这种渴望是有深度的，也是合乎道德的。他还坚信这种想法有其理智之处，并反对那些开创创伤研究领域的心理学家；他说自己的怨恨是人类处境的一种形式，它"在道德上和历史上都比健康的正直更高级"。他并不认同那个"在道德上不可能的想法"：犹太人大屠杀幸存者的创伤可以通过600万德国人的死亡而得到治愈。他总结道，解决这个问题的唯一方法就是"允许一方继续怨恨，并由此激起另一方的自我怀疑"。[3]通过这样的方式，德国人便会把奥斯威辛纳入他们的自然史,而不是让它随着时间的推移而消失。

1966年,在写下这些文字的时候,埃默里确信这种事不会发生。"德国不会让这种事发生的,我们的怨恨只会徒劳无功。"他相信,后世的人们会将纳粹时代理解为历史的偶然,德国人会毫不犹豫地在客厅里挂上曾祖父身穿党卫队制服的画像。在当时,埃默里的悲观是有道理的:赔款是支付了,但对历史的清算并没有随之到来;前纳粹分子仍在政府、司法系统、外交部门和学校里身居高位;不久前在法兰克福结束的奥斯威辛审判被黑森州检察长弗里茨·鲍尔(Fritz Bauer)视为一场失败的审判,因为媒体把受审的集中营守卫描绘成了一群与全体德国人民没有任何关系的变态虐待狂。汉娜·阿伦特写道:

> 被告的行为反映了社会上多数人的意见,他们对检方和证人大笑、假笑、无礼,对法庭缺乏尊重……律师的行为也反映了社会上多数人的意见,他们不断提醒法官忽略"外界对我们的看法",并一次又一次地做出暗示,他们的当事人陷入当前的境地,不是因为德国人渴望伸张正义,而是因为受害者渴望"报复"和"复仇",并影响了世界舆论。[4]

当时,一名德国商人向埃默里保证,过去的事已经过去了,德国人已经不再对犹太人怀恨在心了——看看他们在赔款方面多么慷慨大度吧!埃默里承认,尽管像汉斯·马格努斯·恩岑斯伯格这样的知识分子仍然宣称,奥斯威辛将一直存在于德国的过去、现在和未来之中，但他相信这些声音只占少数，没有影响力。

在埃默里的那本书出版半个世纪后，他所谓的"奢侈的道德白日梦"（extravagant moral daydream）基本已成为现实。如今，我们已经很难找到一个不希望时光倒流以阻止纳粹罪行的德国人——哪怕动机只是希望自己的国家避免在随后的几十年里背负羞耻感。德国政府已经将奥斯威辛完全纳入学校的教学计划，以至于就连许多有责任心的公民都认为，纳粹时代被赋予了太多的历史分量。1966年，埃默里写道，德国青年引用歌德的话语却忽略希姆莱的存在是不光彩的。此后的几十年里，许多德国年轻人甚至怀疑还能不能引用歌德。多年来，许多人一直认为整个德国文化已经受到了不可挽回的污染。在以色列建国70周年之际，就连德国选择党也不得不公开发表声明，宣称德国在支持以色列建国这件事上负有历史责任。"我的一些选民对此相当不满，"该党的一位领袖告诉我，"他们问，这是否意味着他们的孩子还要继续向犹太人赔款。"可尽管如此，他还是觉得德国选择党有义务做出承诺。这并不代表这个党派已经克服了种族主义（降低移民数量和减少"清算历史"是他们的核心政治纲领），它只表明，德国已经走到了公开表达种族主义就等于政治自杀的地步。这可能是我们能期望的最好的结果了，况且这也已经足够了。17世纪的作家拉罗什富科（La Rochefoucauld）写道，伪善是恶向善的致敬。那时谁知道我们有一天会渴望伪善？现在许多国家的领导人觉得再也没有必要做出这样的致敬了。与大众的常识和康德的观点相反，诚实并不总是最佳策略。很多时候，社会变革始于口头承诺。正如德国清算历史的缓慢进程所表明的，在战后初期，公开表达纳粹思想开始为法律所不容；到了20世纪80年代，它们开始不被社会接受；如今，它们已经在道德上不被大多数人接受了。这样的进程是非常有必要的，最近出现的强烈反对也无法降低这一事实的说服力。道德革命不会在一夜间全部发生。正如奎迈·安东尼·阿皮亚在《荣誉法则》(*The Honor Code*)中所揭示的，社会如何定义"可耻"对创造真正的羞耻感是至关重要的。

我的中心论点与埃默里的"怨恨"中的大部分内容相反，但他的这篇文章仍有着巨大的价值，因为它揭示了受害者的道德心理。它也强调了作家塔那西斯·科茨（Ta-Nehisi Coates）所说的"赔偿的关键因素"：一场民族意识的革命，一场精神的更新。[5]我们可以想象这样一个美国：人们以在家中悬挂身着邦联制服的祖先画像为耻，以自己的国家迟迟不肯拆除邦联士兵雕像为耻。我们还可以想象这样一个美国：有关奴隶制和种族恐怖的残酷真相被不加修饰地放入"美国例外论"的历史叙事。这种转变的第一步意义深远：真诚地为美国非白人族裔遭受的折磨道歉。

美国国会直到2008年才正式为奴隶制道歉，这意味着，一个人只有意识到了自己的罪行造成的影响有多深，才能真正为它们道歉。起草2008年决议的国会助理们显然已经非常清楚他们的历史，因为这份道歉决议并没有止步于奴隶的解放，它还包含了对随之而来的种族主义罪行的悔恨。众议院最后表示，国会"承诺将会纠正奴隶制和吉姆·克劳法之下针对非裔美国人的不法行为所造成的长期后果，并将致力于防止今后的侵犯人权行为"。不过他们说的纠正目前还没有开始。以色列甚至在就赔偿问题展开谈判之前就曾要求德国先道歉，正如它在那时就认识到的，没有道歉的赔偿是盲目的，没有赔偿的道歉是空洞的。

在德国之外，只有研究当代德国史的学者才知道这个国家为了清算历史做出了怎样的努力。但它支付赔款的事实已经广为人知，足以成为那些主张"美国政府应该向奴隶的后代做出补偿"的人频频援引的先例。[6]乍一看，美国对奴隶制的赔偿与德国对大屠杀的赔偿几乎没有共通之处。甚至早在二战结束之前，同盟国和当时尚未成立的以色列国就已经开始讨论要求德国赔款的事宜了，波茨坦会议也肯定了德国应对其给世界造成的破坏进行赔偿的原则。德国造成的破坏是如此巨大，以至就连同盟国都承认，德国不可能在不遭受重创的情况下做出真正的赔偿。最初的讨论与其说是在为纳粹的个人受害者要求赔偿，不如说是在为同盟国被摧残的领土要求赔偿。这一点并不需要争论或复杂的验证过程。德国国防军下令摧毁了大片领土和敌方在这些领土上的一切。二战刚结束，苏联立即开始拆除德国东部的工厂和铁路车辆，以补偿德国对苏联领土的破坏。作家达妮埃拉·达恩说："没有谁会因为苏联人拆掉了德国境内的铁轨而高兴，但这其实已经比大多数人的预期更好了。苏联人还曾计划把整个德国变成土豆田。毕竟我们都知道是谁发动了战争。"她从未听说有哪个东德人认为这种惩罚太过分了。"这种怨恨与其说是针对苏联的，不如说是针对西德的，因为西德原本也要向苏联支付赔款。"

然而西德并没有这么做。仅仅几年后，西德就与以色列和犹太人索赔大会（该大会代表那些不在以色列生活的犹太人要求赔偿）签署了一项协议，向大屠杀受害者支付补偿款（compensation）。当时很重要的一点是，他们极力避免使用"赔款"（reparation）这个词。在两次世界大战之间的那些年里，《凡尔赛和约》要求的赔款破坏了德国经济。德国人认为自己因为一场实质上的对权力和殖民地的疯狂争夺战而受到了不公平的指责，参与争夺的人没有谁是无辜的。随着德国经济不断恶化，这些情绪变成了深深的怨恨，进而推动了纳粹党的崛起。[7]一战的赔款要求在一定程度上导致了二战的发生，所以在二战后没有人愿意重蹈覆辙。相反，西德得到了马歇尔计划的帮助，进一步赔偿的问题被搁置，直到最终的和平条约谈判时，西德才重启赔偿计划。到1990年和平条约签署时，这个问题被认为已经过时了。

西德已经向大屠杀受害者支付了约800亿马克的赔偿金，包括向个人幸存者支付的赔偿和向新生的以色列国支付的数亿马克。"赔款"这个有问题的词被一个没什么历史渊源但更有问题的词"和解金"（"Wiedergutmachung"）所取代，这个德语单词的字面意思是"让事情再次变好"。这也是阿伦特在描述"一般的不公和仇恨得到解决"时使用的词。在描述自己因为大屠杀的真相而感到震惊时，她说："就好像打开了一道深渊。因为我们一直相信，其他的一切都可以**重新变好**，在政治上，一切都必须**重新变好**。但事实不会是这样的。这是不可能发生的。"[8]

难怪有那么多以色列人认为接受赔偿对他们的未来有害。这个新兴的国家曾考虑立法禁止与德国和德国人接触。以色列的护照上用英文盖着"在德国无效"（NOT VALID IN GERMANY）的字样。以色列的《国土报》（*Ha'aretz*）告诉读者，即使是在瑞士的旅馆里，他们也应该避免接触德国人。[9]以色列人对这个谋杀了他们的父母和孩子的国家感到极其愤怒，一些幸存者甚至宣称，只有杀掉600万德国人才是足够的赔偿。很多以色列人认为，德国人想要通过提供金钱来赔偿纳粹造成的生命的消逝（或好一点的情况，身体的残缺），所以他们极力反对谈判。这些抗议活动在1952年愈演愈烈，最终演变成了暴力事件。当时还未成为以色列总理的梅纳赫姆·贝京（Menachem Begin）领导了一场示威活动，最终，示威者打破了议会大楼的窗户玻璃，当时议会正在就赔款问题展开辩论。

以色列传奇总理戴维·本-古里安则更为务实。以色列和西德都需要彼此："美国和其他国家正努力把德国带回国际大家庭。同时，以色列也在争取其国际地位，努力抵抗那些试图孤立以色列的阿拉伯国家。"[10]随着冷战的愈演愈烈，美国越来越不忌讳与前纳粹分子结盟了。尽管西德国内正在进行一场倡导战后非军事化的运动，但西德加入北约的计划已经开始进行了。当时出现了一个契机，以色列要求的赔款和德国提供赔偿的倡议恰好能够同时满足双方的地缘政治利益。创造这个契机的正是戴维·本-古里安。

在本-古里安发起的秘密会议上，德国和以色列的代表就协议中所有可能达成一致的方面展开了讨论，但双方都知道自己的国家对赔偿的想法感到不安，因此代表们十分受限。当然，他们还讨论了赔偿的实际金额，讨价还价的过程和露天菜市场里的情景差不多。与最终的金额相比，双方都试图争取更多，退让更少。〔以色列一开始要求获得15亿美元的赔偿，阿登纳则提出愿意支付200万美元。最终的协议金额是8.2亿美元（以1952年的货币价格计），其中的70%以等价的德国商品的形式支付。〕比起关于金额的讨价还价，更有趣的是关于文字的争论。大屠杀是"不公正待遇"还是"犯罪"？阿登纳在1949年首次向议会发表演讲时，曾列出一大串德国人的名字，并对他们在战争期间遭受的苦难表示哀悼，其中包括因土地被吞并或因轰炸而失去家园的德国人、被关押在战俘营里的德国人以及丧偶或变成残疾的德国人。他没有提到任何因德国的战争罪行而受苦的非德国人，这招致了国内外的一致批评。因此，在开始讨论具体金额之前，以色列坚持要求阿登纳向德国联邦议会发表正式声明，承认德国对犹太人犯下了罪行。这份声明实际上是由以色列政府起草的。[11]犹太人希望德国尽量多地承认自己的罪行，德国人则希望尽量少一些。最后，双方都妥协了。尽管如此，促成最终协议的主要功臣、世界犹太人大会（World Jewish Congress）主席纳胡姆·戈尔德曼（Nahum Goldmann）是这样描述阿登纳的声明的：

> 那天在德国联邦议会大楼里发生的事是政治史上的一个新开端。在政治上，人们的传统做法总是寻求为自己的观点辩护，并且只会向对手提出道德要求。与传统的政治实践相反，德国人民……自由和自愿地承认他们对过去的事件有罪，并愿意为之承担责任。突然间，此举在政治界开辟了一种全新的局面。[12]

尽管大多数西德人反对赔偿，不过他们还是承认，将从德国犹太人那里偷来的财产还给犹太人是正义之举。但那是归还，不是赔偿。对于一个在当时还未成立的国家来说，宣称德国应该向自己还钱要困难得多。以色列的谈判代表认为，他们需要用这笔钱来接收德国造成的50万无家可归的难民。因为德国的罪行，他们的健康受到严重摧残，无法为一个贫穷且不稳定的国家的发展做出贡献。这是一个各方都能认同的说法，因为事实是无可否认的。当德国人提出要用黄油来支付部分赔款时，戈尔德曼回答说，以色列人只买得起人造黄油。[13]当时，耶路撒冷仍有反赔款示威者举着写有"我被谋杀的父母值多少钱？"（"WHAT ARE MY MURDERED PARENTS WORTH?"）字样的牌子游行，在这种情况下，种族融合的成本是唯一可以被体面地拿来量化的项目。

大部分西德民众并不认同阿登纳的赔款决定，这也是许多历史学家相信他动机真诚的原因之一。除了希望西德加入北约以及害怕受到"犹太金融圈"和"犹太人的经济实力"的迫害，阿登纳似乎认为对犹太人大屠杀做一些补偿确实是应该的。[14]不过，无论是当时还是之后，幸存者们获得赔款的过程都是小心且艰难的。德国担心有人以虚假的手段获得赔款，虽然这种担心是合理的，但它很难解释德国为何一定要奥斯威辛集中营的幸存者记录下他们抵达集中营时的情况，找到两份可以证实他们的确进过集中营的宣誓证词，提交他们的文身号码以供比对，证明他们在集中营里受到了持续的生理伤害并导致身体虚弱——最后，他们还得证明自己的收入低到令人无法忍受。[15]最终，能提供所有证明的幸存者们才可以得到赔偿，每人在奥斯威辛每待一年可获得450美元。虽然1953年的450美元比今天的450美元价值更高，但这个数字仍然远低于前党卫队士兵及其遗孀获得的养老金的金额。

无论赔偿有多么微不足道，获得赔偿的过程有多么令人痛苦，纳胡姆·戈尔德曼还是说对了一点：此次赔款标志着一个历史性的转变。传统意义上的赔款是胜利者强加给被征服者的东西，被征服者的财富和领土被当作战利品，其中没有任何对错的诉求。德国确实战败了，但赔款协议是德国人自愿签署的，尽管他们也坚信赔款会改善战后德国在国际舆论场上的悲惨处境。

那些反对美国向奴隶制做出赔偿的人很快就驳斥了将德国人的赔款作为先例的主张，他们指出，两国的情况存在差异：基于几代人以前发生的犯罪来评估赔款的做法存在正义问题，在实际操作中也困难重重。在《解放黑人奴隶宣言》问世150年之后的今天，美国白人和黑人之间巨大的贫富差距是奴隶制造成的吗？年轻黑人入狱的概率高于上大学的概率，是否也应该归因于奴隶制？就算答案是肯定的，我们又该如何判断谁有权获得救济？奴隶主的记录很少像纳粹的那样具有系统性。今天的大多数美国人都认为奴隶制是犯罪。但经过了这么长时间，再加上对历史的理解变得越来越模糊，大多数人仍然认为，补偿受害者的尝试是毫无希望的。此外，正如非裔美国语言学家约翰·麦克沃特（John McWhorter）等人所主张的，平权法案不就是一种合适的补偿吗？[16]

作家杰拉尼·科布（Jelani Cobb）写道："有人认为黑人得到了太多，那是因为他们从一开始就拒绝承认黑人当初被剥夺了多少。"[17]平权法案自问世以来就不断受到攻击，取得的成果也非常有限，赔偿的目的也没有达成。如果平权法案的项目提到，有必要创造公平竞争的环境，那么赔款的要求就是在为犯罪寻求正义。人们勉强接受了平权法案的要求，并做出了一些实际行动，但相比于承认自身的恶行，接受一个比赛的比喻要容易得多。正如塔那西斯·科茨正确地指出的，"赔款的概念令人恐惧，这不仅因为我们可能没有能力进行支付，还因为它威胁到了一些更深层次的东西——美国的传统、历史和在世界上的地位"。[18]

许多国家（甚至大多数国家）都有贪婪和暴力的历史，只不过它们及时用名为善行的毛茸茸的毯子将其遮住了。"我们为原住民带来了宗教，还有铁路。""况且原住民也不全是善良的天使。""而且我们的邻国做得更糟。"到头来，为自己辩护的说辞无非是"每个人都在这么做，而且我们比有些人做得更好"。美国的罪恶并不比其他国家的更严重。它们只是更加令人震惊，因为美国建立在它大肆鼓吹的理想之上，而其他国家从一开始就只想着自己。只有美国在建国之初就宣誓要效忠于一套原则。

美洲原住民拥有生命权，非裔美国人拥有自由权，这是开国元勋们都无法反驳的、不证自明的真理。从一开始，美利坚合众国就拒绝实现它提出的理想。但这些理想并没有消失。有时，它们为了那些自欺欺人的目标服务；有时，它们也保留了足够的分量，指导着从废除奴隶制到今天的每一次进步运动。鉴于此，承认赔偿的正义性就等于承认有必要反思美国历史。

几十年来，这种反思不断出现在历史和后殖民主义研究领域，但仅仅偶尔渗透到大众意识领域。就连一些非常简单的事实（比如内战是为了消灭奴隶制）都需要一次又一次地被重新确立。邦联士兵的后代出于自私的理由，否认自己的祖先是为犯罪事业服务和牺牲的。捍卫祖先的荣誉是很自然的事情，只是他们的论据过于苍白无力，任何一个受过良好教育的孩子就能一眼看穿。"他是在为州权而战。"州政府做什么事的权利？

十分可悲的是,"美国内战的源头不是奴隶制"的观点也得到了左派知识分子的支持;近几十年来,我们开始对"人们会为了道德原则而冒险"的说法感到悲观。[19]最热衷于解构威廉·詹姆斯提出的关于内战时期的联邦军英雄叙事的往往不是保守派,而是那些自称进步派的人。我们很容易证明,和詹姆斯的弟弟不同,那些为联邦而战的人大多并不赞成解放黑奴。找出林肯否认种族平等的言论也很容易。林肯不是约翰·布朗,虽然他在严肃的第二次就职演说中回应了布朗。在南北战争开始之前,维护联邦才是最重要的。只有当战争走向血腥的终点时,解放黑奴才成了它的核心目标——这在一定程度上要归功于为这个目标而战的20万非洲裔美国士兵的勇气。

内战的起因在于奴隶制本身的逻辑。1861年战争爆发时,奴隶制为美国创造了大量财富。在19世纪50年代的政治斗争中,无论是在国会大厅里还是在堪萨斯平原上,奴隶制只有在将要扩张到新领土上时才会受到明确的质疑。只有少数人要求废除奴隶制,但由于棉花生产很快耗尽了土地的生产力,奴隶制无法继续带来巨大的利润,除非它扩张到密西西比西部。对更多土地的需求意味着这个体系要么继续扩张,要么走向终结,那些在19世纪50年代极力在堪萨斯州和加利福尼亚州推广奴隶制的人很早就认识到了这个事实。

所有关于美国赔偿奴隶制的严肃讨论都必须先承认两个事实:

1. 美国的财富与奴隶制带来的利润有着内在的关联，从南方的种植园到北方的工厂都是如此。

2. 传统的奴隶制在1865年就已经被废除，但取而代之的是其他形式的压迫，支撑这些压迫的不仅有习俗和偏见，还有法律。[20]

早期的历史将奴隶制描绘成了一种前现代的农业制度。"它与这个自由共和国的政治和经济制度存在根本性的矛盾……这个矛盾终将不可避免地得到解决，以一种有利于自由劳动的北方的方式。奴隶制迟早会在历史力量的作用下走向终结。"[21]然而，最近的历史研究表明，奴隶制是经济增长的主要引擎，而且它的效率还在不断提高，直到内战爆发。这种效率提高并不限于南方的那些棉花州，虽然这些州在1860年占了美国最富有的8个州中的7个。作为19世纪交易量最大的商品，由奴隶生产的棉花直接或间接地促进了美国和英国的经济增长。

棉花之于19世纪的世界经济就如同石油之于当今的世界经济。"棉花为王，"南卡罗来纳州参议员詹姆斯·哈蒙德（James Hammond）在南方各州脱离联邦前不久说，"世界上没有任何力量敢对棉花开战。"[22]当时，棉花出口带来的收入占美国出口总收入的60%，而美国生产了全球60%的棉花。棉花是19世纪最成功的工业原材料，位于新罕布什尔州曼彻斯特的纺织厂的利润和英国曼彻斯特的纺织厂的利润一样高。另外，棉花还推动了人们对铁制品、绳索、家具和鞋子的需求。[23]除了奴隶劳工生产的产品，奴隶本身的价值还占据了美国财富的20%。考虑到奴隶在市场上很容易出售，因此他们也是流动性最高的财富形式。历史学家爱德华·巴蒂斯特指出，美国历史上共有近100万奴隶被从上南方（Upper South）卖到亚拉巴马州、密西西比州和路易斯安那州的棉花田和甘蔗地工作，这些奴隶的主人不太可能是那些陷入困境、自耕自种的种植园主，更可能是无情的企业家。随着棉花产业的蓬勃发展，拆散奴隶家庭的做法逐渐成为奴隶制的核心。奴隶们被迫离开家人，因为他们在新奥尔良赚的钱比在弗吉尼亚赚的钱高出一倍。全世界的投资者都通过将这些奴隶用作抵押品的债券而致富，这种方式不是很明显，却足够恶毒。

我在上小学时曾听说马萨诸塞州的一个名叫伊莱·惠特尼（Eli Whitney）的白人农民发明了轧棉机。我了解到，他的发明使棉花收割变简单了，因此对工业革命很重要。如果不了解一点棉花经济学，我们就很难理解为什么这个小小的事件能够登上美国历史教科书。我对奴隶遭受的痛苦一无所知。惠特尼也许只是发明了这种机器，但为了增加产量，使用这些机器的男人和女人们经常受到残忍的鞭打。在没有遭受暴力的情况下，一个自由劳动者每天可以采摘约45千克棉花，这是废除奴隶制导致棉花产量下降后的平均速度。而在19世纪50年代，即棉花产业的鼎盛时期，许多奴隶平均每天的棉花采摘量能达到90千克以上。[24]监工会在账簿上记录每个奴隶的棉花采摘量以及被鞭打的次数。如果不能完成不断上调的棉花采摘指标，奴隶就会遭到3米长的鞭子的抽打。巴蒂斯特证明了，这种酷刑不是偶然的施虐行为，甚至也不是对所谓的违法行为的惩罚。它是棉花生产的核心要素，能够迫使被奴役的男女以非人的速度劳动。他总结道："对棉花而言，鞭子就像阳光和雨水一样重要。"[25]

随着内战接近血腥的尾声，400万被解放的非裔美国人该何去何从的问题引发了广泛的讨论。最初有人主张，他们应该为世世代代的被迫劳动得到一些补偿。谢尔曼将军和联邦战争部长埃德温·斯坦顿（Edwin Stanton）在萨凡纳会见了20位黑人自由民（其中大多数是牧师），并询问他们想为自己的人民争取些什么。答案很清楚：他们以前都在别人的土地上劳作，现在他们希望获得那些土地，每人分得足够大的一块，从而养活自己的家庭。当被问及他们是希望自己的土地和白人的土地交错在一起，还是希望独自生活在自己的殖民地上时，他们选定的代表加里森·弗雷泽（Garrison Frazier）牧师回答说，南方对黑人的偏见需要多年才能消失；因此黑人目前更愿意独自生活。4天后，谢尔曼发布了第15号特别战地命令（Special Field Order 15），将查尔斯顿以南的岛屿、河流沿岸的废弃稻田以及佛罗里达州圣约翰河边一些县的土地"分配给因战争和美国总统的宣言而获得自由的黑人"，这些土地的总面积达到了1,600多平方千米。[26] 每个家庭都会获得"不超过40英亩（约16公顷）的耕地"。除了现役军人，任何白人都不许在那里定居。

后来，黑人们又得到了分配骡子的许诺，但这项承诺不具备任何法律约束力。分配16公顷的土地以及农具的方案似乎非常明智而公正，对于被解放的黑人自由民、自由民事务管理局的官员和其他许多白人共和党人来说都是如此。如果实现了，它将是对那些在鞭子的抽打下无偿耕种数千英亩土地的非裔美国人的一种补偿。此外，美国出现许多拥有小块土地的独立农场主，这种愿景完全符合杰斐逊关于民主共和国的理想条件的构想。几个月后，自由民事务管理局调拨了近4,000平方千米的土地，准备落实这一方案。这些土地占了整个南方全部土地的0.2%。

不过，对世界棉花市场的利润的觊觎还是压倒了杰斐逊的愿景。比起自给自足的小农场，北方和南方都更青睐能够生产出口商品的大型种植园。[27]另外，安德鲁·约翰逊（Andrew Johnson）总统也热衷于恢复南方种植园主的权利和财产，他一直都同情他们。林肯遇刺后不到半年，约翰逊就推翻了所有为自由民分配土地的命令，并将土地归还给了那些发动战争的种植园主。正如马丁·路德·金在1968年所说的：

> 美国拒绝给予黑人任何土地：国会通过了一项法案，将西部和中西部数百万英亩的土地送了出去，这就意味着它愿意为那些来自欧洲的白人农民提供经济基础。他们不仅给了土地，还花钱建造了学院，教这些农民学习耕种。不仅如此，他们还提供了负责农业技术推广的官员，以增进这些农民在农业领域的专业知识。[28]

在这片土地上劳作的非裔美国人既无法获得属于自己的土地，也不能回到战前的奴隶制，所以佃农制度出现了，这其实是一种农奴制。在佃农制度下，佃农在土地所有者的土地上耕作，以换取一定比例的收成。佃农家庭被迫在种植园的商店里购买他们所需的一切，从种子到盐。他们通常不得不在每个季节开始时赊购生活必需品，并支付高昂的利息。欺骗和公然盗窃时有发生，剥削也很普遍，因为南方的业主们仍在为失去了作为财产的奴隶而愤怒。佃农的棉花采摘量经常被故意压低，种植园商店的商品价格则常常被抬高，大多数佃农一辈子从未还清过债务。他们虽然不再戴着镣铐，却也无法离开这片土地。

通过艰苦努力和自律，一些新获得自由的人在短暂的重建时期还是成了商人、教师、律师，甚至国会议员。重建时期之后的时代通常被称为吉姆·克劳法时期，这个名字源于一个滑稽的黑人表演者。如今的一些作家坚持认为这个词无伤大雅，不会让人联想到重建时期过后南方生活的恐怖。记者道格拉斯·布莱克蒙提出了"新奴隶制时代"（"Age of Neoslavery"）的说法，他表示："想象一下，如果德国人以20世纪30年代德国最著名的反犹太喜剧演员的名字给犹太人大屠杀的最初几年命名，会产生怎样的效果？"[29]布莱恩·史蒂文森称之为种族恐怖时代（Age of Racial Terror），贝尔·胡克斯（Bell Hooks）则称之为种族隔离时代。新奴隶制和种族恐怖活动都是南方白人摧毁重建成果的工具。在没有联邦军队和北方介入的情况下，南方各州严格执行了所谓的"黑人法典"，在很大程度上成功规避了宪法第13修正案的要求：

第一条 奴隶制度和强制劳役制度不得存在于美利坚合众国境内或任何受其管辖的地方，除非被用于惩罚已被依法定罪的当事人。

第二条 国会有权通过适当立法强制执行本修正案。

其中，最具系统性危害的是该修正案第一条的内容。它宣布了奴隶制和强制劳役为非法，"除非是被用于惩罚犯下罪行的当事人"。在战后南方那种扭曲的司法体系中，没有什么比捏造罪行和给非裔美国人适当定罪更容易了。

布莱克蒙认为，一直持续到二战初期的新奴隶制比内战前的旧奴隶制更能解释当代美国人（包括白人和黑人）为何呈现出如今这样的生活面貌。新奴隶制甚至更残忍。在旧制度下，奴隶是主人的财产。奴隶主们在黑人身上投入了大量资金，为了保护这些投资的经济利益，他们必须让黑人获得最低标准的营养和健康。而在新制度下，被关进监狱的黑人不是奴隶主的财产，他们被国家监狱出租给私人公司来开采煤炭、锻造钢铁或制造砖块。在亚拉巴马州的一些监狱里，犯人的死亡率高达40%。如果一个犯人死于营养不良、鞭打、过度劳累或疾病，公司大不了再换一个。租赁犯人的开销对企业主来说微不足道，但这笔钱对那些以不愿征税而闻名的州的财政收入来说至关重要。况且，这些工人都是罪犯，不是吗？

布莱克蒙令人震惊的研究表明，他们并不是罪犯。大多数人是因为流浪法而被捕的；根据这项故意表述含糊的法律，黑人如果无法立即证明自己目前受雇于白人，就可能被起诉、定罪，并被判处劳役。随地吐痰、在天黑后售卖农产品、在铁路旁行走、在白人妇女附近大声说话等行为也可能导致被捕入狱。在这条新法律下，南方监狱中90%的囚犯都是非裔美国人，这绝非偶然。然而，大多数白人并没有反思这些法律的合法性，而是以非裔美国人犯罪率的上升为依据，声称黑人天生就是犯罪分子。如此一来，非裔美国人的形象甚至比在内战前的旧奴隶制时期还要糟糕：他们从前被视为虽然低等但忠诚的人，现在却被视为危险人物。人们用黑人囚犯的数量日益增加为借口，重弹"黑人还没有准备好获得自由"的老调。事实上，布莱克蒙证明了，黑人被捕的时间和规模与对廉价劳动力的需求总是呈正相关。例如，快到收获季节时，被逮捕的黑人数量就会剧增。

负责逮捕和定罪的州政府官员与租赁犯人的企业会展开密切合作。在某些情况下，商业部门和法律部门都由同一个人控制。他们围捕黑人男性，偶尔也逮捕女性，给他们套上刚刚拴过他们父母的铁链。这样做有两个目的。对被捕和遭受私刑的恐惧让南方黑人长期处于一种遭到恐吓的状态。许多被捕和被判刑的人再也没有见过家人，尽管他们的家人请求联邦当局帮助寻找他们。囚犯租赁是维护白人至上主义的最有效的手段。

囚犯租赁制度还有另一个目的，其影响更为深远。囚犯租赁业务的发展与国际劳工运动的发展完全同步。企业获得了不限量的廉价劳动力，就可以压低自由工人的工资，破坏早期的罢工，并压制南方的工会运动。[30]南方的企业实际上控制着一大群劳动力。1911年，美国钢铁公司的子公司田纳西矿业和制铁公司的总裁在一封写给州立犯人监察委员会的信中说："租用犯人的主要目的是，就算出现劳工问题，我们也能确保我们的制造业获得不间断的煤炭供应。"[31] 20世纪早期，在劳资纠纷经常演变成斗争的情况下，囚犯租赁是一件有力的武器。企业没有理由接受工人的要求，提供体面的工作环境，反正它们能强迫成千上万的囚犯在不体面的环境中工作。因此，这项制度不仅伤害了黑人，也伤害了白人劳动者，虽然只有前者受到了鞭子和锁链的折磨。直到美国卷入第二次世界大战，司法部部长弗朗西斯·比德尔（Francis Biddle）才命令联邦调查局局长J.埃德加·胡佛（J. Edgar Hoover）调查一起强制劳役案件。政府的这项决定背后的理由令人咋舌。正如比德尔的助手所写的，这起案件只是"黑人沦为受害者的众多案例之一"。"敌国的政治宣传部门在国际宣传中提到了类似的有色人种案件，并表示它们才是有色人种的朋友，美国等民主国家并不真诚。"[32]

布莱克蒙并不是激进人士。他是一名来自密西西比三角洲的白人，曾在《华尔街日报》亚特兰大分社担任社长，这使得他那部获得过普利策奖的著作更具有谴责的力道。他的研究表明，"非裔美国人在经济上长期处于劣势，在社会中长期遭受压迫，这种情况无处不在……但这并不是南北战争前的奴隶制传统注定导致的结果"。[33]被解放的奴隶都很穷，而且常常是文盲，但战后南方的数百万白人也是如此。然而到了20世纪中叶，这些白人中的大部分都已经成了中产阶级的成员，黑人却遭受了一系列挫败。

布莱克蒙的书出版后不久，米歇尔·亚历山大的《新吉姆·克劳》和布莱恩·史蒂文森的《正义的慈悲》相继表示，大量年轻黑人通常因为鸡毛蒜皮的非暴力犯罪行为而入狱，这是囚犯租赁制度的延续。[34]一名18岁的年轻人可能因为拥有大麻而被关进残酷的监狱；在监狱里，比起其他东西，他学得最好的很可能是关于违法的专业知识。更糟糕的是，如果他想在刑满释放后找份踏实的工作，多数雇主都会因为他的重罪前科而将他拒之门外。在大多数州，一个人如果曾经被判重罪，还会丧失基本的公民权利，包括投票权、陪审员权、接受政府财政提供的教育资助的权利或拥有枪支的权利。一项又一项研究表明，黑人青年和白人青年触犯法律后受到的对待是不同的。[35]尽管2010年出台了公平量刑法案（Fair Sentencing Act），但在纽约布朗克斯区的楼梯间吸食可卡因的黑人受到的惩罚仍会比在工作场合吸食可卡因的白人高级厨师或华尔街经纪人受到的惩罚更严厉。遭遇不公对待的不只是那些真正被送进监狱的人。正如史蒂文森所说的，如今每诞生三名黑人男孩，就有一人可能在将来被判刑，这拉低了所有人对他们的希望和期望。

始于20世纪60年代末的反毒品战争使美国监狱中的在押人数从1971年的30万增加到了今天的220多万。美国拥有世界上最多的监狱人口，远超中国或俄罗斯，其中80%是黑人或棕色人种。系统性的种族主义使得这些人更容易被指控为罪犯，这绝非偶然。对非裔美国人的定罪是受到人为操控的，背后有其政治目的。尼克松的幕僚长H. R. 霍尔德曼（H. R. Haldeman）在日记中写了这样一段话：

> （总统）强调过，我们必须面对这个事实：真正的问题其实是黑人。"关键是要设计出一个系统，能在解决这个问题的同时不被……察觉……"（他）指出，历史上从来没有一个足够好的黑人国家，所有种族中只有黑人是这样。（他）说，非洲没有希望了。那里最糟糕的国家是利比里亚，而它是我们建立的。[36]

反毒品战争是共和党人发起的一场针对黑人的战争，是他们的南方战略的一部分，目的是吸引那些对民权运动的成果感到恐慌的原民主党白人选民。民主党的比尔·克林顿则通过强制审判政策，进一步将这一策略变成了惯例，吸引了全国各地的工薪阶层白人选民。

正如布莱克蒙所言，人们从未要求美国社会的商业部门对他们在支持白人至上主义方面扮演的角色做出解释，虽然"与其他部门相比，商业部门在更大程度上遵守了美国的种族习俗"。[37]尽管他列举了一些极具说服力的论据，证明了"工业界应该为其长期使用奴隶劳动力而支付酬劳"，但黑人并没有要求工业界这么做。2014年，年轻的作家塔那西斯·科茨在《大西洋月刊》(*The Atlantic*)上发表文章，再次提出了赔款的主张。

科茨关注和探讨的是一种被称为"红线政策"(redlining)的不公正现象，它将黑人群体排除在了罗斯福新政的抵押贷款的支持范围之外。当时，一些机构会为私人抵押贷款提供担保，降低利率和首付，在这项政策的帮助下，数百万美国白人在大萧条之后成为中产阶级成员。城市研究专家查尔斯·艾布拉姆斯(Charles Abrams)写道，政府"本可以要求人们遵守非歧视政策"。然而，"事实恰恰相反，联邦住房管理局(FHA)遵循了一种可能比纽伦堡法案还要严厉的种族政策"。[38]黑人家庭受到了掠夺成性的地主和贷款的牵累，而且无法买房（房产正是大多数人的主要财产）。难怪皮尤研究中心估计，白人家庭的财产大约是黑人家庭的20倍。非裔美国人的平均收入是白人的77%，黑人与白人的资产差距远远大于收入差距。[39]

更糟的是，就连那些设法买到了房子的黑人也会遭受抵押贷款政策所强调的社区种族隔离制度的侵害。公立学校并不需要由地方不动产税提供经费。例如在德国，学校的经费来自州和联邦的财政拨款，与社区无关。但在美国的体系中，与出生在贫民区的孩子相比，出身富人区的孩子会自动进入人数更少的班级，获得更多的设备，接触到更好的老师。由于受过良好教育的父母倾向于让孩子也接受良好的教育，所以这些差距带来的伤害会代代相传。正如哲学家伊丽莎白·安德森（Elizabeth Anderson）在《种族融合的必要性》（*The Imperative of Integration*）一书中指出的，种族隔离不仅是不平等的根源，更是破坏民主的重要力量。[40]

社区之间的种族隔离并不是地方性的偏见导致的，联邦法律是它的后盾。联邦住房管理局在向白人发放抵押贷款时还附有相关条款，明确禁止白人将房屋转售给黑人。直到1968年，红线政策才被废除，它的一些受害者仍然在世。如果我们多关注一下这批受害者，针对非裔美国人赔偿问题的第一个异议（我们如何确定谁应该得到赔款？）就不成问题了。在这个问题上，我们没有必要追溯到奴隶制时代。我们显然有很多方法可以确定谁被排除在了新政之外（正是新政将美国白人社会变成了一个以中产阶级为主的社会），就像我们也能确定，他们也被排除在了新政的另一个长期成功成果——社会保障制度之外。为了向南方选民推销新政，社会保障制度并未涵盖农场工人和家庭佣工，这就相当于把当时65%的非裔美国人排除在外了。

在《赔偿问题》（*The Case for Reparations*）中，科茨指出，受法律保护的经济不公一直持续到了1968年。他还指出，很早之前就有一些美国人认为赔偿是理所当然的。早在联邦向被解放的黑人家庭许诺分配16公顷土地之前，一些贵格会社区就出于补偿奴隶的动机，让曾在社区成员家中当奴隶的黑人无条件入会。[41] 1810年，耶鲁大学校长蒂莫西·德怀特（Timothy Dwight）写道："说什么'把他们带到这里来的是我们的祖先，而不是我们'都没有用……我们继承了祖先留下的大笔遗产，也就必须偿还祖先欠下的债务……仅仅给予（奴隶）自由，然后什么都不做，就是给他们带来了诅咒。"[42]

我们不能选择自己继承的遗产，就像我们不能选择自己的父母。我们只能选择和他们拥有怎样的关系。畅销书《朗读者》的作者伯恩哈德·施林克（Bernhard Schlink）认为，与父母彻底决裂是德国人逃避父母的纳粹罪责的唯一途径。[43] 我不同意这种观点。我钦佩那些在努力坚持明确的反法西斯立场的同时也能尊重曾做出不光彩行为的父母的人。不过，如果你想维持一段关系，特别是你还继承了一部分遗产，你就必须承认这份遗产背后的故事。美国的大多数州规定，遗产继承人在得到死者留下的财产之前必须先偿还死者欠下的债务。该法律反映了一条基于公平的直觉的原则：一个人无权在不承担相应的责任的情况下享受遗产带来的好处。此处不存在相应的道德准则；与个人财产不同，历史债务很少能被量化。不过这条法律所体现的直觉一直延续至今。

科茨的论证既简单又有说服力。就算不提其他方面，奴隶制也至少盗窃了黑人的劳动所创造的巨大财富。一些早期的白人观察家曾提出，出于荣誉和正义，他们至少应该将部分财富分给那些付出劳动创造这些财富的人。如果人们能够证明，为了压迫非裔美国人而制定的法律在奴隶制被废除一个世纪后依然存在，那么欠奴隶的债就应该还给奴隶的后代。支持这些说法的证据之所以被忽视，就是因为对太多美国人来说，《解放黑人奴隶宣言》和蒙哥马利公车抵制运动之间的历史是一片空白。最近的研究帮助我们填补了这片空白。但在更早的时候，马丁·路德·金就曾写道："南方自欺欺人地说，黑人待在奴隶的位置上是幸福的，北方则自欺欺人地认为自己解放了黑人。《解放黑人奴隶宣言》解放了作为法律实体的奴隶，却没有解放作为个体的黑人。"[44]

科茨认为，提供赔偿就等于完全接受了我们的集体历史及其后果。不承认国家的耻辱就呼吁民族自豪是不诚实的行为。如果你曾经对德国的民族主义者吹嘘贝多芬和德国香肠却忽略布痕瓦尔德集中营的做法感到震惊，你就不能在评价美国时只提到开国元勋的言论或最伟大的一代（Greatest Generation）的作为。你也必须承担美国的罪责。科茨写道，这将引发一场全国性的清算运动，从而带来精神复兴。"相比于给所有非裔美国人开支票，支付赔款意味着美国将从孩童时代那种天真的迷思走向成熟，成为一个配得上开国元勋们的智慧的国家。"[45]

从迷思到智慧，这是一种成长。科茨一直被批评思想悲观，但他关于赔款的论证表明，他对美国的理想仍怀有一些信心，这与悲观主义并不一致。一些非裔美国作家，比如科尔内尔·韦斯特（Cornel West）和托马斯·查特顿·威廉斯（Thomas Chatterton Williams），指责科茨的后期作品将种族本质化了，认为他过度沉迷于白人至上主义；他们主张以一种更加普遍的视野来关注阶级和权力的动态变化。科茨如果没有这样的视野，仅仅关注白人至上主义，就会使黑人和白人都失去能动性，无法超越部落冲突。对威廉斯来说，白人至上主义和科茨就是彼此的镜子："两者都将种族身份神秘化了，将其解释为某种固定的、决定性的、几乎超自然的东西……如果我们仍然迷信种族身份，我们就永远无法摆脱它强加给我们的等级制度。"[46] 如果我们认为理想是由种族和基因决定的，就等于把地盘让给了唯物主义，人类在其中毫无权力，理想在其中毫无力量。

科茨在《赔偿问题》中提出的对美国理想的诉求与奥巴马的一些最激动人心的演讲彼此呼应。比如，在"血腥星期天"（Bloody Sunday）50周年纪念日那天，奥巴马在亚拉巴马州塞尔玛的活动现场发表了演讲：

> 这些男人和女人拥有多么深厚的信仰：对上帝的信仰——也是对美国的信仰……还有什么比这种信仰更能表达对这场创建美国的实验的信心呢？还有比相信美国的伟业尚未完成，相信我们已经强大到能够进行自我批判，相信我们每一代人都可以审视自己的不完美，而且都认为我们有能力重塑这个国家，使其更符合我们的最高理想更伟大的爱国主义形式吗？否认这种进步，这种来之不易的进步——我们创造的进步——就等于剥夺了我们自己的动力、自身的能力和我们尽力使美国变得更好的责任。

只有1.8万人的小镇塞尔玛在每年3月的第一个周末都会庆祝1965年发生的那起让人们将它标记在地图上的事件：穿过埃德

蒙·佩特斯大桥（Edmund Pettus Bridge）的游行遭到了残酷的镇压，促使林登·约翰逊提出了旨在保护所有美国人的投票权的投票权法案，并由国会通过了该法案。虽然1868年的宪法第14修正案已经确立了这项权利，但南方各州有很多绕过它的办法。比较温和的方法包括选举税，以及令人一言难尽的测试题问卷：一块肥皂里有多少泡沫？一只鸡身上有多少羽毛？天空有多高？当这些题目都无法阻止坚定的黑人选民时，州政府便转而采取了恐怖行动。

选民登记运动夺去了钱尼、施韦尔纳和古德曼的生命，在邻近的亚拉巴马州也引发了类似的暴力。在密西西比州的这桩谋杀案发生半年后，亚拉巴马州的一名州警枪杀了吉米·李·杰克逊（Jimmie Lee Jackson），后者既是一名黑人老兵，也是一名浸信会执事，在整整5次试图登记投票均告失败后，他参加了和平示威。当时，人们纷纷劝告民权工作者远离塞尔玛——那里的白人太卑鄙了，黑人太恐惧了。但杰克逊的死让人们奋起反抗。由马丁·路德·金组织的南方基督教领导会议的成员们决定带着杰克逊的棺材一路游行到州首府。第一次游行在后来众所周知的"血腥星期天"结束，当时州警对示威者痛下杀手，许多人身受重伤，包括一些年轻女孩和年长的妇女，以及当时只有24岁、如今在国会长期任职的佐治亚州议员约翰·R.刘易斯（John R. Lewis）。

记者们用摄像机记录下了这桩暴行，整个国家都震惊了。两天后，马丁·路德·金从亚特兰大赶来，带领游行队伍穿过了大桥。但他在一排全副武装的州警面前停下了脚步，并开始跪地祈祷。大多数追随他的人都不知道，他曾许下诺言，如果没有许可证，他就不会参加游行——当时，民权律师们还在努力争取许可证。当天晚上，一位名叫詹姆斯·里布（James Reeb）的普救派白人牧师响应金的号召来到了塞尔玛，却在当地一家咖啡馆外被人用棍棒殴打致死。里布的死给当局造成了压力，使当局批准了最后一次游行。1965年3月21日，成千上万人在泥泞中跋涉80千米来到了蒙哥马利，这一次有1,900名州警奉命保护他们。在到达亚拉巴马州首府后，示威者们举行了一场露营集会，哈里·贝拉方特、皮特·西格（Pete Seeger）、欧蒂塔（Odetta）、詹姆斯·鲍德温、妮娜·西蒙和琼·贝兹（Joan Baez）都参加了这场集会。

自1992年以来，塞尔玛每年都会举行穿过那座桥的游行；那座桥至今仍在使用那位后来成为美国参议员的邦联将军和三K党领袖的名字。当我到达当年游行开始的那座教堂时，民权领袖杰西·杰克逊（Jesse Jackson）和本杰明·巴伯（Benjamin Barber）正在台阶上对着人群讲话。我从一个留着长辫的年轻小贩那里买了一件T恤衫，上面写着"1965年我错过了，但2017年我在这里"。杰克逊和巴伯都谴责最高法院的判决破坏了投票权法案，当初人们正是为了这项法案才在塞尔玛流血牺牲的。[47]在教堂的草坪上，有人在分发印着"停止镇压选民"字样的标语牌，字体颜色有红、白、蓝。我们在这里纪念半个世纪前的一场抗争，是因为这场抗争如今仍须进行。

不会让唐纳德·特朗普得逞的，不会的
我不会放弃的
我不会放弃的

我不会放弃的

游行开始时，我就站在声音最好听的那个女人后面，她开始即兴领唱，我就和其他人跟着她唱。她用完美的音调唱出了嘹亮的决心。她推着一辆婴儿车，她的女儿坐在里面笑，头发上的淡紫色蝴蝶结几乎遮住了她整个头。当唱到"我们不再学习战争"这句歌词时，唱得最响亮的是身着美国海军陆战队制服的人。也许这种场景其实并没有看上去那么不协调：对许多美国黑人来说，服兵役不仅是一份体面的工作，而且象征着他们有了正式的公民身份——这也是在两次世界大战后，黑人退伍军人遭遇了一波又一波私刑的原因。

我抬头看着铁艺阳台，它们与新奥尔良随处可见的那种铁艺阳台几乎一模一样；看得出来，有些被木板封住的店面当年是很气派的。塞尔玛在内战之前虽然曾因棉花而变得富裕，如今却和三角洲一样贫穷——这里还没有三角洲那样让人不可思议的美景。作为游行起点的那座教堂如今成了一个全国性的地标，但旁边的房子都废弃了，窗户都破了，墙上的漆也大面积脱落了。街对面的一座小房子塌了，木板凌乱地散落在曾经的院子里。塞尔玛也深受黑帮暴力的折磨。"按比例来说，我们这座城市在全国的城市暴力排行榜上位列第8。"一位当地居民这样告诉我，甚至带着一丝骄傲。不过，塞尔玛甚至不能算一座真正的城市，正如另一位居民告诉我的："我们这里连麦当劳之类的连锁餐厅都没有。"

不过，塞尔玛确实有一间小型博物馆专门用于展示非裔美国人受奴役和奋起反抗的历史。博物馆位于沃特街的一家店内，入口处有一幅粗糙的壁画，画中的男人和女人在棉铃前鞠躬，他们头顶上是一名黑人满是皮鞭伤痕的背影，还有"永不再来"（"Never Again"）的字样，文字的颜色使它们看起来就像是由炽热的骄阳写下的。这条街的尽头有一座老火车站博物馆，那是一栋巨大的砖砌建筑，曾是火车站，如今被用于展示这个地区的历史。它的主要展品占据了两间展厅，较大的那间展厅是用于展示民权历史的，介绍了在塞尔玛的选举权斗争中牺牲的四位烈士。另一间展厅则专门介绍了南方邦联，展品包括一门旧式大炮、各种尺寸的炮弹、一面干净的南方邦联旗以及一副破旧的拐杖。我去参观的那天，一名女子正在民权历史展厅里摆放椅子，为每月一次的南方邦联之子晚会做准备。

"这是最好的房间了。"她告诉我，"当然，我也可以把那门大炮挪走，让他们去邦联历史展厅。"

"那为什么要像现在这么做呢？"我问。

"因为我想耍耍他们，"她笑了起来，"我觉得让他们坐在这里很有趣。"

她没有参加游行，但有数千人参加了，其中有坐着轮椅或用着助行器的老人，也有被大人扛在肩膀上或自己走路的孩子。三名年轻的白人女性身着印有"黑人的命也是命"字样的T恤衫，一名年轻的黑人女性手里拿着手工制作的标志牌，上面写着"这个国家是由移民建立的"的字样。还有一群非裔美国共济会成员穿着笔挺的西装，打着黑色领结。每年都有两名穿着藏红色长袍的和尚从日本赶来。一名年轻的白人女孩举着一块牌子，上面写着"我将在2028年参加投票"。三名犹太人穿着印有用英文和希伯来文写的"蒙哥马利社区"字样的T恤衫。当我们走近那座桥时,那位声音动听的黑人妇女唱起了《我们将会超越自己》("We Shall Overcome")。当她唱到以"黑人与白人在一起"开头的那一节时,我转过身,发现身后的所有人都在跟着一起唱。当时,一切都是有可能的:团结、希望,甚至是"美国"——她以更高的热情唱出了"美国"。**上帝赐予你恩典。**(God shed His grace on thee.)你认为这是对过去的陈述,还是对未来的祈祷?

桥的另一边是民权领袖和烈士们的纪念碑,纪念那些有名有姓的人和默默无闻的人。在那天,纪念碑的两侧全是笑着拍照的黑人家庭。在他们身后,橡树的颜色就像游行那天阴沉天空下的西班牙青苔一样灰暗。公路两侧有一排排货摊,正在售卖各种东西,既有便宜的达西基(dashiki),也有霓虹色的玩具狗。纪念那次游行的"穿过大桥周年纪念"是镇上最大的年度活动,每年都吸引了成千上万人来到这座偏远的小城镇,但当地议会无法(也可能是不愿意)拨款给消防员和警察,让他们在举行庆典的周末继续执勤。

我报名参加了一个和周年纪念有关的工作室培训项目。如果我愿意,我可以在4天内被伯纳德·拉斐特(Bernard Lafayette)博士和他的多种族团队认证为马丁·路德·金式非暴力培训师;拉斐特博士是金的助手之一,也在血腥星期天受了伤。工作室的学员们会被安置在当地的一所黑人社区大学里。我从牛津市出发,开车沿着没有灯光的小路走了很长一段时间才到那里,我感觉自己经受了一次磨炼。在工作室的合租公寓里,一个卫生间没有镜子,另一个卫生间的马桶一直在冲水,这里的大部分墙壁看起来都不太结实,仿佛稍微用点力就能推倒。有一座被称为"院长厅"的建筑是为特殊客人预留的。种种迹象表明,这所大学里的其他设施面临着资金严重不足的窘境。不过,水疗中心(也就是工作室的所在地)位于一个可以俯瞰河流的美丽地方,从那里的露天平台上可以看到当初发生冲突的那座桥。

与温特研究所一样,塞尔玛非暴力中心(Selma Center for Nonviolence)相信叙事的力量和为了完成社区工作而建立人际关系的必要性。但该中心的训练几乎从来不会提到种族问题。虽然塞尔玛80%的居民都是非裔美国人,但艾因卡·杰克逊(Ainka Jackson)说,很少有人(不管是白人还是黑人)有兴趣谈论这件事。"这里不是纽约。"她告诉我,"如果我说我们要举行一场关于种族的座谈会,就会有人说,'又来了,又来了'。"她发现,关注社区问题(教育问题、无家可归者的问题)更有效,虽然这些问题对黑人的影响远远大于对白人的影响。她告诉我,在艾娃·德约列(Ava DuVernay)的电影《塞尔玛》(*Selma*)上映前,就算在塞尔玛也没有人会谈论血腥星期天。

艾因卡是塞尔玛非暴力中心的主任,她的经历令人印象深刻。她来自一个不同寻常的家庭,她和她的家人负责组织穿过大桥周年纪念,运营塞尔玛非暴力中心和非裔美国人博物馆。她们也是塞尔玛的大部分进步的社区工作背后的推动者。她的父亲汉克·桑德斯(Hank Sanders)出生在亚拉巴马州黑人地带(Black Belt)的一栋只有3个房间的小屋里,是十二个孩子中的老二。他依靠奖学金进入了哈佛大学法学院,在那里遇到了他的妻子罗斯,罗斯后来改名为法亚·罗斯·杜尔（Faya Rose Touré），以抹去奴役其祖先的奴隶主的名字。他们搬到塞尔玛开了一家律师事务所。除了从事法律工作，汉克还成了州议员；法亚·罗斯则成了一名艺术家、作曲家和社区活动家，她的急性子激怒过塞尔玛的很多人。她穿着精致的非洲服装，看起来更适合出现在剑桥或开普敦，而不是塞尔玛。他们生了三个孩子，还照料了四个寄养儿童以及数不清的无家可归者，包括一名出现在他们家门口的日本人。

他们的三个孩子都成了活动家和律师。"因为大家都愿意听律师的话。"曾当过老师和社工的艾因卡说。三人每年都会参加在亚拉巴马州达拉斯县法院举行的模拟审判活动；半个世纪前，很多非裔美国人曾试图在这里登记投票，但都失败了。2017年的审判活动的主题是奴隶制的赔偿问题。汉克和罗斯曾担任黑人农民群体的律师，向美国农业部发起集体诉讼；美国农业部在1981—1995年曾系统性地拒绝贷款给黑人农民，却又随随便便贷款给白人农民。2013年，每位原告都获得了赔偿，最高为5万美元。虽然这笔赔偿金远低于他们的实际损失，但总计12亿美元的赔偿金仍是美国有史以来最大的一笔种族歧视赔偿金。

如今，罗斯要模拟一个更难的案子。在这些遭受歧视的黑人农民中，有1.5万人仍然在世，他们遭受的损失仍然可以估算。在模拟法庭上，她代表美利坚合众国所有被奴役的人们，呼吁对从未得到报酬的工作做出带有补偿性质的赔偿，对他们的后代受到的伤害做出带有惩罚性质的赔偿。一位名叫尤尼修女（Sister Youni）的女人扮演了一个奴隶的角色，描述了中间航道、劳役、饥饿，以及几乎每晚都要来对她为所欲为的奴隶主。

"所以我们还加上了子女抚养费，法官大人。"罗斯对模拟法庭的法官说。"你多大年纪了？"她问证人，"你生活在19世纪还是21世纪？"

"我一直被禁止阅读和写字，我怎么知道？"

下一位证人是雷·温布什（Ray Winbush），他是一名心理学家，写了两本关于赔偿的书。他谈到了曾经的奴隶的后代们受到的伤害，并认为人们一直低估了黑人女性遭受的创伤。"看看我们的肤色，看看我们的头发吧。我们都有被强奸过的祖先。"温布什认为，那段历史和今天非裔美国人的恐惧有着直接的联系。他说："听听我们在说到'白人'这个词的时候把声音压低了多少吧，即使房间里并没有白人。"听众们都笑了。

模拟法庭的辩方律师是罗斯的大女儿玛莉卡，她当时怀着第7个孩子。她像其他律师那样提到了先例：法院只会为直接的人身伤害给予赔偿。这种类型的补偿是没有先例的。2013年，英国向5,000名在茅茅运动期间遭受酷刑的肯尼亚老人支付了总计2,000万英镑的人身伤害赔偿，于是那个案子在庭外和解了，并没有走到法庭审判那一步，而且那些受到伤害的人仍然活着。所有法庭都说，原告提出的赔偿奴隶制的要求没有法律依据。

所有法庭也都否认了证人在回答问题前与其祖先沟通的权利。"你听到他们亲口说了吗？"一名质询者反问道。

但这是一场模拟审判。罗斯回答说，与祖先沟通是非洲人的传统，所以法庭应该允许证人在回答前静默片刻。她轻蔑地驳斥了非裔美国人不知道如何负责任地使用赔款的说法。"如果你撞了别人的车，会有人说对方太笨了，不会花钱，所以不该得到你的赔偿吗？"辩方认为，这个案子只能由国会裁决，因为法院的管辖权只能覆盖直接的人身伤害；辩方还提到了预算赤字，所以让国会采取行动的希望也破灭了。尽管如此，最后的裁决并不令人惊讶：模拟法官判处10万亿美元的补偿性赔偿和30万亿美元的惩罚性赔偿。法庭里一片欢呼。

这场模拟审判是南方赔偿峰会（Southern Reparations Summit）的一场活动，活动期间，我通常是会议室里唯一的白人。除了参观过几次黑人教堂，我完全没有去过这种地方，这对我来说是一种全新的体验。我为那些总是成为会议室里唯一的黑人的朋友们感到痛苦。他们不能完全信任别人，也不属于这里，每个人都处在一种不确定之中，但所有人都礼貌地假装这很正常。我找到位置坐下，坐直了认真听。除了桑德斯和杜尔一家人的参与，此次峰会还由成立于1987年的美国黑人赔偿联盟（National Coalition of Blacks for Reparations，缩写为N'COBRA）领导。参议员桑德斯在峰会开始时说，黑人农民的诉讼虽然受限，但确立了一个原则：美国政府有责任在民众受到不公正对待时采取行动。尽管进一步伸张正义还需要立法和诉讼，但他希望农民诉讼案的成功能够鼓励那些继续为全面赔偿而努力的人们。接下来是一连串说东道西的争论，时而幽默，时而愤怒。

"谢尔曼承诺分配16公顷土地的时候没有提到骡子，但那时土地和骡子是配套的，所以给土地不给骡子就等于在今天给你一辆没有引擎的雷克萨斯汽车。"

"犹太人因为1939—1945年的事而得到了赔偿，我们遭受的苦难则更为深重，时间也更长。只有发生在美洲印第安人身上的事能与之相比。"

"白人会问：奥普拉应该得到赔偿吗？但没有人会问犹太人，斯皮尔伯格是否应该得到赔偿。"

"当一名白人告诉我，他的祖父不是奴隶主，而只是个聪明的工程师，我会对他说，这就像一个赌徒在一堆偷来的钱上下注。这些钱就算不是他偷的，也仍然是偷来的。"

"并非所有白人都是奴隶主，但剩下的白人对奴隶制一言不发。"

"也有白人在塞尔玛的斗争中丧命。"

"但只有三个人。白人对我们的恐惧很深，他们知道自己欠下了很大一笔债。"

"白人会很乐意告诉你，他的祖母是乔克托人；但如果他的祖母是黑人，他就不会告诉你——尽管60%的南方白人有黑人血统。"

"教育是问题所在。在一个更看重理工学科而非人文社会科学的文化中，那些教授批判性思维的学科正在走向衰落。这是人为的。"

"一旦实现了种族融合，我们就会接受他人的价值观——个人主义、物质主义，并把非洲人的价值观抛在脑后。"

"非洲人多年来一直在清理白人留下的烂摊子，不只在美国，在加勒比海地区也是如此。我们不要他们的施舍，我们只是想要回他们欠我们的东西。"

宽敞而拥挤的房间里到处都是孩子，从婴儿到10岁的孩子都有。他们成长于一个个既充满爱又互相扶持的大家庭，表现得非常懂规矩。由学生非暴力协调委员会组建的"自由合唱团"（Freedom Singers）的成员们都已白发苍苍，步履蹒跚，但仍然可以高歌一曲。"音乐是将运动结合在一起的黏合剂。"其中一个人在开始唱《啊，自由》（"Oh, Freedom"）之前说。两个十几岁的男孩演唱了他们写的嘻哈歌曲《把枪放下》（"Put the Guns Down"），引得全场观众起立鼓掌。

周年纪念活动以一场名为"真相与和解"（"Truth and Reconciliation"）的研讨会结束。在唐纳德·特朗普宣誓就职的7个星期后，伯纳德·拉斐特却唱出了充满希望的调子。"他是福是祸还说不准呢。"这位牧师说，"我们已经庆祝了8年，但还须继续努力。"拉斐特认为，我们正生活在第二次重建时期的最后阶段：黑人向前迈出的每一步都会引起白人的强烈反对，但这并不妨碍我们再次向前迈进。法尼亚·戴维斯（Fania Davis）和她的姐姐安吉拉长得很像，她是一名活动家兼律师，从奥克兰来到了被她视为圣地的塞尔玛。她说，用血液浸透这片土地的祖先们非常强大。小时候，她因为伯明翰爆炸案而失去了两个好朋友，她描述了自己从满心愤怒到与自己和解的心路历程。"我厌倦了人们对'欢乐和谐'（kumbaya）的贬低；我们的祖先就是靠它熬过奴隶制和私刑的，说'欢乐和谐'的坏话就是在侮辱我的祖先。这种态度就等于在说我们凭自己做不到。"法尼亚在我们现在的历史中看到了进步：更多的真相被讲述了出来。

两个女人接着发言，她们都因种族暴力而失去了亲人。格温·卡尔（Gwen Carr）是埃里克·加纳的母亲（埃里克·加纳是一名黑人男子，因为在纽约的人行道上贩卖香烟而遭遇警察暴力执法，被警察压迫脖子，当场窒息而死），她说她现在必须替他发声。她描述了儿子在被杀后是如何遭到妖魔化的：人们在给他做尸检时努力寻找毒品的痕迹，还把他描述成了一个没有工作的文盲。"要是没有那部电影，他们会继续编造他心脏病发作的故事。但是，人在做天在看。"

当薇奥拉·柳佐（Viola Liuzzo）在塞尔玛的郊外被杀时，她的女儿玛丽·柳佐·利尔博（Mary Liuzzo Lilleboe）才17岁。薇奥拉是一名白人矿工的女儿，来自田纳西州。她是一名家庭主妇，还是5个孩子的母亲。一家人本来住在底特律，在血腥星期天事件之后响应游行的号召来到了亚拉巴马州。当时，薇奥拉正开车载着几名示威者从蒙哥马利返回塞尔玛，在途中遭到4名三K党成员的枪杀，因为他们看到一名白人女性和一名黑人男子一起坐在汽车前座，感到非常愤怒。副驾的那位黑人乘客躺在她的血泊中装死逃过了一劫。玛丽还提到了她们一家人在谋杀案发生后收到的恐吓信，有人在他们位于底特律的家的院子里焚烧十字架，她6岁的妹妹还被人扔石头。不过她告诉我们，即使这样她也不会动摇；在感到死别之痛的同时，她也为母亲的牺牲而骄傲。玛丽经常来塞尔玛，她感到自己在这里更能接近母亲。这里的人们"都愿意向我伸出援手"。奥巴马当选时，她的家人认为"（我们流的）每一滴血都是值得的，因为我们在有生之年还能见证**这件事**"。但她担心"黑人的命也是命"运动将之前的暴力事件推到了全国的聚光灯下，也担心媒体对白人谋杀案的关注仍多过对黑人谋杀案的关注。50年过去了，这方面却几乎没有什么变化：就像古德曼和施韦尔纳的谋杀案一样，薇奥拉·柳佐之死受到了全国媒体的大肆报道，吉米·李·杰克逊的谋杀案却鲜为人知。

在听薇奥拉·柳佐的女儿和埃里克·加纳的母亲发言时，我再次尝试想象，如果今天的德国警察经常射杀犹太人，我会有什么感觉。我仍然想象不出来。我在德国时只有一次向当地警察寻求帮助：一位酗酒的邻居经常喊着种族主义的口号，吵得整栋楼不得安宁。当时处理这件事的警察是我见过的最热心、最富有同情心的警察。

在开车返回牛津市的途中，我在塔斯卡卢萨的一家快餐店门口停了下来，我知道在接下来漫长的双车道公路上再也买不到什么好吃的了。一名大腹便便的白人男子正冲着一名黑人女服务员喊道："你就不能催一催厨房吗？我还要去把我岳母的假牙拿回来，不然她就没法参加唱诗班的练习了。没有假牙她是不会去教堂的，我借了她的假牙，因为我的坏了。"毫无疑问，他和这里的大多数人一样是奥巴马医改的强烈反对者。其他桌的人都盯着我，眼里仿佛要冒出火星子。我觉得自己看起来还是很体面，因为我还穿着那天早上参加礼拜时穿的礼服，但不知怎么的，那件礼服好像暴露了我的外地人身份。难道是因为我的走路姿势？我回到车上，放起了鲍勃·迪伦的歌，想着亚拉巴马和密西西比到底哪个更糟糕。多年来，这两个州在这方面一直不相上下。

除了声称向奴隶制受害者提供赔偿的做法在法律上没有先例，反对赔偿的理由还包括道德层面的要求和现实层面的要求。我想回答其中几个比较重要的问题。

1.非洲人也是奴隶贩子，他们经常贩卖其他部落的俘虏。既

然他们也是同谋,那么欧洲人就不该为此负责。

有时,一些人会指出非洲奴隶制和美洲奴隶制之间的差异来反驳这个观点。但前文描述的黑人奴隶的历史表明,这些差异是无关紧要的。不管非洲的奴隶制相对来说有什么优点,非洲人并没有发展出吉姆·克劳法,也没有囚犯租赁、贷款歧视和种族隔离。要求赔偿的最强有力的理由是,美国在废除奴隶制之后还发展出了更微妙的奴役形式,黑人的生活至今仍然受到它们的影响。

2.赔款会强化一种受害者叙事,这对原本应该受益于赔款的那些人来说并不健康。

正如我在其他地方提过的,受害者文化确实是不健康的。[48] 但是,对这种文化的反对也可以成为支持赔款的理由,只要有适当的根据。正确的赔款根据应该是公开道歉和对所犯错误的详细描述。与社会福利或平权法案不同,赔款应该是一口气支付逾期的债务。如果我们的祖先没有偿还这些债务,那么我们这些从未偿还的债务中受益(不管是直接的财富,还是一个世界强国的多数群体赋予我们的白人身份)的人就要担起责任。

有趣的是,查尔斯·克劳萨默(Charles Krauthammer)和罗斯·多塔特(Ross Douthat)等支持赔款的白人保守派认为,赔款比平权法案更可取,因为后者传达的是持续的受害者耻辱,而不是直截了当地承认欠债。我不认同他们的赔款提议,这在很大程度上是因为他们提出的赔偿金额太低了,但事实证明,平权法案存在的问题可谓众所周知。首先,我们并不确定它们能否帮助那些最需要帮助的人。在教育或就业方面优先考虑无权利的群体(**不论他们是否具备同等的资质**)的做法必然有利于这些群体中条件最好的成员，而不是那些最需要基础的培训教育和其他形式的帮助的成员。此外，平权法案即使得到了贯彻落实，也可能伤害那些原本应该从中受益的人。你一定曾怀疑过：这个人是因为工作优秀而得奖，还是因为其黑人身份而得奖？（黑人和白人都可以问这个问题，女性和男性也可以。被压迫者和压迫者也可能拥有相同的观点，这就是意识形态的运作方式。）有不计其数的德国人曾怀疑自己是因为身为犹太人和女性而拥有某种特权（如果这些身份算是特权的话）才得到一份工作的，对于这类怀疑，他们通常只会暗示而不是明说。然而，这种怀疑会影响不同群体之间的关系，一方会心生怨恨，另一方则会陷入自我怀疑。以双方都认可的方式诚实地偿还债务就可以避免这种情况。赔偿避开了"创伤"和"受害者"等概念，其背后只是简简单单的正义。

3. 赔款是向后看。相比之下，向前看更重要，也更健康。

让·埃默里也会接受这个观点——但他同时还会强调受害者回顾过去的合理性和权利。他写道，怨恨会将受害者钉在名为"过去"的十字架上。可尽管如此，埃默里还是认为任何一个受过奴役的人都会忍不住回顾过去。

社会学家约翰·托毕（John Torpey）在他的著作《碎物重圆》（*Making Whole What Has Been Smashed*）中就20世纪90年代人们要求赔款的声浪日益增长的状况对这一论点进行了精辟的阐述：

> 这种现象是一种与启蒙运动有关的进步政策的过渡性

"替代品",恰好适合一个期望值降低的时代……在没有目标可以瞄准的情况下,对记忆及其迷思的挖掘弥补了这个时代的不足。从政治上来说,他们的对手对这些不足完全无能为力。[49]

托毕认为,自从浪漫主义时代以来,就很少有人花这么多精力去挖掘过去了。他认为这与大屠杀纪念馆成了我们这个时代的象征有很大的关系。他虽然并不反对赔偿,但对过去两个世纪以来进步主义失去了以未来为导向的政治特征感到遗憾。[50]

我的看法也是一样。但问题不仅在于我们缺乏一种能够形成共识的前瞻性远见(虽然这种情况可能正在改变),更重要的是,只专注于未来的希望而忽视过去的创伤的做法并不奏效。奥巴马的政策是有意向前看的。但让一些非裔美国人失望的是,他尽可能地避免了讨论种族问题。让另一些人懊恼的是,他拒绝响应人们的呼吁,对其前任在伊拉克发动的毁灭性战争展开调查。这些务实的决定是可以理解的。但正如我在接下来的章节中要说的,唐纳德·特朗普之所以能够当选,主要就是因为我们拒绝面对美国的罪行。

4. 我的家族从来没有蓄奴,而且我的家族是在奴隶制被废除之后才来到美国的。

大多数不是非裔的美国人的祖先都是在内战后随着移民潮来到美国的。他们在享受公民权利的同时,也应该承担相应的公民责任。通常只有第一代移民会有意识地承担起这些责任——当然,前提是那些为了逃离贫困或更糟的情况而来到美国的人能够意识到这些责任。我们大多数人都是未经同意就成了公民。我们无法选择自己的母亲在哪里生育，也不可能给予同意——就像我们不可能同意自己被生出来一样。决定我们生活的某些最重要的事情完全是偶然的，其结果可能是悲剧，也可能非常美好。我们可以通过类比家族的遗产来理解过去的债务，但我们对自己国家历史的责任具有政治意义。正如阿什拉夫·鲁什迪（Ashraf Rushdy）所说的，成为公民不仅仅意味着你要对从你或你的祖先宣称自己是公民的那一刻开始到现在的国家历史负责。"当公民为自己国家的历史承担责任时，他们所做的就是确认过去的事情对于他们渴望的那种受约束的、具有历史意义的公民身份很重要。"[51] 政治认同不能仅仅是拥有这一本或那一本护照带来的利益的问题。虽然造成奴隶制并应该对其后果负责的那些人早已不复存在，但许多使奴隶制合法化并从中获利的公共和私人企业实体依然存在，那些戴着镣铐来到美国、至今还在遭受歧视的人的后代也还活着。

对于这一点，哲学家托马斯·麦卡锡（Thomas McCarthy）提出了如下强有力的论点：

> 我们的国家遗产在很大程度上是以非裔美国人的利益为代价，通过不公平的途径获得的。因此，它们现在也应该被不公平地分配给非裔美国人。这里的关键并不在于公民个人的祖先是否曾经蓄奴或他们个人是否曾因为对黑人的歧视而受益，而在于他们如今正在分享并受益于以不公正的手段获得、以不公平的手段分配的国家遗产。这不是集体犯罪的问

题，而是集体责任的问题；赔款也不是集体惩罚的问题，而是集体义务的问题。[52]

麦卡锡的观点与雅斯贝尔斯的如出一辙。雅斯贝尔斯虽然不是纳粹分子，而且在纳粹时期吃尽了苦头，但他在《德国的罪责问题》中一直在使用第一人称复数形式。只要生活在一个建立在不公正的基础之上的社会，即使那些没有犯罪的人也有责任去纠正这种不公。

5. 对于要不要赔款，人们的意见存在分歧：如同绝大多数英国白人一样，绝大多数美国白人连为奴隶制道歉都不愿意，更不用说赔款了。

20世纪50年代的绝大多数德国人也是如此。阿登纳只有走出自己所属的保守党派基民盟，向社民党呼吁，才能争取到足够的选票以支持赔款。来自美国的外部压力也发挥了重要作用，这种压力让阿登纳明白，要想让德国重新加入所谓的文明国家阵营，就必须进行赔款。

美国对《独立宣言》所要求的"对人类的意见保持应有的尊重"往往毫不在乎，但也有例外。罗斯福对敌方宣传的担忧是他决定废除劳役偿债制度（peonage）和罪犯劳动生产制度（convict labor system）的原因之一。在20世纪60年代早期的反殖民运动期间，苏联谴责了美国的种族隔离。正是在冷战的影响下，约翰·F. 肯尼迪开始认真对待民权问题。在美国政府对其他国家的不尊重已成常态的时代，我们很难想象怎样的外部压力才会对它有效。内部压力的影响可能更大。人们很容易忘记美国花了多长时间才达成这样一项共识：公民权利指的是所有公民的权利。对马丁·路德·金的神化也使得人们很难想起他曾受过怎样的侮辱谩骂，尤其是在他生命的最后时刻。围绕着公民权利的讨论改变了大众对马丁·路德·金的看法，那么关于赔款问题的严肃而持续的公共讨论没理由不能改变公众的看法。就算最后没能达成实际上的赔偿，这种讨论仍是一种进步。对美国白人来说，

> 专业史学和公众记忆之间的巨大差距可能会缩小……公众对于美国奴隶制和种族隔离的真正历史、这些历史在多大程度上塑造了我们的文化和制度以及它们遗留下来的普遍的结构性不平等的贫乏认识可能都会得到改善。[53]

兰德尔·鲁宾逊（Randall Robinson）写道，对于非裔美国人来说，"只要给出一个合情合理的赔偿理由，他们也会大受鼓舞"。[54]承认债务的存在对黑人和白人都有好处。然而，今天很少有美国白人会承认这一点。就算没有走到认为黑人应该感谢《解放黑人奴隶宣言》（或平权法案）的地步，大多数白人也不会觉得他们应该感谢由黑人建立的一切。同样地，英国人也不太可能反思奴隶制对工业革命的贡献。正如鲁宾逊和其他一些人所说的，有太多美国黑人已经被灌输了这样的想法，认为自己应该对可能得到的一切感激涕零。承认美国应该向黑人赔款（甚至在实际支付之前）对所有人都有好处。

6.建立一种为所有人服务的社会民主制度远比为某个特定群体追索赔款更重要，也更合理。

这是伯尼·桑德斯（Bernie Sanders）在2016年回答赔款问题时给出的答案，这个回答引起了科尔内尔·韦斯特、阿道夫·里德（Adolph Reed）和格伦·劳里（Glenn Loury）等黑人思想家的争论。在上述反对意见中，我最感兴趣的就是这一条。我想稍微岔开话题，解释一下自由主义（liberalism）和社会民主主义（social democracy）的区别。

对自由主义者来说，所有人都拥有基本权利，可以说自己想说的话，崇拜自己想崇拜的东西，和自己爱的人结婚，按自己的选择投票，随心所欲地选择生活或旅行的地点。自由主义者称这些为自由。社会主义者则指出，如果没有实现这些自由的条件，这些自由便毫无价值。就算不是唯物主义者也能理解这一点：如果我们的身体受损，我们的思想就无法工作。因此，社会民主人士承认自由主义主张的那些权利，并将获得良好的工作环境、教育、医疗保健和住房的权利也加了进去。哲学上关于"权利"这一概念的争论由来已久，功利主义哲学家杰里米·边沁（Jeremy Bentham）称之为踩着高跷的废话。我将避开这些讨论，只使用"权利"（right）一词在民主国家的宪法中的用法，以突出自由和社会民主传统之间的重要区别。对于自由主义者来说，医疗保健、育儿假和带薪休假不是"权利"，而是"福利"（benefit），你可能有幸拥有它们，但不会仅仅因为你是人类就应该得到它们。我们对事物的认知和称呼会影响我们提出的要求——以及政府准备给予什么。

伯尼·桑德斯和保罗·克鲁格曼（Paul Krugman）提出，在人力所能及和财政允许的范围内，建立一种将医疗保健、教育和良好的工作条件视为权利而非福利的制度是可能的，他们以丹麦为例进行了论证。他们都没有提到德国，我怀疑这大概是因为其他国家仍然难以接受将德国作为某种典范的想法。[55]他们的这一观点是错误的，因为我们很容易指出：丹麦国土狭小、人口结构单一，在丹麦行之有效的东西在国土辽阔、族群多元的美国是行不通的。如果他们曾经以世界第四大经济体德国为参照，他们就会发现，即使在保守党政府的领导下，也可能存在一个远比桑德斯的任何观点都要左且仍然运作良好的系统。

有两个例子足以说明这一点：全民医疗保健的费用会从每个德国员工的工资中扣除；国家会为那些失业者支付这项费用。医疗保健服务的范围十分广泛，包括药物治疗、健康检查、心理治疗和住院看护。住院患者每天需支付10欧元的医院餐费。如果一名患者在一个自然年内的住院治疗时间超过28天，国家就会承担超出部分的餐费。这项规定背后的观念让美国人感到困惑：德国人认为，你如果不幸住院这么久，就不应该再遭受经济损失。这种观念建立在罗尔斯式的假设之上，即一个正义的社会将尽其所能保护公民免受命运的种种捉弄和折磨。这项规定的受益者中很少有人读过约翰·罗尔斯的著作。但在德国的卫生保健系统中，这种做法看起来已经是一项常识。

如果员工生病了，那她的工作该怎么办？在生病的前3天里，什么都不会发生，她只要通知雇主就行。如果生病的时间更长，她就必须去看医生，医生会开一张病假单（krankschreiben），上面会注明请假的天数，如有必要还可以延长。如今，除了联邦的法定假日，每个德国人每年都有至少4周的带薪假期。几年前，有人提议对那些长时间无法工作的慢性病患者的休假时间做出限制，但被德国最亲近商界的政党领袖吉多·韦斯特韦勒（Guido Westerwelle）愤然拒绝了。"生病是生病，假期是假期。"韦斯特韦勒坚持道。他认为这两个概念有着根本的不同，权衡两者的想法显得荒谬可笑。这就好像有人建议你用旅行自由来换取言论自由，因为你的博客文章限额已经用完了。尽管如此，德国经济依然繁荣，失业率也很低。德国企业认为，给予慷慨的休假时间可以提高员工的健康和生产力。

当我试图向美国人解释这种系统中的权利概念时，他们认为我生活在乌托邦。德国人则认为，美国的体制是反乌托邦的，他们对天数固定的病假规定感到困惑："如果有人病得更久怎么办？"在美国，运气不好是你自己的问题。而在欧洲，一旦遭遇不幸，你通常可以寻求国家的帮助。如今，虽然欧洲出现了（部分）社会民主的权利概念，但欧洲社会仍然是彻头彻尾的资本主义社会；不论是在欧洲的个别国家还是在整个欧盟内部，都存在着巨大的财富不平等。左翼政党反对这种不平等，这是理所当然的，而欧洲公民享有的权利体系是美国和大多数其他国家的公民所羡慕的——如果他们有机会了解这些体系的话。

然而他们很少了解这些体系。即使在最好的情况下，美国媒体也只会声称新自由主义的框架是构建经济体的唯一可行方案。它们也很少报道其他替代方案的成功案例。你会被你并不感兴趣的明星怀孕的消息狂轰滥炸，却对其他国家的育儿假一无所知。然而尽管如此，过去几年里还是出现了一些变化。大多数35岁以下的美国人不再对"社会主义"一词感到恐惧,甚至《纽约时报》也开始刊登文章,建议将医疗保健视为一种权利,而不是一种福利。

我们需要彻底修正我们的经济体系,以保证每个美国人都能享有良好的教育、医疗保健和住房,乃至带薪休假的权利。实现这些目标的可能性看起来就像对奴隶制支付大笔赔款一样遥远。不过也有支持者认为,大范围的社会民主计划获得成功的可能性要比赔偿奴隶制的可能性大得多,因为它们可以吸引更多人。大多数支持赔款的人并不支持赔偿现金,而是认为应该为那些被奴役了几个世纪的非裔美国人提供教育、医疗保健和住房。[56] 所以,我们为什么不放弃赔款的诉求,转而为所有人争取这些权利呢?正如政治学家阿道夫·里德所说的,就算非裔美国人受到的伤害明显与种族相关,相应的补救措施也不需要与种族相关。里德坚持认为,不平等的问题就在于不平等,而不在于这种不平等是根据种族划分的:

> (种族)政治不是阶级政治的替代品,它就是一种阶级政治,是新自由主义左翼政治。它是一种政治秩序和道德经济的表现,也展现出了积极性,在这种政治秩序和道德经济中,资本主义市场的力量被视作难以撼动的力量。[57]

在某种价值体系中生活得越久,你就越会觉得它是理所当然的。我在一个将经济和社会权利视为基本权利的体系中生活了25

年，之后不再把这些权利视为乌托邦，而是视作平常的东西。观念的转变是缓慢的，但也因此而更加真实。对于病人因缺钱而去世，一种社会认为其虽然不幸却很普遍，另一种社会却会感到愤怒，两者的区别就在于此。如今对我来说，没有比认为自己必须为自己的所有公民有尊严地生活下去提供基础条件的社会更合理的了——尽管我非常清楚，美国人很少会认同这一点，因为他们将另一种体系视作了自然而然的。

1968年，马丁·路德·金在去世前不久起草了经济与社会权利法案（Bill of Economic and Social Rights），这项法案比现在的所有提案都更为进步。他的提案中的权利包括让那些无法工作的人获得有保障的收入的权利、拥有一份能维持生活且有意义的工作的权利、接受充分的教育的权利、在自己选择的社区获得一套体面的住房的权利，以及在医疗保健方面充分享受现代科学带来的好处的权利。[58]在他人生最后一段时光的某次演讲中，他抱怨美国没有对奴隶制受害者做出赔偿。他在宣布发起穷人运动（Poor People's Campaign）时说道，"现在，我们来到华盛顿进行这场运动，就是来领取我们的支票的"。金为争取民权而斗争，是为了确保非裔美国人能够在美国现有的框架内获得基本的自由权。为了他后来倡导的人权，他需要修改这一框架，因为实现这些权利就需要进行经济再分配。因此，毫不奇怪，虽然金拥有近乎偶像的地位，但这些权利还是在很大程度上被忽视了。

作为一个相信社会民主之正义性的人，我强烈支持金的经济与社会权利法案。要想将该法案推广到全世界，那些最富有的国家就得按要求放弃自己的部分财富。更难的是让这些国家放弃新自由主义的意识形态：这种意识形态认为，经济增长是人类福祉的关键——或者至少是人类的大多数行为背后的真正动机。要将该法案推广到全世界，人类就需要在思想和行动上做出巨大转变，大到几乎不可能实现。矛盾的是，我们目前面临的最大的危机反而最有可能带来这种转变：气候变化可能是促使我们放弃"经济增长是人类福祉的关键"这一观念的催化剂。[59]

目前，政府和企业改变既有的路线并与国际性的社会民主接轨的可能性几乎微乎其微。然而，如果我们考虑的是是否正义——而不是是否可行，我们就应该进行一场思想实验：如果美国规划并实施了上述思想家倡导的那些社会计划，会发生什么呢？无论是像鲁宾逊一样认为这是赔款，还是像里德一样拒绝"赔款"的概念但支持这类计划，所有人都同意，对教育（从学前教育到良好的高等教育）进行大规模投资，提供全面的医疗保障、合适的住房和体面的工作，将给迫切需要这些东西的非裔美国人的生活带来翻天覆地的变化。有色人种群体会欢呼雀跃。我所提倡的思想实验要求我们想象这样一种情形：将这些服务当作生而为人的权利提供给所有美国人。如此一来，我们该赔偿给非裔美国人的是不是就不止这些了呢？

这个问题和另一个形成了鲜明对比。一名选择在战后留在德国的大屠杀幸存者（有些人确实留在了德国）和曾是纳粹分子的邻居得到的社会服务是一样的。在德国的经济奇迹发生之前，这些服务是有限的，但随着20世纪60年代的经济繁荣，社会服务的范围也扩大了。如果大屠杀幸存者和德国的其他人享有同样的经济和社会权利，我们会认为正义得到了伸张吗？还是说，这个国家剩余的大多数人给她带来了痛苦和恐惧,所以我们认为她应该得到更多?任何赔偿都无法换回她失去的父母或孩子。尽管如此,除了常规的社会服务(这些服务被视为每个人应得的权利),她似乎还应该得到另一些东西,而不只是道歉。

因此,要实现埃默里的道德白日梦,仅仅几句道歉是不够的。他设想但不敢奢望的是一个广泛的公共教育计划,他还希望通过这个计划引起深刻的和真正的反思。该计划需要我们明确且详细地讲解历史,这个过程肯定会带来痛苦。没有任何故事能让旁观者与受害者真正感同身受。然而,经常出现在公共领域的埃默里的作品以及其他幸存者的作品往往非常尖锐且令人印象深刻,使这个负罪感深重的国家甚至希望时光倒流。[60]事实上,德国人更希望认同受害者,而不是他们身为加害者的父母。因此,有一大批德国人谎称自己是犹太受害者的后代,甚至谎称自己就是受害者。[61]他们提供虚假证词的反常行为恰恰体现了对消除国家罪行的渴望。已经发生的事情无法逆转,但我们可以全面地承认它们,正如我们也应该承认,"过去不可逆转"并不是人们展望美好未来、假装过去什么都没有发生的借口。

正如哲学家托马斯·布鲁德霍尔姆(Thomas Brudholm)所言,埃默里的思想中那种非常重要的张力使得表达仇恨与努力争取和解、相互承认人性能够兼容。[62]种族和解将帮助人们重建对世界的基本信任,对埃默里来说,这种信任在他遭受第一次酷刑后就被摧毁了。但他也写道,他在从贝尔根-贝尔森集中营(囚禁过他的最后一座集中营)被解救出来时,心中并没有怨恨。作为一名幸存的反抗者、一名犹太人以及一个让人们深恶痛绝的政权的受害者,他在战后头几年成了一位英雄——"我和世人能够相互理解"。[63] 只有在政治风向发生转变,随着冷战的开始,其他国家为了将德国拉入西方阵营而忽视其罪行之后,埃默里才开始感到,世界已经天翻地覆。

我可以想象,一名曾经为联邦而战的非裔美国人可能也有过类似的经历:一开始,他作为一名受尽苦难但仍然为正义事业而顽强奋斗的英雄受到了赞扬(至少在某些方面),但后来,由于国家拒绝重建,也拒绝做出任何形式的反思,他遭到了侮辱和鄙视。我还可以想象,彻底清算美国的奴隶制及其所有后果将使非裔美国人重获对世界的信任,但他们每在百货公司被店员跟随监视一次,这种信任就会再次消失一点。这种彻底的清算必须包括彻底改革司法系统,因为这个系统对黑人没有任何公正可言。如果这些都能实现,我们不就不用费心计算谁欠谁的了吗?一切(包括苦难)都被商品化不正是这个世界的问题之一吗?

我也能够想象,有些人会说:**胡说……这都是胡扯。这些都是逃避赔款的借口。金钱当然不能弥补罪行。但他们至少应该开始尝试。**

埃默里拒绝接受经济赔偿,其他人也可能这么做。我则开始认为,即使非裔美国人能够和其他群体一样享受社会民主制度提供给所有人的经济权利,他们还是应该得到经济赔偿。经济赔偿的理由应该与冤狱赔偿的理由相同。再多金钱也弥补不了失去的岁月。大多数法院也认为,如果在有了新的证据证明犯人无罪后释放犯人,但除了道歉什么也不给,这只能称为卑鄙。

冤狱是不是因为故意的错判也不重要。历史学家伊萨克·多伊彻曾用一个寓言说明了这一点：假设有一个人家里失火，他的许多家人都死在了燃烧的房子里面，只有他跳窗逃了出来，并砸到了一个路过的陌生人，压断了对方的胳膊和腿。两个人如果都通情达理，就不会成为敌人。跳窗者会试图安慰并补偿那位无辜的路人，路人也会明白这是一场意外事故。然而，如果两个人都不理智，他们就会被困在怨恨、恐惧和复仇的循环里不得解脱。多伊彻在1967年创作了这则寓言，用于描述以色列犹太人和巴勒斯坦人的正当要求，但其实它也适用于很多其他情况。[64]直到今天，以色列仍然拒绝承认巴勒斯坦人的诉求是正当的，这些诉求始于犹太人逃离燃烧的欧洲的时候。在以色列的长期占领下，这些诉求只会变得越来越正当。美国的种族主义受害者的诉求则更为紧迫，种族主义的加害者根本无法与上述寓言中那个跳窗逃生的人相提并论。

在度过漫长的外交生涯和在短期内担任勃兰登堡州司法厅厅长之后，汉斯·奥托·布罗伊蒂加姆成了记忆、责任和未来基金会（Memory, Responsibility, and Future Foundation）的负责人；该基金会成立于2000年，宗旨是补偿那些被纳粹奴役过的非犹太劳工。他知道再多钱也无法达成和解，所以他拒绝使用"和解金"（Wiedergutmachung）一词，但他相信，任何能够改善幸存者的晚年生活的东西都是值得努力的。他认为，无论多么慷慨的物质补偿都无法完全弥补他们失去的东西。他告诉我："对德国过去的罪行的认识必须成为我们整个民主制度的基础（Grundlage）。"这件事在很大程度上已经实现了，但布罗伊蒂加姆仍然认为，德国尚未担起自己的责任，它还没有和其他国家一起为了更美好的世界而努力。

我将美国人关于赔偿奴隶制的争论告诉了他，并问他对此有何看法。他和所有正派的德国人一样尽量避免对二者做比较，并坚持认为犹太人大屠杀是人类历史上的一个独特的、非常罪恶的事件。不过，他也认为，从道德的角度来看，美国对奴隶制的赔偿和他为被纳粹奴役的人争取的赔偿一样合乎情理。"人们必须仔细考虑赔偿的形式。"他表示，"最重要的是，受害者的后代应该得到他们的家庭无法给予的资助。"考虑到贷款歧视与当代美国各族群的财富差距之间的关联，这一主张似乎是不言而喻的。即使一笔小小的遗产也会让你意识到一口气拿出房子的首付和听任房东摆布的区别。

我们的债务要追溯到多久以前？英国前首相托尼·布莱尔（Tony Blair）曾为一个世纪前英国对爱尔兰的不公正行为致歉。作家罗伯特·佩恩·沃伦（Robert Penn Warren）则问道，英国是否也应该替奥利弗·克伦威尔（Oliver Cromwell）致歉，毕竟他曾在17世纪重创爱尔兰。佩恩·沃伦自己也觉得这是对历史正义的诉求的荒谬之处，但这个问题值得认真对待。20世纪末，朋克乐队"波格斯乐队"（The Pogues）曾唱道：

> 我们诅咒你，奥利弗·克伦威尔
> 你强奸了我们的祖国

他们还表示，希望克伦威尔在九泉之下不能瞑目，就像他们唱的那样。只要公众仍对那些未被公开承认的不公行径感到愤怒，那些制造不公的人的后代至少应该承认这些行径的存在。"容我的百姓去"（Let My People Go）①至今还回响在我们耳边。

哲学家扬娜·汤普森（Janna Thompson）认为，纠正历史错误的义务即使不是永恒的，也至少是无限的。她认为，信守跨代的承诺（无论这种承诺有没有言明）是构成一个国家的信任基础的核心道德和政治利益。有关赔偿的哲学理论都建立在两个不同论点的基础之上：一个强调历史责任，另一个则强调当下的需要。我们也可以用这两个论点为美国赔偿奴隶制提供理由：一是奴隶制的罪恶带来的历史义务，二是大多数奴隶的后裔如今的经济状况。对于这两点主张，汤普森又补充了第三点："在如今这样一个国家众多的世界维持一种能够公正行事的政治社会，基本依赖一种道德实践，这种实践要求每一代公民都承担责任，履行祖先的承诺，修复他们的不公。"⁶⁵这种确立赔偿义务的方式既不要求人们对早已过世的祖先的罪行怀有负罪感，也不要求他们承担公民身份自动赋予他们的义务。它的适用范围非常广泛，但具体的义务必须根据具体情况而定。具体情况总是非常重要。

如果没有任何计算方法可以算出债务应该追溯到多久以前，那么也就没有计算方法可以确定债务可以跨越的空间范围。当有人提出美国应该为奴隶制做出赔偿后，又有人主张欧洲国家应该向加勒比共同体（Caribbean community）提供赔偿；加勒比共同体国家的奴隶制比美国南方的更残酷且更具破坏性。考虑到奴隶

---

① 这句话出自圣经《出埃及记》第8章第1节。

贸易和奴隶制的产物对于创造19世纪欧洲的财富是何等重要，此事就无须进一步论证了。然而，加勒比共同体对一个尤其令人难堪的事实的关注是正确的：当这里的殖民地在1833年废除奴隶制之后，英国向那些前奴隶主支付了2,000万英镑，以补偿他们的损失，因为他们失去了被他们视为财产的奴隶。当时，这个数额是英国政府一年财政收入的40%，为此，英国政府不得不向私人借贷。于是，这笔债务的利息落到了英国纳税人的头上，直到2015年才还清。[66]

加勒比共同体成员国的人们要求至少得到和因财产损失而获得赔偿的奴隶主得到的数额相同的赔款，这只是基本的正义。毫无疑问，他们完全有理由要求对方道歉。英国前首相戴维·卡梅伦（David Cameron）的远房表亲也曾因为解放自己的奴隶而得到了补偿。卡梅伦在正式访问牙买加期间拒绝了道歉，并说："我真心希望，作为一起走过最黑暗的时代并有过那么多共同经历的朋友，我们能够从这段痛苦的历史中走出来，继续为建设未来而努力。"其他从奴隶制中获利的国家也已经被追责，但到目前为止这些国家还没有做出回应。自1993年以来，非洲统一组织（Organization of African Unity）便一直要求为非洲大陆遭受的奴役和殖民主义破坏索取赔偿。2015年，在与这些国家的代表的一次会议上，一位欧盟官员驳斥了他们的说法，并提出："我们不能改变历史。过去的就让它过去吧。"我真希望他能读读埃默里的书："已经发生的难以重来。这句话虽是事实，却有违道德。"

反对战争赔款的理由可能会变得苍白无力：我在前文描述的

情况确实表明，没有哪种诚实的方式能够驳斥全球范围内索要战争赔款的主张。律师们可能会说，此事在法律上没有先例，但当德国首次为犹太人大屠杀支付赔款时，第一个道德上的先例就已经出现了。后来，又出现了一些数量不大但意义重大的赔款协议：美国人曾经撕毁与美洲印第安人之间的协议，曾经在二战期间关押日本人，也曾经拒绝向黑人农民提供贷款。于是，后来的美国人分别向这些事件的受害者提供了赔偿。英国人甚至为在茅茅运动期间受到折磨的肯尼亚人提供了赔偿。德国为犹太人大屠杀提供赔偿的做法等于承认了国家有义务弥补过去的罪行，自此，无数扇大门陆续打开。

虽然德国支付巨额赔款是政治力量推动的结果，但其原则是正义的。赔款应该如何分配、应该分配给谁和谁应该得到多少等问题很难得到解决，但这并不能成为拒绝尝试的借口。也许，美国赔偿美洲印第安人的金额或欧洲国家赔偿其前殖民地人民的金额的确难以计算，但美国人可以从恢复印第安人保留地的采矿权开始，欧洲人则可以从免除前殖民地的债务开始。[67]这些做法也许能开启一场清算行动，卡尔·雅斯贝尔斯在1946年提出，这种运动对德国来说是十分必要且不可避免的。在德国联邦政府开始向以色列提供战争赔款后，普通德国人也开始提到"要找回失去的荣誉"。[68]

一些人认为，为曾经的殖民主义道歉比物质上的补偿更为重要。印度政治家和作家沙希·塔鲁尔（Shashi Tharoor）说，每年象征性地支付1英镑就足以作为英国统治印度200年的赔款了。2015年，他在牛津辩论社的一次演讲中表示，赔款"不是为任何人赋予权力的工具，而是赎罪的工具……承认错误的能力和一句简单的道歉发挥的作用比经济援助带来的国内生产总值增长发挥的作用更大"。[69]这是一段引人注目的宣言，因为塔鲁尔认为，英国的工业革命是以毁灭印度原有的经济为前提的；当时的印度和其他许多殖民地一样，由原本自给自足的系统变成了任人索取的原材料工厂，而且英国人使用的手段通常非常野蛮。如果殖民者能够为曾经对殖民地的践踏道歉，这至少是一种承认，承认自己对发展中国家的援助（从国内生产总值来看，欧洲国家对发展中国家的援助是美国的两倍）并非出于慷慨，而是一种义务。它甚至能够遏制今天的许多企业所奉行的新殖民主义（neocolonialism）的发展。然而，基于上述原因，我认为仅仅承认是不够的。反对赔款的人反驳说，他们根本拿不出这么大一笔赔款，所以那些犯下罪行的国家甚至不愿意承认这些罪行。

每当有人提议对大规模的不公正做出赔偿，就一定会有人说，全世界都拿不出这么多钱。税收政策可能会起一些作用，但如果我们真的寻求恢复正义，真正的问题在于军工产业。总有太多人忽视了它。就算世界上再也没有人从武器生产中获利，我们现有的武器也足够让我们保护自己或自杀好多次了。就像皇帝的新衣那则寓言一样，我们需要一个孩子站出来指出这个显而易见的事实。因为要求维护女孩受教育的权利，马拉拉·尤萨夫扎伊（Malala Yousafzai）的生命受到了威胁，此事引起了全世界的关注，使她成为史上最年轻的诺贝尔和平奖得主。然而几年后，她开始利用自己所学，主张所有儿童都有权接受12年的免费教育（只要"每年削减8天的军费开支"，就能实现这一计划），却几乎没有得到任何人的理会。一位诺贝尔经济学奖得主曾经帮我证实了这件事,但它没有得到足够的关注,因为我们不知道该拿它怎么办。如果国际社会举行一场关于优先事项的投票,那么挪用军费开支来办教育(每年至少挪用8天的军费)的提议肯定会轻而易举地通过。但我们甚至不知道做出这样的决定需要怎样的系统。

当我开始写这一章的时候,我自己并不完全认同这些关于赔款的论点。但在把所有问题都思考一遍过后,我开始确信,赔款是实现正义所必需的,不论细节有多么难解决。不过,当我于2018年10月把我希望是最终版的书稿寄给编辑时,我担心自己会不会太冒险了,一直读到这里的读者会不会拒绝继续往下读。当时的我无法想象,短短几个月后,曾经只有少数人秉持的立场会在即将到来的总统大选中发挥作用;我也无法想象,《纽约时报》会刊登一篇讨论赔款问题的文章,并引用林肯的第二次就职演说的内容,来支持"有时候,掩盖罪行的代价在初次犯罪的几代人之后才会显现"的说法。[70]民意调查结果表明,大多数美国白人仍然反对赔款,就像战后初期的大多数德国人反对为犹太人大屠杀提供赔偿一样。不过,这个曾经只属于少数知识分子的话题如今成了全国性的话题,这是我所知道的最大的进步了。

只有理想才能对现实提出要求。如果我们能承认索赔的正义性,我们就能开始研究如何尊重这些主张。对某些人来说,承认就已经足够了;但对所有人来说,承认都只是一个开始。英国人可能从认识到他们的殖民历史远没有教科书上说的那么好开始。美国人可以简单地从要求国会通过众议院第40号决议(H. R. 40)

开始。该决议自1987年以来每年都会被否决，它主张成立一个委员会，研究如何以合适的措施为奴隶制提供补偿。指望美国国会在21世纪做出德国议会在1952年所做的事并不过分。

9
暂作结论

　　我刚开始写这本书时的形势似乎比如今的更有希望，光是回想起来都能让我眼眶湿润。当时刚刚发生过一场大屠杀。

　　如此巨大的变化很少在短短几年内发生。尽管查尔斯顿的教堂里发生了屠杀，但那时的人们心中更容易燃起希望。2015年夏天，一名年轻的白人至上主义者杀害了9名非裔美国人，随后奥巴马总统发表了一场演说，美国人终于团结起来了。出身共和党的南卡罗来纳州州长降下了邦联旗；阿肯色州的沃尔玛超市停止销售邦联纪念品。美国似乎已经准备好了面对它的历史，而我以为，我研究德国已有35年，我可以通过分享对德国的了解，做出一点贡献。我相信，德国已经从自己的种族主义历史中吸取了很多教训。几个月后，这一信念似乎得到了证实，当时德国人突破了自我，张开双臂迎接100万棕色皮肤的难民来到了德国。

　　那时的希望已经离我们而去。除了保护富人的财富，唐纳德·特朗普所做的只是推翻奥巴马总统的每一项决定，他根本没有推出任何政策，对自己的做法会给美国或世界造成什么后果也毫不在乎。因此，他向世人揭开了美国的两张面孔：一张是美国希望世界相信的，另一张是让世界感到怀疑和恐惧的。这两张面孔揭示了美国式的二律背反（antinomy）——哲学家用这个词来形容两种截然相反的、看上去都很可信但都无法得到证实的说法。这两张面孔的对立关乎美国之魂。奥巴马代表了美国的理想：我们可以凭借智慧和毅力，朝着《独立宣言》描绘的愿景前进。特朗普则体现了纯粹的决定论：没有**哪种**理想不能被简化为赤裸裸的财富和权力斗争——这是推动我们所有人前进的动力。如果说奥巴马是美国梦（"换成世界上其他任何地方，我的故事都不可能实现"），那么特朗普就是美国的梦魇。查尔斯顿事件之后，一位总统教会了我们何谓慈悲。夏洛茨维尔事件之后，另一位总统赞扬了那些"非常优秀的人"，其中就包括明目张胆的纳粹分子。

我们很难说哪张面孔能够代表美国。无论2020年或此前将发生什么，我们都必须接受这样一个事实：特朗普有可能再度当选总统。虽然以前我也和大多数人一样并不这么认为。这不仅仅因为（尽管我熟知所有反对天命的论据）我和奥巴马一样相信理性的力量，以及马丁·路德·金"道德弧线终将向正义倾斜"的信念。我相信这一点，不仅仅因为信仰，还因为美国军方的100位高级将领在2016年签署了一份声明，他们在声明中写道，一**旦**特朗普担任总司令，他们就将提前退休。当时，我觉得"五角大楼将我们从灾难中拯救出来"的说法很讽刺；然而现在，我很高兴能看到有良知的军人们通过**拒绝**辞职的方式拯救了一场灾难。

不只有美国人记得奥巴马第一次当选的那个11月的晚上自己身在何处，在做什么。这次选举的结果带来的只有喜悦——不仅对大多数美国城市来说是这样,对世界上的大多数地区来说也是这样。即使在以色列这样一个大多数民众后来都反对奥巴马的国家,也有一家大受欢迎的媒体用一篇以"希望"(HATIKVAH)为标题的文章来庆祝他的当选。这个标题实在让人震惊,因为以色列国歌的名字就叫"希望",这首歌在以色列有着神圣的地位。爱尔兰人骄傲地将奥巴马母亲的曾祖父的出生地列为国家遗产。当时,世界各地都有人抱着这样的态度,但在2009年,奥巴马的当选带来的希望尚未褪去,便发生了两起在如今看来似乎是预兆的事件。

第一件事是公众对小亨利·路易斯·盖茨(Henry Louis Gates Jr.)在2009年7月被捕的反应。我在登上从柏林飞往波士顿的飞机前读到了这条消息,然后感到很愤怒。哈佛大学教授小亨利·路易斯·盖茨是世界上最著名的非裔美国文学学者,作为一名公共知识分子,他的成就令他在学术界之外都广为人知;同时,他也是一位需要拄拐杖走路的矮个子老人。他在北京受到盛情款待后,经历漫长的旅途回到家,却找不到家里的钥匙。然后,他因为强行打开了位于剑桥的自己家的后门而被捕。显然,此事似乎可以证实警察经常虐待非裔美国人。但当我到达波士顿的时候,我发现公众的反应和我的预想完全相反。大多数美国人感到愤怒,并不是因为一名杰出的黑人被逮捕,而是因为总统公开表示这名警察很"愚蠢"——我认为"愚蠢"的说法实在过于温和了。之后,奥巴马邀请盖茨和那名警察一起到白宫喝啤酒,于是人们认为这件事已经解决了。不过,公众当时的情绪还是透露出了一种不祥的预兆。

在接下来的一个月里，又发生了一件令人担忧的事。2009年劳动节前不久，奥巴马宣布他打算重返校园发表演讲，演讲的录像将在全国各地的学校里播出。里根和老布什也这么做过，但当初没有人反对。另外，任何一个读过奥巴马的著作《我父亲的梦想》(*Dreams from My Father*)的人都猜得到他的演讲会说些什么：他会谈到自己小时候在印度尼西亚生活时，他母亲在凌晨4点叫醒他，以确保他在当地学校的英语课程之外还能学习更多英语。"看到没，孩子们？努力学习，你也可以成为总统。"

当时，正蓬勃发展的茶党举行了抗议，反对这场人畜无害的演讲。全国各地都有家长威胁说会在演讲播出那天不让孩子上学，这样他们就不用"被迫聆听总统的社会主义演讲"了。白宫事先公布了奥巴马的演讲稿，从而避免了一场危机。和美国人（或者任何理智的人）预想的一样，这份演讲稿没有任何危险思想，而且充满了美国精神。但这些抗议仅仅是一个开始，标志着美国民众决心反对这位黑人总统发布的任何东西。他如果连教导孩子们好好学习的演讲都不能发表，还怎么关闭关塔那摩监狱？

自2016年以来，有许多人认为，正是白人至上主义将那位有史以来最没有竞选总统资格的人送进了白宫。[1]唐纳德·特朗普以"出生地怀疑运动"代言人的姿态进入政界，将整个非洲描述为"粪坑国家"，这种种表现都证明了他煽动白人的焦虑和愤怒的能力。尼克松和里根正是使用相同的策略，将共和党变成一个种族主义右翼政党的。特朗普对这一策略的运用十分明确且声势浩大，以至它几乎都不能被称作狗哨政治，因为每个人都能听懂他话里的意思。在此，我不想重提那些证明种族主义如何帮助特朗普赢得选举的论据。我们不如看看社会科学中最接近明确的证据的东西：民意调查数据。

拿过奖的民意调查专家康奈尔·贝尔彻（Cornell Belcher）设计了一系列问题，将他所谓的"消极的种族态度"与政治决策联系在了一起。² 为了不让数据失真，贝尔彻小心地避开了那些只能用符合政治正确的答案来回答的问题。毕竟如今已经很少有人会承认自己是种族主义者了。虽然有一些共和党人在2012年大选前打出了"让白宫保持白色"（KEEP THE WHITE HOUSE WHITE）的牌子，但他们只是少数，大多数人则通过讨论奥巴马的名字，暗示"他不是我们当中的一员"。"奥巴马"（Obama）听起来和"乌萨马"（Osama）①十分接近，后者要为3,000名美国人的死负责；而说起"侯赛因"（Hussein）②则只能让人联想到最近才被美军击败的伊拉克独裁者③。当奥巴马2008年的欧洲之行受到热烈欢迎后，约翰·麦凯恩（John McCain）刊登了一则广告，暗示欧洲的呼声表明奥巴马并不是真正的美国人。（奥巴马在柏林演讲时，我采访了现场观众。实际上，有近一半的观众是来自欧洲各地的美国侨民，他们用欢迎奥巴马的方式来表达对乔治·W. 布什的厌倦。）奥巴马总统已过世的父亲是一位穆斯林，而且在印度尼西亚待了好几年。对那些担心"黑鬼"一词在21世纪不再方便使用的人来说，这些都可以成为隐晦的指控证据。

在认识到这一点之后，贝尔彻做了民意调查，以评估人们

---

① 这里指的是"基地"组织创始人乌萨马·本·拉登（Osama bin Laden）。
② 奥巴马总统的全名为巴拉克·侯赛因·奥巴马（Barack Hussein Obama）。
③ 这里指的是伊拉克前总统萨达姆·侯赛因（Saddam Hussein）。

对黑人的隐性负面情绪（主要是在政治方面）。他通过调查人们对"如今的逆向歧视（reverse discrimination）问题日益严重"或"少数族裔经常将种族主义作为自己失败的借口"等言论的反应来评估人们的种族敌意。统计数据显示，2008年10月，民主党人、共和党人和独立人士有着相似的种族敌意。然而，就在奥巴马入主白宫之后，这三个群体出现了戏剧性的分歧，共和党人对黑人的负面情绪激增，独立人士对黑人的负面情绪则有所减弱。在种族问题上的态度影响了奥巴马的正面形象，使选举结果出现了37个百分点的差异。贝尔彻的团队总结了某些用于衡量种族刻板印象的特质，并询问选民，2008年总统候选人获得的支持率是否与这些特质相关。比如，奥巴马因为领先了15个百分点而被认为比麦凯恩"更有可能受益于不公平和不应得的竞争优势"。在此，我将下面的问题留给读者思考：奥巴马在就任总统的不久前才刚刚还清学生贷款，他怎么能在与麦凯恩的竞争中处于不公平的优势地位呢？后者在竞选中甚至记不清自己拥有多少房产（答案是8套）。

贝尔彻的研究报告发表于2016年大选前夕，其中也包含了竞选期间的民意调查。调查结果显示，2008年和2012年大选期间，对奥巴马的敌对情绪与种族厌恶有关。这份报告还有助于预测特朗普在2016年获得的支持率。[3] "我们别再假装这与种族无关了。"贝尔彻总结道，"右翼一次又一次表明，他们宁愿让国家没落，让国民受苦，也不愿与一个黑人打交道。"[4] 奥巴马并不像右翼说的那样应该为日益恶化的种族关系负责，但他是催化剂，向世人展示了美国人多么需要面对这个困扰了美国400年的问题。

奥巴马更喜欢放眼未来。在这方面，他也很有美国精神。他虽然反对伊拉克战争，但也曾明确表示不会考虑调查前任政府的战争罪行。他个人在任内的行为既具有前瞻性又无可指摘；事实上，他的整个家庭都堪称楷模。"我无法想象一个十几岁的孩子待在白宫里有多么可怕。"我十几岁的女儿说，"但如果是第一批入主白宫的非裔美国少年呢？想想他们的压力吧！她们做得很棒。"她们的母亲也很棒。在白宫的一场音乐会上，保罗·麦卡特尼（Paul McCartney）开玩笑地说，"我希望总统能原谅我"，然后唱起了《米歇尔》（"Michelle"）。这是一个具有历史意义的时刻。当麦卡特尼在20世纪60年代演唱这首歌时，人们（至少是白人）脑海中浮现的是一个长得像卡拉·布吕尼（Carla Bruni）的女孩。如今，坚强、成熟而美丽的黑人女性米歇尔·奥巴马成了欲望的象征。这不正说明后种族主义的时代已经到来了吗？

正如塔那西斯·科茨观察到的，巴拉克·奥巴马不同寻常的成长经历确保了他在成长过程中没有学到对白人的不信任。他在国外的经历仅仅强化了他在夏威夷学到的普遍主义（universalism）。他的个人行为无可挑剔，因为他有充分的理由相信每个人从本性来说都是善良的天使。他是理想主义、智慧和冷静的独特结合体，这并不是装出来的。

然而，在2011年4月那场重要的白宫记者晚宴上，他还是说漏了**一些东西**。当时，右翼政客们正试图寻找另一种方式，抹杀美国历史上第一位黑人总统的政治合法性，他们宣称奥巴马其实出生在肯尼亚，因此没有资格当美国总统。唐纳德·特朗普成了"出生地怀疑运动"的代言人；该运动声称奥巴马的夏威夷出生证明是伪造的，并坚持要求奥巴马公布更多证据以证明他确实出生在美国。奥巴马随着《真正的美国人》（"Real American"）的旋律走上舞台，提议公布自己出生时的视频来打消所有疑虑；然后，他播放了《狮子王》（*The Lion King*）开头的片段，并以开玩笑的语气提及并抨击了"出生地怀疑运动"的种族主义。奥巴马还直接对特朗普喊话，并对他做出了几次针对性很强的抨击，暗示这位真人秀明星是因为没有正事可做才加入了怀疑别人出生地的潮流。

后来我们才知道，他在发表如此精彩的演讲的同时，脑子里还在想着阿伯塔巴德的情报和第二天要不要下达指令击毙本·拉登。不过，即使在不知道这些的情况下，我还是认为那天晚上的演讲非常有趣，我不止一次重看晚宴的视频。我曾经在新罕布什尔州为这个人挨家挨户拉票，而如今这个人终于开始反击那些占据着我们的媒体和思想的愚蠢的种族主义者了。无须顾虑，我想，给他们看看《狮子王》吧。

奥巴马的演讲很精彩，但也很尖锐。他在整个总统任期内唯一一次公开讽刺他人就是在那次演讲上。被奥巴马蔑视的唐纳德·特朗普的确值得被蔑视。反击特朗普的谎言是很恰当的，但事实证明这么做是危险的，因为蔑视代表着**傲慢**。我当时很喜欢他的这次演讲，因为它提醒了我，为什么奥巴马让我很高兴自己是个美国人。特朗普怒目而视的表情在当时看来并不重要；一个黑人刚刚把他当傻子取笑了。

虽然我很确定奥巴马后来对那晚的演讲感到后悔，但那次演讲并不是唐纳德·特朗普上位的原因。不过，它确实表明，一个黑人要想在政界占据一席之地，不仅必须表现得完美，而且必须谦逊。虽然没有哪个单一因素能够解释2016年大选的结果，但对黑人家庭入主白宫感到不满的白人至上主义者发挥了至关重要的作用。当奥巴马变得傲慢，他们就会更加气急败坏。

历史学家们会避免做出反事实的推测，哲学家也应该对此保持警惕。当然，没有任何单一因素可以解释2016年的美国大选：希拉里·克林顿对舆论的充耳不闻、俄罗斯的干涉和一大部分人的性别歧视都起到了作用。不过，如果美国人都认真学习了历史，我们就很难想象唐纳德·特朗普能够当选。乔治·奥威尔（George Orwell）区分了爱国主义（对某个特定地方的单纯的爱）与民族主义（盲目的、暴力的），他认为民族主义依赖历史谎言。"每个民族主义者都深信，过去可以被改变……他们不会再提及那些被认为不该发生的事，直至最后否认它们。"[5]奥巴马第一次当选后，茶党运动的兴起首次揭示了白人至上主义在这个国家是多么根深蒂固。它深植于美国人的心中，一名非凡的黑人获得胜利也无法将其连根拔起。那些把这次胜利视为后种族时代曙光的人从未充分了解美国的黑暗面。

你可能会问："好吧，美国的确从来没有像德国那样努力面对过去。但如果德国人清算历史的工作做得那么好，我们又该如何解释德国选择党的崛起和萨克森街头的纳粹暴动呢？"

就在夏洛茨维尔的新纳粹分子示威活动过去一年后，纳粹示威活动的照片再次传遍全世界，这次的示威发生在一座名为开姆尼茨的德国小城。（并非所有示威者都是纳粹分子，但令人不寒而栗的是，不是纳粹分子的人也愿意和纳粹分子一起游行。）这两次示威都表达了愤怒，但两者有重要区别。首先，安格拉·默克尔在开姆尼茨事件发生后立即谴责了这次暴行："仇恨在这个国家没有立足之地。"几天后，除了德国选择党，德国所有党派的领导人都来到了开姆尼茨，为暴力事件受害者哀悼，向右翼宣战。反示威者打出了写有"我是犹太人""我是来自克罗地亚的外国人"和"我是罗姆人"字样的自制标语。最初的右翼示威游行据说是伊拉克难民和叙利亚难民杀害了一名当地居民引发的。"如果警察不能保护人民，人民就会自然而然走上街头抗议。"德国选择党的主席亚历山大·高兰（Alexander Gauland）评论道。但我们很难说他们像暴徒一样走上街头驱逐棕色人种是自然而然的。开姆尼茨位于萨克森州，萨克森一直被视为德国最右的州，甚至在第三帝国时代之前就是如此。想想密西西比的情况吧。

虽然全球大部分地区的媒体都报道了这场由4,000名白人民族主义者发起的暴动，但很少有媒体报道10天后举行的那场音乐会。那是一场由7个乐队组织举办的音乐会，可以免费入场，它的宗旨是抗议右翼暴力。它吸引了来自德国各地的6.5万名观众，他们打出的标语是"我们不止于此"（wearemore）。德国历史学家扬·普兰佩尔指出，即使在2018年，积极支持难民的德国人也远多于投票支持右翼政党的德国人。[6]但坏事确实比好事更能引起人们的注意。6个星期后，25万人走上柏林街头示威游行，反对右翼种族主义——这是战后德国历史上规模最大的示威活动之一，但国际社会对此不甚关注。

一些人认为，开姆尼茨事件表明，德国清算历史的工作并未根除种族主义；还有一些人认为，黑人当选总统也没有根除美国的种族主义。我想向这些人指出事情好的一面。任何地方的种族主义都不太可能被彻底根除；人们太喜欢把自己的麻烦归咎于陌生人了，这是一种古老而深刻的冲动。但在我们这一代人的时间里，我们在消灭种族主义方面已经取得了一些进展。但另一方面，我绝不认为沾沾自喜是好事；至于那些极力主张保持冷静、泰然处之的人……其实这样的人并不多。世界上大部分地区的人们都感到了震惊，这是理所当然的。然而，在《时代周报》的某期专刊中，历史学家米夏埃尔·维尔特（Michael Wildt）总结道："不，我们不会重蹈1933年的覆辙。所有迹象都表明，这个国家决心捍卫团结开放的社会。"[7]

开姆尼茨的暴乱让人们看到了一年前就已经笼罩在德国头顶的恐慌：当时，德国选择党赢得了超过12%的选票，在议会获得了席次，成为自二战以来第一个进入议会的激进右翼政党。截至我撰写这本书的时候，还没有任何迹象表明是德国选择党直接煽动了那场暴乱，但它是萨克森州的第二大党，而且多年来一直在煽动种族主义。

德国选择党和特朗普最狂热的支持者有许多共同之处。在特朗普当选后的第二天，德国选择党的成员与来自法国、荷兰、奥地利和意大利的右翼党派领导人在一座能够俯瞰莱茵河的风景如画的小镇上举行了集会，庆祝特朗普的胜利。他们当中最极端的白人至上主义支持者称自己为身份认同主义者（identitarian）。这些人谴责国际主义，坚持认为"人民有权决定自己的身份"。"**如果少数族裔可以玩身份政治，那我们为什么不可以？**"他们厌恶政治正确（Politische Korrektheit），更喜欢那些会激怒当权派的、说话粗俗直接的政客，质疑那些说话温和的政客过于接近传统的权力中心。他们认为，所有清算国家罪行的做法都是在向"狂热的罪恶感崇拜"投降；他们还会花费大量时间谴责德国清算历史的工作，而这通常是为了掩盖他们的许多目标与纳粹的目标非常接近这一事实。他们宣称移民都是强奸犯，并在反难民的宣传中反复警告"我们的妇女"有危险。这片土地上的绝大多数人都能接受"人类活动造成的气候变化是对地球的重大威胁"这一科学共识，德国选择党却偏要否认这一点。他们的经济计划也很模糊，其中只包括取消遗产税和推动其他有利于富人的税收政策。它的女性党员比男性少，显然，这些男性党员对自身男子气概的不足感到十分焦虑。"德国已经失去了它的阳刚之气。"德国选择党的一位高层领导人表示。这些人以有组织的方式反犹，但他们并不会公开这么做。它的一些政客曾引用《犹太人贤士议定书》(*The Protocols of the Elders of Zion*)中的内容，并提到了"犹太人大屠杀的真相"；它的一名议员的汽车牌照上的字母指涉了希特勒。该党的大多数党员都知道反犹主义是禁忌，所以他们大声支持以色列，并试图站在反穆斯林的立场上讨好犹太人。他们的经济和教育背景各不相同，将他们联系在一起的不是阶级，而是情绪：悲观、怀旧和怀疑的情绪。

这些描述并非出自中间偏左人士对德国选择党的诸多批评，而是出自2018年的《德国选择党内幕》(*Inside AfD*)，这是第一本由活跃的德国选择党前党员撰写的关于该党的书。[8]弗兰齐斯卡·施赖伯（Franziska Schreiber）写道，她入党的时候，德国选择党还不是一个民族主义和种族主义的政党；它并非像批评者所说的那样从一开始就是如此。她认为，这个党直到2017年才开始坚定地转向右翼。也许批评者们注意到了这个党一开始的右翼倾向，只是被她忽视了，毕竟她入党时才23岁。施赖伯的书之所以有趣，并不是因为它证实了大多数人怀疑的种族主义的民族主义（racist nationalism），而是因为她描述了该党使用的策略，如今的她对于曾经使用这种策略深以为耻。

德国选择党前主席弗劳克·彼得里（Frauke Petry）曾表示："我们需要心怀恐惧的民众。"她因为立场过于温和而被迫离职。施赖伯描述了德国选择党是如何在缺乏事实根据的情况下制造恐惧的。但事实上，没有什么可恐惧的：德国经济在增长，失业率在下降，犯罪率也在下降；在德国于2015年接纳了100万难民后，甚至连难民的流动性也出现了大幅下降。"德国选择党的几乎一切行动都是从脸书帖子开始的，"施赖伯写道，"脸书是德国选择党的战场。"她描述了德国选择党党员之间的竞争：互相比较谁能写出最具煽动性的言论，使该党上新闻；谁最能歪曲政府官员的言论。例如，当内政部长说"我们永远无法百分之百地排除恐怖主义的可能性"时，施赖伯写了一篇帖子，标题是"内政部长不再反对恐怖主义"。据她透露，事实上，德国选择党不得不克制自己，不去大肆庆祝恐怖事件，他们知道这些事件会壮大他们的队伍。除了歪曲他人的言论和散布彻头彻尾的谎言，德国选择党还会伪造脸书账号，让别人以为他们支持党内的某个派别；同时，他们又在所有派别之间制造纷争和混乱。随着温和派的离开，党内阴谋论者的数量也越来越多。

2018年，华威大学的两名研究人员证实了施赖伯提出的关于德国选择党的脸书战术的说法。[9] 卡斯滕·米勒（Karsten Müller）和卡洛·施瓦茨（Carlo Schwarz）证实，德国选择党是迄今为止拥有脸书账号最多的政党。他们仔细研究了2016—2018年的每一起反难民袭击事件，分析了与发生袭击事件的社区相关的每一个变量，包括人口特征、财富、政治倾向、报纸销量、难民人数和仇恨犯罪历史。有一个因素很突出：无论是在城市还是在乡村，无论是富裕还是贫穷，无论是自由派还是右派，只要一个地区的脸书使用率高于平均水平，该地区的仇恨犯罪事件的数量也会高于平均水平；只要一个地区的脸书使用率比平均水平高出一个标准差，该地区袭击难民事件的数量就会增长50%。这并不是说脸书**导致**了种族歧视和暴力，这只说明了脸书是有史以来最有效的激化种族歧视、推动暴力事件的工具。

对于那些研究特朗普当选和英国脱欧的观察者们来说，这些听起来十分熟悉，但德国和英美有一些重要的区别。为了安慰读者，使他们相信德国议会里有一个激进的右翼政党并不意味着德国一定会选出另一个唐纳德·特朗普，德国的著名周刊《时代周报》的编辑们匆忙找出了美国和德国的7个结构性差异。德国选择党本身并不指望赢得足够的选票，从而直接领导这个国家；它的目标是从中间偏右人士那里获得足够多的选票，从而组成联合政府。到目前为止，全国所有政党都反对与他们结盟，连在德国拥有最多读者的保守派通俗小报《图片报》（*Bild*）也谴责德国选择党。与此同时，德国选择党的目标是将公众舆论引向右翼。在难民问题上，他们取得了相当大的成功——于是，传统政党在某些事上也被迫和他们站在了同一立场。

德国选择党与英美右翼民族主义的另一个重要区别与当地的历史有关。虽然该党的大多数领导人都来自德国西部（西部也是他们最大的票仓），但在开姆尼茨所在的东部，支持该党的人口比例更高。那些习惯于鄙视东部的西部人称，这是东部未能清算遗留的纳粹历史造成的。但我们知道，这种说法是有误导性的，德国选择党在德国东部的成功有一个更可能的解释：该党利用了东部人长期以来的怨恨，而这种怨恨通常是合理的。

旧的联邦德国宪法规定，两德统一时必须制定一部新宪法。但后来因为急于重新统一，人们忽略了这一条款。人们从未询问东德人对新国家有何看法，而只是简单地将他们并入了一个已存在的国家；他们感受到的与其说是统一，不如说是被吞并。关于东德人的笑话仍然在不允许反犹或反土耳其的圈子里流传——这只是东部的人经常感到被歧视的众多原因之一。根据洪堡大学种族融合与移民研究所所长、社会学家奈卡·福鲁坦（Naika Foroutan）的观察，东部的人和移民遭受了类似的偏见，他们都被视为二等公民。东部和西部的养老金（根据终身工资计算）差异是不满情绪的主要来源。在东德，房租、食物、交通和文化活动都会得到大量补贴，所以人们的工资很低，东德公民没有理由也没有机会积攒养老金。现在，德国东部领取养老金的人对得到国家援助的难民感到愤怒。德国选择党成功地利用了这种愤怒，给了东部的一些人一点自尊，而这种自尊往往建立在对他人的诋毁的基础之上。[10]

1976年出生于东德的作家亚娜·亨泽尔（Jana Hensel）写道：

"东部几乎默默无闻,直到它开始变得右倾。"她的家乡莱比锡在两德统一后得到了精心的翻修,但被翻修的老建筑有94%都属于西德人。她认为,东部的人对难民怀有敌意是因为他们觉得自己在整个国家不受欢迎。"东部与西部之间的怨恨是德国社会最大的禁忌之一。"对于"东部的右倾是因为它未能清算遗留的纳粹历史"的说法,亨泽尔做出了反驳。"这种说法只是一种臆测。"她写道,"西部的人无法想象,东部的反法西斯主义无处不在,即使到了我这一代。因为他们没有任何类似的东西。"她认为,两德统一后不久的时代才真正需要清算,当时西部人对东部人的歧视和对他们记忆的漠视造成了后者的怨恨,而且这种怨恨自20世纪90年代以来一直在增长。这种歧视导致了西方媒体对东德的刻板印象,使人们倾向于把所有传统媒体的报道都斥为"假新闻"(Lügenpresse)。[11]

德国选择党的代表和特朗普的一般支持者不太一样。他们看起来性情温和、面容整洁、穿着考究,而且一般说话得体。当我见到德国选择党勃兰登堡分部的主席安德烈亚斯·卡尔比茨(Andreas Kalbitz)时,他坚称自己不是知识分子,而是政治家。他很聪明,消息灵通,还知道引用阿多诺的话。他也对我说的话很感兴趣。自从德国选择党进入议会以来,全国人民都在讨论应该如何看待他们。如果他们是通过民主选举选出来的,作为一个民主国家,德国应该忽视他们吗?还是说,他们是披着羊皮的狼,所以不配在全国性的谈话中得到合法的地位?毕竟纳粹党就是通过赢得魏玛共和国最后一次民主选举而上位的。一开始,议会里没有任何一个政党愿意坐在德国选择党旁边。对此我很好奇。

因为一个偶然的机会，我在与卡尔比茨见面之前遇到了11位有外国血统的年轻女性。她们都在一所很不错的大学学习德国文学，为将来成为高中老师做准备，幸运的话她们甚至能成为教授。她们全都是第一代和第二代移民，其中有几个很容易被当成黑发的德国人；但非洲裔女性和戴头巾的库尔德女孩明显不像德国人。她们想谈谈多样性（diversity）和交错性（intersectionality），这两个词在德语中没有完全对应的词。其中一名女孩的父母来自克罗地亚，她对非裔美国人的历史很感兴趣。"美国不是拒绝清算奴隶制的历史吗？"她问道。"我觉得我们在清算历史方面做得更好。"库尔德女孩不同意这个说法："工业化的大规模屠杀比任何地方的任何事都要糟糕，而且我们不应该拿它跟其他事情比较。"我笑了，因为这是一场非常德国的讨论。

两个小时后，在勃兰登堡州议会的办公室里，我向卡尔比茨提到了这次讨论。那些年轻女性已经完美掌握了德语，而且热爱德国文学。这难道不正是德国选择党认为不可能实现的完美融合的案例吗？这位党领袖看起来很不满。"我们必须现实一点，接受已经在这里的外国人，"他告诉我，"只要他们没有成为大多数。"

德国选择党只是放大了德国的种族主义，使种族主义的话语更容易被接受，但种族主义并不是他们创造出来的。一些非白人居民告诉我，德国的种族主义禁忌仅限于反犹主义，而且只适用于看起来像白人的族群。比如佩姬·皮舍（Peggy Piesche），她是一名德国文学博士，也是一名德国蓝领工人和一名来自尼日利亚的医学生幽会的结果。虽然她相信东德在支持去殖民化和反种族隔离的立场上站在了历史正确的一边,但她在东部还是遭遇了种族歧视,就像她如今在柏林的经历一样。尽管她在德国和美国的大学里都教过德语、性别研究和非洲语,但当她告诉别人自己来自图林根州时,别人还是会经常问她:"你**到底**是从哪来的?"

"美国大学里的情况要好一点。"她冷静地告诉我,"但那里的大学太孤立了。德国的大学离公众舆论要近得多。"2018年在网络上兴起的"两种认同"(#MeTwo)运动充分证实了她的经历;在这个标签下,成千上万非白人德国公民描述了自己在日常生活中经历的种族歧视。所有人都经常碰到这个问题:"你到底是从哪来的?"对此,奎迈·安东尼·阿皮亚写道,这个问题其实是在问:"你是什么人?"很多人碰到过更糟糕的情况:学校里的教师试图引导他们选择职业教育而不是高等教育;土耳其裔男性在找工作或租房子时,必须使用他们的德国妻子的名字。最糟糕的是,德国最近才给民族社会主义地下组织唯一的幸存成员定罪;该组织的成员杀死了9名有色人种(其中大部分是土耳其人),然后在2011年自杀。那名幸存者毫无悔意,最终被判终身监禁,不得假释,但她的同伙得到的处罚较轻。判决结果震惊了整个国家。10年来,德国警方一直对这些谋杀案视而不见,并将其归罪于土耳其黑帮。有迹象表明,一些被派去监视民族社会主义地下组织的警察实际上是支持他们的。

虽然也有一些难民在"两种认同"的标签下讲述了自己受到德国人的热烈欢迎的故事,但从未受过歧视的德国人对这么多的歧视还是感到非常震惊。值得赞扬的是,中间派和左派政党都迅速发表了声明,指出德国人需要认识到日常生活中的种族主义。

与英国或法国不同，德国曾经只有几个殖民地，所以柏林街头的白人比例比伦敦和巴黎的要高。与美国和加拿大不同，德国从不认为自己是一个移民国家。在2000年社会民主党-绿党政府通过新的法律之前，要想获得德国公民身份，就必须拥有德国血统。（血统向来至关重要，即使德意志民族的发源地远在伏尔加河流域。）如今，有色人种开始出现在德国的政界、新闻界和媒体界，我们能够期望种族主义彻底消失吗？

萨缪尔·希顿（Samuel Schidem）不这么认为。他是一名来自以色列的德鲁兹人（Druze），1999年来到德国学习哲学。他在柏林待过，在那里与一名德国女性结了婚。现在，他的主要工作是让新来的难民了解大屠杀的相关知识，在"恐怖地带"博物馆（一座建立在盖世太保刑讯室遗址上的博物馆）举行研讨会。一些政治家认为，参观集中营或被炸毁的刑讯室有助于消除穆斯林的反犹主义倾向，但萨缪尔并不认同这一观点。他认为，这个问题只能通过他在研讨会上推行的那种一对一的长期教育来解决。"我们需要把大屠杀和他们的个人经历联系起来。"他告诉我，"这些人也曾濒临死亡，只不过很少有欧洲人能够明白这一点。他们每个人都是英雄。"在他的研讨会上，一名伊朗人在9年的牢狱生活中受尽了折磨，瘸了一条腿，而且再也不能完全恢复，走路需要用拐杖；还有一些与会的叙利亚人曾被阿萨德关进监狱。研讨会上的所有人都因为空袭而失去了家园和亲人。在几代人以前，甚至在以色列建国以前，他们就被教导要害怕犹太人。他们在没有别的东西可喝的情况下喝下了仇恨与偏见的毒药，这不是他们的错。萨缪尔鼓励他们谈论自己在独裁统治下的生活经历，以及他们平日里在德国的官僚机构中遇到的种族歧视。然后,他把这些和第三帝国时期犹太人的遭遇联系了起来。"研讨会上的每个人都知道未经审判就被关起来是什么滋味。"

萨缪尔愿意邀请我参加研讨会,前提是我得愿意回答他让学生们准备的问题。虽然他们大多受过良好的教育,但没几个人亲眼见过犹太人。一名眼神哀戚、态度友好的伊朗人问我是否相信永恒。萨缪尔强调了伊斯兰教法和传统犹太法典(halakhah)的相似之处。一名年轻的叙利亚人抛出了一个爆炸性问题:"难道犹太人不感到羞耻吗?他们为什么不对以色列占领巴勒斯坦的行为做点什么?"我慢慢呼出一口气,然后表示有很多犹太人——甚至是以色列犹太人——都憎恶内塔尼亚胡政府。我谈到了恐惧和美国福音派的作用,说话开始支支吾吾,然后萨缪尔打断了我。"难道阿拉伯人不感到羞耻吗?"他反驳道,"他们为什么不把阿萨德赶下台?还有塞西,还有沙特的君主制。"作为一名德鲁兹人,少数群体中的少数,他了解双方的情况,也能说出我所不能说的话。学生们羞愧地点了点头,讨论的话题转向了有效的政治行动。"我对未来的期望是,"萨缪尔一边指着"恐怖地带"博物馆里的纳粹酷刑展品一边总结道,"我们将来能够在阿勒颇的阿萨德战争罪行展览开幕式上见面。"

然而,总体而言,萨缪尔对此并不乐观。他也不认为德国人清算历史的工作已经完成了。德国人关注的是种族主义的政治形式,而不是种族主义在日常生活中的表达方式。他认为,更糟糕的是,教育工作者们未能普及犹太人大屠杀的普遍性,只强调了欧洲的历史。因此,他们错过了教学生认识偏见、迫害和种族灭绝之类的普遍教训的机会。"大多数德国人从历史中学到的教训是：要对犹太人友好。"我反对这一点，2015年德国接收100万穆斯林就是一个强大的反例。但萨缪尔的经历不容否认，而且引起了其他有色人种的共鸣。另外，我们也很难理解为什么他的工作得到的资助总是如此不稳定。激进的右翼分子是近来反犹主义抬头的原因之一，穆斯林移民对巴勒斯坦被占领一事心怀愤怒也是原因之一。德国媒体已经反复讨论过下面这个问题：我们怎样才能公平对待穆斯林和犹太人？有几个小型社区团体会把穆斯林和犹太人聚在一起；思想上最倾向于自由派的柏林犹太教会的拉比不遗余力地表示犹太人支持叙利亚难民。但据我所知，效果最好的还是萨缪尔的教育研讨会。"他们认为这应该可以成为一种疗程。"他说，"经过一次集中营之旅，你的反犹主义就被治愈了。"

我问记者玛丽亚姆·劳（Mariam Lau）是否遭遇过种族歧视。她虽然在德国长大，但出生在德黑兰，而且长得很像她的伊朗父亲。"从来没有，"她说，"也许除了在收银台结账的时候，收银员看起来很不耐烦，因为他们不知道我会不会说德语。我看起来不像本地人，所以他们很困惑。"她的肤色和发质都在诉说着她的有色人种身份。"但我从未遭遇真正的种族歧视。"

玛丽亚姆曾经接受护士培训，并在医院工作了5年，然后决定上大学，她读的是美国研究专业。她写过好几本书，在不同的报社当过记者，后来进了《时代周报》做政治记者。有一段时间，她被派去报道绿党的情况；事实上，自从德国选择党在2017年首次获得议会席位以来，她一直负责报道该党的新闻。

"这份工作太有趣了。"她说，"在正常情况下，我是不会和那样的人接触的。我可以每周写一篇关于他们的长文,但编辑部已经达成共识,不会把他们当成普通的政党。每次报道他们,我们都是在冒着帮他们宣传的风险,将他们的想法公之于众。每次采访前,我都会问自己,应该对他们热情到什么程度。"

"他们对你是什么态度?"

"我直接问了他们对我的出身背景有什么看法。"她回答道。"你没有问题,劳女士。"德国选择党的党主席高兰说。她已经完全融入了德国文化,她的家人还会邀请我和我的家人与他们共进圣诞晚餐。"他们知道我是伊朗人,我父亲是从毛拉(mullah)手中逃出来的。对他们来说,我只要不是穆斯林就行。"德国选择党喜欢赞美德国文化,虽然他们对德国文化并没有明确的定义。"有些党员从未听说荷尔德林,还有些党员会引用布莱希特和歌德的作品。当然,不包括《西东诗集》(*West Eastern Divan*)。"她笑着说。《西东诗集》是歌德晚期的作品之一,是与伊斯兰诗歌的热烈对话。"他们充满了矛盾。"

玛丽亚姆认为,如果默克尔在难民问题上承担了全部政治责任,情况就会有所不同。"她应该说:'听着,各位,我们国家很富裕,而叙利亚人的家园已经毁于战火。我们会让联合国难民署筛查入境的难民里有没有恐怖分子,但我们首先应该接纳他们。'"玛丽亚姆认为,如果默克尔主动这样做,全国的大多数人都会支持她。但默克尔最擅长的就是摇摆不定。她的做法给人们传达的信号是:事情发展成这样不是我们所希望的,但关闭边境是违法的。她等了又等,犹豫了又犹豫,最终顺应了大多数人的想法——2015年,大多数人对难民表示欢迎,而她当时本应该成为这股潮流的领袖。[12]

在整个欧洲,难民问题已经变得非常迫切。德国比它的任何邻国对难民都要更加热情友好。但玛丽亚姆认为,在欧洲的所有自由主义者找到"我们是谁"这个问题的答案之前,难民问题仍将继续存在。她也知道,欧洲人对爱国主义忧心忡忡,而爱国主义并不等于民族主义。"德国人承认了自己的罪行,这是我们的一项伟大成就。"玛丽亚姆说,"从来没有哪个文明能够像德国这样直面自己的罪行,并通过认识自身的罪行而变得成熟。但从长远来看,这还不够。人们需要敢于挥舞他们的旗帜。"现在有很多德国人都在这么做,至少在足球赛季是这样。德国的自由主义左派因为那毁灭性的12年而拒绝一切德国文化的日子已经一去不复返了。

"是德国选择党在不断提起那些往事。"她补充道。他们说清算历史是美国人和欧洲人强加给德国人的,美国人和欧洲人试图通过内疚来削弱德国公民,从而在经济上剥削他们。德国选择党最初只是一个反对使用欧元的小党派,许多党员将欧盟视为"没有期限的《凡尔赛和约》",认为它一直在强调德国的罪恶。"他们不明白,能够说出'是的,我们曾经犯下罪行'就是迈向成熟的表现。"玛丽亚姆继续说,"我们不仅做出了很可怕的事情,还失去了太多东西。想想看,要是我们没有杀害那么多犹太人,德国的电影业会是什么样子?科学和文学又会是什么样子?我怀疑德国选择党无法忍受承认这一点。"相反,他们声称那些承认了这一点的德国人深陷在一种病态的自我憎恨当中。

玛丽亚姆承认,由于她的家庭背景,德国历史对她来说更容易接受。她的德国祖父不是反抗纳粹的英雄,但也不是纳粹士兵。作为神学家暨反纳粹异见人士迪特里希·朋霍费尔(Dietrich Bonhoeffer)创立的教会的成员,他在自己工作的工厂里实施了一些小规模的破坏行为。不过,她还是对很少有德国士兵承认自己的战争罪行感到很惊讶。一谈到君特·格拉斯,玛丽亚姆就变得很生气。"他如果带头,本可以做很多事情来帮助这个国家。他应该说:'我曾经是纳粹党卫队的一员,这就是我做这些事的原因,现在我感到很羞愧。'"相反,他花了40年的时间进行道德说教,指责别人,直到真相大白。"约翰·克里(John Kerry)感动了我,他挺身而出,承认了自己在越南的所作所为是错误的。"她总结道:"我觉得这很有男子气概。"她遇到的大多数德国选择党成员看起来都受到了精神创伤。他们抱怨当今的德国缺乏男子气概,但他们想说的意思是,传统的男性角色由于女权主义取得的进步而衰落了。

玛丽亚姆希望保守派政客们能站出来对抗德国选择党,从而指出他们阴暗的世界观是错误的。德国的失业率从未如此之低,出口额从未如此之高,教育条件从未如此之好。无论以哪种客观标准来衡量,"德国正在走向灾难"的想法都是荒谬的。然而,保守党派担心他们的选票会流向德国选择党,默克尔所在的基民盟的姊妹党派基社盟一直想要制造政府危机,煽动反难民的情绪。玛丽亚姆对德国选择党放弃极右立场不抱什么希望。"他们已经尝到了甜头,"她说,"而且他们已经成功了。他们怎么会问自己是不是做错了什么呢?"

"随着年龄的增长,我越来越意识到自己欠父母太多了。"格西娜·施万（Gesine Schwan）出生于1943年，但至少在过去20年里，她看起来没什么变化。她的金发逐渐变得灰白，但仍然俏皮地卷曲着。她的精力也很惊人：她既是一位著有多部作品的政治学教授，也是两所大学的校长，还是社会民主党的总统候选人。同时，她还会抽时间指导那些想要学习她那种务实的理想主义的年轻人。她的父母是社会主义者，非常崇拜罗莎·卢森堡（Rosa Luxemburg），他们在二战时期藏匿了一名犹太女孩。格西娜和她的哥哥从小就被教育要完成一项任务：努力让纳粹时期的事情再也不会发生。她对那些声称德国的变化浮于表面的人不屑一顾，并坚持认为这种变化并不是一两代人的事。"种族主义和独裁的态度可以代代相传，我们必须有意识地斩断它们——而我们也确实做到了。"她早年学习过法语和波兰语，这是德国昔日的敌对邻国的语言。

作为一名虔诚的天主教徒，她记得自己小时候曾祈祷让阿登纳输掉选举。她告诉我，阿登纳处理纳粹历史的方式是基督教民主联盟"以一种战术方式处理与真理的关系"的一个例子。作为社会民主党基本价值委员会的负责人，她仍在致力于为基督教民主联盟当下的政策寻找替代方案，尤其是在难民问题上。"默克尔除了'我们会处理的'这句口头禅，就再也没有其他策略了。"她说，"而这个问题早在2015年之前就开始了。"德国政府拒绝与邻国团结一致，无论是在债务危机期间与希腊的关系问题上，还是在将大部分难民留在意大利和希腊的问题上。"所以，当我们后来接收了100万难民，但其他国家拒绝与我们保持一致时，德国政府为什么会感到惊讶？"作为欧洲理想的积极捍卫者，格西娜认为难民问题需要一个欧洲解决方案。"首先,我们必须将它视为一个机遇,而非一次危机。考虑到我们的人口结构,德国这艘船还未满载。"欧洲正在走向人口老龄化,出生率也在下降。她发现,当前的政策只是防御性的,走这样一条毫无诚意的路线既不能缓和民族主义者的愤怒,也不能降低溺亡的难民数量。

她提出了一种绕开国家之间的对立,直接在欧盟和当地社区之间发挥作用的模式。许多小城镇和农村的年轻人流向了城市,导致这些地方本就薄弱的基础设施(基础设施薄弱也是年轻人离开的原因之一)滑向了崩溃的边缘。中欧基金(central European fund)可以为老龄化社区提供具有诱惑力的补助:想想你们要提什么条件才能接收这么多难民吧,我们不仅会支付接收难民的费用,还会为本地社区提供同等数额的资金,帮助你们进一步发展其他项目,比如改善学校的条件,翻修住房,创造当地文化(包括成立剧团)。"不要抱怨,"格西娜在埃森市向一位听众解释这个建议时说,"我年轻时参加过剧团。让自己扮演不同的角色是让自己对差异保持同理心的绝佳方式。"

这个项目的关键是社区自决权。在她的设想中,由公民利益相关者组成的团体(教会团体、商人、教师、科学家)会聚集在一起,详细地制定他们所希望的社区发展方案。"建立身份认同和帮助移民实现种族融合需要所有人的共同努力,而不仅仅是从遥远的政府那里获得资金。"自上而下的解决方案不可避免地会引起怨恨。

她不相信我们能在全国范围内达成足够的共识,但她对社区有信心。在收留过难民的人当中,有90%的人表示收留难民的经历让他们变充实了。针对反犹主义的研究表明，在没有犹太人的地方，反犹主义最为严重；反移民情绪也是如此。格西娜提出的解决方案在有望振兴荒凉的社区并为难民提供家园的同时，还能够恢复当地的自主。"在英语里，他们称之为一石二鸟，但这听起来很残忍。"她笑了，"我更喜欢德语的说法：两只苍蝇一起拍。我们从两只开始，因为人们行动起来可能很慢，但最终我们能拍掉25只苍蝇。"欧洲议会对这项提案很感兴趣，它能够同时解决当前主要的两大危机：一边削弱民粹主义式的民族主义，一边为那些不断穿过地中海来到欧洲的移民提供避难所。格西娜花了相当多的时间与那些能够为她提供支持的群体交谈，从工会到布鲁塞尔的官僚。她希望自己能够在他们的帮助下说服欧盟投入资金支持这项计划。她说，这些费用应该被视为一种投资。话说回来，格西娜是那种每天都散发希望的人。我问她是怎么保持心怀希望的，又是什么让她的能动性一如既往的。"这有一部分是遗传的，"她承认，"但保持积极是抵御绝望的唯一方法。"

早在德国选择党上位之前，德国就已经有许多知识分子对自己的国家清算历史的方式感到不安了。20世纪60年代，唯一的对清算历史表示怀疑的声音来自右翼，他们有理由阻止人们谈论近代史，毕竟他们当中的大多数人都曾经站错队。如今，来自左翼的另一种形式的怀疑主义开始兴起。人们拒绝为清算历史工作的成功庆祝，因为从某种意义上来说，这是自然而然的，而从另一种意义上来说，这算是正派人的做法：为自己的悔改感到骄傲几乎是一种自相矛盾的做法。

关于最近德国人对记忆文化的不满,阿莱达·阿斯曼给出了其他解释。阿莱达以前是英国文学教授,曾经因为和她的丈夫、埃及古物学家扬·阿斯曼(Jan Assmann)在历史记忆方面所做的工作而获得德国最重要的文学奖——德国书商和平奖。在2018年的法兰克福书展上,向他们的作品致敬是一种带有政治意味的举动,因为当时"清算历史"再次受到了攻击。作为回应,阿斯曼夫妇将奖金捐给了三个致力于帮助不同的难民群体融入当地的组织。"人们厌恶'德国人在历史记忆方面总是遥遥领先'的说法。"她告诉我,"有些欧洲人说,默克尔正试图以和平的方式来达成希特勒想要用战争达成的目标。"评论家们说,这两人都决心统治欧洲。"对清算历史的过程进行自我批评是这个过程本身的必要组成部分。"阿莱达说。

有些批评是世代相传的。(德国西部的人)倾向于认为父母那一代的清算历史工作是失败的,所以开始这项工作的那一代人的孩子如今正在思考父辈失败的原因。但对有些人来说,这项工作的成功更令人不安。"我们是反对派。"阿莱达说。清算历史运动是在对抗主流政治文化的过程中发展起来的;维利·勃兰特是战后政界的一个特例。1990年,联邦政府突然接管了清算历史项目,领头的是赫尔穆特·科尔总理,他曾在几年前陪同里根总统前往比特堡公墓悼念阵亡的纳粹党卫队成员,也曾说自己"出生得晚是一种幸运",因此不必担心纳粹问题。不过,两德统一以及随后的来自西方的压力将以科尔为首的基督教民主联盟推向了清算历史的路线,至少在公开场合是这样。任何被国家接管的事物都很容易变得仪式化,导致每个政治家都必须做足表面功夫,但没人会真的相信。

如今，德国全年都有公开的忏悔仪式：1月27日纪念奥斯威辛的解放；每年4月的哪一天与犹太历尼散月第27天重合，就在那一天纪念华沙犹太人起义；5月8日纪念二战结束；11月9日纪念水晶之夜。一场标准的纪念仪式包括两名政客、一名大屠杀幸存者和一场忧郁的犹太传统音乐表演。这些仪式都是可预见的、公式化的，而且无聊。如同美国纪念马丁·路德·金诞辰的仪式一样，德国的这些仪式并不会给人很深刻的感觉。批评者们抱怨称，他们对纳粹恐怖主义受害者的认同是被迫的，而非出自真心的。

不过，阿莱达认为，我们有必要学着同情受害者，而德国在战后的几十年里一直没有出现这种同情。在这方面，她认为文学和电影比仪式更重要。1979年，数百万德国人观看了电视连续剧《大屠杀》。不论这部好莱坞电视剧看起来有多么不入流，它带来的情感影响是巨大的，因为在"600万人"这个抽象的概念背后，观众们终于看到了个人的命运。"这部电视连续剧对德国的效果，就像艾希曼审判对以色列的效果一样。"阿莱达说。两者都是催化剂，促使公众开始讨论已经过去几十年的大屠杀。她还指出，那些抱怨政府强行推广仪式的人忽视了全国各地的社区中举行的数百场规模较小的活动，这些活动几乎没有得到媒体的任何关注。市民和教会团体通过基层活动铭记历史，努力根除残留的纳粹痕迹，纪念在当地失踪和丧生的受害者们。

我听过很多关于德国人在清算历史的过程中出现问题的观点。布痕瓦尔德集中营的负责人福尔克哈德·克尼格认为，这些观点都是基于情绪而不是基于理性分析：我们不应该关注大屠杀的恐怖之处，而是需要批判性地思考它是如何发生的。萨缪尔·希顿认为，目前的做法太欧洲化了：我们与其关注针对某一个种族的谋杀案，还不如与普遍的种族主义倾向做斗争。玛丽亚姆·劳认为，目前的做法不够私人化：大多数人都躲在抽象的反法西斯教条背后，而没有直面自己的罪行。我的看法是，清算历史的过程过于关注受害者了，而这个世界上已经到处都是受害者。我们更有可能受到对英雄的崇拜（而不是对受害者的怜悯）的激励。正如约翰·布朗在1851年所写的那样：

> 没有什么比个人的勇气更能吸引美国人民的了。看看"友谊"号（Amistad）上的桑克（Cinque）吧，他是一位不朽的人物。相比于300多万受压迫的有色人种累积的冤屈和痛苦，一位勇敢且在某种程度上取得了成功的人物仅仅因为认真捍卫了自己的权利就被送上了法庭，这样的故事更能引起全国范围的同情。我们不需要提及希腊人如何反抗暴虐的土耳其人、波兰人如何反抗俄罗斯人或匈牙利人如何反抗奥地利人和俄罗斯人就能证明这一点。[13]

我可以想象这样一部能够吸引很多年轻人（姑且不说其他人）的电视连续剧。为什么不讲讲一名15岁女孩慢慢和难民成为朋友的故事呢？她这样做不仅挑战了她的同学，还挑战了她那既右倾又专制的老师。（哪个15岁的孩子不想违抗老师？）本书读者如果对此感兴趣，可以尽情把这个想法变成作品。

德国如果想解决清算历史的过程中存在的问题,或许就必须回应上述所有的批评和建议。另外,考虑到20%的德国人拥有移民背景,我们还需要进一步思考人口构成的问题。目前,德国人正在考虑如何将大屠杀置于现代历史的中心,让那些其祖父母与大屠杀毫无关系的人也关注此事。尽管有一些怀疑的声音是合理的,但这项工作的成就是显而易见的。

纳粹标志、否认犹太人大屠杀的言论和仇恨的言论在美国都能受到宪法第1修正案的保护,但在德国都是违法的。美国华盛顿特区的国家广场上有一座犹太人大屠杀纪念馆,却没有纪念美国的奴隶制和种族灭绝的纪念馆。德国人承认大屠杀是可怕的,但如果他们在柏林市中心修建一座美国奴隶制纪念碑,我们会表示反对吗?位于伦敦的帝国战争博物馆(Imperial War Museum)里有一个关于犹太人大屠杀的展览,但英国人却懒得费心去研究以大英帝国的名义犯下的暴行。柏林的新洪堡论坛旨在通过展示欧洲以外的艺术和文化来挑战欧洲中心主义,但讽刺的是,馆内收藏的很多东西都是从被殖民的人们那里偷来的,不过它已经把原属于阿拉斯加楚加奇人(Chugach)的圣物还给了他们,而且归还的工作还在继续。洪堡论坛的展览也反映了德国在殖民主义时期的短暂而暴力的历史,包括对赫雷罗人(Herero)的屠杀,这次屠杀是20世纪的第一起种族灭绝事件。荷兰的海牙历史博物馆展示了许多繁荣、成功的市民生活场景,但走到20世纪历史展区,你就会发现一个关于荷兰人在二战中所受的苦难的主题展览。然而,该展览完全没有提及以下事实:由于荷兰人与纳粹占领当局的合作,从荷兰被遣送到死亡集中营的犹太人比例要高于欧洲其他任何地方。

我还可以举出很多例子，但关键点已经很明显了：虽然德国清算历史的努力屡屡受挫，但与其他国家相比，德国正在朝着正确的方向迈进。我同意阿莱达·阿斯曼的观点：自我批评对于清算历史的过程至关重要。这个过程永远不会结束，正如萨缪尔·贝克特（Samuel Beckett）的格言所说的，"再试一次，即使失败，也是更好的失败"。

不过，如果更好的失败已经是我们所能期望的最好的结果，那努力还有什么意义呢？如果德国多年来的努力都无法根除日常生活中的种族主义，也无法阻止德国选择党的崛起，那它为什么还要努力呢？在过去几十年里，出现了所谓的"全球性的历史记忆崇拜"，然而人们在呼吁找回历史记忆的时候却忘了"永远不要忘记！"的口号可以套用在任何事情上。如果正确地使用记忆可以治愈伤痛，那么错误地使用记忆则可以带来很大的危害。"勿忘阿拉莫！"是一句战时口号；法国在普法战争中败给德国的记忆推动了第一次世界大战的爆发；斯洛博丹·米洛舍维奇（Slobodan Milošević）坚持要求塞尔维亚人记住1389年科索沃战役的失败，这只会导致进一步的战争。那些记忆力最好的学生都知道这一点。茨维坦·托多罗夫曾写道："如果用过去的记忆在罪恶和我们之间建造一堵无法逾越的墙，完全认同那些完美的英雄和无辜的受害者，并将罪恶的代理人赶出人类的疆界，那么这些记忆将毫无意义。然而，这正是我们通常会做的事。"[14]

记忆不是魔法。哲学家乔治·桑塔亚那（George Santayana）

的著名警句"忘却历史的人注定要重蹈覆辙"传达了这样的观点：只要拥有记忆，我们就能防止重新犯下过去的错误。我们知道这不是真的。萨曼莎·鲍尔（Samantha Power）在《来自地狱的问题》（*A Problem from Hell*）中指出，在人们互相提醒不要忘记奥斯威辛之后，世界上又发生了多起种族灭绝事件。想要记住的强烈愿望会激起怨恨，鼓励复仇，教唆仇杀。作家戴维·里夫（David Rieff）在《遗忘礼赞》（*In Praise of Forgetting*）中就提到过这样的例子，最好的例子可能是北爱尔兰。里夫写道，每当爱尔兰共和军成员唱起芬尼亚会（Fenian）的经典歌曲《月亮升起》（"The Rising of the Moon"），爱尔兰的共和派（Republicans）与统一派（Unionists）之间的谈判就会破裂。因此，里夫引用了一位爱尔兰女性的话，她建议在下一次纪念爱尔兰历史的活动上"建造一座遗忘纪念碑，然后将安放它的地点也忘掉"。[15]

　　里夫的论证集中在两个重要方面。记忆总是不全面的、主观的、带有政治色彩的，这是事实。但这一事实并不一定能引向他的结论：人们总是倾向于对过去的记忆加以选择，从而为当下服务，所以记忆只不过是政治宣传。如果历史是试图了解曾经到底发生过什么，那么记忆就是试图恢复历史的经验。它们最多是互补的，但两者不应该被混淆。我们并没有一条严格的标准来判定记忆什么时候是一种工具，什么时候是一种武器，什么时候有用，什么时候又遭到了滥用。话说回来，对于大多数重要的判断，我们都没有严格的标准。但我们并不需要一条绝对真理也能识别谎言。在二战后的头几十年里，德国人只记得自己的痛苦。如果德国人对自己是战争的最大受害者的记忆没有被无可争辩的历史和被德国迫害的人的记忆取代,他们的记忆就不仅虚假,而且危险。美国南方关于伟大的未竟事业的记忆就不仅是错误的,而且至今仍然很危险。奇怪的是,里夫虽然讨论了一系列令人印象深刻的国家,却只是顺便提了一下德国。

里夫的论证的第二个方面来自政治上的思考:正义为什么可能成为和平的敌人?里夫坚持认为,我们应该关注这个世界本来的样子;在一个不尽如人意的世界,许多呼吁铭记的声音都以种族暴力而告终。里夫承认,如果所有人都像阿维夏伊·马加利特(Avishai Margalit)和茨维坦·托多罗夫一样聪明,那么记忆被操纵的危险就是微乎其微的。但是,他总结道:"如果说历史曾教会了我们什么,那就是在政治和战争中,人类并非天然生活在矛盾中。"[16]

我们确实如此。我们也不是天生就会分辨细微的差别。婴儿并不具备这些能力,但能够在成长的过程中慢慢学会这些。学会与矛盾共存并意识到细微的差别,可能是人类在成长过程中遭遇的最困难的部分。但困难并不能成为停止学习的理由。

阿维夏伊·马加利特是一名以色列哲学家,他承认记忆是危险的,但他也认为我们有绝对的道德义务去铭记。对极端之恶的警惕要求我们建立一种可以被普遍分享的道德记忆。"我们有义务去铭记,"他写道,"因为极端之恶正在通过改写历史、控制集体记忆等手段,努力破坏道德本身。"[17]阿维夏伊的主张得到了玛格丽特·厄本·沃克(Margaret Urban Walker)的响应和进一步阐发,后者坚持认为,记忆(以及对他人记忆的承认)解决的并不是心理需求,而是道德需求。她认为,道德修复(moral repair)是维持道德关系的必要条件，道德关系则要求人们对共同的道德标准保有信心。当道德标准遭到侵犯，社区就必须重申这些标准——即使加害者并不承认自己的罪行。否则，受害者就会陷入她提出的"标准式抛弃"（normative abandonment）状态，我们其他人则可能成为愤世嫉俗的牺牲品。在某些罪恶得到承认而其他罪行遭到忽视的情况下，人们很容易认为正义是武断的——而且最终只不过是权力的问题。

遗忘历史的方式大概和铭记历史的方式一样多。在战后的头几十年，绝大多数德国人都心照不宣地遵循了阿登纳的禁忌：忘记过去，保持沉默。美国内战结束后，联邦军队刚一撤退，南方白人立即开始了反攻倒算：他们混淆了视听。未竟事业的神话是人们刻意编造出来的；从南方军士兵的雕像到蓬勃发展的电影业，有人试图编造一些故事，从而让南方人看起来至少和北方佬一样品德高尚，而且比北方佬更有吸引力。这种努力取得了成功，使我们不得不同样刻意创造一种平衡。虽然人们应该为他们的种族主义行为而受罚，但仅靠执行法律是不够的。我们必须改变他们的态度（或者至少改变他们的孩子的态度），像德国那样成规模地进行有意识的教育。正如盟军的去纳粹化项目的失败所表明的，态度不能由外界强加，但外界可以教给我们一些东西——即使是他人犯过的错误，也能教会我们一些东西。一开始，忘记过去的恶可能更安全，但从长远来看，忘却的危险要大于铭记的危险——当然，前提是我们要从过去的失败经验中学习如何做得更好。

美国未能直面自己的过去，这不仅表现在唐纳德·特朗普鼓吹的白人至上主义的恶性爆发上，也表现在许多更微妙的方面。我们看到，关于重建时期的错误记忆导致人们抵制联邦政府的一些计划（比如奥巴马医改计划），这些计划不仅有利于南方，也有利于全国的许多地方。相比之下，德国为了正视自身的罪行而做的一些努力使其变成了一个更好的国家。尽管德国人总倾向于说自己的坏话，但与1982年我刚来的时候相比，德国已经变成了一个更开放、更自由——也更快乐的地方。世界上的其他国家也更加信任它，甚至偶尔会对它表示赞赏。1990年，全世界都对重新统一后的德国会有怎样的前景感到担忧。然而如今，许多国家都要求德国在全球事务中发挥更大的作用，这样的要求在30年前是难以想象的。

美国有理由追随德国的脚步，这些理由不仅有道义上的，也有出于实用主义的。美国媒体可能基本忽略了我们决定摧毁广岛、推翻伊朗和刚果的民选政府的原因，但其他国家的媒体并没有。很少有美国人会意识到自己的国家在世界上其他地方的信誉有多低。就连欧洲人（他们的新闻媒体要好一些）也会惊讶于西方世界以外的人们对西方价值观的诉求有着如此深的怀疑。他们知道这些价值观经常被滥用。除非我们承认这些滥用的过往，否则我们的道德权威将继续下降，批评家们就会由此主张"任何支持普世价值的努力都只是掩饰暴力和掠夺的烟幕"。伊拉克战争就是最近的一个例子。欧盟一直以来的弱势部分在于，除了促进贸易，它无法决定自己还能否代表其他东西。不幸的是，人们将诞生于欧洲启蒙运动时期的自由、平等和团结的希望寄托在了进步的欧洲人身上，而这些欧洲人却因为对欧洲殖民历史的了解而受到了相当大的限制。那些本可以心怀热情、通过诉诸欧洲价值观来阻止英国脱欧的英国人却无法诚心诚意地坚守这些价值观。从概念上讲，有一个简单的方法可以解决这个问题：承认欧洲和美国培养了这些价值观，却也反复践踏了这些价值观。重申价值观之前必须承认此前的破坏行为，而承认自己的错误并不容易。

在亚拉巴马州的一座监狱里，马丁·路德·金给那些认为他的工作是极端主义的牧师同事写了一封公开信。《伯明翰监狱来信》（*Letter from Birmingham Jail*）之所以能够成为一部影响深远的著作，背后有许多原因，原因之一无疑是它坦率地陈述了事实。金解释说，他站在两个派系之间：那些长期受到种族主义的恐惧支配、已经放弃挣扎、听天由命的非裔美国人，和那些"已经对美国失去信心……并得出结论，认为白人是无可救药的'魔鬼'……他们的怨恨……几乎到了使他们主张采取暴力行动的地步"的人。这些话说得很有策略，马丁·路德·金毕竟是个政治家。不过，他并没有发出威胁，而是陈述了一个事实：如果我们不为正义而战，美国人就会迎来另一场内战。金继续说，如果"我们的白人兄弟……拒绝支持我们的非暴力行动，出于沮丧和绝望，数百万黑人将在黑人民族主义的意识形态中寻求慰藉和安全感，如此发展下去，将不可避免地导致可怕的种族噩梦"。[18] 在非洲悲观主义（Afro-pessimism）已经成为一个普遍口号的时代，金的警告比在以往任何时候都更加真实。在人口统计数据显示白人在几十年内将不再占美国人口的多数这一时刻，我们非常有理由关注这个问题。

了解德国人如何面对自己的历史，并不能为其他国家面对自己的历史罪行提供参照——哪怕德国已经做得无可挑剔了。我虽然知道这一原则，却也必须通过写这本书来详细了解此事。一开始，我打算考察三个国家的情况。除了德国和美国，我还选择了爱尔兰，一部分原因是我一直喜欢这个地方，另一部分原因是爱尔兰人为自己的国家是20世纪第一个在反殖民斗争中获得成功的国家而自豪。2016年夏天，我参观了爱尔兰共和国大部分地区的博物馆和剧院，听了很多讲座，考察了复活节起义100周年纪念活动（复活节起义是爱尔兰独立运动的奠基性事件）。后来我意识到，要说清楚这个问题，至少还需要再写一本书，于是我在本书中放弃了这部分内容。若要真正理解清算历史，我们需要极大的精确性：为了理解记忆对一个国家意味着什么，你不仅需要研究它的历史细节，还要研究它现在的文化。只有这样，你才能感受到记忆无所不在：它甚至渗入了幼儿园，影响了人们对茶和衣服颜色的偏好，决定了什么可以大声说，什么只能暗示，什么算侮辱，什么算赞美。（另外，记忆的无所不在往往伴随着一种危险，即人们希望一劳永逸地把过去抛到脑后。）只有在了解了所有这些细节之后，比较才会变得有趣，否则它们就只会停留在表面。我们的经历总是与特定的地点和时间有关。如果想做道德的事，我们就不能只依靠一般性原则，还必须关注我们所处的位置。（只要理解得当，即使是康德也能明白这一点。）这就意味着，我们永远不可能只用某一个既定的概念框架来处理所有国家曾经犯下的罪行。我们可以相互学习，但我们不能不注意差异就直接套用某项原则。

在实践中,注意经验和历史的差异是至关重要的;在原则上,采取普遍主义的立场是可能的。如今,似乎没有什么想法比普遍主义更不可靠了。在左派阵营中,普遍主义经常与其赝品相混淆。批评者指出,从启蒙运动哲学家到美国的开国元勋,再到19世纪的吉卜林(Kipling),白人一直宣称自己是普遍主义者,但他们都忽视了世界上大多数人的经历。不过,值得注意的是,最早开始谴责欧洲中心论的正是启蒙运动哲学家们。孟德斯鸠从(想象中的)波斯观察家的角度写下了对欧洲政府的批评;克里斯蒂安·沃尔夫(Christian Wolff)认为,中国人虽然不信基督教,但拥有完美的道德规范,他为此丢掉了工作,甚至差点丢掉性命;狄德罗从塔希提岛的角度批评了欧洲人的性观念;康德称殖民主义是邪恶的——他很少用到这个词;卢梭抱怨欧洲人对广袤的非洲大陆一无所知,因为他们得到的信息都来自那些"相比于装满脑袋,他们对装满口袋更感兴趣"的旅行者。所有这些人(都是男性)都以一种令如今的我们感到可怕的简洁和无知描写了其他国家和其他性别,但他们的思想方向是正确的。这些哲学家的言论被我们视为种族主义和性别歧视,这也是正确的;他们虽然试图超越自身所处的时代,但他们身上仍然带有那个时代共同的偏见。他们仍是很重要的思想家,因为他们为消除这些偏见打下了基础:他们不仅对普遍正义做出了抽象的承诺,还曾初步尝试通过其他人(虽然仍然只有男性)的视角来看待欧洲中心论。

在当今的学术界,普遍主义经常遭到摒弃;在学术界之外,就更没有什么人愿意为它辩护了。这一现象背后有两个历史原因,都与1989年有关。第一个原因是,在国家社会主义崩溃之后,呼吁普遍团结的声音就和斯大林主义联系在了一起。具有讽刺意味的是，除了其他的许多过错，斯大林还是一个坚定的民族主义者——这是他与托洛茨基之间的斗争的根源，他在一定程度上成功地将后者从历史上抹去了。不过，在苏联解体之前，人们还是经常援引国际团结的说法。几乎没有人为国家社会主义的终结而哀悼，但它的理念拓展了我们的道德想象力。

第二个原因则紧跟着第一个。自从国家社会主义终结以来，苹果、亚马逊、脸书的创始人以及其他希望复制这样的成功的企业家们就成了普遍主义的主要代表人物。新自由主义、全球主义的精神与普世价值毫无关系，但与普世需求息息相关——不管这些需求是在怎样的情况下被人为创造出来的。对于新自由主义者来说，物质的集合能够保证人类的普遍幸福。新自由主义的问题不仅在于它对经济管制的厌恶造成了现代以来前所未有的巨大贫富差距。[19] 更深层次的、哲学方面的问题在于它对人性的看法，这种看法在新自由主义的设想中得到了揭示：经济增长是人类获得幸福的唯一关键，虽然很少有人如此直白地陈述过这一点。即使是那最富有的1%的人，也知道生命的意义并不在于一堆金银珠宝。新自由主义将人类对待世界的基本态度变成了被动消费（而非主动参与）。尽管我很欣赏奥巴马在任内的作为，但事实证明，他接受新自由主义的做法是一个重大的错误——这不仅因为新自由主义以牺牲美国传统价值的方式拯救了华尔街，更因为它与奥巴马本人的哲学理想有冲突。奥巴马提倡一种积极的人性观念，鼓励他的追随者们用"我们自己就是我们期待已久的改变"这样的口号参与公民活动。我们大多数人都有一种激情，想要正直地生活，想要回报这个我们一直以来生活的世界。而对于那些生在一个以饥饿和战争为常态而非例外的地方的人们来说，这种激情只会消退成暗淡的小火花。不过，除非被绝望彻底摧毁，人类仍旧必然采取行动，让这个世界变得更好。[20]相比之下，新自由主义的世界观实际上把我们所有人都当成了以沙发为中心的被动消费者。

在过去几十年里，这种世界观得到了一种由伪科学版本的进化心理学（evolutionary psychology）推动的生物决定论（biological determinism）的支持。当你读到一份主张"我们能够以人类祖先努力自我繁殖的动机来解释所有人类行为"的报纸时，你可能会觉得这是常识。很少有人会问：有什么证据能够证明祖先狩猎或采集的动机？这些狩猎者和采集者的动机与今天又有多大的联系？人们已经普遍接受了生物决定论——"终于有了对人类行为的科学解释！"——却很少质疑它的前提。

最后也最致命的是，新自由主义和生物决定论都被后结构主义关于权力的假设强化了。如同与柏拉图辩论的那些早期的智者（Sophist）一样，后结构主义向我们证明了，许多号称真理的声音其实都出于企图支配别人的动机。与此同时，也如同那些早期的智者一样，后结构主义使我们感觉到，所有宣称要追寻真理的声音都只关乎视角和权力。有人批评后结构主义"破坏了真理的概念，因此对否定气候变化和特朗普政府的撒谎成性负有一定的责任"。最近，一些后结构主义者对此做出了反驳：后结构主义仅仅试图描述现实，而并未引导现实。但后结构主义常常模糊了描述性陈述和规范性陈述之间的界限，为许多描述赋予了微弱的规范性气息。一些不那么敏锐的读者会把他们的陈述奉为圭臬,并得出结论:如果世上存在任何事实,那就是关于支配的事实。这一点不足为奇。

我们大多数人都能够从自己的生活中得知,这三种世界观都是错误的。社会心理学家也表明了,一旦越过了贫困线,我们的幸福就不再和消费成正相关了;我们常常因为爱或信仰而行动,但这些行动与我们部落的繁衍没有任何关系;我们发表言论并捍卫它们,是因为我们有充分的理由相信它们。当然,我们并不是每次都相信这些言论,人们也能找到足够的反例来质疑这些世界观。我们很难想象有谁会一直按照这些世界观行事——也许有一个例外。暂且不论唐纳德·特朗普在贸易等经济问题上的观点,他本人身上同时体现了上述三种意识形态:他宣称"真理只不过是权力的声明";他的价值全都是物质价值;除了尽可能多地复制自己(或至少复制自己的名字),他似乎对什么都不在乎。幸运的是,用来描述这个奇男子的行为的理论并不能应用在其他人身上。我们大多数人的思想和他的都不一样——尽管占统治地位的意识形态无处不在,使许多人难以大声表达其他价值观。

如果这些信仰是普遍主义的常见表现,那么种族身份认同的再度崛起也就不足为奇了。将普遍主义化约为全球主义的做法是身份政治(无论是白人民族主义、棕色人种民族主义还是黑人民族主义)卷土重来的关键。在质疑身份政治这方面,我并不认同马克·里拉(Mark Lilla)的热门著作《分裂的美国》(*The Once and Future Liberal*)中的观点。[21]这本书的缺陷在于未能认识到,自从尼克松制定南方战略以来,白人身份政治就在共和党内占据了核心地位；白人身份政治也助长了欧洲民族主义的复兴。不过，里拉正确地指出，身份政治只能由共同利益的概念来克服；左派自由主义者关注种族认同，却忽视了对这个概念的关注。他深刻地描述了自里根时代以来主导美国文化的个人主义与许多呼吁身份政治的自私自利之间的相似性。虽然里拉忽略了女性、有色人种和性少数群体（LGBT）平权活动人士的努力是如何成功地重塑了政治文化并对现实造成影响的，但他也坚信一般的政治行为（比如投票）十分重要，这无疑是正确的。

其实，里拉的批评中的很多重要内容在托德·吉特林（Todd Gitlin）和理查德·罗蒂的著作中已经出现过；他们都曾警告说，左翼在20世纪90年代已经出现部落主义的危险。[22] 奥巴马正是通过呼吁共同利益来消除这些危险才当选的。到目前为止，还没有哪位民主党政治家能够如此成功地让人们相信这种呼吁，但其他思想家已经为"用团结平衡分歧"的策略奠定了基础。科尔内尔·韦斯特的作品中就流露出了一种在普遍主义的框架内的对黑人文化的热爱，他认为这是一个关乎人性的问题：

> 黑人和白人在某些重要的方面是相似的，也就是说，他们都具有同情他人、为道德牺牲、服务他人、智慧和美之类的积极能力，也有残忍之类的消极能力。然而，当某人以一种同化主义的方式提出这种主张时，他们共同的人性就被抛弃了，因为这种同化主义将黑人的特殊性放在了一种虚假的普遍主义之下。[23]

奎迈·安东尼·阿皮亚在《束缚我们的谎言》中提出，我们无法解释为什么我们成了如今这种样子，也无法解释组成我们的生活的信仰、国家、肤色、阶级和文化等集体身份认同形式。他总结道："我们和70亿人生活在一颗温暖的小星球上。利用我们的共同人性的世界主义倾向不再是一种奢侈品，而是一种必需品。"24

我在柏林新克尔恩区市政厅见证过一场公民入籍仪式，这场仪式从展现国歌的力量开始，努力将世界性和特殊性结合了起来。小提琴和钢琴以二重奏的形式演奏了48位新公民原来所属国家的国歌片段。与前任不同，年轻的区长弗兰齐斯卡·吉费（Franziska Giffey）有意鼓励多样性，她表示这些新公民肯定在电台、学校、足球比赛中听过这22首国歌。

"每次参加这种仪式，我都会注视人们的表情，看看能不能分辨出现在演奏的是谁的国歌。我经常看到人们因为想起了童年和所爱之人而动容。"

还有稀疏的树木、磨损了的石头和遥远的天空。

"在座各位在前来参加仪式的路上可能感到很紧张，"吉费继续说道，"甚至可能想过转身回家，忘记这一切。"取得永久居留权是获得德国公民身份的第一步，所以这些人无须担心被驱逐出境。他们申请公民身份等于更进了一步。"我想让你们知道，没有人会夺走你们的国歌、记忆和过去的身份。你们今天只是获得了一个新身份。"

每位新公民都会被请上台，领取一份纸质德国宪法。作为交换条件，他们要宣誓拥护它。"你们并不需要全部记下来，"吉费说，"但如果每个人都能学会前三条，世界将变得更美好。"

"第一条：人的尊严不可侵犯。"

"第二条：在不损害他人权利的前提下，每个人都有自由发展的权利。"

"第三条：法律面前人人平等。国家支持真正的男女平等，并致力于努力消除现有的偏见。"

读完这些条款后，吉费优雅地谈到了当地的一个问题。"男女享有平等的权利，这就意味着没有人可以强迫女性结婚。"我好奇有多少戴头巾的妇女领会了这一点。仪式结束时，市长呼吁大家在演奏欧洲之歌时全体静坐，在奏德国国歌时全体起立合唱。大多数新公民都会看着流程表的背面努力跟唱。仪式结束后，他们在走出门厅时要从市长那里领取一片撒了盐的面包。就在我看完这场仪式后不久，吉费的政治才能赢得了全国的赞誉，她在2018年成了内阁的部长。如果像她这样的政治家再多一些，德国和欧洲就不用担心领导力问题了。

"我们必须记住，这是一种全新的情况：以前，加害者从未以受害者的视角看待问题。"阿莱达·阿斯曼提醒我。这种视角的转变是前所未有的，而且与我们寻求认可的心理需求相悖，所以我们很难指望它能顺利进行。尼采曾写道："记忆告诉我，是我干的。但傲慢说：我不可能那么做。最终，记忆会屈服。"[25]

说得直白一点：羞耻会带来痛苦，内疚会让人难受。它们都不是我们愿意体验的情感。我们寻求外部的赞赏和内部的平和，而且我们有强大的方法来转移对它们造成威胁的事物。我们与其承认自己参与了可耻的事情，不如轻易地忘记它们。这就是为什么记忆至关重要。

有个名为记忆研究（memory studies）的新兴学术领域，主要关注不好的记忆。我们急于压制恐怖和羞耻，但它们不能被遗忘，这是非常重要的，但我们的任何社区都不能仅仅建立在这个基础上。希望我们把可耻的过去抛诸脑后的想法是合理的，而且一直伴随着德国清算历史的整个过程；同时，阻止其他国家清算历史的也正是这种想法。当"记忆"（memory）等于"创伤"（trauma），就没有任何国家能够指望治愈任何创伤了。我们需要站稳脚跟，才能直面自己的耻辱。正如哲学家理查德·罗蒂所言："国家自豪感之于国家，正如个人的自尊之于个人，它们都是提升自我的必要条件。"[26] 如果我们认为情况从来没有改善过，我们就不可能为了进一步的改善而努力。如果我们的历史中没有光明，我们就无法穿透黑暗。

"我从另一个美国带来了问候。"这是1983年哈里·贝拉方特在东德的共和国宫举办音乐会时的开场白。进步的美国人总是呼吁"另一个美国"的理念，另一个美国是那些爱国者的精神家园，他们为了让美国忠于其理想而战斗，而美国的荣誉正是建立在这些理想的基础之上。弗雷德里克·道格拉斯和哈丽雅特·塔布曼，亨利·戴维·梭罗和沃尔特·惠特曼，苏珊·B. 安东尼（Susan B. Anthony）和伊丽莎白·卡迪·斯坦顿（Elizabeth Cady Stanton），艾达·贝尔·韦尔斯（Ida B. Wells）和乔·希尔（Joe Hill），尤金·德布斯（Eugene Debs）和"琼斯妈妈"玛丽·哈里丝·琼斯（Marry Harris Jones），埃拉·贝克（Ella Baker）和马丁·路德·金，保罗·罗伯逊和伍迪·格思里（Woody Guthrie），所有这些名字都是人尽皆知的，但他们很少得到应得的纪念。布莱恩·史蒂文森坚持认为，我们需要知道那些反对种族主义的南方白人的名字；同时他也坚信，我们美国人需要为我们的种族主义历史感到羞愧，然后才能消除它。

德国文化中的分化则并没有那么简单。纳粹竭尽全力将康德和歌德这样的文化巨人请入了他们的万神殿——尽管需要进行大量的删改和编撰。那些寻求身份认同的德国人可能会担心，记忆只会将人们带入无边无际的黑洞。我强调过，德国面对纳粹历史的能力可以成为自尊的来源。但是，我们很难为清理自己造成的烂摊子而感到自豪，即使这些清理工作标志着一种反思能力，而这种能力构成并维持了德国的文化。

杰出的德国作家纳维德·凯尔马尼（Navid Kermani）曾敦促人们从残破的德国身份中寻找其力量和活力。[27]凯尔马尼的父母是伊朗人，在他出生前就移民到了科隆。凯尔马尼写道，他在造访奥斯威辛集中营时感觉自己最像德国人。他经常引用拉比·纳克曼（Rabbi Nachmann）的话："没有什么比一颗破碎的心更完整。"这种思想在德国总统弗兰克-瓦尔特·施泰因迈尔于2018年11月9日的"水晶之夜"80周年纪念活动上的演讲中得到了体现。

此外，11月9日还被称为德国的命运之日，因为许多完全不相干的历史事件不可思议地发生在那一天。柏林墙在1989年11月9日倒塌，兴奋不已的民众提议将这一天定为法定假日——直到有人指出，这可能看起来就像德国人在庆祝水晶之夜。几十年来，德国人每到这一天都不会庆祝，而是会哀悼，因为那场大屠杀标志着犹太人已经无法继续在德国生活。

2018年，施泰因迈尔总统采取了一种大胆的新策略。他与之前的几十位政治家一样，一开始就警告人们不要忘记11月9日；但与那些政治家不同的是，施泰因迈尔提醒德国人记住1918年11月9日——这一天是德意志帝国寿终正寝、民主共和的德国诞生的日子。他在演讲中呼吁人们接受"记忆的矛盾之处"，敦促这个国家面对自身的矛盾。"我们可以为自由和民主的传统而自豪，同时我们也不必掩盖大屠杀的这段历史。我们可以意识到自己对文明遭受的破坏负有历史责任，同时我们也不必否认我们顺利完成的事情给我们带来了快乐。我们可以信任这片土地，尽管——或者说因为——它同时包含了这两者。这是进步的爱国主义的核心。"施泰因迈尔的演讲兼具层次感和感染力；不然，一位政治家还能怎么敦促他的公民接受矛盾心理呢？一些评论家预测，这场演讲将与他的前任里夏德·冯·魏茨泽克总统发表的那场划时代的演讲一样意义重大。如果他们说得对，我们就又可以从德国人那里学到一点东西。

我花了5年时间，尝试以一种部落主义的方式生活。1995年，也就是奥斯陆协议（Oslo Accords）签订后不久，我带着3个孩子搬到了以色列。我有充分的理由这么做：住在纽黑文的以色列朋友使我确信，我的根在特拉维夫；另外，在我的第一次婚姻结束后，我希望以色列这个国家能够给我的孩子们提供一个大家庭，来代替我无法继续维系的核心家庭。在以色列，我发现部落主义正变得越来越狭隘。[只要看看以色列的米兹拉希犹太人

（Mizrahi）和阿什肯纳兹犹太人（Ashkenazi，也称德系犹太人）在关起门之后如何谈论对方就知道了。]来自阿拉伯国家的犹太人和来自东欧的犹太人走向部落主义的冲动远远超出了这两个群体之间的怨恨和蔑视。当血液成为凝聚人心的黏合剂，每个家庭都会形成自己的部落。

部落主义必定会让你的世界变得更小，而普遍主义是扩大这个世界的唯一途径。我决定离开以色列并非完全出于政治原因——2000年初，那里的局势已经比之前好多了。当时，这个国家仍然陷在伊扎克·拉宾（Yitzhak Rabin）被暗杀后的境况中，大多数人选择继续支持他为之献出生命的和平进程。民众认为本雅明·内塔尼亚胡（Benjamin Netanyahu）是个令人蒙羞的傻子。虽然我在第二次巴勒斯坦大起义之前就离开了以色列，但这并不是因为我有什么政治远见，我只是意识到自己与世界的关系并不是部落主义式的。我在早期民权运动的普遍主义环境中长大，接受过罗尔斯的正义论教育，成年后以一种被大多数人称为国际化的方式生活。但受到的影响是一回事，信念又是另一回事。为了成为一名真正的以色列公民，我试过用脚投票支持部落主义。在那里我明白了，相比于和一个与我有着同样的种族背景的军火商相处，我可能更愿意和那些与我有着相同的基本价值观的朋友们相处，哪怕他们来自智利、南非或哈萨克斯坦。我交朋友看的不是族谱，而是具有能动性的个人。我对朋友和爱人的选择都是有原因的。

我能理解人们对稳定的渴望和对"家"这个概念的渴望；我自己也在这种渴望中生活了多年。即使明知道家从来都不像田园诗一般美好，它的吸引力仍然很强大。不过，随着时间的流逝，家的感觉会变得越来越难以解释。如今，大多数三十多岁的人对世界的印象比我的要连贯得多。遗传学表明，纯净的种族血统在很大程度上并不存在；从生物学上来说，我们当中的大多数人比自己认为的更国际化。[28]这不仅仅是一个道德问题：历史的变化和科学发现给予了我们充分的理由，让我们去拥抱真正的普遍主义。

本书就是一次普遍主义的练习，我希望理解差异能够帮助我们找到共享的灵魂。（"共享的"而非"完全相同的"，甚至对双胞胎来说也是如此。）要做到这一点，我们必须消除对任何可能与庸俗沾边的事物的恐惧——这种恐惧如今已经成为有教养的文化的基础，在这种文化中，我们面对讽刺反而要更加自在。最重要的是，我们必须承认我们共同的弱点，直面我已经重复过很多遍的罪行，承认我们倾向于把名誉和财富置于我们真正的信仰和愿望之上。若能承认这些，我们就能用批判的眼光审视自己的历史，而不至于落入任何部落主义或羞耻之中。如果不能理解"我们之间的共同点比分歧更多"，我们就无法完成托尼·莫里森（Toni Morrison）提出的人类计划："保持人性，阻止他人的人性丧失和疏远。"[29]

后记一
清算历史的工作走向了失控

应该如何铭记我们更愿意忘记的那部分历史呢？我们一直都倾向于压制和粉饰它们。虽然很少有人像罗恩·德桑蒂斯（Ron DeSantis）那样激进到将美国的奴隶制重塑为一种贸易形式，但那些诚实的人会注意到他们的历史叙事是如何演变的。强调成功并忽略失败的做法就像在简历中美化自己一样常见。国家和个人一样，都有可能美化自己的过去。历史学家们或许会在档案馆里辛勤翻找，寻求真相之类的东西，但公共记忆是一项政治工程，它与事实的关系更不稳定。

因此，美国的小学生们直到最近才学会背诵《独立宣言》开头的部分，但他们从未了解开国元勋们对非裔美国人的自由权和美洲原住民的生命权的漠视，这毫不奇怪。公共记忆旨在为人们创造一种能够引以为豪的身份认同。为什么要告诉小学生们，美国的现实违背了它建国之初的理想？这只会让他们感到耻辱。

不只美国喜欢自己英雄般的过去。英国人也会将《大宪章》（*Magna Carta*）和不列颠之战讲给孩子们听，孩子们也会乐于分享不列颠民族的荣耀。为什么要用帝国的故事迷惑孩子们呢？法国的小学生们可以自豪地宣称，自己是向全世界发布《人权宣言》（*Declaration of the Rights of Man*）的国家的公民；然而，他们是否应该被告知，仅仅在《人权宣言》点燃海地革命的几年后，革命领导人杜桑·卢维杜尔（Toussaint Louverture）就在法国的监狱中被处死，而《人权宣言》被置若罔闻？

当一个国家的失败大到不容忽视，它的国民和国家自身就会开始讲述自己作为受害者的故事："如果历史没有粗暴地对待我们的努力，我们本可以成为英雄。"一些国家在英雄记忆和受害者记忆之间摇摆不定——说到这一点，波兰和以色列就在我的脑海中浮现了出来。但直到最近，还没有哪一个国家将自己的历史叙事建立在曾经犯下震惊世界的罪行的基础之上。谁会想到这可能是构建国家认同的一种方式呢？

然而过去几十年来，德国就是这么做的。我们可以很轻易地说它别无选择：它在二战中犯下了罪行，所以迫切需要赎罪。但40年来，很少有德国人（西德人）这么看：相反，他们将自己视作战争的主要受害者。美国"未竟事业"捍卫者的说辞和这种看法如出一辙：我们输掉了战争；我们的城市变成了废墟；我们的士兵要么战死沙场，要么在战俘营中受苦受难；我们饥肠辘辘，命悬一线；最重要的是，北方佬竟然无耻地指责我们发动了战争。

这一连串说辞并不完全错误，尽管它忽略了更大的视角，而正是这种视角让他们的这些情绪统统变成了不诚实的、自私的辩护词。然而，如果你不仅希望了解今天的德国，还希望了解大多数国家是如何处理自己的历史中最艰难的部分的，你就必须知道，战后的德国与其他遭受过战争破坏的国家一样，有一种深刻而敏锐的受害者认同。除了专注于自己的痛苦,还有什么更好的方法能避免让自己为自己给他人造成的痛苦承担责任呢?

有时,德国人知道,为了赢得世界的好感,他们应该做点什么。然而,他们刚开始向大屠杀幸存者和以色列国支付赔偿时不仅心不甘情不愿,而且赔偿的金额也少得可怜。他们还假设,这样做就足以还清他们欠下的债了,他们也就没必要继续反省了。西德人可以不在历史课上讲述1933—1945年的历史,并让纳粹分子继续担任公务员,这样,那些更热衷于回忆德累斯顿轰炸而非奥斯威辛大屠杀的人就可以继续充任学校和政府的工作人员。

在德国之外,很少有人知道这个国家最初有多么不愿意承认自己的罪行:大多数人看到的是1970年西德总理维利·勃兰特在华沙犹太人起义纪念碑前带着满心羞愧的一跪。勃兰特是在替他的同胞忏悔,尽管他自己没有任何罪责。在纳粹掌权几个月后,他就离开德国流亡到了挪威。对外人来说,他的举动完全合情合理,但他的大多数同胞对他的道歉之旅感到震惊。因为他们的反对,勃兰特在总理位置上并没有待多长时间。当时,很少有西德人愿意承认自己国家的罪行,更不用说愿意赎罪了。但慢慢地,他们开始这样做了。

东德则不同。你可以在世界各地的海报上见到马丁·尼默勒(Martin Niemöller)牧师的那些诗句:

> 起初,他们抓共产党人的时候,
> 我没有说话,
> 因为我不是共产党人。

接着，他们抓社会民主党人的时候，
我没有说话，
因为我不是社会民主党人。

后来，他们抓工会成员的时候，
我没有说话，
因为我不是工会成员。

再后来，他们抓犹太人的时候，
我没有说话，
因为我不是犹太人。

最后，他们冲着我来了，
可是再也没有人，
站出来为我说话了。

　　这几行诗句很好地反映了一点：如果你不为他人的公民权利挺身而出，就没有人会为了你的公民权利挺身而出。但人们常常忘了，尼默勒的诗句也还原了真实的历史：纳粹最早抓的**确实**是共产党人，之后是社会民主党人，等等。因此，东德的政治和文化领域的大多数领导人都是坚定的反法西斯主义者。其中一些人曾在纳粹集中营里受苦受难，另一些人则流亡在外。战后，作家贝托尔特·布莱希特、斯特凡·海姆（Stefan Heym）和安娜·西格斯（Anna Seghers）等人结束了流亡生涯回到德国，渴望在废墟上建立一个反法西斯的新德国。当东德国内的氛围让人难以忍受时，哲学家恩斯特·布洛赫（Ernst Bloch）等人则选择了再次逃往西方。

可尽管如此，在去纳粹化的道路上，东德在方方面面都比它的反共邻国西德走得更远。[1]在东德，有更多纳粹分子被审判，被定罪，被免职；东德人为纳粹受害者建造了纪念碑；东德还创作了新的国歌。在东德，学校的教学课程和电影电视节目都会强调纳粹主义的罪恶；而在西德，教育和流行文化完全回避了这个话题。在西德，5月8日被称为无条件投降日；而在东德，这一天被称为解放日。当然，东德政府还利用了它的反法西斯叙事，它的说法是不完整的、有倾向性的。但是，它的底色是确定的，是可以被世界上的其他地方拿来共享的：**纳粹是坏的，他们的失败是一件好事**。这一点在东德从未受到质疑。相比之下，在西德，这个简单的主张却会引发争议。

东德曾反复强调西德政府里有很多纳粹分子。虽然这种说法被视为一种共产主义的宣传，但西德人知道这也是事实。随着冷战的升级，美国和英国停止了各自不切实际的去纳粹化计划，西德终于开始更认真地考虑去纳粹化工作，东德的上述说法便是推动因素之一。[2]（前纳粹分子在对抗苏联方面非常有价值，他们不应该被扔在监狱里或默默受苦。）

然而，正视纳粹历史的大部分工作都是由西德的知识分子、教会团体和学生推动的，他们对曾是纳粹分子的父母和老师感到愤怒，这使得20世纪60年代的柏林比伯克利更暴力。在这些团体的共同推动下，德国的公民社会开始重新认识自己。1985年，里夏德·冯·魏茨泽克总统发表了纪念战争结束40周年的讲话，人们开始初步达成共识：德国人遭受了苦难，但其他人遭受的苦难更为深重，而后者的苦难是前者造成的。这种洞见之所以引人注目，只因为它来得太迟，但魏茨泽克的演讲为德国树立了一种新的自我形象：忘掉《凡尔赛和约》、斯大林格勒战役的失败和波茨坦会议的耻辱吧！德国人不应该再将自己视为20世纪的受害者。如今，他们在历史上的集体身份是独一无二的：德国人会首先将自己视为加害者。

包括本书在内的许多著作追踪了德国人从受害者变为加害者的过程，但最近有一种流行的说法认为，德国人并没有发生真正的转变。许多以纳粹罪行为主题的一年一度的仪式和纪念活动都被斥为"记忆剧场"。批评者指责说，有关内疚和羞耻的个人讨论很少渗透到家庭中，大多数人更倾向于认为，无论邻居们做了什么，自己的爷爷都不会是纳粹。再说了，德国不还是一个种族主义社会吗？为什么它只关注纳粹的罪行，却要忽视20世纪初德属西南非洲（今天的纳米比亚）的纳马人和赫雷罗人的种族灭绝？

这些问题通常是那些非常年轻的人提出的，他们不记得，德国直到20世纪80年代仍然发生过赤裸裸的反犹主义和其他形式的种族主义事件，而这些都是为当时的德国民众所接受的。所有这些问题都有答案。那些没有经历过划时代变革的人很难认为这些变革的成果是开创性的，因为这些成果已经变成了新常态。但在我们当中，还是有一些人记得，德国人曾经无耻地重复反犹主义的陈词滥调，同时又宣称自己才是战争的受害者。这部分人注意到了其中的巨大差异。

我们还知道，对许多人来说，替祖先赎罪的愿望并不是戏剧性的，而是真诚的——尽管这种愿望常常也是出于无奈。最近，德国对他人提出的正视殖民罪行的要求迅速做出了回应。此事表明，与英国或法国不同，德国已经发展出了一种清算历史的做法，这种做法可能始于对纳粹罪行的处理，但也适用于其他罪行。[3] 那些认为德国人在为纳米比亚种族灭绝事件进行赔偿时的赔偿金数额太低或归还从尼日利亚盗取的艺术品太少和太迟的人应该扪心自问，西班牙有没有做点什么来承认史上最血腥的殖民政权呢？更不用说它从来没有替这个政权赎罪了。

没有一个德国人会提出这样的问题，至少他们不会在公开场合这么提问。尽管最近有不少文章认为，德国不能再自诩为"世界纪念活动的先行者"了，但我从未见过有哪个德国人这样看待自己或真的打算称赞"清算历史"工程。相反，德国人是自己最激烈的批评者，他们最热衷于告诉你，反犹主义仍然猖獗。这证明了他们在"清算历史"的工作方面的诚意。不过，正如一句德国谚语提醒我们的那样，"善"的反义词是"好心"。

因此，今天的德国之所以会陷入亲犹主义的麦卡锡主义，它丰富的文化生活受到威胁，并不是因为德国人没有清算大屠杀的历史，而是因为大屠杀的记忆遭到了扭曲。过去三年来，德国的清算历史工作已经失控，根除反犹主义的决心已经从警惕变为歇斯底里。每一份补助金申请或工作申请都会受到严格审查。任何一项针对反犹主义的指控都可以成为撤销奖项和工作合同或取消展览和表演的理由——无论这项指控来自哪里。尽管警方的统计数据显示，超过80%的反犹主义仇恨犯罪都是由右翼德国白人所为，但穆斯林和有色人种一直是媒体的重点攻击目标，这已经导致不少人丢掉工作。

这种亲犹主义的愤怒最令人震惊的特征是，它会被用来攻击德国犹太人，其中包括大屠杀幸存者的后裔以及目前生活在德国的约4万名以色列人。非犹裔德国人打着替父母和祖父母赎罪的旗号，公开指责犹太作家、艺术家和活动家是反犹主义者。鉴于数十年的清算历史教会了德国人，犹太人的主要特征是"**他们是我们的受害者**"，因此这种说法很难站住脚。正如德国犹太作家内莱·波拉切克（Nele Pollatschek）最近所写的，只有在大屠杀中遭受苦难并失去了至少一半家人的人才能被视为真正的犹太人。

我们还可以更进一步：对德国人来说，真正的犹太人是其生活由大屠杀构成的人。尽管颇具影响力的犹太历史学家萨洛·巴龙（Salo Baron）早在一个世纪前就曾批评道，他所谓的"催人泪下的犹太历史"是一个永不休止的悲惨故事，但今天的大多数德国人仍然坚持这个故事。因此，如果今天有哪个犹太人的生活不以犹太人的苦难历史为中心，在外人看来，往好了说他令人费解，往坏了说他甚至有点可疑。

它忽视了犹太普世主义的整个传统，这一传统与圣经的经文一样古老。它要求犹太人时刻铭记，我们在埃及是陌生人，因此我们有特殊的义务去照顾那些在任何地方都是陌生人的人——即使他们碰巧是巴勒斯坦人。犹太普世主义是对犹太民族主义的回应。它既是犹太先知的传统，也是德国犹太名人的传统，从摩西·门德尔松到卡尔·马克思，从阿尔伯特·爱因斯坦到汉娜·阿伦特，他们的缺席经常引起联邦德国国民的哀叹。将死去的犹人的图像印在邮票上要比讨论他们为何能成名更容易，而拒绝强调犹太人苦难的犹太人与战后的教学计划也不适配。按照德国人的逻辑，这些犹太人可以将大屠杀的重要性降到最低，从而将德国人自己的罪责降到最低。

安格拉·默克尔在2008年声称，以色列的安全是德国"国家理性"的一部分，这一声明过于含糊，看起来根本不像一条外交方针：它是否意味着，如果以色列遭到袭击，德国将出兵戈兰高地？这些问题从未得到解答，但默克尔的声明表达了一种情感，它在过去几十年里已经变得具象化。将自己的国家称为"加害者国家"（"Täternation"）的德国人并不罕见。由此看来，犹太人构成了一个永恒的受害者国家。在这种情况下，要想洗刷父辈的罪孽，唯一的办法就是主张潜在的受害者**高于一切**。

如果这对任何犹太人来说都是一个问题，那么以色列这个国家声称自己代表这些犹太人就更加令人不安了。早在半个多世纪前，拥有尖端科技的核武器就能够造成巨大的破坏，就像体形较小的大卫能够使用投石索击杀巨人歌利亚。然而，德国做出的清算历史的普遍承诺至少确定了一件事：**我们谋杀了数百万犹太人**。任何涉及犹太人的问题都将通过德国过去的视角而得到解读。因此，一个由中间派和左派政党组成的联盟执政的国家的外交政策与美国以色列公共事务委员会（AIPAC）的政策背道而驰。

2019年，德国议会通过了一项决议，宣布任何支持BDS运动（Boycott, Divestment, and Sanctions movement，全称为"抵制、撤资和制裁运动"）或其目标的人都是反犹主义者，被认定为反犹主义者的人将被禁止出现在任何受到国家资助的剧院、博物馆、演讲厅或其他文化机构。BDS运动是一个由巴勒斯坦人领导的运动，始于2005年，旨在通过抵制手段（而非恐怖主义手段）来反对以色列对巴勒斯坦的占领。当2019年的那项决议通过时，BDS运动在德国的影响力还很小，多数人仍然需要被告知B、D、S这三个字母分别代表着什么。但由于几乎所有的德国文化机构都会接受某种形式的国家资助，因此这项决议实际上相当于要求德国的几乎所有文化机构将任何涉嫌与这一概念模糊的运动有所牵连的人都拒之门外。

毫无疑问，的确有一些BDS运动支持者是反犹的。但德国人发现，与其试图确定一个人在某个组织松散的运动中的参与度有多深，不如参考一下他们自己被玷污的历史。1933年，纳粹号召德国人抵制犹太企业，这是他们针对犹太人的最早的歧视性措施之一，最终导致了犹太人佩戴黄星和后来的奥斯威辛集中营大屠杀。因此，考虑以任何形式抵制以色列，其实就等于鼓吹一系列行动，而这些行动最终的结果可能是毒气室。如果把这一连串推理清晰地揭露出来，它的缺陷就会变得显而易见。但在当前的讨论中，理性并不占优势。

在柏林说出"种族隔离"（apartheid）的后果比在纽约说出"黑鬼"的后果还要严重。与"黑鬼"不同，"种族隔离"并不是一个带有种族歧视色彩的术语，而是一个技术性的司法术语，表示不同的民族有着不同的法律制度。以色列和美国的法律学者们仍在争论它是否适用于以色列"绿线"边界（Green Line）以内的地区，但大多数人都认为它能够十分精确地描述约旦河西岸的状况。以色列的那些人权组织、人权观察组织（Human Rights

Watch）以及大赦国际（Amnesty International）都主张使用该术语。然而，当大赦国际于2022年发布《以色列对巴勒斯坦人的种族隔离》报告（*Israel's Apartheid Against Palestinians*）时，它的德国分部公开与该报告保持了距离，并拒绝讨论该报告。

对"种族隔离"一词感到恐惧的德国人并没有想到那些被以色列占领的领土，因为他们很少有人去过这些地方。这个词让一些德国人想到了对南非的种族隔离的抵制；但在更多时候，他们想到的是犹太商店橱窗里的纳粹海报：**不要从犹太人那里买东西**。过去那种被定格的耻辱形象使他们无法清醒地思考当下的状况，即使前以色列大使对最近限制该国最高法院权威的立法感到愤怒，并呼吁他们的德国同事立即发起集体抵制：德国政府至少应该不再像过去那样邀请内塔尼亚胡总理及其内阁来德国举行联合活动。

德国媒体很少报道这样的呼吁，因为关于以色列的详细报道与该国在德国人心中的地位成反比。2021年，以色列对加沙发动了短暂但致命的战争，《纽约时报》在其头版刊登了67名被杀儿童的照片。相比之下，德国媒体则受到了盖尔森基兴市的反战游行的吸引，一些民众（主要是穆斯林）在游行过程中高喊反犹太主义的脏话。每当出现与犹太人有关的问题，德国人首先想到的是自己：**德国是否（仍然）存在反犹主义？**

因此，不足为奇的是，在以色列选出其历史上最右的政府后的几周内，德国媒体却将注意力集中在了慕尼黑所谓的反犹主义上。2022年11月，两名犹太裔大学生指控一部戏剧带有反犹倾向。导演提出可以在另一场演出中讨论反犹主义的问题，但学生们拒绝了这一提议，并威胁说，如果演出不取消，他们将要求市政府撤销对大都会剧院的资助。于是，这部戏剧被正式取消，一场辩论也由此展开。

这部引发争论的戏剧名为《鸟》（Birds），是由黎巴嫩裔加拿大作家瓦吉迪·穆阿瓦德（Wajdi Mouawad）在与杰出的犹太历史学家娜塔莉·泽蒙·戴维斯（Natalie Zemon Davis）协商后创作的。它讲述了两名研究生在哥伦比亚大学图书馆里相恋的故事。其中，年轻的遗传学家埃坦（Eitan）是大屠杀幸存者的后裔，年轻的历史学家瓦希达（Wahida）则自称是带有摩洛哥血统的阿拉伯人，这样的背景使二人成了现代版的罗密欧与朱丽叶。年轻恋人的浪漫故事变成了家庭创伤的故事：埃坦的父亲对犹太人和阿拉伯人之间的任何联系都充满敌意，但他自己竟然是一名被犹太人收养的巴勒斯坦人。该剧的结局与戈特霍尔德·莱辛在18世纪创作的呼吁宗教宽容的《智者纳坦》形成了呼应，后者是苏联占领军批准在战后柏林的废墟上演出的第一部戏剧。

这样一个故事怎么能被解读为危险到不能在德国的舞台上演出的反犹主义作品呢？受到政府资助、专门监督反犹主义的机构——联邦反犹主义研究和信息中心协会（RIAS）提供了解释。据称，该剧描绘了犹太人的一些负面特征，包括神经质和种族主义倾向。在这部剧中，一位大屠杀幸存者拿幸存这事开了个玩笑。如果按照这样的理由，菲利普·罗斯（Philip Roth）、伍迪·艾伦甚至海因里希·海涅都会被禁。

不过，随着该组织的批评变得越来越详细，它的手段也变得越来越清晰。"犹太学生是遗传学家"这一事实是反犹的，因为"遗传学、犹太人和德国的组合会让人想起纳粹的安乐死和大屠杀"。他父亲说他不想成为巴勒斯坦人："这容易让人想起赫尔曼·戈林在水晶之夜后说过的话：'我不愿意在今天的德国成为一名犹太人。'"该报告长达17页，单行距，但批评的形式很明确：如果某个有关犹太人的说法会让德国人联想到纳粹，那么它本身就是反犹的。问题是，几乎任何有关犹太人的说法都会让德国人联想到纳粹。

戴维斯写了一篇文章驳斥了对该剧的反犹主义指控，并在文章最后指出，批评者"对犹太人的看法是狭隘的、带着恐惧的和无情的"。联邦反犹主义研究和信息中心协会则指控戴维斯是BDS运动支持者，这一指控毫无根据。这场争论持续了几个月，一些人支持戴维斯的请求，支持让该剧公演，让观众自行判断；另一些人则呼吁，艺术自由永远不应优先于打击反犹主义。这就引出了一个问题：该剧是否真的是反犹主义的？但在当今的德国，这一指控足以让所有受到公共资助进行创作的人感到恐惧。经过慎重考虑，大都会剧院决定删去一些会引起批评的台词，重新排演该剧。毕竟，剧院经常会剪掉他们制作的剧目的某些部分，不然还怎么让观众坐下来观看《李尔王》呢？

在这场争论的最后，穆阿瓦德坚持要求剧院要么演出该剧的完整版，要么就不演。但剧院没有照此行事。不过，该剧中最奇怪的元素并没有进入这场争论。丑闻爆发的3年前，《鸟》陆续在法国、加拿大和以色列公演，之后又在德国的14个城市演出，赢得了热烈的反响。2019年，德国的一篇名为《当下的戏剧》（"Drama of the Hour"）的评论文章向读者保证，该剧将在舞台上保留多年，因为它包含了导演所希望的一切。2020年，德国巴登-符腾堡州首次向穆阿瓦德颁发欧洲戏剧奖。

德国政坛最近的一些动态解释了德国文化为何变化得如此之快。2017年，德国选择党成为战后第一个获得足够的选票从而在议会获得席位的极右翼政党。推动德国选择党崛起的因素是欧洲和美国其他极右翼政党的反移民热潮和德国自身的一个问题。德国选择党的领导人批评现在作为公民教育核心的清算历史工作是一种"罪恶感崇拜"。他们宣称，从德国的历史来看，为期12年的纳粹统治不过是"一粒鸟屎"。正派的德国人对此感到震惊，这是可以理解的。

在震惊之余，联邦政府犯下了一系列错误。它先是设立了一个打击反犹主义的联邦办公室，随后又在州一级设立了办公室。尽管该办公室的专员之一在得到任命后不久就皈依了犹太教，但没有任何一位专员是犹太人出身。大多数专员对犹太教的复杂性或传统知之甚少。（那位联邦专员曾被拍到与一个基督教犹太复国主义团体一起游行，该团体的使命是在应许之地点燃一场末日大火，从而改变犹太人的信仰或者消灭犹太人。不过在这件事上，他是无辜的：他只是看到游行队伍打出了一面以色列国旗，所以认为自己应该加入游行。）为了弥补这种认知上的不足，专员们试着从两个途径获取有关犹太人、以色列人和巴勒斯坦人的信息：以色列大使馆和德国犹太人中央委员会（Central Council for Jews in Germany），后者是世界上比较右倾的犹太组织之一。更重要的是，他们还依赖从德国数十年的清算历史工作中学到的东西，这项工作通过德国人的罪恶感的棱镜来看待所有犹太人事务。

于是，德国变得很容易受到各种操纵。它的第二个重大错误出现在 2019 年。在定期与德国选择党领导人会面的斯蒂芬·班农的启发下，德国的极右翼党派采取了一种常见的策略，从达拉斯到德里，许多右翼政党都会使用这种策略。针对其他群体的种族主义可以通过谴责反犹主义和宣誓支持任何以色列政府来掩盖。毕竟，**那样做**的人不可能是纳粹。2020 年，内塔尼亚胡的长子亚伊尔（Yair）的照片登上了德国选择党的广告海报，这则广告称欧盟是一个"邪恶的全球主义"组织，并希望"欧洲将回归自由、民主和基督教"。为了进一步反驳怀疑"德国选择党是新纳粹"的论调，德国选择党开始试着用穆斯林杀人的故事来招募包括我在内的德国犹太人。他们取得的更大的成功是在 2019 年向议会提交的提案：德国应该禁止 BDS 运动。

作为一种政治策略，该提案非常出色，因为它让德国其他政党感到震惊。当德国选择党的成员进入议会时，其他政党的成员拒绝坐在他们旁边，并在原则上反对德国选择党提出的一切建议。然而，他们怎么可能允许德国选择党在亲犹主义方面超越他们呢？他们的解决方案是团结起来提出一项决议，禁止任何"与 BDS 运动关系密切"的人在受国家资助的场所演讲、表演或策展。与德国选择党的提案不同，这一略有不同的决议似乎符合宪法对言论自由的保护，尽管每个对它表示质疑的法院都宣布它违宪。

无论是否违宪，该决议还是经常被人引用。它的第一个受害者是国际知名的犹太学者彼得·舍费尔（Peter Schäfer），在内塔尼亚胡向德国文化部长投诉他之后，他被迫辞去了柏林犹太博物馆馆长一职。最近，该决议又导致了一名 29 岁的刚果裔德国人马通多·卡斯特洛（Matondo Castlo）被解雇。卡斯特洛是一名儿童电视节目的主持人。他的罪行是什么？他参加了约旦河西岸的一场儿童生态节。

巴以局势越恶化，德国媒体就越热衷于谴责反犹主义事件。2023年7月，内塔尼亚胡成功地破坏了以色列的司法系统，这一行为得到了德国各大报纸的适当报道（尽管很简短）。但在接下来的几周内，真正充斥着德国媒体的却是针对一起本来只能算小丑闻的事件的报道：一位年轻的德国记者法比安·沃尔夫（Fabian Wolff）承认，与他先前的假设相反，他其实不是犹太人。

没有什么比希望自己是犹太人更"德国"的了。战后不久，许多纳粹分子为了避免被人发现自己的真实身份，便伪装成了犹太人，埃德加·希尔森拉特（Edgar Hilsenrath）的讽刺小说《纳粹与理发师》（Nazi and the Barber，1971）对此做了精彩的描述。而在更多时候，这种想法与其说是一种机会主义，不如说是一种真实的渴望。谁不希望自己的血管里流淌着受害者的血液，而不是加害者的血液呢？

沃尔夫倾向于相信他已故的母亲曾含糊地向他提及的所谓犹太祖先，这并不罕见。有些德国人就通过类似的方式成了犹太教会的领袖，甚至拉比。对于德国媒体来说，沃尔夫犯了一个致命的错误：他成了一名左翼犹太普世主义者，批评了以色列政府，并撰写了有关托尼·朱特和伊萨克·多伊彻的文章。各大报纸对他的猛烈抨击与他之前想象自己拥有犹太血统这一事实无关（就像他之前的许多德国人一样）。相反，他们抨击他是因为他站在这一立场批评了以色列的政策。

对德国人来说，为德国曾经的罪行表示愤慨是很容易的。那些对犹太人的恶行感到愤怒的人则会担心，这种愤怒是一种返祖现象，是他们从祖辈那里继承的反犹主义的产物。德国伟大的老哲学家尤尔根·哈贝马斯曾在报刊上说，他这一代德国人没有权利批评以色列，以色列并没有完全鼓励德国年轻人大声疾呼——尽管这与他自己的交往行为理论几乎完全不兼容。侨民联盟（Diaspora Alliance）是一个致力于打击反犹主义和滥用反犹主义指控的小型非政府组织，它的德国分部的犹太裔主任艾米丽·迪舍-贝克尔（Emily Dische-Becker）告诉我，多数德国人无法忍受面对真相："他们希望以色列成为大屠杀的完满结局。他们无法接受没有完满结局的事实。"

我所描述的情况绝没有穷尽所有的事实，而只是一些有代表性的案例。每隔一周，我都会了解一个新的关于廉价的亲犹主义造成迫害的案例。在过去两年里，侨民联盟已经核实了59起取消讨论、表演、展览或工作的事件。无法被核实的是那些闭门造车的人。如果联盟的评审委员会揭露了某人因为受到某个三流博主或其他从未得到证实的渠道的反犹主义指控而被剥夺奖项或工作机会的次数，那他们就违反了保密承诺。我了解四起涉及知名人物但从未被公开的案件。我们也无法统计有多少人在受到指控之前进行了自我审查，或者有多少人遇到了麻烦但因为害怕遭到进一步的报复而没有公之于众。

尽管削减左翼团体资金的威胁仍在继续，但另一起丑闻于2023年8月下旬开始发酵。当时，《南德意志报》（*Süddeutsche Zeitung*）披露，巴伐利亚州副州长兼财政长官胡贝特·艾万格

（Hubert Aiwanger）与1987年的一份恶毒的小册子有关，当时他还是一个少年。这本小册子的主题是一场名为"寻找祖国最大的叛徒"的模拟竞赛，一等奖是"免费飞上奥斯威辛集中营的烟囱"，二等奖是"终身待在万人坑里"，等等。我们可能永远无从得知，这本小册子到底是艾万格本人写的（人们在他的包里发现了这本小册子的副本），还是像他说的那样，是他哥哥写的。对于后续的问题，他的回答非常含糊，以至很少有人会认真对待。来自左翼政党的国家领导人呼吁他辞职。

如果艾万格表现出真正的羞耻或悔恨，这件事就会悄然结束。我们当中有谁会对自己在17岁时做的事毫无悔意呢？但比小册子更糟糕的是艾万格对此事的反应。他把自己描绘成了自由派媒体的受害者和反对政客们所谓的"集体内疚神经症"与"有毒的道德主义"的反叛者，尽管他以前的同学们提出的更多示例表明，他在高中时就曾多次使用纳粹语言和符号，但他依然目中无人。《时代周报》将他在面对指控时的反应与唐纳德·特朗普的行为做了比较。[4] 艾万格的小党派"自由选民"（Free Voters）在即将于10月份进行的州选举之前的民意调查中迅速获得了5%的支持率。

与因为参加巴勒斯坦的儿童生态节而丢掉工作的刚果裔德国人马通多·卡斯特洛和因为在9年前参加过一场伊斯兰示威活动而被取消主持科学电视节目资格的巴勒斯坦裔德国医生内米·埃尔-哈桑（Nemi El-Hassan）（尽管她后来对此表示了悔恨，且足以令人信服）不同，艾万格保住了自己的工作。尽管德国的许多政客和记者因为巴伐利亚州州长拒绝解雇他而感到愤怒，但也有一些人认为这是唯一的选择。如果艾万格被解雇，他就等于遭遇了一场政治殉难，这只会让他日益右倾的政党获得更多支持。"受够了内疚感"是一种用于吸引选票的天性，而且不仅在巴伐利亚是这样。有人在脸书上重新上传了一张巴伐利亚州州长举着写有"我们记得"（We remember）字样的小牌子的照片。用英语发帖对他的选民来说是一种狗哨政治：**我们知道我们必须如何与外国人交流，但我们更知道我们在巴伐利亚是怎么想的。**德国联邦反犹主义专员建议艾万格去参观达豪集中营纪念馆。在这起可悲的事件中，唯一令人欣慰的是该纪念馆的运营者告诉他不要来。

我们可以从德国人正视本国犯罪历史的努力中学到什么呢？4年前，我相信这些努力可以成为其他国家的范本，激励这些国家尝试面对自己的失败并努力还原更真实的历史。这个模式从来都不是完美的，但没有一个国家尝试过类似的事情。我们怎么能指望德国人做得尽善尽美呢？

然而，过去3年来，我一直在重复我的挚友兼同事托尼·朱特喜欢引用的一句话："当现实发生变化时，我就会改变主意。先生，你会怎么做？"德国的现实发生了如此巨大的变化，以至我现在怀疑我们最多只能从中学到一个警告。可以肯定的是，只有德国选择党主张回到德国人承认自己是二战加害者之前的日子，就像只有白人至上主义者坚持认为南方邦联是不幸的受害者一样。不过，自从"人们早就该认识到，美国应该正视自身历史的黑暗面"的观点占上风以来，已经有许多人认为，美国历史除了黑暗面什么也没有。

毫无疑问，美国右翼掀起的禁止将任何可能引起不适的东西带进课堂的运动是危险的。任何人都应该为自己属于这样一个国家而感到自豪，这个国家拥有小马丁·路德·金和托尼·莫里森这样的英雄，这两位作家的作品曾被多所学校的董事会禁止。美国除了拥有悠久的不公的历史，也拥有悠久的对抗不公的历史。如果没有勇敢的男男女女共同努力，为争取正义而奋斗，我们就永远没有意愿做出更多的努力。那些不能承认过去的进步历史的人注定会愤世嫉俗或逆来顺受。如果我们将全部的美国历史描绘成白人至上主义的历史或将全部德国历史描绘成不可挽回地受到反犹主义的毒害的历史，就必然引起强烈反弹。事实上，它已经发生了。不过，即使没有发生，这种描述也不是真实的：对清算历史的要求不就是对真理的要求吗？

布莱恩·史蒂文森让我明白了这一点，我在撰写本书时采访了他。他是国家和平与正义纪念馆的创始人，该纪念馆是他在目睹了德国清算历史的案例后构思设计的。当我去蒙哥马利拜访他时，他告诉我：

> 你们应该为密西西比、路易斯安那和亚拉巴马的南方白人感到骄傲，他们在19世纪50年代就认为奴隶制是错误的。你们应该知道他们的名字。在20世纪20年代，也有许多南方白人试图阻止私刑，但你们不知道他们的名字。

史蒂文森认为，纪念这些名字将有助于美国走出耻辱，重拾自豪：

实际上，我们可以声称我们的传统根植于勇气，以及宁愿做正确的事也不做容易的事的选择。我们可以将其作为南方的历史、遗产和文化规范加以传颂。

若干年后，每当回忆起那次访问，我都不禁想起那些德国人，他们对自己的历史的叙述是如此惨淡，以至他们拒绝承认他们的历史有任何进步，并坚称他们的国家正视自身历史罪行的尝试是一场似是而非的闹剧。这种经过简化的论断并没有指出德国记忆文化的缺陷。它的部分问题是结构性的。当一个国家的公民要求国家正视种族主义的过去时（据说正是这些过去确保了种族主义政策的持续存在），他们寻求的是改变国家的意识。当他们基本取得了成功（就像在德国那样）时，他们希望意识的改变能够进一步带来政策的改变。曾经被欣然遗忘的日期和事件如今被官方变成了纪念日，每逢水晶之夜纪念日、1944年刺杀希特勒未遂事件纪念日、奥斯威辛集中营解放日以及其他里程碑事件的纪念日，德国都会举行纪念活动，其中有联邦一级的活动，也有州一级的活动。主持纪念活动的包括戴着圆顶犹太小帽的庄严政治家、年老的大屠杀幸存者和至少一位克莱兹默音乐家。

不过，政策就是……政策。它们对微妙之处并不敏感。如果不完全基于算法，它们就会以公式为基础，就容易变得僵化和自动化。东德的反法西斯主义就有这样的问题。

以公式化的方式清算历史的结果之一就是，人们倾向于认为那些受压迫的群体永远只能以一种声音说话，而这种声音永远被固定在了他们受压迫的过往之上。如果德国人认为，只有那些关注反犹主义的犹太人才是真正的犹太人,那么美国人就可能认为,只有那些将种族主义视为万恶之源的有色人种才是真正的有色人种。认为"犹太人的历史只有苦难"的观念与弗兰克·B. 威尔德森三世(Frank B. Wilderson III)等作家提出的非洲悲观主义历史观相去不远。我们能不能找到一种方法,既承认种族主义和反犹主义的存在,又不让那些经历过种族歧视和反犹主义迫害的人成为永远的受害者呢?

最终,我们应该达到能够审慎而细致地审查历史罪行的地步,尽管我们知道这些品质是稀缺的。美国人可以从德国人那里学到的一个教训是,如果缺乏关怀和细微的差别,事情就会走偏。过去几年来,人们对美国的种族历史进行了大规模的清算,但尽管专业历史学家们做出了努力,对美国的政治史的清算仍然尚未开始。麦卡锡主义时代过去后,美国对劳工运动的系统性暴力镇压使美国公民的权利比任何相对富裕的民主国家的公民权利都要少。审视美国被遗忘的政治史是努力实现人人都能追求幸福的未来的一个关键部分。不过,为了这个目标,我们需要保留一种进步的观念,并认识到进步很少是沿直线发展的。

2023 年 10 月 19 日

后记二

站在边缘的德国

记忆总是会越来越模糊。然而，在2023年10月7日的哈马斯大屠杀之后，德国却忘记了9·11事件的后果，鉴于9·11是德国战后历史中的一个关键时刻，这一点就颇为奇怪了。自1945年以来，西德一直都会支持美国的每一项重大外交决定，包括在德国领土上部署核导弹。重新统一后的德国也是这么做的。因此，2002年，当许多人在是否要谴责伊拉克战争的问题上犹豫不决时，德国人则极力呼吁人们理解美国在9·11事件后遭受的创伤。当时，社会民主党–绿党联合政府意识到，创伤不能作为合理的政治决策的基础，因此德国拒绝支持入侵伊拉克。

2023年10月18日，美国政坛也迎来了自己的关键时刻。在那一天，乔·拜登告诉以色列人，他理解他们的愤怒，他感同身受，但他希望他们不要犯下2001年9月那个阳光明媚的早晨"基地"组织屠杀3,000名平民后美国所犯下的那种错误。这可能是现任美国总统首次站在外国领土上批评美国最近的政策。德国媒体报道了拜登的讲话，但我几乎没有看到任何人跟进他的想法。毕竟，我们完全可能一方面对世贸中心的大屠杀感到震惊，但另一方面仍然反对伊拉克战争。当时有数百万人都是如此。德国是以色列的第二大盟友，因此德国可以发挥有益的作用，提醒以色列领导人，继续对加沙发动大规模袭击将带来灾难性后果。

就算不考虑人权或巴勒斯坦人的生命，以色列也应该停止对加沙的大规模袭击。简单的实效理论同样有效。阿富汗战争和伊拉克战争不仅耗费了数万亿美元，导致了无数平民和士兵的丧生，还引发了中东危机，其后果至今仍未消失。在世界上的大部分地区，战争加深了人们对美国的动机和手段的不信任，这种不信任可能永远都不会消失，因此，使用"道德明晰"（moral clarity）这样的短语必然招致嘲笑。

毫无疑问，随着加沙战争的不断升级，以色列在世界舞台上本就岌岌可危的地位将进一步受到损害。哈马斯只能从更多死去儿童的照片中获益，这些儿童的父母将孩子的名字写在他们的腿上，希望在他们的家园遭到下一次炸弹袭击后，这些孩子的尸体至少能够被辨认出来。即使是那些只关心犹太人生命的人也必须知道，扩大战争并不能保证以色列的长期安全。2023年10月7日，随着1,400名犹太人的生命被夺走，支撑以色列国防的安全政策也被粉碎。你每天都可以在《国土报》和许多美国媒体上看到这方面的报道。然而，如果你在德国说了类似的话，你最好做好准备，因为你可能因此被称为反犹主义者——并丢掉你的工作。

德国坚称以色列是德国"国家理性"的一部分，它希望以此为纳粹赎罪，然而在最近几周里，这种做法已经走到了疯狂的边缘。德国的右翼政客呼吁人们将无条件支持以色列作为在德国生活的条件。毫不奇怪，这一呼吁针对的是那些来自穆斯林国家的移民。2022年12月，一群自称"帝国公民"（Reichsbürger）的右翼反犹主义德国白人在策划反政府的政变时被捕，他们的"帝国公民"身份在他们拒绝承认的国家是安全的。

那些更偏爱道德推理而非工具推理的人有一个停火的理由，他们可能在幼儿园就学过：两个错误不构成正确。只有那些相信罪恶有本质的人，才会谴责一种战争罪行而不谴责另一种。把罪恶分为大恶和小恶，并试图衡量它们，不仅是没有希望的，而且可能是可耻的。罪恶不应该被量化，但可以被区分。德国犹太哲学家金特·安德斯（Günther Anders）在与一名参与了轰炸广岛的飞行员通信后，做出了一个重要的区分。任何能够把孩子带进毒气室或活活烧死的人，都有一个本该有灵魂的深渊。我们大多数人做不出这种事。但把炸弹扔在一个你看不见的孩子身上要更容易。安德斯认为，正是出于这个原因，这种罪恶才更加危险。但究竟是什么阻碍了我们对两者的谴责呢？

当乔·拜登在特拉维夫发表讲话时，一年一度的法兰克福书展正在开幕。"法兰克福书展"这几个字会让人联想到展馆、糖果和色彩，尤其是当你了解到，自从约翰内斯·古腾堡（Johannes Gutenberg）在莱茵河上游不远处发明活字印刷术以来，法兰克福书展就一直是一项重大的文学盛会时。事实上，法兰克福书展就像一座拥挤的机场——如果机场有数千个展位的话。演讲者们竞相在展位之间兜售自己的想法，好让对方听到自己的声音。由于会展期间餐厅里的队伍太长，人们很难吃上饭，因此那些在展位上忙碌的人只能用一袋袋薯片和一瓶瓶水来保持精神。但这是世界上最大的读者聚会，因此每一位要推广新书的作者或出版商、每一位要达成协议的经纪人或电影制片人、每一家希望展示自己存在的媒体都必须出席。在最好的情况下，这里也是一个让人应接不暇的地方。

在2023年的法兰克福书展上，前来参展的犹太作家会被问到这样一个问题：除了武装警卫在过道上巡逻，他们是否还需要人身安全保护？展会的入口处除了会检查门票，还会检查行李。不过，一名警卫透露，他们不是在寻找炸弹，而是在找"政治象征"。"昨天有人试图偷偷把巴勒斯坦国旗带进来。"这种做法是合法的。但这并不重要。2023年的书展在开幕前就引起了轰动。

首先是巴勒斯坦作家阿达尼亚·谢卜利（Adania Shibli）的颁奖典礼被宣布取消——嗯哼，他们的说法是"推迟"。她的小说《细节》（*Minor Detail*）获得了多项国际大奖的提名，这本书讲述了1949年一群以色列士兵强奸并杀害一名贝都因女孩的事件。这个故事是真实的，一些士兵也因此而被判入狱，但书展的组织者认为此时给这本书颁奖不合适。柏林笔会发言人伊娃·梅纳塞（Eva Menasse）对这一决定表示抗议："没有一本书会因为时局的变化而有所不同、更好、更坏或更危险。一本书要么值得获奖，要么不值得……拒绝将奖颁给谢卜利是一个政治和文学错误。"梅纳塞是一位杰出的奥地利作家，他的犹太父亲被难民儿童运动（Kindertransport）送往了英国，因此幸存了下来。受柏林笔会邀请前往法兰克福朗读自己作品的叙利亚作家们为了抗议该决定，便也决定完全抵制该书展。作为替代方案，梅纳塞在法兰克福组织了一次谢卜利作品朗读会。参加活动的作家都是犹太人。他们明白，取消该奖项的决定首先是一个政治错误，只会助长穆斯林（尤其是巴勒斯坦人）的如下观点：他们的声音在德国不会被人听到。

法兰克福书展每年都会邀请一个客座国家的作家参展。这次轮到了斯洛文尼亚。斯拉沃热·齐泽克（Slavoj Žižek），世界上最著名的斯洛文尼亚作家，发表了开幕词。齐泽克批评了取消给谢卜利的颁奖典礼的决定，他在毫不含糊地谴责哈马斯的暴行的同时，也坚持分析这些暴行发生的背景。他的论点比我过去几周在《国土报》或《纽约时报》上读到的许多论点都要温和，但他却因为自己没有犯过的错误而遭到了法兰克福当地打击反犹主义办公室专员的斥责。齐泽克的说法虽然不那么有说服力，但与汉娜·阿伦特在《艾希曼在耶路撒冷》中的说法并没有太大的不同：我们如果要消除罪恶，就需要先了解罪恶。但当时很少有人被阿伦特说服；谴责总是比理解更容易。

德国书商和平奖是德国最受人追捧的文学奖，每年的和平奖颁奖典礼总是在书展的最后举行。2023年，法兰克福书展将该奖项颁给了萨尔曼·拉什迪（Salman Rushdie），以表彰他对言论自由的勇敢坚持。

德国人对哈马斯的谴责和对以色列的坚定声援已经变得如此自然，以致我所在地方的银行自动取款机上出现了这样的声明："我们对以色列遭受的残暴袭击感到震惊。我们同情以色列人民、受害者、他们的家人和朋友。"这条声明会在我点击屏幕时显示一次，在我选择语言时显示一次，在我输入个人身份识别码（PIN）时显示一次，最后当钱从出钞口弹出时还会显示一次。这样的声明无论是从自动取款机上显示出来还是从政客口中说出来，都不会让我感到更安心。相反，重复这些空洞的套话只会让我越来越担心，担心我们会被反对。德国本能地为以色列辩护，却避免批评以色列政府或对巴勒斯坦的占领，这只会导致怨恨。大多数政客在私下里承认这个问题，在公开场合却不得不重复那些空话——即使他们知道，德国的右翼政党正在利用发生在以色列的那场大屠杀煽动国内的反移民情绪。

穆斯林群体并不是德国国内唯一一个不满情绪日益增长的群体。2023年10月27日的一项民意调查显示，尽管政客们仍在声称将坚定支持以色列，但德国人对以色列的支持已经有所减弱。哈马斯大屠杀发生两周后，我所在地的银行更改了提示信息："我们坚定地支持乌克兰、中东和世界其他地方的战争和暴力受害者。"如果你希望追求那种平和的声明，那么这样的表述就是合理的，毕竟这家银行位于一个穆斯林占多数的社区。2023年10月17日，一枚导弹击中了加沙的阿赫利阿拉伯医院，随后在那里引发了暴力示威活动。此后，柏林禁止举行任何可能被视为亲巴勒斯坦的示威活动，包括由犹太人组织的示威活动。人们为了悼念在加沙遇难的亲人而在人行道上点燃的蜡烛也被警察踩灭了。

三天后，柏林太阳大道上爆发了总罢工，这条大道上多数商店的业主都是阿拉伯人，他们关闭商店一天，以抗议禁止抗议的禁令。警方认为，禁止示威只会引发更多的骚乱，因此决定允许一些支持巴勒斯坦的示威活动。自那以后，此类示威活动一直都比较和平。然而，恐惧的气氛仍然笼罩着柏林的街头。地铁里的人们情绪焦躁，经常还很粗暴。有两名蒙面男子向市中心的一座犹太教堂投掷了燃烧瓶。他们没有击中目标，也没有人受伤，但许多德国犹太人因此感到害怕。一些人围绕着关于大屠杀（Holocaust）的比较或"大屠杀"（pogrom）一词是否合适等话题展开了讨论，但对许多犹太人来说，2023年10月7日的事件唤起了他们由来已久的恐惧。

因此，巴勒斯坦作家们、记者们和艺术家们参加的公开活动被取消（截至2023年11月3日我撰写这篇文章时，已有17场这类活动被取消）也就不足为奇了。《时代周报》试图采访那些居住在德国的巴勒斯坦人，收到的却是道歉：他们说的每一句话的分量都像钻石一样沉重，所以他们宁愿不说话。一位德国白人在批评以色列的暴力行为后遭到了严厉批评，他要求我不要写这件事。

更令人吃惊的或许是犹太人的批判声音也会被禁止。以色列导演雅埃尔·罗奈恩（Yael Ronen）的戏剧《形势》（The Situation）描绘了柏林的以色列人和巴勒斯坦人。该剧于2015年刚开演时被著名戏剧杂志《今日戏剧》（Theater heute）评为"年度最佳戏剧"，如今却被停演。柏林犹太人博物馆的一名导游因使用"种族隔离"（apartheid）一词而被解雇。黛博拉·费尔德曼（Deborah Feldman）的畅销书《离经叛道》（Unorthodox）曾被网飞（Netflix）改编成热门剧集，如今她多次收到介绍她的新书《犹太情结》（Jew Fetish）的邀请，但均被取消。这本书以德语撰写和出版，探讨了一个国家的犹太人身份的扭曲，这个国家一心想要摆脱父辈传下来的罪恶感，因此将犹太人视为永远的受害者。哈巴德（chabad）正在起诉费尔德曼，要求她将这本书下架；德国犹太社区的官方报纸称，这本书"从第一页到最后一页都是有毒的"。

就连并不住在德国的犹太人也受到了影响。执政党社会民主党的联合主席萨斯基娅·埃斯肯（Saskia Esken）取消了与伯尼·桑德斯的会面，因为后者声称以色列对加沙平民的袭击违反了国际法。以色列确实违反了国际法。但对埃斯肯来说，这是一种"双重标准"，并没有"表明桑德斯明显站在以色列一边"。

然而，我一直在与生活在柏林的犹太朋友争论，他们和我一样是坚定的普遍主义者。我们争论的话题是，德国对战争的反应是否比美国更好。"瘟疫还是霍乱？"我回答了这个两难的问题。"在部落时代，我寻求的是安全而不是团结，"其中一人回答道，"我对霍乱有免疫力，对瘟疫却没有免疫力。如果我们希望摆脱部落主义，我就可以有原则。"我仍然不确定我是否同意这种说法。德国那种扭曲的部落主义比美国的更好吗？左翼犹太教授和社会正义活动家们正因与在美国为哈马斯欢呼的同事割席而苦恼。柏林的犹太人会如何看待那些自称进步但似乎已经迷失了方向的美国人？谢天谢地，美国校园里激烈的后殖民主义争论在这里被淡化了。自认为进步的德国人很可能把以色列定位为全球北方（Global North），把巴勒斯坦定位为全球南方（Global South），这反映了不诚实的地理学的愚蠢。然而，德国数十年来的清算历史使得那些自认为进步的人不敢将解放与屠杀混为一谈——至少不敢大声说出这一点。

令我震惊但并不完全让我感到意外的是，美国的许多自称左派的人都在这样做。我曾说过，所谓"觉醒的左派"（woke left）可能是由传统左派情绪（比如为被压迫者挺身而出的愿望和解决历史罪行的愿望）推动的。不过，这些情绪如今已经被一种反动的意识形态破坏了，这种意识形态抛弃了自由主义或左翼立场的基础原则：致力于普遍主义而非部落主义，坚决区分正义与权力，相信进步的可能性。对于左派和右派来说，情感和观念之间的冲突导致人们对当今"左派"一词的含义产生了巨大的困惑。哈马斯的暴行中最悲惨的细节是，被他们杀害或绑架的人当中，许多人一生都致力于普遍主义、正义和进步。罪恶不仅是善的对立面，而且是对善的敌意；真正的罪恶旨在彻底摧毁道德上的区别。通过对多年来一直在帮助加沙邻居获得医疗服务的以色列人发动袭击，哈马斯暴露了自己的本性。

哈马斯大屠杀发生几天后，我收到了一位以色列同事的短信："哈马斯不仅屠杀人民，还屠杀理性。"我回复道："纳粹未能屠杀理性，我们也不能让哈马斯做到这一点。"正如以色列裔德国作家托默·多坦-德赖富斯（Tomer Dotan-Dreyfus）指出的那样，在德国人屠杀了 600 万犹太人之后，我们并没有将整个德国夷为平地。作为回应，我的同事转发了恐怖分子对着以色列人的尸体高喊"真主至大"的视频。我知道，在我们最需要理性的时候，理性反而常常会让我们失望。所以，让我失去希望的不是那些视频，而是美国、以色列和少数几个附属国投票反对一项不具约束力的联合国决议，该决议呼吁"保护平民并履行法律和人道主义义务"。许多国家经常违反这些义务。但是，我们是否已经到了连口头承诺都做不到的地步？对于这项决议，德国则投了弃权票。

2023 年 11 月 3 日

注 释

若无特殊说明，所有直接引用的内容均来自我于2016—2018年在德国和美国进行的采访。若无特殊说明，所有德文译本均由我本人所译。

序 言

1 Jan Plamper, *Das neue Wir: Eine andere Geschichte der Deutschen* (Fischer Verlag, 2019).

2 Adam Nossiter, *Of Long Memory* (Da Capo Press, 2002), preface.

3 C. Vann Woodward, *The Burden of Southern History*, quoted in Curtis Wilkie, *Dixie*(Scribner, 2001), p. 142.

4 Tzvetan Todorov, *Hope and Memory: Lessons from the Twentieth Century* (Princeton University Press, 2003), p. 1.

5 See Susan Neiman, *Evil in Modern Thought: An Alternative History of Philosophy* (Princeton University Press, 2015 [revised edition]).

1 历史比较的运用和滥用

1 James Q. Whitman, *Hitler's American Model*(Princeton University Press, 2017).

2 James Baldwin in discussion with Malcolm X, University of California, Berkeley, video 1963.

3   Baldwin, National Press Club, video 1986.
4   Malcolm X, video, 1963.
5   British Foreign Office in Washington, D.C., January 12, 1943, quoted in Louise London, "British Government Policy and Jewish Refugees 1933–45," *in Patterns of Prejudice* (Routledge,1989).
6   Berliner Zeitung, August 31, 2015.
7   很多人认为"working-through-the-past"无法翻译。参见Mischa Gabowitsch, ed., *Replicating Atonement* (Palgrave MacMillan, 2017)。
8   See Carol Anderson, *White Rage* (Bloomsbury, 2016).
9   See Matthew Karp, *This Vast Southern Empire: Slaveholders at the Helm of American Foreign Policy* (Harvard, 2017). 也可参见本书各章中我与查尔斯·里根·威尔逊以及黛安娜·麦克沃特的对话。

2　父辈之罪

1   See Wolfgang Schivelbusch, *The Culture of Defeat* (Picador, 2004).
2   Martin Heidegger, *Gesamtausgabe, Anmerkungen I–V (Schwarze Hefte, 1942–1948)*, vol. 97 (Vittorio Klostermann, 2015).
3   Quoted in Jürgen Habermas, *Die Normalität einer Berliner Republik* (Suhrkamp, 1995), p. 118.
4   Karl Jaspers, *The Question of German Guilt*, trans. E. B. Ashton (Fordham University Press, 2000), pp. 14–15. Translation modified.
5   Ibid., p. 41. Translation modified.
6   Winston Churchill, "Friendship and Germany," *Evening Standard*, September 17, 1937.
7   Jaspers, *The Question of German Guilt*, p. 90. Translation modified.
8   See Mark Clark, *Beyond Catastrophe: German Intellectuals and Cultural Renewal After World War II, 1945–1955* (Lexington Books, 2006).
9   Quoted in Ulrike Jureit and Christian Schneider, *Gefühlte Opfer* (Klett-Cotta, 2010), p. 117.

10 Theodor Adorno, "Schuld und Abwehr," in *Gesammelte Schriften* (Suhrkamp, 1997), vol. 9, p. 189.
11 Ibid., p. 192.
12 Ibid., p. 270.
13 Ibid., p. 227.
14 Ibid., p. 236.
15 Ibid., pp. 248–249.
16 Ibid., p. 235.
17 Ibid., p. 242.
18 Ibid., p. 298.
19 Ibid., p. 260.
20 Ibid., p. 298.
21 Ibid., p. 260.
22 Ibid., p. 258.
23 Ibid., p. 245.
24 Ibid., p. 321.
25 Ibid., pp. 205, 247.
26 See Susan Neiman, "Banality Reconsiderd," in *Politics in Dark Times: Encounters with Hannah Arendt*, ed. Seyla Benhabib (Cambridge University Press, 2010).
27 Bettina Stangneth, *Eichmann vor Jerusalem* (Arche Literatur Verlag, 2011), p. 298.
28 Ibid., p. 286.
29 Stangneth, *Eichmann vor Jerusalem*, p. 454.
30 Bettina Stangneth, "Deutsche Kant, Jüdisches Kant," lecture given at the Einstein Forum, 2014.
31 Polina Aronson, "You're Better Than You Think," opendemocracy.net, January 2017.
32 Voltaire, *Candide*, trans. Roger Pearson, in *Candide and Other Stories* (Oxford University Press, 2006), p. 29.
33 Jan Plamper, *Das neue Wir: Eine andere Geschichte der Deutschen*

(Fischer Verlag, 2019).

34 Alexandra Senfft, *Schweigen tut weh: Eine deutsche Familiengeschichte* (List, 2008), p. 104.

35 Omer Bartov, Cornelia Brink, Gerhard Hirschfeld, Friedrich P. Kahlenberg, Manfred Messerschmidt, Reinhard Rürup, Christian Streit, and Hans-Ulrich Thamer, *Bericht der Kommission zur Überprüfung der Ausstellung "Vernichtungskrieg. Verbrechen der Wehrmacht 1941 bis 1944,"* November 2000.

36 Jan Philipp Reemtsma, *Trust and Violence*, trans. Dominic Bonfiglio (Princeton University Press, 2012), p. 309.

37 Hannah Arendt, *Eichmann in Jerusalem: A Report on the Banality of Evil* (Penguin Books, 2006), pp. 521–522.

3 冷战记忆

1 Daniela Dahn, *Westwärts und nicht vergessen* (Rowohlt, 1996), p. 36.

2 Michael Kimmelman, *New York Times*, December 20, 2016.

3 Günther Anders, *Wir Eichmannsöhne, offener Brief an Klaus Eichmann* (Munich, 1988), p. 89.

4 See James Zeigler, *Red Scare Racism and Cold War Black Radicalism* (University Press of Mississippi, 2015).

5 See Arkadi Zeltser, *Unwelcome Memory: Holocaust Memorials in the Soviet Union* (Yad Vashem, 2018).

6 "Aufruf der ZK der KPD vom 11. Juni 1945, " in *Dokumente und Materialien zur Geschichte der deutschen Arbeiterbewegung*, Reihe Ⅲ, Bd. 1 (Berlin, 1959), pp. 15ff.

7 Heinrich Himmler, *Geheimreden 1933 bis 1945 und andere Ansprachen*, eds. B. F. Smith and A. F. Peterson (Ullstein, 1974).

8 Arno Mayer, *Why Did the Heavens Not Darken?* (Pantheon, 1988), p. 446.

9 Ibid., p. 160.

10 Ibid., p. 90.
11 A. O. Lovejoy, "What Shall Be Done About Germany After the War?," EM10, 1944, American Historical Association Archives (www.historians.org./projects/GIRoundtable).
12 Timothy Snyder, "Tony Judt: An Intellectual Journey," *New York Review of Books*, August 31, 2010.
13 See Dahn, *Westwärts und nicht vergessen*.
14 Ingo Müller, "Die Verfolgung der Nazi-Verbrechungen in Ost und West," talk at the 45th Bundesweites Gedenkstättenseminar (Halle, 2006).
15 Andreas Eichmüller, "Die Strafverfolgung von NS-Verbrechen durch westdeutsche Justizbehörden seit 1945 (Institut für Zeitgeschichte, 2008), and Malte Herwig, *Die Flakhelfer* (DVA, 2014).
16 Ingo Müller, "Die Verfolgung der Nazi-Verbrechungen in Ost und West."
17 "Alt-Nazis beherrschten Justizministerium bis in die sechziger Jahre," *Der Spiegel*, April 4, 2013.
18 Christian Mentel, "Die Debatte um *'Das Amt und die Vergangenheit'*" (Bundeszentral für politische Bildung, 2012).
19 Institute für Zeitgeschichte München-Berlin and Zentrum für Zeithistorische Forschung Potsdam, "Die Nachkriegsgeschichte des Bundesministeriums des Innern (BMI) und des Ministeriums des Innern der DDR (MdI) hinsichtlich möglicher personeller und sachlicher Kontinuitäten zur Zeit des Nationalsozialismus," October 2015, p.142. www.bmi.bund.de/SharedDocs/downloads/DE/veroeffentlichungen/2015/abschlussbericht-vorstudie-aufarbeitung-bmi-nachkriegsgeschichte.html (accessed October 20, 2018).
20 Ulrike Puvogel and Stefanie Endlich, *Gedenkstätten für die Opfer des Nationalsozialismus* (Bundeszentrale für politische Bildung, 2000).
21 Karl Hessdörfer, "Die finanzielle Dimension," in Constantin Goschler and Ludolf Herbst, eds., *Wiedergutmachung in der Bundesrepublik*

Deutschland (De Gruyter Oldenbourg, 1988).

22 See Rainer Karlsch, *Allein bezahlt? Die Reparationsleistungen der SBZ/DDR 1945–53* (Christoph Links Verlag, 2013 [1993]); and Hans Günter Hockerts, Claudia Moisel,and Tobias Winstel, eds., *Grenzen der Wiedergutmachung: Die Entschädigung für NS-Verfolgte in West-und Osteuropa 1945–2000* (Wallstein, 2006).

23 See Dahn, *Westwärts und nicht vergessen*.

24 Stanley Cavell, *Little Did I Know* (Stanford University Press, 2010).

25 这是多米尼克·邦菲利奥（Dominic Bonfiglio）给我的启示。

26 Dahn, *Westwärts und nicht vergessen*, p. 58.

27 See Renate Kirchner, "Jüdisches in Publikationen aus DDR Verlagen 1945–90," in Detlef Joseph, ed., *Die DDR und die Juden: Eine kritische Untersuchung* (Berlin, 2010).

28 Mario Kessler, *Die SED und die Juden—zwischen Repression und Toleranz: Politische Entwicklungen bis 1967* (De Gruyter Akademie Forschung, 1996).

29 See, for example, Ottmar Ette, *Der Fall Jauss* (Kulturverlag Kadmos Berlin, 2016).

4 人人都知道密西西比

1 See Eric Foner, *A Short History of Reconstruction* (Harper & Row, 1990).

2 James Meredith, with William Doyle, *A Mission from God* (Atria Books, 2012), pp. 43–44.

3 Carol V. R. George, *One Mississippi, Two Mississippi* (Oxford University Press, 2015), p. 208.

4 Susan Glisson, "Everything Old Is New Again: Storytelling and Dialogue as Tools for Community Change in Mississippi," *Oral History Forum d'histoire orale* 34 (2014), p. 3.

5 George, *One Mississippi, Two Mississippi*, p. 229.

6　Howard Zinn, *The Southern Mystique* (Knopf, 1964), p. 341.
7　Meredith, *A Mission from God*, p. 234.
8　Ibid., p. 239.
9　Ibid., p. 235.
10　Ibid., p. 236.
11　Timothy Ryback, "What Ole Miss Can Teach Universities About Grappling with Their Pasts," *The Atlantic*, September 19, 2017.
12　这些引文都是与会者在会议上的发言。
13　Jean Améry, "Aufklärung als Philosophia perennis," in *Werke*, vol. 6: *Aufsätze zur Philosophie*, ed. Gerhard Scheit (Klett-Cotta, 2004), p. 557.
14　Meredith, *A Mission from God*, p. 222.
15　Ibid., p. 27.
16　Ibid., p. 33.
17　Ibid., p. 44.
18　Ibid., p. 16.
19　Ibid., p. 41.
20　Ibid., p. 55.
21　Ibid., p. 89.

5　未竟事业

1　See Grace Elizabeth Hale, *Making Whiteness: The Culture of Segregation in the South, 1890–1940* (Vintage, 1999).
2　Ibid., p. 65.
3　Ibid., p. 62.
4　这句话出自佐治亚州石山邦联纪念碑上的碑文。
5　Ibid.
6　"A Declaration of the Immediate Causes Which Induce and Justify the Secession of the State of Mississippi from the Federal Union," 1860.
7　See Wolfgang Schivelbusch, *The Culture of Defeat* (Picador, 2004).

8 Quoted in David W. Blight, *Race and Reunion: The Civil War in American Memory* (Belknap Press, 2001), p. 159.
9 Thomas Nelson Page, quoted in Hale, *Making Whiteness*, p. 43.
10 Anne Sarah Rubin, *Through the Heart of Dixie: Sherman's March and American Memory* (University of North Carolina Press, 2014), p. 180.
11 Quoted in Blight, *Race and Reunion*, p. 106.
12 Ibid., p. 92.
13 Ibid., p. 93.
14 Ibid., p. 106.
15 Andrew Young, *An Easy Burden: The Civil Rights Movement and the Transformation of America* (HarperCollins Publishers, 1996), p. 104.
16 John Cummings, *Why America Needs a Slavery Museum*, Atlantic Documentaries, August 25, 2015.
17 Ibid.
18 Ibid.
19 Bob Dylan, *Chronicles, Volume One* (Simon and Schuster, 2004), p. 86.
20 John F. Kennedy, *Profiles in Courage* (Harper and Brothers, 1955), p. 140.
21 A video of Myrlie Evers-Williams's speech can be viewed here at YouTube, www.youtube.com/watch?v=TzR6OTry0tk (accessed October 21, 2018).
22 Quoted in Arthur M. Schlesinger, *A Thousand Days: John F. Kennedy in the White House* (Houghton Mifflin, 1965), p. 966.

6 埃米特·蒂尔的面容

1 Mamie Till-Mobley and Christopher Benson, *Death of Innocence* (One World Books, 2003), p. 99.
2 Ibid.
3 Ibid., p. 14.
4 Ibid.

5　Ibid., p. 102.
6　Bob Dylan, "The Death of Emmett Till."
7　Till-Mobley and Benson, *Death of Innocence*, p. 310.
8　"The Shocking Story of Approved Killing in Mississippi," *Look*, January 24, 1956. The text has been amended to avoid the racist epithet *Milam* used for "those people."
9　See Edward E. Baptist, *The Half Has Never Been Told: Slavery and the Making of American Capitalism* (Basic Books, 2014).
10　"Mississippi Freedom Trail," State of Mississippi tourism website, www.mississippi.org/mississippi-stories/mississippi-freedom-trail/ (accessed October 20, 2018).
11　"The Apology," Emmett Till Interpretive Center, www.emmett-till.-org (accessed October 20, 2018).
12　James Baldwin, *Blues for Mister Charlie* (Vintage International Edition, 1995), p. xiv.
13　Christopher Benson, "The Image of Emmett Till," *New York Times*, March 28, 2017.
14　See Jean Améry, "At the Mind's Limits," in *At the Mind's Limits: Contemplations by a Survivor on Auschwitz and Its Realities*, trans. Sidney Rosenfeld and Stella P. Rosenfeld (Indiana University Press, 1980).
15　Kwame Anthony Appiah, *The Lies that Bind: Rethinking Identity* (Liveright, 2018), p. 208.
16　Ibid., p. 327.
17　Ibid., p. 328.

7　纪念性建筑

1　See Susan Neiman, "Victims and Heroes," in *The Tanner Lectures on Human Values* (University of Utah Press, 2012).
2　William James, "Oration," *Essays in Religion and Morality* (Harvard

University Press, 1982), pp. 65–66, italics added.
3   Ibid., p. 66.
4   Ibid., p. 67.
5   Ibid., p. 66.
6   Ibid., p. 73.
7   Birgit Schwelling, "Gedenken im Nachkrieg. Die 'Friedland-Gedächtnisstätte,' " in *Zeithistorische Forschungen/Studies in Contemporary History*, 2008.
8   See "Black and Unarmed," *Washington Post*, August 8, 2015.
9   See Susan Neiman, *Widerstand der Vernunft: Ein Manifest in postfaktischen Zeiten* (Benevento, 2017).
10 See Aaron Williams, "Hate Crimes Rose the Day After Trump Was Elected, FBI Data Shows," *Washington Post*, March 23, 2018, and *The Independent*, July 17, 2017.
11 See Mischa Gabowitsch, "Sites of Practice," talk at Einstein Forum conference *Imagine Solidarity!* June 17, 2017.
12 Directive No. 30, Official Gazette of the Control Council for Germany, Nr. 7, May 31, 1946.
13 James Meredith, with William Doyle, *A Mission from God* (Atria Books, 2012), p. 6.
14 Jan Philipp Reemtsma, "Wozu Gedenkstätten?", *Politik und Zeitgeschichte*, June 21, 2010.
15 Ibid., p. 4.
16 Ibid., p. 5.
17 Ibid., p. 9.
18 See Susan Neiman, *Evil in Modern Thought: An Alternative History of Philosophy* (Princeton University Press, 2015 [revised edition]).
19 See Lorraine Daston, "When Science Went Modern—and Why," talk at Einstein Forum conference *Fetishizing Science*, June 11, 2016.
20 Friedrich Nietzsche, *On the Use and Abuse of History for Life*, trans. Adrian Collins (Digireads, 2009), p. 122.

21 G. W. F. Hegel, *Introduction to the Lectures on Philosophy of History*, trans. Hugh Barr Nisbet (Cambridge, 1975), p. 43.

22 *Buchenwald: Ausgrenzung und Gewalt* (Wallstein Verlag, 2016), p. 183.

23 Barack Obama, in *Crain's Chicago Business*, December 6, 2017.

24 See Seth Cagin and Philip Dray, *We Are Not Afraid: The Story of Goodman, Schwerner, and Chaney, and the Civil Rights Campaign for Mississippi* (PublicAffairs, 2006).

25 Howard Ball, *Justice in Mississippi: The Murder Trial of Edgar Ray Killen* (University Press of Kansas, 2006), p. 10.

26 See Sally Belfrage, *Freedom Summer* (University Press of Virginia, 1990).

27 Cagin and Dray, *We Are Not Afraid*, p. 279.

28 Ibid., p. 134.

29 Ibid., p. 362.

30 Ibid., p. 390.

31 Quoted in Carol V. R. George, *One Mississippi, Two Mississippi*, p. 29.

32 See ibid.

33 See ibid.

34 Ibid., p. 211.

35 Ball, *Justice in Mississippi*, p. 12.

36 Ibid., pp. 203–204.

37 Ibid., p. 27.

38 Ibid., p. 26.

39 Mitch Landrieu, *In the Shadow of Statues: A White Southerner Confronts History* (Viking, 2018), pp. 217–218.

8 权利和赔款

1 Jean Améry, "Resentments," in *At the Mind's Limits*, p. 81.

2 Ibid., p. 72.

3 Ibid., p. 77.

4　Hannah Arendt, "Auschwitz on Trial," *Responsibility and Judgment*, ed. Jerome Kohn (Schocken Books, 2003), pp. 228–29.

5　See Ta-Nehisi Coates, "The Case for Reparations," in *We Were Eight Years in Power* (One World, 2017).

6　See Coates, *We Were Eight Years in Power*; Randall Robinson, *The Debt: What America Owes to Blacks* (Dutton, 2000); Thomas McCarthy, "Coming to Terms with Our Past, Part II : On the Morality and Politics of Reparations for Slavery," *Political Theory*, no. 6 (2004): 750–772; and Charles J. Ogletree, "Tulsa Reparations: The Survivors' Story," *Boston College Third World Law Journal 24* (2004): 13–30.

7　See Christopher Clark, *The Sleepwalkers: How Europe Went to War in 1914* (Penguin Books, 2012).

8　Hannah Arendt, *Ich will verstehen: Selbstauskünfte zu Leben und Werk* (Piper, 1996), p. 59.

9　See Tom Segev, *The Seventh Million: The Israelis and the Holocaust* (Henry Holt, 2000).

10　Ibid., p. 192.

11　Ibid., p. 204.

12　Paul Weymar, *Konrad Adenauer: His Authorized Biography*, trans. Peter de Mendelssohn (Dutton, 1957), p. 406.

13　Ibid., p. 445.

14　See Segev, *The Seventh Million*, pp. 230ff; and Constantin Goschler, *Schuld und Schulden: Die Politik der Wiedergutmachung für NS Verfolgte seit 1945* (Wallstein, 2005), p. 274.

15　Segev, *The Seventh Million*, p. 246ff.

16　John H. McWhorter, "The Privilege of Checking White Privilege," *Daily Beast*, March 5, 2015.

17　Jelani Cobb, "What We Talk About When We Talk About Reparations," *New Yorker*, May 9, 2014.

18　Ta-Nehisi Coates, *We Were Eight Years in Power*, p. 201.

19　See Susan Neiman, "Victims and Heroes," in *The Tanner Lectures on*

Human Values (University of Utah Press, 2012).

20 See Edward E. Baptist, *The Half Has Never Been Told: Slavery and the Making of American Capitalism* (Basic Books, 2014); Sven Beckert, *Empire of Cotton: A Global History* (Knopf, 2014); and Walter Johnson, *River of Dark Dreams* (Belknap, 2013).

21 Baptist, *The Half Has Never Been Told*, p.xviii.

22 Ibid., p. 387.

23 Ibid., p. 317ff.

24 Ibid., p. 410.

25 Ibid., chapter 4.

26 See Special Field Order 15 in Roy L. Brooks, *When Sorry Isn't Enough: The Controversy over Apologies and Reparations for Human Injustice* (New York University Press, 1999), p. 366.

27 Baptist, *The Half Has Never Been Told*, p. 408.

28 Martin Luther King Jr., *The Radical King*, ed. Cornel West (Beacon Press, 2015), p. 243.

29 Douglas A. Blackmon, *Slavery by Another Name* (Anchor Books, 2008) p. 402.

30 Ibid., p. 73.

31 Ibid., p. 336.

32 Ibid., p. 380.

33 Ibid., p. 85.

34 See Michelle Alexander, *The New Jim Crow: Mass Incarceration in the Age of Colorblindness* (The New Press, 2012); and Bryan Stevenson, *Just Mercy: A Story of Justice and Redemption* (Spiegel & Grau, 2014).

35 For one summary of studies, see www.sentencingproject.org.

36 H. R. Haldeman, *Inside the White House* (G. P. Putnam, 1995), italics added.

37 Blackmon, *Slavery by Another Name*, p. 390.

38 Coates, *We Were Eight Years in Power*, p. 169.

39 See Dalton Conley, *Being Black, Living in the Red* (University of

California Press, 2009).
40 Elizabeth Anderson, *The Imperative of Integration* (Princeton University Press, 2010).
41 Coates, *We Were Eight Years in Power*, p. 177.
42 Ibid., p. 190.
43 José Brunner, Constantin Goschler, and Norbert Frei, *Die Globalisierung der Wiedergutmachung* (Wallstein Verlag, 2013), pp. 296ff.
44 Blackmon, *Slavery by Another Name*, p. 394.
45 Coates, *We Were Eight Years in Power*, p. 207.
46 Thomas Chatterton Williams, "How Ta-Nehisi Coates Gives Whiteness Power," *New York Times*, October 6, 2017.
47 See Carol Anderson, *White Rage*, chapter 5.
48 See Neiman, "Victims and Heroes."
49 John Torpey, *Making Whole What Has Been Smashed: On Reparations Politics* (Harvard, 2006), pp. 5, 23.
50 Ibid., 37.
51 Ashraf Rushdy, *A Guilted Age: Apologies for the Past* (Temple University Press, 2015), p. 171.
52 McCarthy, "Coming to Terms with Our Past, Part II," p. 12.
53 Ibid., 24.
54 Robinson, *The Debt*, p. 232.
55 Susan Neiman, "What Americans Abroad Know About Bernie Sanders and You Should Too," *Los Angeles Times*, June 3, 2016.
56 See Robinson, *The Debt*; and Ogletree, "Tulsa Reparations: The Survivor's Story."
57 Adolph Reed Jr. "From Jenner to Dolezal: One Trans Good, the Other Not So Much," *Common Dreams*, June 15, 2015, www.commondreams.org/views/2015/06/15/jenner-dolezal-one-trans-good-other-not-so-much (accessed October 21, 2018). See also Cornel West, "Ta-Nehisi Coates Is the Neoliberal Face of the Black Freedom Struggle," *Guardian*, December 17, 2017.

58 The original document is stored in the King Center Archives.
59 See Naomi Klein, *This Changes Everything: Capitalism vs. the Climate* (Simon & Schuster, 2014).
60 Works that were particularly influential in this regard include Primo Levi's *If This Is a Man*, Ruth Kluger's *Still Alive*, and Imre Kertész's *Fatelessness*.
61 See Binjamin Wilkomirski, *Fragments: Memories of a Wartime Childhood* (Knopf Doubleday, 1997).
62 Thomas Brudholm, *Resentment's Virtue: Jean Améry and the Refusal to Forgive* (Temple University Press, 2008).
63 Améry, "Resentments," p. 64.
64 See Isaac Deutscher, *The Non-Jewish Jew and Other Essays* (Alyson Publications, 1968).
65 Janna Thompson, *Taking Responsibility for the Past* (Polity Press, 2002), p. 37.
66 Kris Manjapra, "When Will Britian Face Up to Its Crimes against Humanity?" *Guardian*, March 29, 2018.
67 See Wole Soyinka, *The Burden of Memory, the Muse of Forgiveness* (Oxford University Press, 1999).
68 Goschler, *Schuld und Schulden*, p. 226.
69 www.ibtimes.co.in, July 24, 2015.
70 David Brooks, "The Case for Reparations," *New York Times*, March 7, 2019.

9 暂作结论

1 最早在我脑海中浮现出来的名字有卡罗尔·安德森（Carol Anderson）、塔那西斯·科茨、蒂姆·怀斯（Tim Wise）以及科尔内尔·韦斯特。
2 Cornell Belcher, *A Black Man in the White House* (Walter Street Press, 2016), p. 128ff.
3 A similar poll conducted in August 2018 by the *Economist*/ YouGov

confirmed this again.
4　Belcher, *A Black Man in the White House*, p. 164.
5　George Orwell, "Notes on Nationalism," in *Polemik*, October 1945.
6　Jan Plamper, *Das neue Wir: Eine andere Geschichte der Deutschen* (Fischer Verlag, 2019).
7　Michael Wildt, "Droht Deutschland ein neues 1933?" *Die Zeit*, September 8, 2018. www.zeit.de/wissen/geschichte/2018-09/chemnitz-weimarer-republik-nazizeit-vergleich-rechtsextremismus/komplettansicht (accessed October 22, 2018).
8　See Franziska Schreiber, *Inside AfD* (Europea Verlag, 2018).
9　See Karsten Müller and Carlo Schwarz, "Fanning the Flames of Hate: Social Media and Hate Crime," May 21, 2018. Available at SSRN: https://ssrn.com/abstract=3082972.
10　See Schreiber, *Inside AfD*.
11　Wolfgang Engler and Jana Hensel, *Wer wir sind: die Erfahrung, Ostdeutsch zu sein*(Aufbau Verlag, 2018).
12　See also Robin Alexander, *Die Getriebenen: Merkel und die Flüchtlingspolitik* (Siedler, 2017).
13　Quoted in W. E. B. Du Bois, *John Brown*, ed. Henry Louis Gates Jr. (Oxford University Press, 2007), p. 45.
14　Tzvetan Todorov, *Memory as a Remedy for Evil* (Seagull Books, 2010), p. 80.
15　David Rieff, *In Praise of Forgetting* (Yale University Press, 2016), p. 28. 引文略有修改。
16　Ibid., p. 141
17　Avishai Margalit, *The Ethics of Memory* (Harvard University Press, 2002), p. 83.
18　Martin Luther King Jr., "Letter from a Birmingham Jail," in *A Testament of Hope: The Essential Writings and Speeches of Martin Luther King, Jr.*, ed. James M. Washington (HarperCollins, 1991), p. 297.

19　Branko Milanovic, "A Short History of Global Inequality: The Past Two Centuries" in *Explorations in Economic History*, vol. 48, no. 4 (Elsevier, 2011), pp. 494–506.
20　See Susan Neiman, *Why Grow Up?* (Farrar, Straus and Giroux, 2016).
21　Mark Lilla, *The Once and Future Liberal: After Identity Politics* (Harper Collins 2017).
22　See Todd Gitlin, *The Twilight of Common Dreams: Why America Is Wracked by Culture Wars* (Henry Holt and Company, 1996); and Richard Rorty, *Achieving Our Country: Leftist Thought in Twentieth-Century America* (Harvard University Press, 1999).
23　Cornel West, "The New Cultural Politics of Difference " in *The Cornel West Reader*, (Basic *Civitas* Books, 1999).
24　Kwame Anthony Appiah, *The Lies That Bind*, p. 232.
25　Friedrich Nietzsche, *Beyond Good and Evil*, trans. Walter Kaufmann (Vintage Books, 1989), Part Ⅳ, Aphorism 68.
26　Richard Rorty, *Achieving Our Country: Leftist Thought in Twentieth-Century America*, Harvard University Press, 1999.
27　Navid Kermani, "Auschwitz Morgen," *Frankfurter Allgemeine Zeitung*, July 7, 2017.
28　See, for example, *Finding Your Roots with Henry Louis Gates Jr.*, PBS.org.
29　Toni Morrison, *The Origin of Others* (Harvard University Press, 2017), p. 37.

后记一

1　我很清楚这种说法是有争议的。有关基于档案资料和许多采访的论点，请参阅本书第3章；2019年11月7日，迈克尔·戈拉（Michael Gorra）在这些页面做了评论。与此相关的还有Arno J. Mayer, *Why Did the Heavens Not Darken?: The "Final Solution" in History* (Pantheon, 1988)。
2　参见Klaus Bästlein, *Der Fall Globke: Propaganda und Justiz in Ost*

und West (Berlin: Metropol, 2018)。

3 参见 Thomas Rogers, "The Long Shadow of German Colonialism, The New York Review, March 9, 2023。

4 Mariam Lau, "Jetzt mal im Ernst", *Die Zeit*, August 21, 2023. 这里引述的政客也都不是小人物,其中包括德国选择党的比约恩·赫克和反对党基督教民主联盟的现任领导人弗里德里希·默茨(Friedrich Merz),后者被普遍认为将在2025年参与竞选德国总理。

参考文献

Alexander, Michelle. *The New Jim Crow*. New York: The New Press, 2011.

Améry, Jean. *At the Mind's Limits*. Bloomington: Indiana University Press, 1980.

Améry, Jean. *Weiterleben—aber wie?* Stuttgart: Klett-Cotta, 1982.

Anders, Günther. *Wir Eichmannsöhne*. München: C. H. Beck, 1964.

Anderson, Carol. *Eyes off the Prize: The United Nations and the African American Struggle for Human Rights, 1944–1955*. New York: Cambridge University Press, 2003.

Anderson, Carol. *White Rage: The Unspoken Truth of Our Racial Divide*. New York: Bloomsbury, 2017.

Anderson, Elizabeth. *The Imperative of Integration*. Princeton: Princeton University Press, 2010.

Andreas-Friedrich, Ruth. *Schauplatz Berlin*. Frankfurt: Suhrkamp Verlag, 1984.

Appiah, Kwame Anthony. *The Ethics of Identity*. Princeton: Princeton University Press, 2005.

Appiah, Kwame Anthony. *The Honor Code: How Moral Revolutions Happen*. New York: W. W. Norton and Company, 2011.

Appiah, Kwame Anthony. *In My Father's House: Africa in the Philosophy of Culture*. New York: Oxford University Press, 1992.

Appiah, Kwame Anthony. *The Lies That Bind*. New York: Liveright

Publishing Corporation, 2018.

Arendt, Hannah. *Eichmann in Jerusalem*. New York: The Viking Press, 1963.

Assmann, Aleida. *Das neue Unbehagen an der Erinnerungskultur*. München: Verlag C. H. Beck, 2013.

Assmann, Aleida, and Ute Frevert. *Geschichtsvergessenheit, Geschichtsversessenheit: vom Umgang mit deutschen Vergangenheiten nach 1945*. Stuttgart: Deutsche Verlags-Anstalt, 1999.

Baldwin, James. *Blues for Mr. Charlie*. New York: Vintage, 1964.

Baldwin, James. *The Fire Next Time*. New York: Vintage, 1963.

Baldwin, James. *Notes of a Native Son*. Boston: Beacon Press, 1955.

Baptist, Edward E. *The Half Has Never Been Told: Slavery and the Making of American Capitalism*. New York: Basic Books, 2014.

Belcher, Cornell. *A Black Man in the White House*. Healdsburg, CA: Water Street Press, 2016.

Blackmon, Douglas A. *Slavery by Another Name: The Re-Enslavement of Black Americans from the Civil War to World War II*. New York: Anchor Books, 2008.

Blight, David. *Race and Reunion*. Cambridge/Massachusetts/ London: The Belknap Press of Harvard University Press, 2001.

Bordin, Elisa, and Anna Scacchi, eds. *Transatlantic Memories of Slavery*. New York: Cambria Press, 2015.

Boxill, Bernard R. *Blacks & Social Justice*. Lanham: Rowman & Littlefield Publishers, 1992.

Boxill, Bernard R., ed. *Race and Racism*. Oxford: Oxford University Press, 2001.

Brenner, Michael. *Geschichte der Juden in Deutschland 1945 bis zur Gegenwart*. München: Verlag C. H. Beck, 2012.

Brooks, Roy L. *When Sorry Isn't Enough: The Controversy Over Apologies and Reparations for Human Injustice*. New York: New York University Press, 1999.

Campbell, Will D. *Brother to a Dragonfly*. New York: Continuum Publishing

Corporation, 1986.

Coates, Ta-Nehisi. *Between the World and Me*. Melbourne: The Text Publishing Company, 2015.

Coates, Ta-Nehisi. *We Were Eight Years in Power: An American Tragedy*. New York: Random House, 2017.

Dahn, Daniella. *Westwärts und nicht vergessen*. Reinbek: Rowohlt, 1997.

Davis, David Brion. *Inhuman Bondage*. New York: Oxford University Press, 2006.

Davis, David Brion. *The Problem of Slavery in the Age of Emancipation*. New York: Alfred A. Knopf, 2014.

Delgado, Richard, and Jean Stefancic. *Critical Race Theory: An Introduction*. New York: New York University Press, 2017.

Didion, Joan. *South and West*. New York: Alfred A. Knopf, 2017.

Dittmer, John. *Local People: The Struggle for Civil Rights in Mississippi*. Urbana/Chicago: University of Illinois Press, 1995.

Duberman, Martin Bauml. *Paul Robeson*. New York: Alfred A. Knopf, 1988.

Dylan, Bob. *Chronicles Volume I*. New York: Simon and Schuster, 2004.

Dyson, Michael Eric. *Tears We Cannot Stop*. New York: St. Martin's Press, 2017.

Engler, Wolfgang and Hensel, Jana. *Wer wir sind: die Erfahrung, Ostdeutsch zu sein*. Berlin: Aufbau Verlag, 2018.

Ette, Ottmar. *Der Fall Jauss*. Berlin: Kulturverlag Kadmos, 2016.

Foner, Eric. *A Short History of Reconstruction, 1863–1877*. New York: HarperCollins, 2014.

Franklin, John Hope. *From Slavery to Freedom*. New York: McGraw-Hill Companies, 2011.

Frei, Norbert. *Vergangenheitspolitik: Die Anfänge der Bundesrepublik und die NS-Vergangenheit*. München: C.H.Beck, 1996.

Frölich, Margrit, and Ulrike Jureit. *Das Unbehagen an der Erinnerung—Wandlungsprozesse im Gedenken an den Holocaust*. Frankfurt/M.: Brandes & Apsel Verlag GmbH, 2012.

Fulbrook, Mary. *The People's State*. New Haven/London: Yale University Press, 2005.

Gabowitsch, Mischa, ed. *Replicating Atonement: Foreign Models in the Commemoration of Atrocities*. Palgrave Macmillan, 2017.

Gates, Henry Louis Jr. *Tradition and the Black Atlantic*. New York: Basic Books, 2010.

Gates, Henry Louis Jr., and Cornel West. *The African-American Century*. New York: Touchstone, 2000.

Gilman, Sander, and James M. Thomas. *Are Racists Crazy? How Prejudice, Racism, and Antisemitism Became Markers of Insanity*. New York: New York University Press, 2016.

Habermas, Jürgen. *Die Normalität einer Berliner Republik*. Frankfurt am Main: Suhrkamp Verlag, 1995.

Habermas, Jürgen. *Vergangenheit als Zukunft*. Zurich: Pendo Verlag, 1990.

Hale, Grace Elizabeth. *Making Whiteness*. New York: Vintage Books, 1998.

Hartmann, Christian, Johannes Hürter, and Ulrike Jureit. *Verbrechen der Wehrmacht: Bilanz einer Debatte*. München: C.H.Beck, 2005.

Hooks, Bell. *Killing Race. Ending Racism*. London: Penguin Books, 1995.

Jarausch, Konrad H. *After Hitler: Recivilizing Germans, 1945–1995*. New York: Oxford University Press, 2006.

Jaspers, Karl. *Der Schuldfrage: Von der politischen Haftung Deutschlands*. München: Piper Verlag, 1965.

Joseph, Detlef. *Die DDR und die Juden*. Berlin: Verlag Das Neue Berlin, 2010.

Jureit, Ulrike, and Christian Schneider. *Gefühlte Opfer*. Stuttgart: Klett-Cotta, 2010.

Kennedy, James Ronald, and Walter Donald Kennedy. *The South Was Right!* Gretna, LA: Pelican Publishing Company, 2014.

Klemperer, Victor. *So sitze ich den zwischen allen Stühlen: Tagebücher 1945–1949*. Berlin: Aufbau Verlag, 1999.

Knigge, Volkhard, and Norbert Frei. *Verbrechen erinnern. Die*

Auseinandersetzung mit Holocaust und Völkermord. München: Verlag C.H.Beck, oHG, 2002.

Lilla, Mark. *The Once and Future Liberal.* New York: HarperCollins, 2017.

Mills, Charles W. *Black Rights/White Wrongs: The Critique of Racial Liberalism.* Oxford: Oxford University Press, 2017.

Moses, A. Dirk. *German Intellectuals and the Nazi Past.* Cambridge: Cambridge University Press, 2007.

Neitzel, Sönke, and Harald Welzer. *Soldaten-Protokolle vom Kämpfen, Töten und Sterben.* Frankfurt/M.: S. Fischer Verlag GmbH, 2011.

Novick, Peter. *The Holocaust in American Life.* New York: Houghton Mifflin, 1999.

Ó Dóchartaigh, Pol. *Germans and Jews Since the Holocaust.* London: Palgrave, 2016.

Parsons, Sarah Mitchell. *From Southern Wrongs to Civil Rights.* Tuscaloosa/London: University of Alabama Press, 2000.

Pilgrim, David. *Understanding Jim Crow.* Oakland, CA: Ferris State University and PM Press, 2015.

Piper, Adrian. "Recognition and Responsibility: Legacies of Xenophobia in Germany, Australia, and the United States." Unpublished Manuscript, 2002.

Reemtsma, Jan Philipp. *Vertrauen und Gewalt.* Hamburg: Hamburger Edition, 2008.

Rieff, David. *In Praise of Forgetting.* New Haven/London: Yale University Press, 2016.

Robinson, Randall. *The Debt: What America Owes to Blacks.* New York: Dutton, 2000.

Rorty, Richard. *Achieving Our Country.* Cambridge: Harvard University Press, 1998.

Rothberg, Michael. *Multidirectional Memory: Remembering the Holocaust in the Age of Decolonization.* Stanford, CA: Stanford University Press, 2009.

Rubin, Anne Sarah. *Through the Heart of Dixie*. Chapel Hill: University of North Carolina Press, 2014.

Rushdy, Ashraf H. A. *A Guilted Age: Apologies for the Past*. Philadelphia: Temple University Press, 2015.

Salomon, Ernst von. *Der Fragebogen*. Hamburg: Rowohlt, 1961.

Schivelbusch, Wolfgang. *The Culture of Defeat: On National Trauma, Mourning, and Recovery*. New York: Picador, 2001.

Schreiber, Franziska. *Inside AfD: Der Bericht einer Aussteigerin*. München: Europa Verlag, 2018.

Seck, Ibrahima. *Bouki fait gombo*. New Orleans: UNO Press, 2014.

Sereny, Gitta. *The Healing Wound*. New York: Norton, 2001.

Silver, James W. *Mississippi: The Closed Society*. Jackson: University Press of Mississippi, 1966.

Simpson, Christopher. *Blowback: The First Full Account of American's Recruitment of Nazis and Its Disastrous Effects on the Cold War, Our Domestic and Foreign Policy*. New York: Open Road Media, 2014.

Soyinka, Wole. *The Burden of Memory, the Muse of Forgiveness*. New York: Oxford University Press, 1999.

Stangneth, Bettina. *Eichmann vor Jerusalem*. Hamburg: Arche Literatur Verlag, 2011.

Stevenson, Bryan. *Just Mercy: A Story of Justice and Redemption*. New York: Penguin Random House, 2014.

Thomas, Laurence Mordekhai. *Vessels of Evil: American Slavery and the Holocaust*. Philadelphia: Temple University Press, 1993.

Thomason, Sally Palmer, with Jean Carter Fisher. *Delta Rainbow: The Irrepressible Betty Bobo Pearson*. Jackson: University Press of Mississippi, 2016.

Todorov, Tzvetan. *Hope and Memory: Lessons from the Twentieth Century*. Princeton: Princeton University Press, 2003.

Todorov, Tzvetan. *Memory as a Remedy for Evil*. Calcutta: Seagull Books, 2010.

Todorov, Tzvetan. *The Morals of History*. Minneapolis: University of Minnesota Press, 1995.

Torpey, John. *Making Whole What Has Been Smashed*. Cambridge: Harvard University Press, 2006.

Torpey, John. *Politics and the Past*. Lanham: Rowman & Littlefield, 2003.

Tyson, Timothy B. *Blood Done Sign My Name*. New York: Broadway Books, 2004.

Tyson, Timothy B. *The Blood of Emmett Till*. New York: Simon & Schuster, 2017.

Walker, Margaret Urban. *Moral Repair: Reconstructing Moral Relations After Wrongdoing*. Cambridge: Cambridge University Press, 2006.

Wallis, Jim. *America's Original Sin*. Grand Rapids, MI: Brazos Press, 2016.

Weiss, Peter. *Die Ermittlung*. Frankfurt/M.: Suhrkamp, 1991.

West, Cornel. *The Cornel West Reader*. New York: Basic Books, 1999.

West, Cornel, ed. *The Radical King*. Boston: Beacon Press, 2015.

Weymar, Paul, and Peter de Mendelssohn. *Adenauer: The Authorised Biography*. London: Andre Deutsch, 1957.

Whitman, James Q. *Hitler's American Model*. Princeton: Princeton University Press, 2017.

Williams, Robert F. *Negroes with Guns*. Mansfield Centre, CT: Martino Publishing, 2013.

Wolffsohn, Michael. *Die Deutschland-Akte*. Frankfurt: Bruckmann, 1995.

Woodward, C. Vann. *The Strange Career of Jim Crow*. New York: Oxford University Press, 2002.

Wyatt-Brown, Bertram. *Southern Honor*. New York: Oxford University Press, 1982.

Yancy, George, ed. *What White Looks Like: African American Philosophers on the Whiteness Question*. New York: Routledge, 2004.

Yancy, George, ed. *Reframing the Practice of Philosophy: Bodies of Color, Bodies of Knowledge*. Albany: State University of New York Press, 2012.

致　谢

　　自从我在1982年10月首次来到柏林，我就一直在思考德国的"清算历史"，以及其他国家可以从德国的经验中学到什么。我在我的第一本书《文火：柏林犹太人笔记》中初步尝试去了解这些问题，自从这本书在1992年出版以来，柏林本身和我对这个过程的反思都有了很大的进展。一路走来，很多人推动了我的思想，有些我可能已经记不起来了，但在这里我要感谢所有人。玛格丽特·冯·布伦塔诺向我解释了清算历史的复杂性，还有那些从一开始就认真对待这个过程的德国人。我非常感谢扬·菲利普·雷姆茨马在本书中的某一章里提供的详细评论，更要感谢我们多年的友谊和这些对话，让我坚信德国的"清算历史"可以是严肃且深刻的。除了进一步强化了对德国历史的信念，格西娜·施万也是德国未来的希望之一。我还从阿德里安·派珀（Adrian Piper）那里学到了很多，她多年来一直在讨论这些问题并撰写相关文字。桑德·吉尔曼（Sander Gilman）也是如此，他很友善地接受了我的请求，阅读并评价了本书中一个有争议的章节。我与黛安娜·麦克沃特就这个话题进行的谈话非常有启发性且十分愉快。我和戴安娜·平托（Diana Pinto）一起进行了一次公路旅行，从吉米·卡特在佐治亚州平原市的主日学校布道一直游览至南卡罗来纳州的重建时期遗址，令人大开眼界，我非常感激她给予的评论和陪伴。我的拉比詹姆斯·波内（James Ponet）教给了我很多关于犹太教的知识，在过去的30年里，他一直给予我鼓励，与我交谈。通过他，我认识了戴维·舒尔曼（David Shulman），戴维激发了我对犹太人的价值观和历史以及如何将其付诸实践的批判性思考。珍妮弗·斯托尔曼不仅是我在密西西比的主要导师，她还阅读并评论了本书几个版本的手稿。她给予的批评还有她渊博的学识挑战了我的思维，在我不确定这样做是否有意义的时候，是她的鼓励让我坚持了下来。遗憾的是，威廉·温特种族和解研究所的工作地点已经不在密西西比大学了，但我很感激研究所曾经给我带来的启发，以及它在2017年为我提供的一个研究基地。

我非常感激那些在采访中慷慨地给予我时间和思想的人们，包括那些因篇幅原因而未能被我直接引用的人们，这些采访对这本书至关重要。如果我把我从他们那里学到的东西全都加进去，这本书的篇幅会是现在的两倍。他们是：波利娜·阿伦森、阿莱达·阿斯曼、克里斯托弗·本森、奥马力·伯姆（Omri Boehm）、汉斯·奥托·布罗伊蒂加姆、切利乌斯·卡特、莫蒂·克莱和兰登·克莱、勒罗伊·克莱蒙斯、达妮埃拉·达恩、米沙·加博维奇、苏珊·格利森、阿普丽尔·格雷森、亚当·弗莱厄蒂、比尔·福斯特、艾因卡·杰克逊、汉斯-克里斯蒂安·雅施（Hans-Christian Jasch）、福尔克哈德·克尼格、比约恩·克伦多费尔、希莉·库格尔曼、玛丽亚姆·劳、米夏埃尔·勒费尔森德、罗伯特·李·朗、杰姬·马丁、吉米·朱厄尔·麦克唐纳、黛安娜·麦克沃特、詹姆斯·梅雷迪思和朱迪·梅雷迪思、马库斯·梅斯林（Markus

Messling）、弗兰克·米切纳、布卡·奥科耶、惠勒·帕克、戴维·珀森、佩姬·皮舍、彼得·波加尼-文特、贾尔达·雷布林、延斯·赖希、扬·菲利普·雷姆茨马、查克·罗斯、斯图尔特·拉特利奇（Stewart Rutledge）、本杰明·索尔兹伯里、塞缪尔·希顿、弗里德里希·朔尔勒默、英戈·舒尔策、亚历山德拉·森夫特、赫尔曼·西蒙、贝蒂娜·施汤内特、布莱恩·史蒂文森、珍妮弗·斯托尔曼、强尼·B. 托马斯、迈克·瓦格纳、梅·露丝·沃森、帕特里克·威姆斯、查尔斯·里根·威尔逊、约翰·惠滕三世和柯蒂斯·威尔基、威利·威廉斯。

2014年，我在凯斯西储大学的比默-施奈德论坛（Beamer-Schneider Lecture）上发表了演讲，介绍了这本书的试写稿；我非常感谢杰里米·本迪克·凯默（Jeremy Bendik Keymer）的邀请以及之后的热烈讨论。我也非常感谢并庆幸由莎拉·查尔方特（Sarah Chalfant）做我的代理人；她热情又明智，是她的支持促进了这个项目从提议到完成的整个过程。埃里克·钦斯基（Eric Chinski）、茱莉亚·林戈（Julia Ringo）、海伦·康福德（Helen Conford）以及卡斯滕·克雷德尔（Karsten Kredel）都提供了编辑建议，这些建议既加强了论点，也提高了文章质量。多米尼克·邦菲利奥（Dominic Bonfiglio）的专业研究对我尤其有帮助，因为需要核实的事情太多，而且他对这些问题的思考总是尖锐而发人深省。我非常感激你们所有人。

出版后记

本书的原标题是"向德国人学习"。向德国人学习什么呢？德国虽然有歌德和魏玛，却也有希特勒和奥斯威辛。本书认为，"清算历史"的工作在很大程度上成功地卸下了第三帝国发起的战争和犹太人大屠杀给德国人留下的历史包袱。正因为德国敢于直面自己的黑暗历史，愿意提供赔款，走上了转型正义的道路，它才能走出历史的泥潭。而正是这样的经验能够为其他国家提供借鉴，让德国成为其他国家学习的榜样。

本书作者苏珊·奈曼是一位生在美国南方，后又在以色列、德国和美国生活过的犹太裔女性哲学家，还受邀担任了波茨坦爱因斯坦论坛的负责人，这样的身份背景和生活经历给了她看待世界的多重视角。小时候，她见证过美国南方的种族隔离和民权运动给自己的生活带来的影响；长大后，她又作为曾经受到纳粹政权迫害的犹太民族的一员，长期在德国柏林生活、学习和展开研究；为了抚养孩子，她曾辗转于以色列和德国，试图为孩子们寻找健康的成长环境。她看到了德国如何一点点摆脱纳粹的阴影，重新被文明世界接纳，担负起自己的责任。她也看到了右翼种族主义在德国和美国的回潮，导致了德国选择党和特朗普的崛起。

这些经历都嵌入了书中，填充了本书的几个核心问题：德国人如何"清算历史"？德国的转型正义能够给其他国家的人直面自己历史中的阴暗面提供怎样的参照？可以说，作者在本书中的思考和研究不是悬浮和空泛的，而是与作者的生活息息相关。

本书的内容分为三个部分。第一部分简述了两德统一前后东德与西德在处理纳粹历史方面所做的种种努力；第二部分讨论的是美国南方腹地的种族主义残余；第三部分则回归了核心主题，全力探讨"我们该怎么做"。作者认为，我们的历史记忆不仅会塑造我们的价值取向，还决定了我们将走向怎样的未来。如果德国人不能承认自己的父辈曾经参与迫害犹太人，如果美国白人不能承认自己是种族主义者，如果以色列和全世界的犹太人永远沉溺于大屠杀的历史叙事，永远背负着受害者的身份生活，那么他们就永远无法迎来光明的未来。简言之，如果我们不能正视历史，历史的阴暗面就会永远压在我们的心头。

以上种种，都被作者以独特的哲学反思、个人经历和正在与自己国家的历史罪恶展开斗争的美国人和德国人的言行编织在了一起，呈现出了本书如今的面貌。如果你关心这些话题，这本书一定不容错过。

由于编者和译者的水平有限，书中不免出现疏漏，望广大读者批评指正。

服务热线：133-6631-2326　188-1142-1266
读者信箱：reader@hinabook.com

后浪出版公司
2024 年 12 月

© 民主与建设出版社，2024

图书在版编目（CIP）数据

父辈之罪：历史记忆与德国的转型正义 /(德) 苏珊·奈曼著；李泳译. -- 北京：民主与建设出版社，2025.1. -- ISBN 978-7-5139-4708-4

Ⅰ. K152；D771.29

中国国家版本馆CIP数据核字第20249PF602号

LEARNING FROM THE GERMANS
Copyright © 2019, Susan Neiman
All rights reserved
Simplified Chinese translation copyright © 2025 by Ginkgo (Shanghai) Book Co., Ltd.
本书中文简体版权归属于银杏树下（上海）图书有限责任公司。

著作权合同登记号　图字：01-2024-4573

父辈之罪：历史记忆与德国的转型正义
FUBEI ZHI ZUI LISHI JIYI YU DEGUO DE ZHUANXING ZHENGYI

著　　者	［德］苏珊·奈曼
译　　者	李　泳
出版统筹	吴兴元
责任编辑	王　颂
特约编辑	汪建人　汪　萍
营销推广	ONEBOOK
装帧制造	墨白空间·陈威伸
出版发行	民主与建设出版社有限责任公司
电　　话	（010）59417749　59419778
社　　址	北京市朝阳区宏泰东街远洋万和南区伍号公馆4层
邮　　编	100102
印　　刷	河北中科印刷科技发展有限公司
版　　次	2025年1月第1版
印　　次	2025年1月第1次印刷
开　　本	880毫米×1194毫米　1/32
印　　张	19.75
字　　数	425千字
书　　号	ISBN 978-7-5139-4708-4
定　　价	108.00元

注：如有印、装质量问题，请与出版社联系。